Gabriela Matuszek

„Der geniale Pole"?

LITERATURWISSENSCHAFT

Gabriela Matuszek

„Der geniale Pole"?

Stanisław Przybyszewski in Deutschland
(1892-1992)

Aus dem Polnischen
von Dietrich Scholze

LITERATURWISSENSCHAFT

Matuszek, Gabriela:
„Der geniale Pole"? Stanisław Przybyszewski in Deutschland (1892-1992).

2. unveränderte Auflage 2013
ISBN: 978-3-86815-577-8
© IGEL Verlag Literatur & Wissenschaft, Hamburg, 2013
Alle Rechte vorbehalten.
www.igelverlag.com

Printed in Germany

Igel Verlag Literatur & Wissenschaft ist ein Imprint der Diplomica Verlag GmbH
Hermannstal 119 k, 22119 Hamburg
Printed in Germany

Die Deutsche Bibliothek verzeichnet diesen Titel in der Deutschen Nationalbibliografie.
Bibliografische Daten sind unter http://dnb.d-nb.de verfügbar.

INHALT

1 EINLEITUNG 7

2 „EIN NEUER MESSIAS DER LITERATUR".
  DIE DEUTSCHE LITERATURKRITIK
  ÜBER STANISLAW PRZYBYSZEWSKI 1892-1898 10

  2.1 Eine moderne „Totenmesse" (1892-1894) 10
  2.2 Im Banne des Romans (1894-1898) 29

3 DER „SONDERBARE POLE".
  DIE REZEPTION VON PRZYBYSZEWSKIS WERK 1899-1927 49

  3.1 In absentia (1899-1905) 49
  3.2 In der Münchener Zeit und danach (1906-1927) 67

4 NAHAUFNAHME. SUBJEKTIVE WAHRHEITEN,
  MYTHEN UND LEGENDEN 98

  4.1 „Unser Stachu". Przybyszewski in den Erinnerungen
      von Freunden und Bekannten 98
  4.2 „Das Muster eines Modeschriftstellers". Stanislaw
      Przybyszewski als Gegenstand literarischer Werke 112

5 IN DEN ARCHIVEN DER LITERATUR.
  DEUTSCHE FORSCHER ÜBER DAS SCHAFFEN
  STANISLAW PRZYBYSZEWSKIS (1928-1992) 136

  5.1 Der vergessene Priester des Absoluten? (1928-1970) 136
  5.2 „Die faszinierendste Figur des deutschen Fin de siècle"? (1971-1992) 149

6 SCHLUSS 184

BIBLIOGRAPHIE DER DEUTSCHSPRACHIGEN ARBEITEN
ÜBER PRZYBYSZEWSKI 188

1 EINLEITUNG

„Przybyszewski *stellt etwas dar*, er ist ein geistig verantwortlicher Mensch (...). In jedem Worte Przybyszewskis ist Größe", schrieb 1907 Stanislaw Brzozowski, einer der wenigen Dichter und Denker jener Zeit, die im Werk des Genannten das emotionale und intellektuelle Konfliktpotential zu erkennen vermochten, das große Kunst auszeichnet.[1] Nach Meinung von Witold Gombrowicz schaffte Przybyszewski „als erster in Polen absolute Kunst, gnadenlose Geistesentladung, die auf nichts Rücksicht nahm. Er war der erste, der wirklich das Wort bei uns ergriffen hat."[2] Juliusz Kaden-Bandrowski suchte aus der Erinnerung die Atmosphäre wiederzugeben, die von den Schriften des dämonischen „Priesters der Negation" ausging: „Wir, die Jüngsten, die noch nichts galten, waren damals unwandelbar auf seiten Przybyszewskis. Weder wußten noch verstanden wir, was er geschrieben hatte und wonach er strebte, doch wir lasen damals seine Bücher und seine Artikel, die gerahmt waren von ebenso eigentümlichen Zeichnungen, welche sich über ganze Seiten erstreckten, mit unbeschreiblicher Andacht. (...) Alles außer Przybyszewski war uns absolute, ‚unverfrorene' Idiotie. (...) Als ich ihn nach dem Krieg in der Redaktion des ‚Tygodnik Ilustrowany' traf (...), wurde mir plötzlich bewußt, daß wir Przybyszewski nie begriffen hatten. Und daß er sich selbst nicht begriff. Daß wir nicht gewußt hatten, was wir von ihm erwarteten. Und daß er selbst nicht wußte, was er von sich verlangen sollte. Daß alles zwischen ihm und uns, ja zwischen der polnischen Kultur und ihm im Selbstlauf geschehen war... Ohne jemandes Wollen, so wie es nur zwischen einem sehr bedeutenden Schriftsteller und der Nation eintreten kann."[3]

Bis heute ist im Grunde unklar, was sich zwischen Przybyszewski und der polnischen Literatur ereignet hat. Das literarische Vermächtnis des Autors von „Confiteor" ist nicht komplex erforscht, viele seiner interessantesten Essays sind bislang nicht ins Polnische übersetzt worden.[4] Przybyszewskis Werke werden seit Jahren nicht neu aufgelegt, Klischees und Stereotype sind an die Stelle fundierter Analysen getreten.

Dabei war er ohne Zweifel ein herausragender Künstler. Nicht nur, weil er eine besonders fruchtbare Gärung in der polnischen Kultur hervorgerufen hat, sondern

---

1   S. Brzozowski, *Wspólczesna krytyka literacka* (1907; Die zeitgenössische Literaturkritik). Redaktion und Einleitung J. Z. Jakubowski, Warszawa 1971, S. 255. In einigen seiner Skizzen, Aufsätze und Theaterrezensionen ist Brzozowski wohl die scharfsinnigste Analyse zu Przybyszewskis Schaffen überhaupt gelungen.
2   W. Gombrowicz, *Tagebuch 1953-1969*. Aus dem Polnischen von Olaf Kühl (= Gesammelte Werke, Bde. 6-8), München, Wien 1988, S. 261.
3   J. Kaden-Bandrowski, *Czy rozumielismy?* (Haben wir es verstanden?), in: „Tygodnik Ilustrowany" 1927, Nr. 50, S. 1029. Mit der Rezeption von Przybyszewskis Werk habe ich mich in meiner Dissertation u. d. T. *Der Dialog zwischen Stanislaw Przybyszewski und seinen Zeitgenossen (Über die Aufnahme seines Schaffens in Deutschland und in Polen)* befaßt, die unter der Anleitung von M. Podraza-Kwiatkowska 1986 an der Krakauer Jagiellonen-Universität verteidigt wurde.
4   Erst nach Abschluß dieser Studie ist unter dem Titel „Synagoga szatana i inne eseje" (Kraków 1995; „Die Synagoge des Satans und andere Essays") ein entsprechender Band erschienen, den die Verfasserin selbst herausgegeben hat.

auch, weil er – wie nur wenige Polen – ein zweisprachiger Autor war und seine Anwesenheit in beiden Nationalliteraturen nachhaltig bekundete; seine überaus kühnen Theorien nahmen eine Reihe künstlerischer Erscheinungen des 20. Jahrhunderts vorweg.

Die Phase seines deutschsprachigen Schaffens ist in Polen gleichsam auf eine Mauer des Schweigens gestoßen. Dabei entstanden in deutscher Sprache die besten Texte Przybyszewskis. Innerhalb von sieben Jahren (1892-1898) veröffentlichte der von Strindberg als „genialer Pole" Bezeichnete eine Anzahl literarischer Werke, die um die Jahrhundertwende in Deutschland eine wesentliche Rolle spielten. Es ist gewiß ein aufschlußreiches Kulturphänomen, daß der „auswärtige Ruhm" des polnischen Autors – denn darum handelt es sich in diesem Fall – auf ein derartiges Desinteresse bei der zeitgenössischen Kritik wie bei späteren Historikern traf. Wirkte auch hier ein Mechanismus, der die von „Fremden" kreierten Größen verwarf?

Es sei daran erinnert, daß Przybyszewski nach seiner Ankunft in Polen zwar als ein Dichter begrüßt wurde, „vor dessen poetischem Talent und trefflichem Stil Jungdeutschland auf den Knien lag"[5], doch *keine* der damaligen Veröffentlichungen enthüllte die tatsächliche Verstrickung des Wortführers der polnischen Moderne in den europäischen Kontext oder unternahm eine kritische Analyse des deutschsprachigen Werks; die Legende vom „genialen Polen" aber wurde durch den gegen Przybyszewski voreingenommenen Philosophen Wincenty Lutoslawski wirksam zerstört, der 1899 schrieb: „... es wurde bei uns sogar ein Kranz angeblich europäischen Ruhms geflochten, den der Autor nie besessen hat. Ihm wurde eine außergewöhnliche Beherrschung der deutschen Sprache nachgesagt, bis zu dem Grade, daß er den Deutschen als Vorbild hätte dienen können. Diese Legende soll jetzt ausgeräumt werden (...). Größere Kreise gebildeter Leser haben seine Bändchen gar nicht wahrgenommen, bleibende Spuren in der deutschen Kritik haben sie nicht hinterlassen, und erst als der Autor von Berlin nach Krakau übersiedelte, lenkte er das allgemeine Augenmerk unseres Publikums auf sich."[6]

Der Mythos vom „genialen Polen", sehr schnell mit dem Mythos vom „Revisor aus Petersburg" in Verbindung gebracht, erstarrte zum Klischee, das hauptsächlich negative Vorstellungen erzeugte. Przybyszewskis Beziehungen zur deutschen Literatur wurden nicht zum Forschungsthema polnischer Gelehrter.[7]

---

5 c [A. Choloniewski], *Rewolucja literacka* (Literarische Revolution), in: „Dziennik Polski" 1898, Nr. 329. Ähnliche Formulierungen fanden sich in der damaligen Presse sehr zahlreich.

6 W. Lutoslawski, *Rozwiana legenda* (Verwehte Legende), in: „Gazeta Narodowa" 1899, Nr. 242. Przybyszewski hatte im Haus von Lutoslawski im spanischen Playa de Mera im Februar/März 1898 acht Wochen zugebracht, und dieser Zeitraum genügte, um zwischen dem exzentrischen, alkoholische Getränke mißbrauchenden Bohemien und dem – nicht nur wegen seiner programmatischen Abstinenz – nüchternen, apodiktischen Hausherrn eine starke gegenseitige Abneigung entstehen zu lassen.

7 Die Verbindungen Przybyszewskis mit der deutschen Literatur wurden sporadisch erörtert, doch im Grunde hat keine der betreffenden Publikationen den Mythos vom „genialen Polen" positiv verifiziert. Über die Rezeption des Schriftstellers im deutschen Sprachraum vgl. S. Helsztynski, *Przybyszewski w Niemczech* (P. in Deutschland), in: „Neofilolog" 1935, Bd. 6, H. 2; R. Taborski, *Przybyszewski w Wiedniu* (P. in Wien), in: „Przeglad Humanistyczny" 1966, Nr. 6; K. Luczynski, *Dwujezyczna twórczosc Stanislawa Przybyszewskiego 1892-1900* (Das zweisprachige Schaffen S. P.s 1892-1900), Kielce 1982, sowie *Recepcja dramatów Stanislawa Przybyszewskiego w krajach niemieckojezycznych*

Das hier vorgelegte Buch soll diese Lücke schließen, die Bindungen Przybyszewskis an die deutsche Literatur offenbaren und zeigen, wie die ersten Rezipienten auf das Werk des nachmals führenden polnischen Modernisten reagiert und wie seine Arbeiten später im Kontext der deutschen Kultur nachgewirkt haben. Die Verfasserin zieht zu diesem Zweck alle erreichbaren deutschsprachigen Äußerungen zu Werk und Person Stanislaw Przybyszewskis heran und versucht auf dieser Grundlage das künstlerische Image des „sonderbaren" Künstlers zu rekonstruieren.[8]

---

w latach 1904–1917 (Die Rezeption der Dramen S. P.s in deutschsprachigen Ländern 1904–1917), in: „Rocznik Kasprowiczowski" 1990, Bd. VII; G. Matuszek, „Nasz Stachu". Stanislaw Przybyszewski we wspomnieniach pisarzy niemieckich „Unser Stachu". Przybyszewski in den Erinnerungen deutscher Freunde, in: „Zeitschrift für slavische Philologie" 1989, Bd. IL, H. 1, und „Das Muster eines Modeschriftstellers". Stanislaw Przybyszewski in den Werken deutscher Autoren, in: „Zeitschrift für Slawistik" 1992, Bd. 37, H. 3 (beide Beiträge sind Erstversionen zweier Kapitel des vorliegenden Buches), sowie Slowianskosc w odbiorze Niemców na przelomie XIX i XX wieku (Stanislaw Przybyszewski jako „echte slawische Erscheinung") Die Rolle des Slawentums bei der Rezeption der Deutschen um die Jahrhundertwende XIX/XX (Stanislaw Przybyszewski als eine „echte slawische Erscheinung"), in: The Slavs in the Eyes of the Occident, the Occident in the Eyes of the Slavs, ed. by M. Ciesla-Korytowska, Cracow 1992.

8 Die Quellenbasis dieser Monographie bilden vornehmlich veröffentlichte deutsche Texte, daneben wurden auch deutschsprachige Äußerungen skandinavischer, schweizerischer sowie polnischer Forscher, Kritiker und Schriftsteller herangezogen (angeführt werden überdies englisch- und französischsprachige Artikel, sofern sie in Deutschland erschienen und an deutsche Adressaten gerichtet waren). Hingegen wird die Rezeption Przybyszewskis in Kreisen der deutschsprachigen Prager Moderne, die gesonderte Forschungen erfordert, in diesem Buch nicht berücksichtigt.

2 „EIN NEUER MESSIAS DER LITERATUR". DIE DEUTSCHE LITERATURKRITIK ÜBER STANISLAW PRZYBYSZEWSKI 1892-1898

2.1 Eine moderne „Totenmesse" (1892-1894)

„Was kann ich dafür, daß Gott meine Seele mit diesem Kainsmal gezeichnet hat, daß ich mich nicht dem täglichen Lauf des menschlichen Lebens fügen kann"[9], notierte 1885 der knapp 17jährige Stanislaw Przybyszewski, Schüler des preußischen Gymnasiums in Wongrowitz (Wagrowiec), später „artiste maudit", Künder absoluter Wahrheiten und Entdecker der „nackten Seele". Etliche Monate darauf gestand der künftige Theoretiker der Autonomie der Kunst, der zugleich ihre Beziehungen zum Unbewußten bloßlegte, in einem Brief an die Mutter: „Ich muß unbedingt schreiben, obwohl ich oft, leider allzuoft die Feder verdamme und diese unerklärliche Leidenschaft für sie."[10] Dieser „Künstler aus innerem Zwang", wie Przybyszewski wenige Jahre später in dem Aufsatz „Psychischer Naturalismus" schrieb, weil der Schöpfer nur das Medium des Unbewußten sei, begann sehr frühzeitig zu reimen. Auf dem Gymnasium arbeitete er sogar an mehreren Romanen, die jedoch, wohl als mißlungen betrachtet, von dem jungen Autor vernichtet wurden.

In früher Jugend stand Przybyszewski unter starkem Einfluß romantischer und messianistischer Ideen. Er las Dante, Shakespeare, Byron, Shelley, Goethe, Heine, Libelt, Slowacki, Krasinski. Schon damals von einer nicht näher erklärten, morbiden Sehnsucht beherrscht, sah er sich als Skeptiker, Psychopathen und Pessimisten. Weltschmerz, Gespür für das Anderssein der eigenen psychischen Struktur und eine eigentümliche Isolation von der Umwelt bestimmten den geistigen Zustand des Abiturienten, der, gefesselt von den Vorgängen im menschlichen Gehirn und den vielfältigen psychischen Abweichungen, in Berlin ein Medizinstudium aufnehmen wollte.

Diese Absicht ließ sich jedoch nicht sofort verwirklichen, denn die Posener Gesellschaft zur Unterstützung der Studien vergab an Mediziner keine Stipendien. Die Wahl eines anderen Faches – Architektur – erfolgte recht zufällig, obgleich Przybyszewski später in seinen Erinnerungen schrieb, die „Liebe zur Gotik" habe ihn dazu bewogen. Das Prädikat „mittelmäßig" in Mathematik verhieß nicht die besten Chancen für einen günstigen Studienabschluß.

Im Frühjahr 1889 begann für Przybyszewski ein entscheidender Lebensabschnitt. Die Ankunft in einer europäischen Metropole eröffnete dem jungen Polen ein Spektrum an Möglichkeiten. Bald hatte er seine Wahl getroffen: „Mein ganzes Leben gipfelte in der großen Alternative: alles oder nichts", schrieb er im September 1889 in

---

9 Przybyszewski, *Listy* (Briefe). Bearbeitung S. Helsztynski, Bd. 1, Warszawa 1937, S. 11.
10 Op.cit., S. 19.

einem Brief an Paulina Pajzderska, wobei er Ibsens „Pfarrer Brand" paraphrasierte. „Ich habe alles gewählt."[11]

Der Intensität an neuer Welterfahrung entsprach auf der intellektuellen Ebene die Intensität der Lektüre. Innerhalb eines reichlichen Jahres las Przybyszewski Werke von Spencer, Büchner, Zola, Daudet, Hauptmann, Garschin, Darwin, Wundt und Lombroso, dazu Pascal, Schopenhauer, Nietzsche, Bourget. Faszination und Bewertung folgten rasch aufeinander. Die Vielfalt der Sicht- und Interpretationsweisen schärfte die in dem jungen Intellekt angelegte intuitive Fähigkeit, die Ambivalenz der Wirklichkeit zu erfassen. Die schöpferische Persönlichkeit Przybyszewskis bildete sich an der Trennlinie zweier Kulturen, zweier Traditionen, zweier Epochen. Daher wohl die Dissonanz im Weltempfinden, die Gegensätzlichkeit der Werte und Begriffe, zugleich aber das Verlangen nach Einheit, die Suche außerhalb der sinnlich wahrnehmbaren Welt. Der innere Malstrom, der Wirbel, die Gärung – um die figurative Sprache von Przybyszewskis späteren Werken zu gebrauchen –, worin verschiedene künstlerische Richtungen, Wahrheiten, Wertsysteme, gelehrte Urteile und metaphysische Offenbarungen sich mischten, sollte bald Literatur hervorbringen, die die Zeitgenossen in Erstaunen versetzte.

1891, also kaum zwei Jahre nach der Ankunft in Berlin, entstand das erste Werk des – inzwischen immatrikulierten – Studenten der Medizin[12]: „Zur Psychologie des Individuums. I. Chopin und Nietzsche"[13]. Es spiegelte ganz die geistige Haltung des Debütanten wider, gleichzeitig war es ein Signal für die heraufziehenden Wandlungen in der europäischen Literatur. Der Essay des jungen Polen war eindeutig ein Versuch, den Naturalismus in der Kunst zu überwinden, der seinerzeit in Deutschland noch dominierte.

Przybyszewski nahm unterschiedliche europäische Denkansätze auf: Nietzsches Vitalismus, die psycho-physiologische Mystik Bourgets, Hanssons Erkundung von Grenzsituationen und pathologischen Zuständen, die voluntaristische Philosophie Schopenhauers, die von Bahr nach französischem Vorbild proklamierte „Nervenkunst" etc. Doch all diese Inspirationen bildeten nur den Ausgangspunkt für eigene, originelle Überlegungen.

In seiner ersten Schrift entwickelte Przybyszewski eine Denkrichtung, die in der vom genialen Individuum faszinierten Literatur der Jahrhundertwende höchst präsent war, aber seine Diagnose der schöpferischen Persönlichkeit und ihrer Rolle im Prozeß der Evolution griff über die Befunde der Epoche hinaus. Ein Gefühl der Dominanz und die Unmöglichkeit, es zu befriedigen, Sonderstellung und soziale Isolierung, nervliche Übersensibilität und eine damit verbundene Intensität des Empfindens, insbesondere des Schmerzempfindens, ungenutzte Schöpferkraft und Schwächung der individuellen Lebenspotenz – diese Merkmale lassen das Genie zum Instrument kultureller Veränderungen werden, zugleich verurteilen sie es zum Untergang zugunsten

---

11 Op. cit., S. 47.
12 Przybyszewski brach das Architekturstudium ab und studierte seit dem 9. Mai 1890 Medizin an der Königlichen Friedrich-Wilhelm-Universität (im *Album Civium Universitatis Litterariae Berolinensis 1889/1890* der heutigen Humboldt-Universität findet sich unter der Nummer 3345 der eigenhändige Eintrag Przybyszewskis sowie das Immatrikulationsdatum).
13 Vom Verfasser selbst auf Dezember 1891 datiert.

der Gattungsevolution. In Chopin und Nietzsche, zwei überragenden Künstlern des Jahrhunderts, erblickte Przybyszewski vor allem die Träger „kranker Nerven", äußerst empfindsame Psychologen des Unbewußten. Die neue Kunst, die Kunst des Rausches, der unaufhörlichen Schaffensfreude und der Platonischen Anamnesis, leitete er aus den Tiefenschichten der Psyche her.

In Przybyszewskis Essay wird der Evolutionismus Darwins und Spencers mit der Degenerationstheorie Lombrosos und der Assoziationspsychologie von Wundt und Ebbinghaus verknüpft, Taines Konzept von der Umwelt als die Persönlichkeit prägendem Faktor trifft sich mit der Vorstellung vom Künstler als einem Medium des Unbewußten, eine Terminologie aus Biologie und Medizin überlagert die symbolische Abbildung.

Die schmale Broschüre erregte die Aufmerksamkeit des Berliner Kritikers Franz Servaes, der das Manuskript von einem Bekannten Przybyszewskis erhalten hatte: von Dr. Max Asch, einem Berliner Chirurgen, Gynäkologen und Intellektuellen. Servaes war, wie er Jahre später schrieb, von den Ausführungen des Medizinstudenten „gepackt"[14], er empfahl die Arbeit umgehend dem Berliner Verleger Fontane, und im Frühjahr 1892 erschien das Büchlein.

Nicht alle freilich teilten Servaes' Begeisterung. Sein Freund, Dr. Hermann Panikke, warnte in einem Brief vom 20. Mai 1892[15] Servaes vor übertriebener Bewunderung, da ihm diese selbst schaden könne. Der Reichstagsabgeordnete war nicht der Ansicht, daß die Publikation „bahnbrechend" wäre und neue Erkenntnisse enthielte, denn die These vom besonders intensiven Erleben der genialen Persönlichkeit gehöre zum Gemeingut. Originalität erkannte er jedoch in der Anwendung einer naturwissenschaftlichen und medizinischen Perspektive für die Beschreibung künstlerischer Phänomene.

Die „Sauce medizinischer Termini", mit der die Ausführungen des jungen Autors „übergossen" worden waren – so bildhaft äußerte sich der Rezensent der „Jahresberichte"[16] –, war in der Tat das Element, mit dem Przybyszewski das Augenmerk der Leser auf seinen Erstlingsessay lenkte. Sofort wurde er als Repräsentant und Sprecher der „Jüngsten" identifiziert. Richard M. Meyer formulierte in seiner kurzen Information über die Veröffentlichung: „Ein Herr Przybyszewski bringt eine einigermaßen tolle Phantasie über die beliebtesten Leitmotive der Jüngsten: ‚Individuum', ‚Sensibilität', ‚Kampf ums Dasein', ‚Herdeninstinkte', ‚Nabelschnur'."[17]

Die „Jüngsten" ihrerseits begrüßten Przybyszewskis Studie geradezu enthusiastisch. Eine der damals führenden kulturellen Monatsschriften, die „Freie Bühne"[18],

---

14 Vgl. F. Servaes, *Aus der Berliner Bohème der neunziger Jahre. Erinnerungen an Stanislaw Przybyszewski*, in: „Kölnische Zeitung" 1927, Nr. 782.
15 Zit. nach G. Klim, *Stanislaw Przybyszewski. Leben, Werk und Weltanschauung im Rahmen der deutschen Literatur der Jahrhundertwende. Biographie*, Paderborn 1992, S. 42. Das Original des Briefes befindet sich in der Universitätsbibliothek Canberra.
16 R. M. Meyer, *Didaktik des 18./19. Jahrhunderts*, in: „Jahresberichte für neuere deutsche Literaturgeschichte" 1892, S. IV, 5 S. 87.
17 Ibidem.
18 Die Wochenschrift erschien ab 29. Januar 1890 als „Freie Bühne für modernes Leben" und war das wichtigste Periodikum der Berliner Naturalisten (zugleich verbunden mit der am 20. September 1889 eröffneten, von Otto Brahm begründeten „Freien Bühne"). Ab 1892 zu der Monatsschrift „Freie Büh-

druckte eine anonyme Rezension, die den Essay des „interessanten Polen" im Detail vorstellte. Nach Meinung des Rezensenten war Przybyszewskis Text eine aufschlußreiche Variante der sogenannten neuen Psychologie, die das Individuum als natürliches Produkt seiner Umwelt begriff. Die Studie reiche jedoch weit über die Perspektive des „modernen Psychologen" hinaus, den der ewige Fluß der Gefühle, Absichten, Erscheinungen und Ideen beschäftige. Przybyszewski nämlich schenke dem physiologischen Aspekt besondere Aufmerksamkeit, er vertiefe und erweitere den Begriff der Umwelt und registriere zudem das Innenleben der Seele. Der Rezensent schrieb: „Philosophische Durchbildung, reiches philologisches Wissen, künstlerische, besonders musikalische und poetische Feinfühligkeit, ein psychologischer Scharfblick, der auf dem Schattengebiet des Seelenlebens durchdringend wie das Auge der Eule ist, und tiefsinnige Kombination, solche Eigenschaften, die offenbar zur Bearbeitung des Themas ‚Chopin und Nietzsche' förderlich sind, besitzt der Verfasser. Sehr interessant ist seine Sprache: dieser Reichtum an Bildern, an Vergleichen aus der Naturwissenschaft, diese Übertragung von Begriffen und Apparaten der exakten Forschung auf das Gebiet der intuitiven Psychologie, bekundet mir ein energisches Streben nach Formulierung neuer Begriffe, die eben in der Sprache noch keine Worte gefunden haben, und bestätigt Schopenhauers Satz: ‚Alles Urdenken geschieht in Bildern.'"[19]

Größtes Interesse erregte Przybyszewskis Essay bei einem schwedischen Künstler, der in Deutschland lebte, einem der ersten Interpreten von Nietzsches Philosophie – Ola Hansson.[20] Dieser ungewöhnliche Intellektuelle, eine der Stützen des Friedrichshagener Künstlerkreises, wünschte den Autor von „Chopin und Nietzsche" näher kennenzulernen. Im Mai 1892 wurde Przybyszewski gemeinsam mit Servaes in Hanssons Haus eingeladen, und mit diesem Besuch in Friedrichshagen – er fand wahrscheinlich am 7. Mai statt[21] – begann die glänzende Karriere des „genialen Polen" innerhalb der Berliner Boheme. Bei Hansson traf er weitere „Friedrichshagener": die Brüder Heinrich und Julius Hart, Bruno Wille, Wilhelm Bölsche sowie Laura Marholm[22], die Gattin des Hausherrn, eine begabte Schriftstellerin.

Die Begegnung mit Hansson wertete Przybyszewski später als eine der wichtigsten in seinem Leben. Der Schwede, der sich in Psychophysiologie, Biologie, Psychologie und Philosophie bestens auskannte, dazu ein scharfsinniger Interpret von Kunstwerken und Verfasser origineller Essays war[23], beeindruckte den jungen Autor, der seinen

---

ne für den Entwicklungskampf der Zeit" umgestaltet und geleitet von Wilhelm Bölsche (erster Redakteur war Brahm selbst), druckte sie nicht nur naturalistische Texte, sondern war für alle Neuerungen aus Kunst und sozialer Wirklichkeit offen.

19 *Zur Psychologie des Individuums*, in: „Freie Bühne" 1892, S. 668f.
20 Hansson war Verfasser der Broschüre *Friedrich Nietzsche. Seine Persönlichkeit und sein System*, Separat-Abdruck aus der Monatsschrift „Unsere Zeit", Leipzig 1890.
21 Vgl. S. Przybyszewski, *Ferne komm ich her... Erinnerungen an Berlin und Krakau*. Aus dem Polnischen von Roswitha Matwin-Buschmann, Leipzig, Weimar 1985, S. 88ff.
22 Laura Marholm (eigtl. Laura Mohr) übersetzte nicht nur die Werke ihres Gatten ins Deutsche, sie war auch selbst Verfasserin zahlreicher literarischer Werke. 1903 veröffentlichte sie ein Buch mit ähnlichem Titel wie Przybyszewskis Essay: *Zur Psychologie der Frau*.
23 Hansson war u. a. Autor der Novellenbändchen *Die Parias. Fatalistische Geschichten*, Berlin 1890, und *Sensitiva amorosa*, Berlin 1892, sowie anregender Essays, gesammelt in dem Band *Seher und Deuter*, Berlin 1894.

eigenen Weg suchte, nachhaltig. An jenem Abend trafen sich Geist und Intellekt der beiden Männer zum erstenmal. Ola Hansson soll dabei zu Przybyszewski gesagt haben: „Sie sind der erste Mensch in Deutschland, mit dem ich mich ganz und gar ohne Vorbehalt verständigen kann."[24] Ob diese Worte wirklich fielen oder nicht – sicher ist, daß das Gespräch mit Hansson Przybyszewski die bereits erahnten Perspektiven eröffnete und seiner Intuition die Richtung wies. Noch in derselben Nacht nahm Przybyszewski den zweiten Teil von „Zur Psychologie des Individuums" in Angriff, den er „Ola Hansson" nannte. Von der Bestimmtheit der darin enthaltenen Überlegungen und der Intensität der Arbeit, die sicherlich emotional stimuliert war, zeugt die Tatsache, daß das Bändchen schon Ende Juni im Druck erschien.

In dem Essay wird Ola Hansson als Typ des „neuen Künstlers" präsentiert, bei dem es zur organischen Verschmelzung jener Schichten gekommen sei, die gemeinhin getrennt sind: der Individualität, also des reinen Instinkts, der durch das Unbewußte gesteuerten Psyche und der vom Gehirn geprägten Persönlichkeit.[25] Die enorme Erweiterung des Bewußtseinsfeldes, die Fähigkeit, Beobachtungen und Gefühle in „bewußte Vibrationen des Gehirns" zu transponieren, das Vordringen zu jenem Knotenpunkt der Sinne, an dem die Eindrücke nach ihrem Gefühlswert verknüpft werden, vor allem aber die Auffassung vom literarischen Werk als einer Manifestation des schöpferischen Subjekts bewirkten, daß Hansson dem Polen als „der ausgeprägteste und differenzierteste Typus eines Untrennbaren, Einzigen, Unteilbaren, eines wahren Individuums"[26] galt, der als einer von wenigen den Namen eines symbolischen Künstlers verdiene. Przybyszewski zufolge enthüllte Hansson in seinem Schaffen die Psychophysiologie der unbewußten psychischen Prozesse, spiegelte er die Welt als ein Kontinuum wider, als eine ununterbrochene Kette von Eindrücken, in der sich die Grenze zwischen dem Normalen und dem Pathologischen verwische. Die beiden Novellenbändchen des schwedischen Autors, „Die Parias" und „Sensitiva amorosa", bildeten für Przybyszewski den Ausgangspunkt zur Erwägung zweier – für den jungen Schriftsteller grundlegender – Fragen: „Wo ist mein Ich?" und „Warum liebe ich das Weib?"[27] Darüber hinaus boten sie den Anlaß für Reflexionen über unbewußte Prozesse und pathologische Zustände. Bereits hier erklärte Przybyszewski „Dämmerungszustände" zum interessantesten Gegenstand der literarischen Erkundung.[28]

Es sei vermerkt, daß sich Przybyszewskis Ansichten zur Pathologie wesentlich von jenen unterschieden, mit denen kurz darauf Max Nordau, der Autor des umstrittenen Buches „Entartung" (1892/93), hervortrat. Der deutsche Psychologe analysierte die

---

24 Vgl. Przybyszewski, *Ferne komm ich her...*, op. cit., S. 98.
25 Diese Unterscheidung Przybyszewskis nahm spätere Konzepte von verschiedenartigen geistigen Schichten im Menschen vorweg.
26 Przybyszewski, *Zur Psychologie des Individuums. II. Ola Hansson*, Berlin 1892, S. 33.
27 „Ich liebe in dem Weibe mich, mein auf das höchste gesteigertes Ich (...). Und das Weib, das ich liebe", schreibt Przybyszewski gleichsam in Voraussicht der Jungschen Anima, „das bin Ich, mein intimstes, innerstes Ich." (S. 40)
28 Laura Marholm beschrieb in einem Brief an Przybyszewski vom 9. Juni 1892 die Reaktion Hanssons auf die Abhandlung des jungen Polen mit den Worten: „Gerade habe ich Ola Ihre Broschüre vorgelesen. (...) Ola saß da mit großen, stieren (?) Augen, völlig abwesend – er fühlte sich durch Sie erstmals in seinem tiefinnersten Sein verstanden." (Abgedruckt bei S. Sawicki, *Listy Skandynawów do Przybyszewskiego* [Briefe von Skandinaviern an P.], in: „Przegląd Współczesny" 1939, Nr. 5, S. 29.)

zeitgenössische Literatur, die er als lange und mühselige Wanderung durch ein Hospital bezeichnete[29], und bescheinigte ihr Degeneration und Hysterie, was unweigerlich zu einer Entartung der Kunst und ihrer ohnehin geringen Rolle in der Gesellschaft des kommenden Jahrhunderts führen müsse. Przybyszewski hingegen erblickte die Aufgabe der Kunst gerade darin, zu jenen dunklen Gemütslagen vorzudringen, die an der Grenze von Normalität und Pathologie, an der Grenze von Ich und Universum entstehen. Denn dort ereigne sich das wahre Mysterium des Lebens, von dort gingen die Impulse künstlerischen Wirkens aus.

Diese radikalen und in ihrer Aussage unmißverständlichen Anschauungen konnten insbesondere in jenen Kreisen nicht unbemerkt bleiben, denen an einer Änderung des herkömmlichen ästhetischen Paradigmas gelegen war. Przybyszewskis Essays wurden als eine Variante aufgefaßt, die den künstlerischen Konzeptionen der literarischen Gruppe um Stefan George verwandt war. Der damals 18jährige Hugo von Hofmannsthal, der schon als originelles Talent galt, wandte sich am 29. Juli 1892 an Carl August Klein, Georges Freund und Herausgeber der „Blätter für die Kunst", mit der Frage: „Ist Ihnen Näheres über Herrn Stanislaus Przybyszewski, Autor der Broschüre „Chopin und Nietzsche" (...) bekannt? Er scheint uns nicht fern zu stehen."[30]

Kleins Antwort enthielt zwar keine näheren Auskünfte über den Polen, sie deutete aber darauf hin, daß man den innovativen Charakter in seinem Konzept erkannt hatte. Klein schrieb: „Über Stanislaus Przybyszewski: Näheres weiß ich nicht. Kennen Sie sein zweites Heft? Die Broschüre "Chopin und Nietzsche" ließe ja manche Hoffnungen zu. Es ist erfreulich, hier solchen Anschauungen zu begegnen, die nicht von dem gewöhnlichen Schlage sind."[31]

Die beiden Bändchen "Zur Psychologie des Individuums" bewirkten, daß der Name des Medizinstudenten in literarischen Kreisen bekannt wurde, und dies nicht nur beim „jüngsten Deutschland". Dr. Schleich, ein namhafter Chirurg (und späterer Schriftsteller), der in der Berliner Boheme verkehrte, wünschte den Verfasser der Broschüre "Ola Hansson" kennenzulernen. Ende Juli/Anfang August 1892 empfing Przybyszewski aus den Händen von Dr. Asch die Einladung in Schleichs elegante Wohnung, wo er einem der berühmtesten deutschen Dichter vorgestellt werden sollte: Richard Dehmel. Das Treffen hat Przybyszewski später den Beginn einer der schönsten und tiefsten Beziehungen in seiner literarischen Biographie genannt. „Heute wirst du spielen, nur für mich wirst du spielen!"[32] soll Dehmel zur Begrüßung gesagt haben. Die beiden Schriftsteller verband danach eine kurze, aber tiefe und für beide sehr bewegende Freundschaft.[33] Am selben Abend schloß Przybyszewski mit weiteren

---

29 M. Nordau, *Entartung*, Berlin 1893, S. 521. Przybyszewski belegte 1895 im Vorwort zu *De profundis* den deutschen Schriftsteller mit den Epitheta „niedrigster Bildungsplebejer" und „seniler Schwachkopf".
30 *Briefwechsel zwischen George und Hofmannsthal*. Hg. von R. Boehringer, München und Düsseldorf 1953, S. 33.
31 Ibidem, S. 34.
32 Vgl. Przybyszewski, *Ferne komm ich her...*, op. cit., S. 113.
33 Über die Freundschaft zwischen Dehmel und Przybyszewski s. K. Klein, *Przybyszewski i Dehmel*, in: „Ruch Literacki" 1928, Nr. 7, sowie F. W. Neumann, *Stanislaw Przybyszewski und Richard Dehmel*, in: *Münchener Beiträge zur Slawenkunde. Festgabe für Paul Diels*. Hg. von E. Koschmieder und A. Schmaus, München 1953, S. 259-284.

Berliner Literaten Bekanntschaft – mit Erich Hartleben und Paul Scheerbart, durch Vermittlung von Dehmel danach auch mit Arno Holz, Julius Schlaf, Peter Hille, Henri Albert und Detlev von Liliencron sowie vielen weiteren. So wurde der junge polnische Autor in das künstlerische Berlin eingeführt, in dem er bald als der „neue Messias der Literatur", „Dämon der jüngsten Literatur" und „polnischer Strindberg" brillieren sollte – um nur einige der Umschreibungen zu zitieren, mit denen die Deutschen den schwer auszusprechenden Namen des deutsch schreibenden Polen ersetzten.

Richard Dehmel äußerte sich gleichfalls über die beiden Bändchen mit dem Titel "Zur Psychologie des Individuums". In einem Beitrag für die Zeitschrift „Die Gesellschaft" erörterte er Werke der Naturalisten, hauptsächlich von Holz und Schlaf, und nannte Przybyszewskis Essays „glänzend", wobei er zugleich die übermäßige Begeisterung für die Beschreibung des Unbewußten, die der Autor bei Ola Hansson konstatiert hatte, bezweifelte.[34] Dehmel teilte die Faszination Przybyszewskis für das Schaffen Hanssons nicht, wovon anschaulich ein Brief an Przybyszewski zeugt, in dem er diesem empfiehlt, das dritte Heft der Reihe "Zur Psychologie des Individuums „Strindberg zu widmen: „Du mußt *doch* über Strindberg schreiben. Du bist der Nervenstrang von ihm zur Welt, zu dem großen Übergehirn ‚Menschheit'. Du *sollst* nicht fragen: wozu? Betrink Dich meinetwegen, schreib im Rausch, aber schreibe! Schon damit Du die Sünde von Dir abwäschst, daß Du den Namen ‚Hansson' auf Dein Allerheiligstes geschrieben hast. Aus Hansson hast Du einen Menschen geschaffen; Strindberg kannst Du zum Gott verklären."[35]

Offenbar plante Przybyszewski auf Dehmels Anregung hin tatsächlich einen Essay über Strindberg. Er verwarf die Absicht wohl wegen der persönlichen Animositäten, die Meister und Famulus entzweiten, kaum daß sich der berühmte schwedische Schriftsteller und der junge polnische Autor im Winter 1892/93 begegnet waren.

Strindberg, der Schweden wegen angeblicher Verbreitung von Unmoral verlassen mußte, traf am 1. Oktober 1892 auf Einladung Ola Hanssons in Berlin ein und wurde auf dem Stettiner Bahnhof von Hansson und dessen Frau, Adolf Paul und Przybyszewski begrüßt[36], der gemeinsam mit Dr. Asch und Maximilian Harden, dem Herausgeber der Wochenschrift „Die Zukunft", an einer finanziellen Hilfsaktion für Strindberg beteiligt war. Vermutlich kannte Strindberg damals schon die beiden Broschüren "Zur Psychologie des Individuums", die ihm Hansson zugesandt hatte. Bald darauf nannte der Autor von "Fräulein Julie" Przybyszewski einen „genialen Polen". Zusammen besuchten sie im Oktober und November das Müggelschlößchen in Friedrichshagen, später, nachdem Strindberg bei Hanssons ausgezogen war, das von dem Schweden entdeckte Lokal „Zum schwarzen Ferkel".[37]

---

34 R. Dehmel, *Erklärung*, in: „Die Gesellschaft" 1892, S. 147.
35 Brief vom 22. Januar 1893; abgedruckt bei R. Taborski, *Aus Stanislaw Przybyszewskis Beziehungen zu deutschen Freunden*, in: „Zeitschrift für Slawistik" 1965, H. 3, S. 417.
36 Darüber schreibt A. Paul, *Strindberg und Przybyszewski*, in: „Berliner Lokalanzeiger" vom 27. November 1927.
37 Strindberg, der damals schon an Verfolgungswahn litt, befürchtete, daß Laura Marholm ihn in eine Irrenanstalt sperren wolle. Mitte November verschwand er aus Friedrichshagen und zog in die Neue Wilhelmstraße in Berlin-Mitte. An der Kreuzung Wilhelmstraße/Unter den Linden befand sich das berühmte Lokal, das Strindberg für die Treffen der skandinavischen Boheme ausersehen hatte.

Die künstlerische Atmosphäre, in der sich Przybyszewski über mehrere Monate bewegte, die von vielen Seiten auf ihn einströmenden Inspirationen, die Erwartungen, die bedeutende Künstler in den jungen Autor setzten (man war lebhaft daran interessiert, ob und was Przybyszewski schrieb, wie die Korrespondenz jener Jahre zeigt), vor allem jedoch die Liebe, die nach der Begegnung mit Dagny Juel am 9. März 1893 im „Schwarzen Ferkel" plötzlich in sein Leben trat, all das aktivierte die Schöpferkraft des jungen Polen. Bald entstand sein erstes strikt literarisches Werk, „Totenmesse" (in der polnischen Version „Requiem aeternam", 1900, 1904), das, wie der Autor vermerkt hat, am 20. Mai 1893 abgeschlossen war.[38]

Begeistert davon war insbesondere Richard Dehmel, erster Leser und zugleich Verbesserer des Stils. Nach den notwendigen Korrekturen wurde „Totenmesse" bei Fontane eingereicht. Darüber hinaus wandte sich Dehmel schriftlich an Otto J. Bierbaum, den Herausgeber des „Musen-Almanachs auf das Jahr 1894", und forderte ihn zum Abdruck des Werks auf: „Ich meine die ‚Totenmesse' des sonderbaren Polen, von dem ich Dir in München erzählte. Ich werde ihn bestimmen, daß er's seinem Verleger (Fontane) mit List oder Gewalt wieder wegnimmt; es gehört *entschieden* in den Almanach."[39]

„Totenmesse" erschien jedoch in Friedrich Fontanes Berliner Verlag, versehen mit einer Zueignung: „Meinem Freunde, dem Dichter der „Verwandlungen" *der Venus* Richard Dehmel gewidmet."[40]

Das Poem „Totenmesse" nahmen Przybyszewskis engste Freunde und Bekannte enthusiastisch auf, worüber der Autor seiner Frau am 18. September 1893 berichtete: „Sieh nur, Ducha, o Gott, sieh nur, ich bin groß: Dehmel und Liliencron, die Größten unter unseren Zeitgenossen, haben gestern in zahlreicher Runde erklärt, daß ich überhaupt als erster die Grundfesten für das große moderne Epos geschaffen habe."[41]

Das Poem, das mit der blasphemischen Paraphrase des ersten Satzes aus dem Johannes-Evangelium „Am Anfang war das Geschlecht" beginnt[42], weckte bei den deutschen Rezipienten Verblüffung, und zwar durch seine weltanschauliche Ausrichtung ebenso wie durch seine poetische Struktur.

In seiner ungewöhnlichen Schöpfungsgeschichte deutet Przybyszewski das Geschlecht als wirkendes Element jeglicher Entwicklung (verstanden unter metaphysischem und biologischem Aspekt), als Triebkraft des Lebens[43], als kosmische Macht, die die Welt geschaffen hat und ihre Evolution bestimmt. Das neurotische und patho-

---

38 Im März 1893 schied Przybyszewski aus der Redaktion der in Berlin erscheinenden polnischen Zeitung „Gazeta Robotnicza" aus, der er seit Juni 1892 angehört hatte; nun konnte er sich ganz auf die literarische Arbeit konzentrieren.
39 Dieser Brief Dehmels wurde im *Almanach* veröffentlicht; vgl. R. Dehmel, *Brief an Bierbaum*, in: *Moderner Musen-Almanach auf das Jahr 1894*, München 1894, S. 277. Anstatt der *Totenmesse*, die Fontane nicht herausrückte, druckte der *Almanach* ein anderes Werk Przybyszewskis: *Himmelfahrt*.
40 Diese Widmung fehlt in der polnischen Version.
41 Przybyszewski, *Listy* (Briefe). Bearbeitung S. Helsztynski, Bd. 3, Wroclaw 1954, S. 540. Die Hochzeit zwischen Przybyszewski und Dagny fand am 18. August 1893 statt.
42 Womöglich war das eine ironische Anspielung auf Goethe, den Przybyszewski nicht mochte. („Im Anfang war die Tat", formuliert Faust im Studierzimmer.)
43 Erinnert an den Eros der Antike, den indischen Liebesgott Kama, an Schopenhauers „blinden Willen zu leben", Nietzsches „Willen zur Macht" sowie an Bergsons „élan vital".

logische Ich des Poems, einer jener Huysmansschen „Certains"⁴⁴, ein „Luxus, den sich die Natur gestattet" und das letzte Glied einer allzu stürmischen Entfaltung des Gehirns, wird vom Autor als Versuchsobjekt betrachtet, das der Erkundung des individuellen Lebens in bezug auf seinen „Geschlechtswillen" dient.[45]

Die poetische Struktur des Werks besteht in einer gänzlich neuen Variante des Prosapoems. Das Ereignishafte wird durch inneren Monolog und Bewußtseinsstrom ersetzt, die assoziative Verknüpfung von Träumen, Visionen und Reminiszenzen soll eine „tieferliegende" Realität evozieren, die Logik des Ablaufs weicht einer Vermischung der Erzählebenen – der realistischen, der symbolischen und der metaphysischen –, der Zeitkategorien – einer individuellen und einer kosmischen – sowie des realen und des visionären Raumes. Das Aufeinanderprallen der Gegensätze bzw. die Verbindung des in sich Widersprüchlichen – also etwa von medizinischer und symbolischer Terminologie, von assoziativ-synästhetischer Abbildung, von Dekadenz und Vitalismus, religiöser Ekstase und Liebesrausch – verleihen dem Poem eine innere Spannung und eine emotionale Ladung, die sich in einer expressiven, beinahe expressionistischen Metaphorik artikulieren.

Daher verwundert es nicht, daß „Totenmesse" als etwas Einzigartiges empfunden wurde.[46] „Das Buch steht einzig da in unserer Literatur; ich wüßte auch aus fremden Literaturen nichts mit ihm zu vergleichen", konstatierte Kolokol in der „Freien Bühne".[47] Nach Meinung Hanssons war „das Buch selbst in seiner Art ein Unikum in der gesamten modernen Literatur"[48]. Servaes meinte: „In der Tat handelt es sich hier um eine literarische Erscheinung, die schlechtweg ohne Vorbild ist und an der alle ästhetischen Kategorien, an die wir uns mehr oder weniger gewöhnt haben, ihre Unzulänglichkeit erweisen."[49] Der Rezensent der „Blätter für literarische Unterhaltung"

---

44 Przybyszewski bezieht sich auf die Sammlung von Kunstessays *Certains* von Joris Karl Huysmans, von der er sehr beeindruckt war. Vermerkt sei, daß Hansson dazu in seinem Buch *Der Materialismus in der Literatur* einen Kommentar verfaßt hatte, in dem es u. a. hieß: „Huysmans hat (...) sich in jenen tiefsten Schachten der Menschennatur vorwärtsgetastet, wo Grausamkeit und Wollust, Fortpflanzungstrieb und Vernichtungstrieb eins sind..." (Stuttgart 1892, S. 16) Diese Aussage könnte man auch auf einige Werke Przybyszewskis übertragen.
45 Vgl. Einleitung zu *Totenmesse*, Berlin 1893, S. 9.
46 *Totenmesse* sowie die späteren Prosapoeme Przybyszewskis fanden nur zum Teil ihr zeitgenössisches Korrelat in dem von Moréas postulierten symbolischen Roman. Dieser beruhte auf der subjektiven Deformation der Realität und einer halluzinativen Technik, auf dem Roman-Essay Huysmans' oder dem lyrischen Roman D'Annunzios. In Struktur, Stoffwahl und bildlicher Gestaltung erwiesen Przybyszewskis Werke im Kontext der Jahrhundertwende zweifellos ihre Originalität.
47 Kolokol, *Ein deutscher Sataniker*, in: „Freie Bühne für den Entwicklungskampf der Zeit" 1893, H. XII, S. 1363.
48 O. Hansson, *Eine moderne Totenmesse*, in: „Die Nation" 1893/94, Nr. 1, S. 15. Ein anderer skandinavischer Schriftsteller, dem Przybyszewski sein Werk geschickt hatte, nämlich Arne Garborg, war vorsichtiger in seinem Urteil: „*Totenmesse* habe ich mit großem Interesse gelesen", schrieb der Norweger am 20. Oktober 1893 nach Berlin. Die Neurose des fin de siècle ist darin so eindringlich ausgearbeitet, daß das Buch als echtes Zeitdokument gelten kann." (Abgedruckt bei Sawicki, *Listy Skandynawów do Przybyszewskiego* [Briefe von Skandinaviern an P.], in: „Przegląd Współczesny" 1929, Nr. 5, S. 30.)
49 F. Servaes, *Zwei Apokalyptiker. Ein Stückchen Zeitpsychologie*, in: „Die Gegenwart" 1894, Nr. 15, S. 232. Servaes bespricht dort Dehmels Gedichtband *Aber die Liebe* und Przybyszewskis *Totenmesse*.

schließlich resignierte: „Vom Inhalt zu sprechen, versage ich mir. Des Verfassers Denk- und Empfindungsweise liegt mir zu fern."[50]

Die verschiedenen Interpretationen weisen darauf hin, daß Przybyszewskis Poem vor allem als Parabel verstanden wurde. Neben Versuchen, die nur schwach eingezeichnete Fabel zu rekonstruieren (der unter dem Pseudonym Kolokol schreibende Rezensent der „Freien Bühne" gewahrte in „Totenmesse" die wahnwitzigen Aufzeichnungen eines Menschen an der Schwelle zum Selbstmord), fanden sich Äußerungen, die den Sinn des Werks auf makrokosmischer Ebene situierten. Ola Hansson machte auf die Verwandtschaft von Przybyszewskis Gestalt mit verschiedenen literarischen Helden der damaligen Zeit aufmerksam, so mit Armand de Duerrne aus „Un crime d'amour" („Eine Liebestragödie") und Nömi Hurtel aus „L'irréparable" („Unwiederbringlich") von Paul Bourget, mit Greslou aus Hermann Bangs Roman „Hoffnungslose Geschlechter", mit Turgenjews Rudin oder den Helden aus Huysmans' „En rade". Hansson erklärte: „Aber unter ihnen allen steht Przybyszewskis ‚Certain' ganz für sich, ganz wie das Buch selbst in seiner Art als ein Unikum in der gesamten modernen Literatur dasteht. Sein ‚Certain' ist nicht bloß ein einzelner Mensch, der durch einen inneren Fehler zugrunde geht in unserer Alltagswelt, sondern er ist aufgefaßt als die Gesamtmenschheit selbst, die in ihrer unbewußten Wanderung dem Unbestimmten entgegen einen Augenblick stehengeblieben ist, um sich im Spiegel des Sichselbstbewußtwerdens zu betrachten und zu sehen, wie sie gleich einer überreifen Frucht verfault, damit der neue Kern frei werde. Und er ist auch kein bloßer Verurteilter im Zeichen der Degeneration, deren Träger er ist, sondern er bezeichnet zugleich den stolzen, gepeinigten Märtyrer dieses Lebens, dessen inhärenter Trieb es ist, sich selbst immer aufs neue zu überwinden und sich immer neu zu gestalten. Der Held ist daher kein Einzelmensch, er ist ein mit Blut und schmerzenden, zitternden Nerven gefülltes Riesensymbol; und das Buch ist keine ‚moderne' Erzählung, sondern ein lyrisch-wissenschaftlicher Hymnus, eine schauerliche Messe, die in den finsteren Abgründen des aufsteigenden, organischen Entwicklungslebens einen tausendfach verstärkten, grotesk entstellten Widerhall findet und in der weiten Zukunftsferne wie das Echo eines unheimlichen und beklemmenden Donnerliedes verhallt."[51]

Das Thema liefere eine interessante Version für die Tragik der gespaltenen Persönlichkeit, fuhr Hansson fort. Przybyszewski widme sich jenem psychophysischen Phänomen, das vom modernen Individuum Besitz ergriffen habe: der Erschütterung der einheitlichen Persönlichkeit; immer häufiger melde sich das Unbewußte zu Wort – des Geschlechts, sofern sich die Grenzen zwischen Mann und Frau verwischen, sowie des Willens, der vom Handeln getrennt wird. Przybyszewskis Held leide an Gleichgewichtsstörungen zwischen der Lebensbasis des Organismus und dem kontrollierenden Bewußtsein, schlußfolgerte der schwedische Schriftsteller.

Die „Tragödie des modernen emanzipierten Gehirns" nannte Franz Servaes das Werk seines polnischen Freundes, der nicht davor zurückgeschreckt sei, „den Menschen zu zerstören, um den Menschen wieder aufzubauen".[52] Besonders beschäftigte

---

50 R. Friedrich, *Lyrisches und Episches*, in: „Blätter für literarische Unterhaltung" 1894, Nr. 26, S. 411.
51 O. Hansson, *Eine moderne Totenmesse*, op. cit., S. 15.
52 F. Servaes, *Zwei Apokalyptiker*, op. cit., S. 232.

den Berliner Kritiker Przybyszewskis Analyse der individuellen erotischen Gefühle und ihre Übertragung auf den gesamten dekadenten Zustand des sexuellen Bewußtseins. Servaes unterstrich den psychologischen Scharfsinn des Verfassers, der sich bei der Untersuchung der halbbewußten Gefühle dem bis dahin unzugänglichen „Mare tenebrarum" nähere, indem er „eine Neubetrachtung der Menschennatur" vorschlage.[53]

Die Anwendung der Kategorie Dekadenz zur Beschreibung der Spezifik von Przybyszewskis Werk war besonders häufig. Der Décadent Przybyszewski sei kein Mystiker à la mode, erklärte Kolokol, „dieser Verrückte ist ein Dichter!"[54] Servaes notierte in einem Brief an Dehmel, er sehe in ihm „den entschiedensten theoretischen und (leider auch!) praktischen Dekadenten, den wir in Deutschland haben".[55] Die deutschen Kritiker empörte namentlich die „dekadente Megalomanie", die sich in der – übrigens von Stirner stammenden – Formel „Ich bin Ich" verbarg[56], was sie freilich nicht daran hinderte, das Poem des Polen als ein Musterbeispiel dekadenter Literatur zu behandeln, welches gewisse neuartige Tendenzen ganz und vollkommen realisiere. Als Dehmel Bierbaum zur Aufnahme der „Totenmesse" in den „Modernen Musen-Almanach" drängte, gebrauchte er eine eindeutige Argumentation: „Solltest Du befürchten, daß der Almanach durch „Totenmesse" zu dick wird, so schmeiß nur lieber von dem Schwarm der kokettierenden Pseudodécadenten ein Dutzend raus und nimm diesen Przybyszewski, der geradezu ein *Jeremias* der entartenden Instinkte ist und gegen den die andern lächerliche Wirrköpfe sind."[57]

Dehmels an gleicher Stelle formulierte These der „zeitpsychologischen Ergänzung" zu Schlafs „Frühling", „Totenmesse" sei gleichsam der „negative Pol derselben Achse"[58] – eine Auffassung, die später bei vielen wiederkehren sollte –, beruhte auf der Wahrnehmung eines Gegensatzes zwischen der affirmativen Erfassung der Wirklichkeit bei dem deutschen Dichter und der destruktiven Grundhaltung in der Vision des Polen. Schlafs Vorschlag, der im Grunde auf eine Erneuerung des mystischen Pantheismus hinauslief[59], war für die damalige deutsche Literatur ohne Zweifel repräsentativer als die pathologische und neurotische Welt der „Totenmesse". Eben der Hinweis auf den Geschmack am Anormalen, oftmals zurückgeführt auf die slawische

---

53 Ibidem.
54 Kolokol, *Ein deutscher Sataniker*, op. cit., S. 1368.
55 Brief Servaes' an Dehmel vom 21. April 1894; abgedruckt bei F. W. Neumann, *Stanislaw Przybyszewski und Richard Dehmel*, op. cit., S. 262.
56 „Ich bin Ich" übersetzte der Autor in der polnischen Version „Jestem sam dla siebie" (Ich bin für mich allein).
57 R. Dehmel, *Brief an Bierbaum*, op. cit., S. 278. Es sei darauf hingewiesen, daß Przybyszewski Dehmels Formulierung wenig später in einer Rezension zu Knut Hamsuns Roman *Mysterien* verwendete, indem er ihn als das „große Jeremiaslied der Entartung" bezeichnete; vgl. Przybyszewski, *Mysterien*, in: „Die Zukunft" 1894, Nr. 8, S. 607.
58 Ibidem, S. 277.
59 Indem sich Schlafs lyrisches Subjekt mit der Natur identifiziert, erkennt es die enge Verwandtschaft aller Erscheinungen und erlebt die Einheit der Welt, die es vollkommen bejaht. Przybyszewski hat Schlafs *Frühling* später ins Polnische übersetzt und Teile davon 1901 in der Zeitschrift „Chimera" veröffentlicht; eine selbständige Ausgabe des Prosapoems erschien 1907 in Warschau.

Natur des Autors, war eine der grundlegenden Rezeptionsweisen, denen das Frühwerk des „sonderbaren Polen" unterlag.

Przybyszewskis Überzeugung von der positiven Seite der Neurose, die die Menschheitsentwicklung zu stimulieren vermöchte, wurde von Ola Hansson geteilt. Nach dessen Meinung war Poe „krank wie die höchste Schönheit, wie der Seelenadel in seinen höchstentwickelten Formen krank ist".[60] Die These von der Degeneration des Nervensystems als einer notwendigen Phase der Evolution hielt der schwedische Kritiker für originell, er scheute sich jedoch in seiner Besprechung, sie vom wissenschaftlichen Standpunkt her als glaubwürdig einzustufen. „Ob dieser kühne Gedanke auch die Wahrheit enthält? Es scheint so. Viele große Dichter sind in ihren Persönlichkeiten und geben in ihren Werken Zeugnisse davon; und viele Meister der modernen Psychophysiologie bestätigen es."[61]

Hinter den Schatten von Destruktion und Vernichtung, die über Przybyszewskis Werk lagen, verbarg sich nach Ansicht einiger Interpreten „das ganze weltgeschichtliche Fiasko der Polenrasse".[62] Die Verachtung für das Gegebene verband sich in ihr, wie Servaes meinte, mit einem Gefühl zügelloser Macht, die die Welt vernichten wolle, weil sie sie nicht errichten könne, und dabei vergaß, daß die Destruktion zur Selbstzerstörung führen müsse. Das Sich-Verlieren in makrokosmischen Räumen – im Gegensatz zur Fähigkeit zum Lebensgenuß in all seinen Details, wie sie etwa Schlaf besäße – wurde als Anzeichen des Slawischen dingfest gemacht. Die „künstlerische Weihe des Pathologischen"[63] wurde vom deutschen Publikum als Differentia specifica der slawischen, insbesondere der polnischen Literatur empfunden. Kolokol verwies auf inhaltliche Ähnlichkeit zur intensiven Erotik und Megalomanie in Kornel Ujejskis „Marsz ałobny" („Trauermarsch"), den Dehmel mit Przybyszewskis Hilfe ins Deutsche übertragen hatte. Servaes fand das gleiche polnische Temperament in Wacław Szymanowskis „Modlitwa" („Das Gebet"), das auf der Ausstellung zur Kunst der Sezession in München vorgestellt worden war. Die deutschen Rezipienten entdeckten, gefesselt von den Theorien des jungen Polen, hauptsächlich in der Musik Chopins jenen „polnischen Ton", der ihnen als Ausdruck typischer nationaler Merkmale erschien.

Der Hang zur Totalität und die Gleichsetzung individuellen Erlebens mit der schöpferischen Kraft der Natur – dies waren die Züge in Przybyszewskis Darstellung,

---

60 O. Hansson, *Poe*, in: *Seher und Deuter*, Berlin 1894, S. 2. Es scheint, als habe Przybyszewski das Interesse an der Pathologie, die er als das empfindlichste Barometer ihrer Zeit empfand, von Hansson übernommen, der schrieb: „Das Genie und die Märtyrerglorie sind unzertrennlich, und die 'Gesunden' werden zu allen Zeiten ihre großen 'Kranken' steinigen." (S. 34)
61 O. Hansson, *Eine moderne Totenmesse*, op. cit., S. 16.
62 F. Servaes, *Wohinaus? Literarische Rundschau*, in: „Neue Deutsche Rundschau (Freie Bühne)" 1894, S. 947. In diesem Artikel beschreibt Servaes Entwicklungsrichtungen der neuesten Literatur, wobei er sich dem Schaffen von Liliencron, Bierbaum, Dehmel, Przybyszewski, Schlaf, Dauthendey und Nietzsche zuwendet. Przybyszewski befriedigte diese Interpretation nicht, wie er in einem Brief an Dehmel vom 10. September 1894 gestand: „Was sagst Du dazu, wie Servaes in der 'Freien Bühne' über mich geschrieben hat? Zum Donnerwetter, das ist nicht wahr! Der Kerl scheint eine starke Abneigung gegen mich zu haben." (*Listy*, Bd. 1, op. cit., S. 98.) Die innige Freundschaft zwischen Przybyszewski und Servaes durchlief offenbar schon damals wechselnde Phasen.
63 Kolokol, *Ein deutscher Sataniker*, op. cit., S. 1363.

die das Werk im Empfinden seiner ersten Leser zu den Innovationen der europäischen Literatur gesellten. Zugleich wurde die Überzeugung von der Andersartigkeit des polnischen Autors akzentuiert, von der fehlenden Bindung an den aktuellen literarischen Kontext. „Wie die Form so ist auch der Inhalt bei Przybyszewski von einem durchaus neuen Geiste erfüllt"[64], bemerkte Servaes. Und Richard Friedrich schrieb: „Die „Totenmesse" von Stanislaus Przybyszewski ist eine erstaunliche Leistung der Sprachkunst und Sprachbeherrschung. (...) Es drängen sich dem Verfasser Bilder, Vergleiche, Ähnlichkeiten oft aus entlegenstem Winkel einer Einzelforschung zu, meistens, soweit ich die Sache verfolgt habe, mit der beabsichtigten Wirkung erhöhter Anschaulichkeit und Versinnlichung."[65]

Die totale Destruktion der Form, welche mit dem Prototyp des Poems in der deutschen Literatur nichts gemein hatte, führte noch nicht zu Versuchen, die Neuerung komplex zu beschreiben, weil den Sachkennern damals die entsprechenden analytischen Instrumente fehlten. Selbst Ola Hansson stand ratlos vor dieser „modernen" „Totenmesse": „Viele Kritiker werden wahrscheinlich sagen, so etwas wie das Buch von Przybyszewski sei kein Dichtwerk." Doch wo wäre die Grenze des Poetischen? fragte der Kritiker.[66] Verständlich, daß der elitäre Charakter des Poems unterstrichen wurde: „Das kleine Werk gehört in eine Gruppe von Büchern, die immer ein schlechtes Schicksal haben. Hinab zu dem großen Publikum gelangen sie entweder nie oder jedenfalls erst so spät, daß es dem Verfasser nicht mehr vergönnt ist, seine kleine Freude daran zu haben."[67]

Der Rezensent der „Freien Bühne" rechnete Przybyszewskis Werk nicht nur ausschließlich dem elitären Umlauf zu, sondern äußerte überdies die Vermutung, es werde sich zum Hauptobjekt des Angriffs auf die neue Kunst entwickeln „und selbst sehr freie, sehr moderne Geister werden sich vor *dieser* Messe bekreuzen, die Satanas in Person gesehen hat".[68]

Das literarische Debüt des jungen Polen geriet unzweifelhaft zum Erfolg. Immer deutlicher kristallisierten sich danach die ehrgeizigen künstlerischen Pläne des einstigen Medizinstudenten heraus.[69] In jenen Jahren der inneren Gärung, als der Schriftsteller unterschiedliche ästhetische und philosophische Ansätze aufnahm und nach einer eigenen Form suchte, die dem neuentdeckten Geheimnis der Existenz entspräche, entstanden die interessantesten Schöpfungen Przybyszewskis.

Bald nach Abschluß der „Totenmesse" beendete der Verfasser die kurze Erzählung „Himmelfahrt" (polnische Version 1898), ein halbes Jahr nach Erscheinen des ersten Prosapoems lag das zweite, „Vigilien", bereits fertig vor (die polnische Version

---

64 F. Servaes, *Zwei Apokalyptiker*, op. cit., S. 232.
65 R. Friedrich, *Lyrisches und Episches*, op. cit., S. 410f.
66 O. Hansson, *Eine moderne Totenmesse*, op. cit., S. 16.
67 Ibidem, S. 14. Ähnlich äußerte sich über Hanssons Werke Przybyszewski, der in seinem Essay *Ola Hansson* den schwedischen Literaten einen „Luxusproduzenten" nannte. (S. 47)
68 Kolokol, *Ein deutscher Sataniker*, op. cit., S. 1363.
69 Przybyszewski verließ zum 1. August 1893 die Königliche Friedrich-Wilhelm-Universität; das Fehlen einer Notiz über die Relegation (deren Ursachen gewöhnlich vermerkt wurden) deutet darauf hin, daß er das Studium selbst beendete. Der Redakteursposten bei der „Gazeta Robotnicza", die Zugehörigkeit zur Berliner Boheme und die intensive literarische Arbeit waren dem weiteren Studium gewiß hinderlich.

1899).[70] Beide Texte sind der „Totenmesse" thematisch und strukturell verwandt. Die Erzählsituation ist beinahe identisch: der Held erinnert sich seiner Geliebten, die ihn wegen eines anderen verlassen hat. In „Himmelfahrt" ist das Thema die Eifersucht auf einen Mann, der die geliebte Frau zuvor besessen hatte, in „Vigilien" erwächst das Liebesleid aus Verrat und Verlust der Gattin.[71] Das Ereignishafte des ersten Textes wird im zweiten durch Reminiszenzen der Hauptgestalt ersetzt, welche – um einen späteren Terminus Przybyszewskis vorwegzunehmen[72] – die „nackte Seele" enthüllen. Kindheitserinnerungen, Träume, Visionen und Bilder aus dem Unbewußten werden assoziativ aneinandergereiht und erzeugen den „Gefühlston" des Werks.

Die unerhörte emotionale Anspannung ist insbesondere in „Vigilien" spürbar, wo Bilder von Lichtfluten, Flammenmeeren, Feuersbrünsten etc. einander gegenseitig steigern. Die Anwendung der synästhetischen Technik und der expressionistischen Metaphorik hebt das Werk vor dem Hintergrund der Literatur der frühen neunziger Jahre heraus.[73] In dem Poem macht Przybyszewski zudem die für ihn wesentliche Entdeckung, daß der „Geschlechtswille", die „Grundsubstanz des Lebens", das Geheimnis der Existenz und den Urgrund der Kunst bildet. Denn die Kunst sei lediglich ein Spiel mit Geschlecht und Gehirn – Przybyszewski formulierte dies lange vor Freud –, eine Sublimation des Geschlechtstriebs. Die Liebe zur Frau sei die Liebe zu einer universellen Sehnsucht, der Kunst; Inhalt der Kunst hingegen jene Sehnsucht nach der Zwei-Einigkeit, der Verschmelzung von Ich und Du, innerhalb derer die letzten Rätsel des Seins gelöst und die endgültigen Zwecke der Kunst erreicht werden können.

Die zeitgenössischen Adressaten gewahrten freilich vor allem jene „Psychose der Sexualität", die – nach Meinung einiger Interpreten – das Werk des „sonderbaren Polen" erfüllte. Die „Geschlechtsmystik" wurde im Falle Przybyszewskis vornehmlich biologisch, nicht metaphysisch verstanden. Richard Rosenbaum nannte diese Literatur vielsagend „letzte Ergüsse".[74] F. Runkel brachte den erotischen Visionen des

---

70 *Vigilien* entstand im Herbst 1893 (abgeschlossen am 13. November), als Dagny für einige Tage nach Norwegen gereist war. Stilistische Korrekturen, die Przybyszewski mit Dehmels Hilfe vornahm, erstreckten sich bis August 1894. Gedruckt wurde das Poem in der „Neuen Deutschen Rundschau (Freie Bühne)" vom Jahr 1894 (S. 865-889), die selbständige Ausgabe mit einem Titelblatt von Edvard Munch erschien 1895 beim S. Fischer Verlag in Berlin.

71 *Himmelfahrt* veranschaulicht die Gefühle des Verfassers, der von Eifersucht auf Dagnys Vergangenheit geplagt wurde; in *Vigilien* dagegen werden die Erfahrungen seines Gegenspielers thematisiert, nämlich Munchs, den Dagny Przybyszewskis wegen verlassen hatte (im Mittelpunkt steht ein Maler, den seine Frau wegen eines dämonischen Dichters im Stich läßt; die neue Liebe keimt während eines Alkoholexzesses der Boheme, als „Er" aus seinem Werk liest und „Sie" ihn am Klavier begleitet). Fast alle Schriften Przybyszewskis enthalten autobiographische Züge, denn nach Meinung des Autors führte nur die Erkundung des eigenen Ichs zur Erkenntnis der Wahrheit über die Welt.

72 Die Bezeichnung „nackte Seele" tauchte um 1896 auf (vgl. den Brief an Alfred Mombert vom 16. Mai 1896, in: *Listy*, op. cit., S. 120 oder auch den Essay *Die Synagoge des Satans* von 1897).

73 Synästhesie wandte mit großem Erfolg Dauthendey an (den Przybyszewski kannte und schätzte), einer der ersten Anhänger Georges, und zwar namentlich im Gedichtband *Ultra-Violett*; expressionistische Metaphorik hingegen ist außer bei Mombert in der deutschen Literatur jener Zeit nicht belegbar. Przybyszewski kannte vermutlich die Korrespondenztheorie Baudelaires und die Praktiken der französischen Symbolisten, in Abweichung davon übertrug er jedoch dem Unbewußten eine spezifische Aufgabe im Prozeß der Gedankenassoziation.

74 R. Rosenbaum, *Epos des 18./19. Jahrhunderts*, in: „Jahresberichte für neuere Literaturgeschichte" 1895, IV 3:468f.

Verfassers großes Verständnis entgegen, wies ihnen aber dennoch das Tor zum literarischen Hades.[75] Und ein anonymer Rezensent schrieb hämisch in der Wiener „Zeit": „Der Pole Stanislaw Przybyszewski hatte vor einem Jahre eine Dichtung ‚Totenmesse' geschrieben, von der niemand wissen konnte, was eigentlich darin stand. (...) Es war ein brünstiges, widerwärtiges Stammeln von Terminis aus dem Gebiet der Sexual-Wissenschaften, es waren kaum mehr die Worte zu verstehen, geschweige ein Zusammenhang. – Mit dem zweiten Werke, den ‚Vigilien', kommt man aus einer Wüste plötzlich in eine Oase, in der man freilich jeden Augenblick an die traurige und gefährliche Nachbarschaft erinnert wird."[76]

Schon Richard Dehmel, erster Leser und Kritiker der „Vigilien", hatte Przybyszewski das Übermaß an sexueller Metaphorik vorgehalten, wovon eine Notiz in seinem Tagebuch zeugt: „... da findet er auch meistens den echten, künstlerisch anschaulichen Ausdruck für sein Innenleben. Leider erstickt dann immer wieder der Phrasenquell seiner sexualpathologischen Theoretik das dichterische Feuer, und dann wird auch der Ausdruck sudelig. Ich sagte ihm das; er gab mir recht und war sehr niedergeschlagen."[77]

Diese Notiz stammt vom 8. Februar 1894, also aus einer Phase, in der die glühende Freundschaft beider Künstler ihre erste Krise erlebte und Dehmel sich von der Dominanz des suggestiven Polen und seiner expansiven Theorien zu befreien suchte.[78]

Es steht außer Zweifel, daß Przybyszewski einen kurzen, aber starken Einfluß auf das Werk Dehmels ausübte, der seinerseits in dem Polen „ein Fünkchen Genie" erschaut hatte. Die Entdeckung des Unbewußten als Ort literarischer Erkundung, die Theorie der „nackten Individualität", die Verbindung der sexuellen Sphäre mit der Sphäre religiösen Erlebens, die dämonische Persönlichkeit Przybyszewskis und sein suggestives Klavierspiel erschienen Dehmel zunächst höchst verlockend. Bald jedoch traten die Unterschiede zwischen beiden Männern schärfer zutage als sie geglaubt hatten, und eine Verständigung zwischen dem „Jeremias der entartenden Instinkte" und dem „Hahnrei seines Bewußtseins"[79] wurde immer schwieriger. Die beständige geistige Gärung, die Leidensphilosophie, das Übermaß an Sexualtheorien, die Glorifizierung des Rausches und die Hypertrophie des Ausdrucks stießen Dehmel ab. Er betonte wieder häufiger die Unabhängigkeit vom polnischen Gefährten. In einem Brief an Servaes vom 18. April 1894, der auf dessen Artikel „Zwei Apokalyptiker" einging, erklärte: „Sie hätten mich vielleicht in weniger apokalyptischer Beleuchtung gesehen, wenn der ‚sonderbare Pole' mir seine ‚Totenmesse' nicht gewidmet hätte."[80]

---

75 F. Runkel, *Der Übermensch im erotischen Roman*, in: „Der Zeitgeist". Sonntagsbeilage zum „Berliner Tageblatt" 1895, Nr. 17.
76 L. Berg, *Vigilien*, in: „Die Zeit" 1895, H. 33, S. 105.
77 R. Dehmel, *Bekenntnisse*, Berlin 1926, S. 35.
78 Diesen Befreiungsprozeß nannte Franz Servaes vielsagend eine „Entpolonisierung"; vgl. Servaes, *Präludien. Ein Essaybuch*, Berlin, Leipzig 1899, S. 150.
79 In einem Brief an Liliencron vom 15. Dezember 1892 schrieb Dehmel: „Der Pole sagt, ich sei 'der Hahnrei meines Bewußtseins'; das ist ein vorzügliches Wort und trifft den Nagel auf den Kopf." (R. Dehmel, *Ausgewählte Briefe aus den Jahren 1883 bis 1902*, Berlin 1922, S. 101.)
80 R. Dehmel, *Bekenntnisse*, op. cit., S. 57. Die Zeitgenossen spürten Przybyszewskis Einfluß auf Dehmel und bewerteten ihn negativ. So lehnte Emil Goett einige Gedichte Dehmels (vor allem aus

1898 faßte er den Unterschied zwischen sich und Przybyszewski noch genauer: „Die sinnlose Hingebung an das Unbewußte führt menschlich wie künstlerisch zur stereotypen Verkennung aller beglückenden Lebensreize, zur borniertien Wehmutsduselei und Elendsraserei, wie man das gerade an Maeterlinck und Przybyszewski in ausgeprägter Form studieren kann; ich fühle mich von diesen beiden – im wörtlichsten Sinne – ‚himmelweit' verschieden."[81]

Dehmel teilte demnach nicht die Begeisterung Alfred Momberts, die dieser in einem Brief an den Autor von „Aber die Liebe" bekundet hatte: „Bitte übermitteln Sie Ihrem ‚Polen' dankbare Grüße von einem jener Certains. Denn er hat ihn durch seine ‚Totenmesse' gänzlich aus dem Gleichgewicht gebracht – noch mehr aber durch ‚Vigilien'."[82]

Momberts Reaktion auf Przybyszewskis Schaffen war die Reaktion eines geistig verwandten Dichters. Beide vertraten ähnliche künstlerische Konzepte und eine auf den gleichen Voraussetzungen beruhende poetische Technik. Sie begriffen den schöpferischen Akt als eine Eruption unbewußter Vorgänge, was zur Spaltung der Vision von der einen dichterischen Welt führte. Dieser neue Lyriktyp, in dem die poetischen Bilder nicht mehr nach dem Prinzip logischer Kontinuität verbunden waren, sondern zu Entsprechungen kaum faßbarer psychischer Prozesse wurden – wie es Przybyszewski bei Mombert gesehen hatte –, kam in den ersten Poemen des polnischen Autors zur Geltung.

Die Fähigkeit zur Entzifferung jener Bedeutungen, die in den bis dahin unbekannten Organisationsweisen des poetischen Materials steckten, und die neuen weltanschaulichen Vorstellungen waren mit Sicherheit Elemente, die den Kontakt zu Przybyszewskis Werk erleichterten. Was Wunder, daß diese Texte überwiegend in literarischen Kreisen ihre kompetenten Leser fanden. Franz Servaes wertete „Vigilien" in einer Rezension für die „Neue Deutsche Rundschau" so: „Es ist charakteristisch für die Wesensart dieser Dichtung, die nirgends mit zudringlichem Finger die Oberfläche

---

dem Band *Weib und Welt*) wegen ihrer „munch-pzbschwskischen Narkose" ab. Dies berichtet F. W. Neumann, *Stanislaw Przybyszewski und Richard Dehmel*, op. cit., S. 272.

81 Brief Dehmels vom 27. Mai 1898, in: R. Dehmel, *Ausgewählte Briefe*, op. cit., S. 278. Bereits 1895 war die Freundschaft zwischen Dehmel und Przybyszewski zu Ende, wovon ein Brief Dehmels vom 13. September zeugt: „Lieber Stachu! Wozu noch viele Worte – wir sind eben fertig miteinander. (...) Auch künstlerisch hast Du mich nicht mehr nötig. Du spielst Dein Marterinstrument nunmehr so virtuos, daß ich vor lauter Bewunderung kaum noch zur Mitempfindung komme. Ähnlich wie es Dir mit *meinen* Gedichten geht, trotz oder wegen ihrer neuen Tonart. So geht es eben zwischen Künstlern, die als Menschen miteinander fertig sind. Aber ohne Bitterkeit..." (Vgl. F. W. Neumann, *Stanislaw Przybyszewski und Richard Dehmel*, op. cit., S. 278.) Trotz der Trennung und unterschiedlicher Auffassungen behielt Przybyszewskis Schaffen für Dehmel einen hohen Rang; 1905 empfahl er ihn als Vertreter Polens für die internationale kulturpolitische Liga.

82 Brief vom 10. Januar 1895, in: A. Mombert, *Briefe an Richard und Ida Dehmel*. Ausgewählt und eingeleitet von H. Wolffheim, in: „Akademie der Wissenschaft und der Literatur" 1955, Nr. 5, S. 259. Eineinhalb Jahre später schrieb Dehmel: „Wenn Sie Ihren Freunden Julius Hart und Stanislaw Przybyszewski je ein Exemplar [von *Der Glühende*] als ein Zeichen meiner aufrichtigen Verehrung übermitteln wollten, wäre ich Ihnen dankbar, ich kenne deren Adressen nicht." (Ibidem, S. 262). Przybyszewski rezensierte Momberts Gedichtband 1896 im Periodikum „Die Zeit", Nr. 114 (sowie in der tschechischen „Moderní Revue" 1896, Nr. 1, und dem Krakauer „Zycie" 1899, Nr. 4, S. 21f.). Auch Mombert zollte Przybyszewski Hochachtung und widmete ihm das 26. Gedicht des Bändchens *Die Schöpfung* (Leipzig 1897).

der Dinge abtastet oder gewissenhaft reportert, sondern nur solche Bilder reproduziert, die der Verfasser von der Außenwelt in seinem Innern trägt und mit dem dort aufgespeicherten Phantasievorrat verschmolzen hat. Von ‚realistischer Beobachtung' ist daher nichts in diesem Buche. Alles ist visionäre Impression. Die phantastischen Gestalten, die in einer sehr erregten Innenwelt auftauchen und Gewalt gewinnen über diese Innenwelt, werden nach außen projiziert und wandeln als Gespenster im Alltag umher. Aber die Gespenster sind nicht Selbstzweck (wie bei Hoffmann etwa), sie sollen bloß Zeugnis ablegen von der Seelenerregung, die sie gebar, sie sollen uns als Reflexe gelten, die aus der Nacht des Unbewußten irrlichternd empordämmern. Es handelt sich um menschliche Gefühlszustände, die sich selbst als etwas Unerklärliches, Unsagbares empfinden und die, im Drang sich zu verkünden, nach phantastischen Bildern greifen, da die gemeinverständlichen Worte noch fehlen, mit denen sie sich umschreiben lassen."[83]

Servaes bemerkte treffend, daß Przybyszewskis Gestalten kein ursächlicher Zusammenhang mit der Struktur der erdachten Welt verband, sondern – um des Kritikers Überlegungen auf den Punkt zu bringen – ein symbolischer Zusammenhang. Die metaphorische Umschreibung der „Vigilien" als „Frühmesse der neuen Kunst" ist eine hohe Wertschätzung für das Werk und zugleich das Eingeständnis, daß „dies also echtes Neuland", die Ankündigung neuer Kunstrichtungen war.

Für manche Interpreten war Przybyszewski dagegen nur ein weiterer Fall jener gefährlichen Krankheit, die sich seit Wagner ausbreitete und darin bestand, daß man sich der künstlerischen Mittel anderer Kunstgattungen bediente, wie es der anonyme „Zeit"-Rezensent ausdrückte.[84] Besonnener urteilte Richard M. Werner, der eine Abhandlung des französischen Schriftstellers und Kritikers Pujo analysierte und in dessen Ansichten zahlreiche Gemeinsamkeiten mit der Konzeption des Poems erkannte, die Przybyszewski in Deutschland aus der Taufe gehoben hatte.[85]

Am genauesten aber gibt eine Rezension Morgensterns die damalige „Lesart" Przybyszewskis wieder, in der sich Zustimmung und Ablehnung, Bewunderung und Unverständnis begegnen: „Es ist ein Buch, das man um und um lesen kann, man wird sich immer an einzelnen Stellen festhaken und den größten Respekt vor der Künstlerschaft des Dichters bekommen. (...) Es fehlt die Perspektive. Stimmungen sind heraufgerissen und wie mit Blut hingeschrieben – aber ein Bild der Persönlichkeit fehlt. Hin und wieder hat man das Gefühl, daß die Gedanken- und Gefühlsblitze nichts als theatralische Kunststücke sind, und man will's wieder nicht glauben. Ein katholischer Dunst steigt auf, den protestantische Nerven nicht vertragen. Deliriumphantasien quälen das Gehirn. Und es kann wohl sein, daß man das Buch in weitem Bogen in die Ecke wirft und nach einem einfachen Buche greift, das ein schlichtes Menschenschicksal ohne große Gebärden erzählt. In den ‚Vigilien' präsentiert sich zweifellos einer der

---

83 F. Servaes, *Kritik und Kunst. Streifzüge*, in: „Neue Deutsche Rundschau" 1895, S. 168.
84 Vgl. L. Berg, *Vigilien*, in: „Die Zeit" 1895, H. 33, S. 105. Nach Ansicht des Rezensenten war Dekadenz eher die Dämmerung als die Morgenröte einer neuen Kunst.
85 R. M. Werner, *Poetik und ihre Geschichte*, in: „Jahresberichte für neuere Literaturgeschichte" 1895, I 10:S. 639, S. 641. Hier geht es um M. Pujos Buch *Le règne de la Grâce*, Paris 1894.

eigenartigen Künstler – mag man versuchen, mit ihm fertig zu werden. Ich finde keine Formel für ihn."[86]

Die ambivalente Aufnahme von Przybyszewskis Poem resultierte gewiß nicht allein aus dem provokanten Inhalt, sondern ebenso aus der neuartigen Form, die nicht in jedem Fall identifiziert wurde. Dem Verfasser selbst war bewußt, daß der Kritik die neuesten Phänomene in der Kunst mitunter entgingen. Ein drastisches Beispiel für Intoleranz war die Reaktion des Publikums (sowie einiger Kritiker) auf die Ausstellung des norwegischen Malers Edvard Munch, die im November 1892 in Berlin stattfand.[87] Przybyszewski publizierte in der „Neuen Deutschen Rundschau" einen enthusiastischen Artikel über Munchs Malerei, den er „Psychischer Naturalismus"[88] überschrieb und in dem er auf die Art des Konflikts hinwies, der aus den Erwartungen der Öffentlichkeit und den vorgestellten Werken erwuchs. Das Wesen der Kontroverse erblickte er in der unangemessenen, weil traditionellen Werteskala.

Przybyszewski lieferte in seinem Essay eine „Übersetzung" der Bilder des „Naturalisten seelischer Phänomene", als den er Munch definierte, in die Sprache der Tiefenpsychologie. Demnach war Munch der erste Künstler, der die praktisch unfaßbaren Vorgänge in der menschlichen Seele darstellte. Seine Bilder waren keine Illustrationen der äußeren Wirklichkeit mehr, sie wurden zu Äquivalenten halb bewußter und halb unbewußter Erlebnisse, zu visuellen Entsprechungen des „nackten psychischen Prozesses". In Munchs Malerei entdeckte Przybyszewski aber vor allem das, was die Basis seiner eigenen künstlerischen Innovationen ausmachte: ein Verständnis von Kunst als des Ausdrucks geistiger Energie, wie sie wenigen, auserwählten Individuen zuströmt. Diese Entladung erfolgt ohne Vermittlung durch den Verstand, sie ist eine reine, unkontrollierte Eruption des Ichs, insbesondere seiner Tiefenschichten, in denen die ererbten Inhalte verborgen liegen – der Schichten des kollektiven Unbewußten, um es mit Jung zu sagen. Über die Gemeinsamkeit im künstlerischen Empfinden gelangte Przybyszewski zu seiner Interpretation des für die Berliner Kritik „unverständlichen" Malers. Er verdeutlichte nicht nur die Suggestivität der Farben und

---

86 G. Morgenstern, *Stanislaus Przybyszewski: Vigilien*, in: „Die Gesellschaft" 1895, S. 116.
87 Munch wurde die Ausstellung im September 1892 angetragen. Außer dem in Berlin ansässigen norwegischen Maler Adelsteen Normann hatte seine Bilder bis dahin im Grunde niemand gesehen. Als sie eintrafen, wollte die schockierte Jury die Schau zunächst absagen; als es schließlich doch zur Eröffnung kam (am 5. November), brach ein Skandal aus. Am 12. November fand im Verein Berliner Künstler eine stürmische Debatte statt, bei der mit 120 (zu 105) Stimmen die sofortige Schließung der Ausstellung durchgesetzt wurde. Viele Mitglieder des Vereins protestierten öffentlich gegen diese Entscheidung.
88 Vgl. Przybyszewski, *Psychischer Naturalismus*, in: „Neue Deutsche Rundschau (Freie Bühne)" 1894, S. 150-156. Dem Artikel wurde die Bemerkung beigegeben, die Redaktion teile die Auffassungen Przybyszewskis nicht, stelle sie aber, mit Rücksicht auf den namhaften Autor, den Lesern zur Diskussion. Später wurde der Text aufgenommen in den Sammelband *Das Werk des Edvard Munch. Vier Beiträge von S. Przybyszewski, F. Servaes, W. Pastor, J. Meier-Graefe*, Berlin 1894, der auf Przybyszewskis Anregung entstanden und mit einem Vorwort versehen worden war. Ernst Altkirch schrieb über dieses Buch, es handele sich um die besten Kommentare, die je zu Munch verfaßt wurden (vgl. E. Altkirch, *Das Werk des Edvard Munch. Hg. von Stanislaw Przybyszewski*, in: „Der Zuschauer" 2 [1894], S. 227).

ihren dramatischen Gehalt, sondern erkannte bereits die expressionistische Vorwegnahme.[89]

In der Studie über Munch formulierte Przybyszewski expressis verbis die eigene Konzeption einer „neuen Kunst", gestützt auf den „psychischen Naturalismus", einer Kunst als unmittelbarem Ausdruck geistiger Prozesse, wie sie von der „nackten Individualität"[90] erfahren und erlebt werden. Dies war mithin ein gänzlich anderer „Naturalismus", das „logische Leben des Gehirns" wurde ersetzt durch eine Logik der „Tiefe", eine autonome Logik des Unbewußten. Der wahre Inhalt der „nackten Individualität", der „absoluten Seele", die ein winziges Teilchen des kosmischen Ganzen bildete, war das Geschlecht. Demzufolge mußte die Kunst Widerspiegelung jener Urkraft sein, welche das Leben beherrschte, sowie jener Formen, durch welche sie in der Welt wirkte. Der Essay über Munch war folglich nicht nur eine Analyse von Bildern des Norwegers, sondern auch eine grundlegende programmatische Äußerung, eine Art Selbstinterpretation des Polen.[91]

Der Text wurde penibel, wenngleich gekürzt, in den „Jahresberichten" referiert, wo Werner die wichtigsten Prinzipien der Theorie Przybyszewskis und dessen Interpretation Munchs vorstellte. Er verwies auf Przybyszewskis Unterscheidung von Individualität als ewigem Element im Menschen und von Persönlichkeit als dem Produkt des jugendlichen Gehirns, er unterstrich die Determinanten jener neuen Kunst, deren erster Repräsentant Munch war, und beendete seinen Bericht mit dem bemerkenswerten Satz: „Das ist die décadenteste Décadence, aber nicht mehr Symbolismus."[92]

---

[89] Mehrere zeitgenössische Munch-Forscher meinten, der Essay habe einen enormen Einfluß auf das weitere Schaffen des Malers gehabt. Przybyszewski habe Munch das Wesen seiner eigenen Kunst kundgetan, was bei dem Norweger eine entschiedene Abkehr vom Impressionismus und die Hinwendung zum Expressionismus bewirkt habe. Auch für Przybyszewski bedeutete der Kontakt mit Munchs Werk eine künstlerische Erleuchtung. Er bestätigte seine Anschauungen und beförderte die eigene Konzeption „nackter psychischer Prozesse", die im Gegensatz zur „Nervenkunst" der europäischen Décadence stand und von dem durch Huysmans in *Là-bas* formulierten „spiritualistischen Naturalismus" abwich.

[90] Przybyszewski entwickelte hier die Konzeption der „Individualität", die er schon im Essay *Ola Hansson* dargelegt hatte. Individualität galt dabei als tiefste Schicht des Unbewußten, welche die ererbten Inhalte aller Entwicklungsphasen der Menschheit in sich trug und zugleich Element des transzendenten Bewußtseins war.

[91] Bei der Suche nach europäischen Kontexten für den „psychischen Naturalismus" Przybyszewskis wäre auf die Konzeption von Rémy de Gourmont (publiziert 1893 im „Mercure de France") sowie auf den französischen Naturalismus zu verweisen, der die anekdotisch-realistische Darstellung der Welt ablehnte und statt dessen eine Synthese der Seele, der Suche nach dem Ewigen, Absoluten, nach der Verbindung mit dem Universum erstrebte. Im übrigen sei erwähnt, daß die Forderung nach Erkundung des Innenlebens schon Knut Hamsun erhoben hatte, der 1890 einen – weithin vergessenen – Artikel „Über das unbewußte Leben der Seele" veröffentlichte. Sein Roman *Mysterien*, der Przybyszewski so fasziniert hatte (er widmete ihm 1894 in der Zeitschrift „Die Zukunft" eine enthusiastische Rezension), sollte dieses Programm verwirklichen. Hamsuns Held Johan Nagel ist eine dekadente Persönlichkeit voller Widersprüche, ein „Ausländer des Daseins", voller Abscheu gegen alles, was ein anderer vor ihm berührt hat, einer, der von sich sagt, er wolle die Welt durch die Schläge absurder Ideen erschüttern. Hamsuns Werke aus den neunziger Jahren sind erfüllt von Ekstase, Mystizismus, Liebe. Der norwegische Schriftsteller war, wie es scheint, der Quell etlicher Inspirationen für Przybyszewskis Werk (noch in *Der Schrei* sind die Anklänge an Hamsuns *Hunger* deutlich).

[92] R. M. Werner, *Poetik und ihre Geschichte*, in: „Jahresberichte für neuere Literaturgeschichte" 1895, I 10:622.

Die Studie über Munch war Przybyszewskis letzte Berliner Arbeit, bevor er Ende Mai 1894 nach Norwegen reiste.[93] Die ersten drei Jahre äußerst intensiver künstlerischer Tätigkeit hatten dem Autor literarischen Erfolg beschert. Sein Schaffen fand auch außerhalb Deutschlands Widerhall. Im Mai 1894 wandte sich kein Geringerer als Hermann Bahr mit der Bitte an den jungen Schriftsteller, ihm Texte für die Wiener „Zeit" zu schicken. „Es wäre mir sehr lieb, Beiträge von Ihnen zu empfangen, dessen psychologische Tiefe ich außerordentlich schätze."[94] Ein Jahr darauf bat Bahr Dehmel darum, für die „Zeit" eine Charakteristik Przybyszewskis zu verfassen.[95]

Der „sonderbare Pole", der die Berliner Boheme durch sein ekstatisches Klavierspiel und seine dämonische Persönlichkeit, durch Zustände mystischer Trance, durch satanistische Neigungen und alkoholische Exzesse fasziniert hatte, überraschte und begeisterte mit seinen frühen literarischen Arbeiten also nicht nur seine deutschen Freunde und das Berliner Publikum, welches die Ankunft eines „Messias der neuen Literatur"[96] erwartete.

2.2 Im Banne des Romans (1894–1898)

Am 14. Juni 1894 schrieb Przybyszewski aus Kongsvinger an Eberhard Bodenhausen: „... entschuldige, daß ich nicht geantwortet habe, aber ich war so über die Maßen mit meinem Roman befaßt, daß ich nicht die Kraft besaß, an etwas anderes zu denken, und sei es ans Briefeschreiben. Gestern habe ich ihn beendet und bin im höchsten

---

93 Dagny reiste bereits Anfang April ab; Przybyszewski verbrachte einige Wochen bei den Eltern in Wongrowitz, am 24. Mai traf er in Kongsvinger ein. Die häufigen Besuche Przybyszewskis später in Berlin hatten nicht die gleiche Bedeutung wie der ständige Aufenthalt und der literarische Salon, den Dagny und Stachv bis zum April 1894 in ihrer Wohnung, Luisenstraße 6, führten. Mit dem Umzug nach Norwegen begann auch eine neue Etappe in Przybyszewskis Schaffen – die Kraftprobe auf den Feldern Roman und Drama. Diese Umstände bewirkten, daß die Rezeption seiner Werke in eine neue Phase trat.
94 Brief vom 24. Mai 1894; abgedruckt bei R. Taborski, *Stanislaw Przybyszewski und Wien*, in: „Österreichische Osthefte" 1967, H. 2, S. 130. „Die Zeit" (1894-1904-1924) war als Wochenschrift eine Art politische Umschau, die auch Beiträge zu Kunst und Literatur sowie literarische Texte druckte. Przybyszewski publizierte darin 1896 eine Kurzfassung seines Essays über Vigeland *Ein Unbekannter* und den Mombert-Essay *Der Glühende*.
95 Brief vom 19. September 1895; teilweise abgedruckt bei G. Klim in dem Buch *Stanislaw Przybyszewski*, op. cit., S. 193. Dehmel hat Bahr eine solche Charakteristik nie geschickt. Auch Przybyszewski beabsichtigte, für „Die Zeit" einen Essay über Dehmels Schaffen zu verfassen (worüber er den Freund im Brief vom 18. August 1895 informierte; vgl. *Listy*, Bd. 1, op. cit., S. 108); dazu kam es aus unbekannten Gründen jedoch nicht.
96 Friedrich Kummer beschrieb so die Atmosphäre im literarischen Berlin am Ende der achtziger Jahre des 19. Jahrhunderts: „Ein unruhevolles Suchen und Sehnen, ein jugendstarkes Hoffen und Glauben. Eine heilige Gewißheit, daß der Messias der Literatur kommen müßte, bald, sehr bald kommen müßte." (F. Kummer, *Deutsche Literaturgeschichte des neunzehnten Jahrhunderts*, Dresden 1909, S. 587.) Diese Atmosphäre trug zweifellos dazu bei, daß in Teilen der Künstlerschaft gerade dieser deutsch schreibende, exotische Slawe als der lang ersehnte „neue Messias der Literatur" willkommen geheißen wurde. Der Begriff machte in Berlin die Runde, ihn zitierte selbst Adolf Paul in seinem 1894 geschriebenen Buch *Mit dem falschen und dem ehrlichen Auge* (Berlin 1909, S. 85).

Grade befriedigt. Ich hoffe, es wird der erste, wirklich psychologische Roman, ohne die Konstruktion, die ich bislang in jedem Gegenwartsroman angetroffen habe."[97]

Innerhalb von drei Wochen nach Przybyszewskis Ankunft in Norwegen entstand der Roman „Unterwegs" und fast gleichzeitig das Drama „Das große Glück".[98] Das luxuriöse Ambiente in der Villa des Schwiegervaters, Dr. Hans Lemmich Juel, die den Namen „Rolighed" trug (die norwegische Bezeichnung für einen Zufluchtsort), beförderte die Arbeit des Schriftstellers, dessen Eintreffen in Kongsvinger die Presse zuvor angekündigt hatte.[99]

Przybyszewskis erstes Erzählwerk sollte das überkommene Muster des psychologischen Romans durchbrechen. Der Autor wollte eine „neue" Schreibweise erproben, wozu er nach Abschluß von „Unterwegs" in einem Brief an Dehmel anmerkte: „... ich bin glücklich, ich kann noch anders schreiben als im Stil von ‚Totenmesse' und ‚Vigilien'."[100]

War es möglich, in der erzählenden Gattung, in der das literarische Subjekt grundsätzlich außerhalb der beschriebenen Wirklichkeit stand, der „nackten Seele" gerecht zu werden? Mit der Methode des psychischen Naturalismus die äußere Welt abzubilden? Die metaphysische und die empirische Realität miteinander zu verbinden?

„Unterwegs" (1895; die polnische Version der Trilogie „Homo sapiens" erschien 1901) war der erste Versuch, dieses ehrgeizige Vorhaben einzulösen. Rahmenhandlung ist die eher banale Eroberung eines Mädchens aus der Provinz durch einen berühmten Schriftsteller, der sich einige Tage im Hause seiner Mutter aufhält.[101] Die bewußte, systematische Aushöhlung von Maryts bisherigem Wertsystem, ihre Verführung und schließlich ihr Selbstmord werden einerseits als Elemente im Spiel Falks mit seinem eigenen Gewissen, im Kampf zwischen „Gehirn" und „Seele", zwischen Bewußtem und Unbewußtem benutzt, andererseits - und das ist schwerwiegender - dienen sie der Beobachtung jener Formen, in denen sich in der Natur das „allmächtige

---

97 *Inedita listów Stanislawa Przybyszewskiego* (Unveröffentlichte Briefe S. P.s), in: S. Helsztynski, *Meteory Mlodej Polski* (Meteore des Jungen Polen), Kraków 1969, S. 204.
98 Die ursprünglichen Titel des Romans waren *Der Übermensch* und *Eine Episode*. Das Drama hieß zunächst *Das Gewissen*. An der Endfassung beider Werke arbeitete Przybyszewski bis Anfang Juli 1894. *Unterwegs* erschien 1895 im Verlag Fontane in Berlin und galt als der zweite Teil einer Trilogie mit dem Titel *Homo sapiens*. Noch 1895 kam der dritte Band, *Im Malstrøm*, ein Jahr darauf der erste, *Über Bord*, heraus. Das Drama druckte „Die Gesellschaft" 1897 (Nr. 1, S. 54 - 83). Mit Eberhard Bodenhausen, dem späteren Botschafter in Petersburg, verband Przybyszewski seit der Zusammenarbeit im Gründungskomitee der Zeitschrift „Pan" (also seit März 1894) eine enge Bekanntschaft. Julius Meier-Graefe berichtete Jahre später in seinem Buch, wie Stachu sich mit dem gerade erst kennengelernten Großgrundbesitzer betrunken und im Gasthaus einen Schuh verloren hatte (vgl. *Geschichten neben der Kunst*, Berlin 1933, S. 142).
99 H. Drachmann publizierte Artikel über Przybyszewski in „Politiken" (24. 5. 1894) und in „Verdens Gang" (29. 5. 1894).
100 Przybyszewski, *Listy* (Briefe). Bearbeitung S. Helsztynski, Bd. 1, Warszawa 1937, S. 93.
101 Der Roman verweist auf Przybyszewskis Aufenthalt im Elternhaus im April 1892, als er Bogumila Lukomska kennenlernte, mit der ihn seine Mutter gern verheiratet hätte, vielleicht auch auf Erlebnisse, die seiner Reise nach Norwegen unmittelbar vorausgingen (im April 1894 hatte er ebenfalls die Eltern besucht). Die Verschmelzung von Fiktion und autobiographischen Sequenzen ist typisch für die gesamte Trilogie *Homo sapiens*.

Geschlecht" offenbart, und enthüllen die biologisch-metaphysische Bedingtheit des Lebens.

Der Held sieht sich als Instrument in Händen einer fremden Kraft, deren Wesen er vergeblich zu ergründen sucht. Die verborgenen Antriebe seines eigenen Handelns entziehen sich jeder wissenschaftlichen Erklärung. Die Liebe zu Maryt, gleichsam durch Selbstsuggestion hervorgerufen, ist wohl nur sexuelle Begierde, erregt durch den mystischen Duft weißer Rosen, der eine Kette von Assoziationen in Gang setzt.

Die Anwendung des psychischen Naturalismus bedeutete praktisch den Verzicht auf fast alle Elemente der Romanstruktur. Verabschiedet wurde der auktoriale Erzähler, der bis dahin über der geschaffenen Wirklichkeit schwebte, der Erzählfluß beruhte nun im wesentlichen auf der Technik des inneren Monologs. Przybyszewski stellte das Ereignishafte als Dominante der Romankonstruktion in Frage. Die Aktion im traditionellen Sinne wurde auf ein Minimum reduziert. Ihren Platz belegte die skrupulöse Erkundung des potenzierten Selbstbewußtseins eines Helden, der an chronischer Nervenreizung leidet, verursacht durch intellektuelle und sexuelle Erregung sowie Alkoholmißbrauch, eines Helden, der eine ständige Angst vor der unbegreiflichen Natur empfindet, die ihn Leben zu schaffen und zu vernichten heißt. Falk, ironisch zum Übermenschen stilisiert[102], ist nur ein Spielball der eigenen Instinkte (des Geschlechts) und verschiedener, einander widersprechender Anschauungen (des Gehirns).

Diesem ersten Roman Przybyszewskis schenkte die deutsche Kritik einige Aufmerksamkeit, sie wertete ihn als wichtiges literarisches Ereignis. Interessanterweise wurde der Titel als Metapher für die künstlerischen Experimente des Verfassers verstanden, der sich „unterwegs" zu einer neuen Kunst befände.[103]

Eine überaus kluge und umfangreiche Interpretation druckten die „Blätter für literarische Unterhaltung". Leonhard Lier suchte das Wesen von Przybyszewskis Schreiben mit diesen Worten zu fassen: „Der Reiz dieser neugearteten Kunst ist so mächtig, daß man nicht dazu kommt, landläufige Forderungen der Schönheit zu stellen; sein Wesen beruht darin, daß der Empfangende im Empfangen geradezu ein selbstgestaltender, mitschaffender Künstler ist, der vorausschaut und ergänzt. Diese Kunst ist eine Kunst ästhetischen Genießens, die in dieser Form bisher nicht bekannt war."[104]

Lier erkannte wohl als erster die Intention des Autors, die schon aus dessen frühen Texten sprach und deren theoretische Formulierung Przybyszewski erst in seinem Essay über Alfred Mombert (1896) sowie in Briefen an Alfred Neumann vornahm, die 1897 in Auszügen von der „Wiener Rundschau" veröffentlicht wurden.[105] Der Umgang mit Przybyszewskis Werken verlangte tatsächlich eine besondere Aktivität. Der

---

102 Przybyszewski schrieb in einem Brief an Bodenhausen vom 17. Juni 1894 über den Roman *Unterwegs*: „Er heißt *Der Übermensch* und zeichnet den Untergang eines Menschen infolge seiner moralischen Haltung. Es ist wohl meine endgültige Abrechnung mit Nietzsche, auf den ich früher geschworen habe." *(Inedita listów Stanisława Przybyszewskiego*, op. cit., S. 206.)
103 Vgl. H. Pauli, *Die Überwindung des Katholizismus*, in: „Neue Deutsche Rundschau (Freie Bühne)" 1895, S. 663.
104 L. Lier, *Neue Romane und Novellen*, in: „Blätter für literarische Unterhaltung" 1895, Nr. 27, S. 431.
105 Im Essay *Der Glühende* (1896) zeichnete sich bereits die Kategorie des elitären Lesers ab, von Przybyszewski „der Einzige" genannt. Das Problem des Rezipienten nimmt der Autor in den erwähnten Briefen wieder auf („Wiener Rundschau" 1897, Bd. 2, S. 665-671).

Autor forderte vom Leser nicht nur intellektuelle und emotionale Mitarbeit, sondern darüber hinaus die Erkundung von Tiefenschichten der eigenen Psyche und ein freies Spiel der Phantasie.[106]

Diese neuartige Aktivierung der Phantasie, die auf dem Verzicht auf äußere Beschreibung und der Hinwendung zum Innenleben der Figuren beruhte, hatte bereits Ibsen angestrebt, bei Przybyszewski „ist es aber mehr als ein Mittel äußerer Technik, es ist die Wesenheit seines Kunstschaffens".[107] Für den Polen existierte ausschließlich das Leben der Seele, anders ausgedrückt: das Leben der Nerven. Den Schlüssel zum Verständnis seines Schaffens erblickte Lier in dem Essay „Psychischer Naturalismus". Die detaillierte Vorstellung der darin enthaltenen Gedanken brachte den Kritiker dazu, Przybyszewskis Programm als „inneren Impressionismus" zu charakterisieren, denn dem Schriftsteller gehe es allein darum, „die Vorgänge im innerlichen Menschen in ihrer Verwicklung, in ihren Widersprüchen, in ihrem doppelten Verhältnis von Bewußtheit und Unbewußtheit in voller Nacktheit vorzuführen".[108]

Weniger Raum widmete der Rezensent der Fabel des Romans, die er als „wenig sympathisch" empfand. Zwar sei das Wirken jener ursprünglichen, biologischen Kraft in ihrer zerstörerischen Gewalt interessant dargestellt, es bleibe jedoch zu wünschen, daß der Verfasser das Leben auch von anderen Gesichtspunkten zeige.[109]

Für Hans Pauli war Przybyszewskis Romandebüt eine gelinde Überraschung; der Autor sei bis dahin als „psychologischer Experimentator" betrachtet worden, als Verfasser von Poemen ohne realen Boden, in denen eine „Atomisierung der Seele" stattfand.[110] Wie der Kritiker vermerkte, zeigte die Anwendung der gleichen Methode – vom Autor in der Studie „Psychischer Naturalismus" beschrieben – hier nicht so großartige Resultate wie in „Totenmesse" oder „Vigilien". Den Gestalten ermangele Plastizität, die dargestellte Wirklichkeit bleibe konturlos. „Trotzdem aber ist das Buch wertvoll; und zwar nicht wegen der vielen treffenden psychologischen Einzelzüge, auch nicht wegen der stilistischen Virtuosität, die zum Beispiel mit großer, wenn auch nervös machender Gewandtheit von der Erzählung der Tatsachen zu der psychologischen Analyse überspringt; sondern weil es in der Entwicklung dessen etwas bedeutet, was Przybyszewski uns zu sagen hat."[111]

Der Rezensent erörterte „Unterwegs" im Kontext literarischer Werke, die „den Katholizismus überwinden", wie er es in der Überschrift nennt.[112] Der Überwindung in weltanschaulicher Hinsicht (den Katholizismus verkörpert hier eine Frau, Maryt Kauer) entspreche im Roman eine starke Präsenz auf der Ebene des Bildlichen. Sichtbar werde das Herz eines Polen, schrieb der deutsche Kritiker, für den der Katholi-

---

106 Ausführlicher dazu vgl. G. Matuszek, *Czy „Jedyny dla Jedynego"? O stosunku Przybyszewskiego do odbiorcy i publicznosci literackiej* (Ein „Einziger für den Einzigen"? Über P.s Verhältnis zum Rezipienten und zum literarischen Publikum), in: „Rocznik Komisji Historycznoliterackiej", Bd. XXVII, 1990.
107 L. Lier, *Neue Romane*, op. cit., S. 430.
108 Ibidem.
109 Ibidem, S. 431.
110 Vgl. H. Pauli, *Die Überwindung des Katholizismus*, op. cit., S. 663.
111 Ibidem.
112 Pauli erörtert hier außer *Unterwegs* drei weitere Werke: *Der Wahrheitssucher* von Karl Emil Franzos, *Heinrich Emannuel* von Matthieu Schwann und *Der Garten der Erkenntnis* von Leopold Andrian.

zismus ein Blutsvermächtnis sei.[113] In „Unterwegs" erscheine alles, was Przybyszewski heftig liebe: Weihrauchdunst, Kirchengesang, Mystik und Ekstase, Perversion und Inbrunst.

Neben der Ablehnung des katholischen Wertsystems durch Przybyszewski wurde die Anwesenheit des Religiösen in seinen Werken von vielen deutschen Interpreten hervorgehoben. Aus seinen Schriften stieg laut Morgenstern ein „katholischer Dunst" auf, „den protestantische Nerven nicht vertragen".[114] Für Albert Soergel waren Przybyszewskis Werke „die Vermischung vom katholischen Weihrauchdunst und Satanskult, von lyrischem Pathos und wissenschaftlicher Sezierungswut".[115] Und Otto Julius Bierbaum erkannte in seinen spöttischen „Steckbriefen" bei Przybyszewski den Extrakt eines „nach Jodoform riechenden Katholizismus", begossen mit „Schnäpsen, auf denen die polnische Messe zelebriert wird".[116]

Daneben verwiesen die Kritiker auf die traditionellen moralischen Werte in Przybyszewskis Schaffen. Julius Meier-Graefe kennzeichnete „Unterwegs" als „sehr moralisch", ja geradezu als Hymne auf die eheliche Treue.[117] Auch für Arthur Moeller-Bruck war der Roman ein Loblied auf die Monogamie.[118]

Die deutschen Rezensenten entdeckten an Przybyszewskis „Übermenschen" die höhnische Grimasse. „Unterwegs" wurde durchschaut als Satire auf den Nietzscheanismus, als ideologische Fortführung der frühen Werke aus dem Zyklus zur „Naturgeschichte einer Menschheit unter dem Reich Nietzsche", wie es Julius Meier-Graefe metaphorisch formulierte.[119] Die von dem Polen präsentierte Geschichte einer „neuen Menschheit" sei die Geschichte eines „Homo bestii", als der sich der Nietzschesche Homo sapiens erweise. Przybyszewskis Held Erik Falk steuere das Bewußtsein eines anderen Menschen, des Mädchens Maryt, er führe sie in Verderben und Tod. Diese Studien zur Anatomie der eigenen und der fremden Psyche geschähen teils aus perversem Leidenstrieb, teils aus der Lust zum fachlichen Experiment. „Nur die blendende Helle ist das Neue an dieser Geschichte. So scharf hat den Fall noch kein Mensch beobachtet", konstatierte der Kritiker.[120]

Der letzte Teil der Trilogie, „Im Malstrøm", 1896 bei Storm in Berlin verlegt, traf gleichfalls auf reges Interesse bei der Kritik. Die eigentümliche Reihenfolge bei der

---

113 H. Pauli, *Die Überwindung...*, op. cit.
114 G. Morgenstern, *Stanislaus Przybyszewski: Vigilien*, in: „Die Gesellschaft" 1895, S. 116f.
115 A. Soergel, *Dichtung und Dichter der Zeit. Eine Schilderung der deutschen Literatur der letzten Jahrzehnte. Neue Folge. Im Banne des Expressionismus*, Leipzig 1927, S. 16.
116 M. Möbius [O. J. Bierbaum], *Steckbriefe, erlassen hinter 30 literarischen Übeltätern gemeingefährlicher Natur*, Berlin und Leipzig 1900, S. 108.
117 J. Meier-Graefe, *Stanislaw Przybyszewski*, in: „Die Gesellschaft" 1895, S. 1043. Meier-Graefe gehörte seit der Gründungsphase der Zeitschrift „Pan", die er zusammen mit Bierbaum herausgab, zum engen Bekanntenkreis Przybyszewskis.
118 A. Moeller-Bruck, *De profundis*, in: „Die Gesellschaft" 1896, S. 665. Moeller van den Bruck, Schriftsteller und Literaturkritiker, war häufiger Gast in Przybyszewskis Wohnung in der Luisenstraße.
119 J. Meier-Graefe, *Stanislaw Przybyszewski*, op. cit., S. 1040. Die Anspielung auf einen Titel von Emile Zola ist nicht zufällig, denn ähnlich wie dem Autor des Rougon-Macquart-Zyklus wurde – laut Meier-Graefe – auch Przybyszewski prophezeit, daß er sich künstlerisch rasch erschöpfen würde, weil er nur über einen begrenzten Stoff verfüge. In beiden Fällen bewahrheitete sich dies nicht.
120 Ibidem, S. 1043.

Veröffentlichung der einzelnen Bände[121] rief Verwunderung hervor – „indes große Künstler haben ja wohl ihre Absonderlichkeiten", wie Karl Schneidt feststellte.[122]

Der Roman „Im Malström" ist in seiner Aussage um vieles komplizierter als „Unterwegs". Zur Verwicklung des Helden in ein weiteres außereheliches Verhältnis, dessen Resultat diesmal nicht Selbstmord der Partnerin, sondern ein Kind ist, kommt der soziale und künstlerische Kontext. Entscheidend aber ist, daß der dämonische Übermensch Erik Falk, der seine Mitmenschen zerstört und als Mittel für seine Zwecke benutzt, diesmal – vereinfacht gesagt – von Gewissensbissen und der panischen Angst geplagt wird, die geliebte Gattin, ohne die er nicht leben mag, könne von dem Abenteuer erfahren. Verzweiflung, Hoffnungslosigkeit, Lebensüberdruß, Zerstörungstrieb entspringen einem kranken Gehirn, das manisch von der Idee besessen ist, die Gemahlin habe einen vorehelichen Treuebruch begangen. Dieser Übermensch geht infolge eines Zuviels an Gewissen und Bewußtsein unter.

Die Romanfigur wurde vor allem als typischer Repräsentant der zeitgenössischen Kultur rezipiert, im Negativen wie im Positiven – abhängig vom Standpunkt des Lesers. Für den anonymen Rezensenten des „Grenzboten" war Przybyszewskis Held das Prachtexemplar eines neuen Figurentyps, wie er sich seit einigen Jahren in der Literatur ausbreitete, geprägt durch „Wechsel von Größenwahn und Wurmgefühl, diese Mischung von Propheten- und Lumpentum".[123] „Sein Leben, sein Wesen und seine Seele bleiben uns so unklar wie irgendein quälendes Traumbild, von dem wir empfinden, das es eine Fratze ist, ohne doch bestimmte Züge dieser Fratze festhalten zu können."[124]

Carl Credner hatte daher recht, als er in der „Gesellschaft" schrieb: „Przybyszewski steht ziemlich einzig da in unserer deutschen Literatur. Wer ihn noch nicht kennt und einmal eines seiner Werke zur Hand nimmt, wird längere Zeit brauchen, bis er sich darin zurechtgefunden hat. Am schwierigsten ist es bei diesem Schriftsteller, zu entscheiden, wo die Ironie aufhört und der Ernst anfängt."[125]

---

121 Nach dem zweiten Teil der Trilogie, *Unterwegs*, erschien der dritte, erst zum Schluß der erste: *Über Bord*. Diese Reihenfolge ist schwer zu erklären, denn alles deutet darauf hin, daß *Über Bord* Storm eher (bereits im April 1895) vorlag, der Roman *Im Malstrom* aber erst im Juni 1895 beendet wurde. (Hinzugefügt sei, daß der Verlag Storm 1898 bankrott ging und die restlichen Exemplare von *Homo sapiens* zu Spottpreisen verkauft wurden. Darum nahm Przybyszewski bald wieder Kontakt zu Fontane auf.) Womöglich wollte Przybyszewski diesen so eindeutig autobiographischen Roman erst einige Zeit nach der Rivalität mit Munch um die Liebe Dagnys veröffentlichen. Der letzte Teil beruht ebenfalls auf Erlebnissen des Verfassers und zeigt plastisch sein Erschrecken über die erneute Schwangerschaft von Marta Foerder (Anfang Mai 1894, als Dagny nach Norwegen abgereist war, besuchte der Autor seine einstige Lebensgefährtin, woraufhin diese am 6. Februar 1895 beider Tochter Janina gebar). Der erste Band der Trilogie, *Über Bord*, fand nur geringen Widerhall bei der Kritik. Neben der wohlwollenden Rezension von H. Hart (*Neues vom Büchertisch*, in: „Velhagens und Klasings Monatshefte" 1897/98, S. 697f.) erschien eine kurze Notiz in der „Wiener Rundschau" (R. Schaukal, *Stanislaw Przybyszewski. Über Bord*, 1898, S. 159), die Przybyszewskis Schriftstellerei negativ wertete.
122 K. Schneidt, *Vom neuen Schrifttum*, in: „Die Kritik" 1896, Nr. 69, S. 171.
123 Anonym, *Décadencehelden*, in: „Grenzboten" 1896, Nr. 32, S. 281.
124 Ibidem, S. 282.
125 Leander [C. Credner], *Kritik*, in: „Die Gesellschaft" 1896, S. 687.

Credner gewahrte in dem Roman deutliche Ironie gegenüber Nietzsches Philosophie und dessen Übermenschen.[126] Er unterstrich die meisterliche psychologische Analyse, die er einem Dostojewski an die Seite stellte.[127] Die weitreichendste Interpretation der Trilogie „Homo sapiens", namentlich ihres dritten Teils, bot indessen Ludwig Jacobowski, der in dem Werk nicht nur Ironie und Posse, sondern eine Parodie erkannte und Przybyszewski boshaft als „großen Humoristen" apostrophierte.[128] Mit „Im Malstrøm" habe der Schriftsteller vorgeführt, wie man einen Roman ohne Aktion und Komposition fabriziere, und überdies eine erstklassige Parodie der zeitgenössischen Helden und der modernen Psychologie geliefert.

Der ironische Interpret kam der Wahrheit am nächsten, denn in Przybyszewskis Werken ließen sich wie in einem Zerrspiegel die extremen Tendenzen der Epoche beobachten. Geschlechtsmystik und religiöse Sexualität, Pathos des Lebens und des Leidens, Exaltation und Abscheu vor dem Alltäglichen, Ekstase und Hysterie, Fieberzustände und Delirien bis hin zur Bewußtlosigkeit empörten die Zeitgenossen durch ihre Vordergründigkeit – oder erzeugten Faszination. Auf alle Fälle offenbarten sie die „nackte Wahrheit" ihrer Zeit.

Schneidt schrieb in seiner scharfsinnigen Interpretation des letzten Teils der Trilogie in der Zeitschrift „Die Kritik": „Bei Przybyszewski sehen wir, wohin die geistige Überkultur, wohin die schlimme Hypertrophie des Gehirns, an der unsere Zeit krankt, schließlich führen muß. (...) Erik Falk ist der echte, vollbürtige Vertreter des mit allen Kulturen übersättigten, durch nichts mehr zu befriedigenden Menschen, der an der Wende des Jahrhunderts steht und eine unheimlich grelle Lache anschlägt über sich selbst und über die Torheit der andern, die noch Ideale haben und die noch ein höheres Streben kennen als das, unter Bestien ein höher organisiertes Tier zu sein. Erik Falk ist die Verkörperung jenes furchtbaren Pessimismus, der als Weltekel seine höchste Darstellungsform gefunden hat."[129]

Nach Meinung des Rezensenten hat sich Przybyszewskis Held in einem Netz gefährlicher Theorien verstrickt, welche die Reste eines traditionellen Wertsystems in ihm beseitigt, ihn Launen und Gelüsten ausgeliefert und einen destruktiven Instinkt bloßgelegt haben, der alles um ihn her und schließlich ihn selbst zerstört. „Es ist eine grandiose, eine grausige und erschütternde Schilderung unheimlichster seelischer Vorgänge, die der Dichter uns in diesem merkwürdigen Buche vor Augen führt", schrieb Schneidt. „Wir erleben alles, was wir da lesen, selbst mit, und schaudernd machen wir die Entdeckung, daß in uns allen etwas ist von diesem unheimlichen Menschen, den der Dichter in voller seelischer Nacktheit uns zeigt. Auf dem tiefsten Untergrunde

---

126 Auch der anonyme Rezensent einer österreichischen Zeitschrift verweist auf die ironische Behandlung dieses „Homo sapiens" (Anonym, *Przybyszewski S.: Im Malstrøm*, in: „Österreichisches Literaturblatt" 1897, Nr. 21, Sp. 665).
127 Auch Schneidt (*Vom neuen Schrifttum*, op. cit., S. 173) vermerkte, daß Przybyszewski hinsichtlich der psychologischen Gestaltung „ein vollkommen ebenbürtiger Rivale Dostojewskis" wäre und verknüpfte diese Eigenschaft mit der slawischen (polnischen) Herkunft des Verfassers.
128 L. Jacobowski, *Neue Humoristen*, in: „Blätter für literarische Unterhaltung" 1896, Nr. 19, S. 300. Jacobowski bespricht hier die beiden Romane *Im Malstrøm* und *De profundis* sowie ein Buch Bierbaums.
129 K. Schneidt, *Vom neuen Schrifttum*, op. cit., S. 172f.

menschlichen Wesens lauern die ererbten Instinkte, durch Erziehung und Sitte nur gebändigt und jeden Augenblick bereit, hervorzustürzen und in wahnsinnigem Rasen alles zu vernichten."[130]

Schneidt hatte wohl erkannt, daß der Przybyszewskische Homo sapiens, der ein Übermensch sein will, nur eine gefesselte Bestie ist und sich im Grunde kaum vom Tier unterscheidet. Przybyszewskis „gewaltige Kunst" hinterlasse jedoch einen unangenehmen Eindruck, bemerkte der Kritiker. Es sei eine morbide Kunst ohne hehre Lebensfreude. Deshalb hielt er Przybyszewski nicht – wie manche seiner Bewunderer – für einen Messias; für ihn war er „ein Vorläufer, dessen Werk den Übergang bildet vom verwesenden Alten zum lebenskräftigen Neuen".[131] Seine schöpferische Methode weise der neuen Kunst die Richtung.

Die Trilogie „Homo sapiens", Przybyszewskis erster Versuch auf dem Feld des Romans, wurde abermals zu einem literarischen Erfolg des „genialen Polen". Selbst Richard Dehmel, der die weitere Entwicklung des Schriftstellers mit kritischer Distanz verfolgt hatte, nannte den Zyklus in einem Brief an Servaes „wundervoll".[132] Der Verfasser schmiedete unterdessen neue Pläne, über die er im Juli 1895 in einem Brief an Servaes berichtete: „Der Zyklus ‚Homo sapiens' ist beendet. Und gerade mit dem dritten, letzten Band bin ich überaus zufrieden. (...) Dann möchte ich einen Beitrag schreiben, eine neue Schule bilden. Hehe..., aber in Wahrheit lache ich nicht, wirklich eine neue Schule ohne jedes Vorbild. In den Vordergrund stelle ich die transzendente Existenz des Menschen. Transzendentes Leben bedeutet weder sinnliches noch geistiges Leben (das sog. ‚nüchterne Leben'). Der nüchterne Mensch ist langweilig. Der Verstand ist auch langweilig, denn er besitzt Grundsätze und Grenzen, an die er fortwährend stößt. Du verstehst also: Den logischen, verständigen Menschen beseitigen wir und heben den Menschen ohne Grundsätze, den Träumer, Fatalisten, Wüterich auf den Thron. (...) Ich denke so: Im nüchternen Zustand kommt eine Unmenge von Aktionen und Reaktionen zu Wort, die sich ständig wiederholen, weil sie zur Gewohnheit werden; vom tiefsten Wesen des Menschen, von seinem Tabu haben wir nicht die geringste Ahnung. Und das hat bisher niemand zu erforschen versucht – abgesehen von Schlaf und mir –, man möchte sogenannte gesunde Menschen haben, hehe, gesunde Menschen, d. h. idiotische, gleichförmige Gehirne."[133]

Konkretisiert werden sollten die neuen Überlegungen in einem weiteren Roman, dem im Sommer 1895 entstandenen „De profundis". Das Buch, ausschließlich für Subskribenten bestimmt, erschien noch im selben Jahr beim Verlag Storm in Berlin als „Privatdruck".[134] Przybyszewski hatte es zudem mit einer Einleitung versehen, die seine Philosophie des Kunstwerks offenlegte. In „De profundis" wollte Przybyszewski – laut Einleitung „Pro domo mea" – das Leben der Seele zeigen und nicht das Leben des Gehirns, denn das „logische Gehirnleben" sei nur ein Surrogat des wahren, un-

---

130 Ibidem.
131 Ibidem, S. 173.
132 So in einem Brief vom 22. Februar 1895; den Auszug zitiert F. W. Neumann, *Stanislaw Przybyszewski und Richard Dehmel*, in: *Münchener Beiträge zur Slawenkunde. Festgabe für Paul Diels*. Hg. von E. Koschmieder u. A. Schmaus, München 1953, S. 276.
133 Przybyszewski, *Listy*, Bd. 1, op. cit., S. 104.
134 Versehen mit der Widmung: „Meinem Freunde, Meiner Schwester, Meinem Weibe, Dagny".

sichtbaren Seelenlebens. Die Seele entäußere sehr selten ihre geheimen Inhalte, sie offenbare sich nur in besonderen Zuständen – im Fieber, in Visionen und Ekstasen. Heutzutage entblöße sie sich vor allem im Geschlechtsakt. „Mag man dafür der Seele die Vorwürfe machen, nicht mir"[135], verwahrte sich der Autor eines Romans über inzestuöse Liebe, der die gewaltige, unbegreifliche Kraft darstellen wollte, welche zwei Seelen zu einer mystischen Zwei-Einigkeit zu verschmelzen vermag.

Geschwisterliebe ist hier das tiefgründige Symbol für ewiges Streben nach der androgynen Vereinigung von Mann und Frau, für den Wunsch nach Rückkehr zur ursprünglichen Vollkommenheit, nach Erfahrung der Einheit eines Seins, das in die Polarität der Geschlechter zerfallen ist. Die Auffassung von der Androgynie als eines reintegrierten Ichs (der Seele), das den einstmals verlorenen weiblichen Teil (die Schwester, die Anima) wiedergewonnen hat, war eine höchst originelle Idee, die spätere Konzeptionen von Carl Gustav Jung vorwegnahm.[136]

Przybyszewski bewegt sich in „De profundis" ganz auf der Ebene mentaler Erscheinungen, unterbewußter Reflexe, archetypischer Bilder. Er erörtert keine realen, sondern visionäre Sachverhalte. Alle Ereignisse sind Projektionen des kranken, fiebernden Helden, der von einem Wahn besessen ist. Die Liebesakte der Geschwister vollziehen sich als Sukkubat.

Arthur Moeller-Bruck schrieb nach Erscheinen des Romans in der Zeitschrift „Die Gesellschaft": „Die letzten Jahre moderner Dichtung waren bereits ein Versuch, die Phantasie der Kunst zurückzuerobern; einigen wenigen unter den Jüngsten – Hugo von Hofmannsthal, wie mir scheint, an der Spitze – ist dies denn auch gelungen – äußerlich! (...) Aber es war eine Bereicherung in alten Bahnen. Mit durchaus neuem Geiste in jeder Beziehung ‚neue' Wege erschlossen zu haben, ist erst das Verdienst des Stanislaw Przybyszewski."[137]

Przybyszewski enthülle in seinen Werken, so der Kritiker, die wahre menschliche Natur, die in unbewußten Schichten schlummere. In „De profundis" kehre der Typ des Helden wieder, der das präziseste Barometer seiner Zeit sei. Die Wahl des tragischen Themas wäre obligat für einen Dichter, der all das sichtbar machen möchte, was geheimnisvoll und unerforscht, also oftmals verboten und pervers sei. Dieser Zwang zur Abbildung der „nackten Wahrheit des Seins" bewirke eines: „Przybyszewskis Künstlertum ist von dieser bannenden, suggestiven Gewalt."[138]

Dieser hochmoderne, nach den Prinzipien von Kreativität und Autonomie literarischer Wirklichkeit gebaute, schwer zu interpretierende Roman fand jedoch bei der Leserschaft kein Verständnis. Jacobowski verspottete ihn in seinem Artikel „Neue Humoristen" als „eine langweilige, perverse Liebesaffäre zwischen Bruder und

---

135 Przybyszewski, *Pro domo mea*, Einleitung zu: *De profundis*, Berlin 1895, S. 10.
136 Das Inzestmotiv war der Literatur der Jahrhundertwende inhärent, in keinem Werk aber gewann es eine so tiefe, psychologisch-metaphysische Bedeutung. Vgl. z. B. *Wälsungenblut* von Thomas Mann, *Prinz Kuckuck* von Bierbaum, *Edelfäule* von Waclaw Berent u. a.
137 A. Moeller-Bruck, *De profundis*, in: „Die Gesellschaft" 1896, S. 664f. Der Rezensent stellte fest, einige Bilder in dem Roman erinnerten in ihren Details an Werke von Munch.
138 Ibidem, S. 668.

Schwester" und rügte die stilistische Manier Przybyszewskis, den Vorspann „Pro domo mea" nannte er „kompletten Unsinn".[139]

Bald nach Moeller-Brucks Rezension erschien in der „Gesellschaft" eine zweite, polemische Besprechung unter dem Pseudonym J. Saint-Froid, hinter dem sich der Psychiater und Literat Oskar Panizza verbarg. Er bezeichnete „De profundis" als „psychologisches Feuerwerk" und erklärte: „Deswegen ist auch das Ganze gar kein Inzest. Es ist keine auf psychologischer Notwendigkeit und einer gewissen Unerbittlichkeit aufgebaute Blutschande."[140] Der schöpferische Impuls, der Przybyszewski zu seinem Roman getrieben hatte, weckte beim Rezensenten den Eindruck, „daß sich einer, der sonst wie alle anderen Menschen ist, mit glühendem, sich selbst aufzehrendem Atem an den Schreibtisch setzt und sich sagt: Jetzt will ich's aber einmal den Menschen zeigen! Ich will jetzt etwas schreiben, daß die Nachtigallen tot von den Bäumen fallen und die Sonne ihren Schein verliert. (...) Es ist die Stimmung, mit der sich der junge Schiller zu den ‚Räubern' niedersetzte. Aber unser Karlsschüler war damals 16 Jahre alt. Das ist unser Pole wohl kaum. Hier liegt aber der ganze Unterschied. Das Genialische beim Knaben Schiller und das raffiniert Berechnende beim Mann Przybyszewski."[141]

Als stümperhafte Nachahmung von Dostojewskis Methode der Figurenzeichnung empfand Panizza das „meckernde ‚Hehe'", das für den Polen charakteristisch war. „Welche grausame Geschmacklosigkeit"[142], konstatierte der Kritiker, während er das „taktlose" Feixen des Helden, der seine Schwester begehrt, mit dem Lachen des Petrowitsch in „Schuld und Sühne" verglich. So könne nur ein Mensch schreiben, „auf dem Diwan eines Berliner Cafés ausgestreckt" und starke Getränke zu sich nehmend.[143] Der Haupteinwand aber betraf die Form des Romans: „Dostojewskis Art ist psychologischer Realismus. Przybyszewskis Art ist großenteils psychologischer Nominalismus. (...) Oft aber überkommt einen wirklich die Meinung, das Ganze sei nur Flunkerei. Oft wissen wir nicht, spricht der Held oder sie; spricht er mit ihrer Sprache oder sie mit der seinen? Befinden sie sich in diesem Zimmer oder in jenem? Ist der Körper nur hier, und die Seele, wie in jenem Märchen, als kleine Maus aus dem Mund des Schlafenden entflohen und vagiert woanders?"[144]

Auf Panizzas Vorhaltungen antwortete Przybyszewski wenige Monate später in derselben Zeitschrift mit dem Beitrag „Über ‚He he' und noch einiges". Die Polemik bot dem Autor Gelegenheit, die eigene nationale Spezifik zu bekunden. Neben der slawischen Herkunft unterstrich er das Elitäre seiner Werke: „Und das darf man nicht vergessen, daß ich eben ein Slawe bin. Ich schreibe deutsch, weil ich nicht für das Volk schreibe und an die wenigen, an die ich mich richte und die in allen Ländern zerstreut sind, muß ich mich in einer Weltsprache richten."[145]

---

139 L. Jacobowski, *Neue Humoristen*, op. cit., S. 301.
140 J. Saint-Froid [Oskar Panizza], *Noch einmal „De profundis"*, in: „Die Gesellschaft" 1896, S. 785.
141 Ibidem, S. 782.
142 Ibidem, S. 785.
143 Ibidem, S. 784.
144 Ibidem, S. 786.
145 Przybyszewski, *Über „He he" und noch einiges*, in: „Die Gesellschaft" 1896, S. 1081. Przybyszewskis Formulierung erschien kurz darauf in der polnischen Presse, die den in Deutschland populären

Die immer häufiger betonte Distanz zur deutschen Öffentlichkeit führte dazu, daß einige seiner bisherigen Anhänger den „neurasthenischen Polen" als „Fremdkörper in unserem Blut" zu betrachten begannen.[146] Franz Servaes widmete Przybyszewski in dem Artikel „Jung Berlin", den die Wiener „Zeit" druckte, einige kritische Anmerkungen und bilanzierte sein Schaffen so: „Ja, da war einer (...) wie ein Meteor vom Himmel gefallen. (...) Etwas Faszinierendes ging von ihm aus, etwas Aufwühlendes, Suggestives."[147] Das enorme Wissen und der Scharfsinn des Polen, die delirischen Leiden der Seele, das Eintauchen in sinnliche Perversion, die Fieberanfälle und Wahnzustände, die satanistischen Theorien und die Verachtung der Wirklichkeit, welche seine Leser gereizt und die Zuhörer seines Klavierspiels in Entzücken versetzt hatten – all das wurde nun als Pose identifiziert. Alles, was der leidenschaftliche Pole darstellte, war – wie Servaes meinte – der deutschen Natur fremd. „Wir sollen es sogar möglichst bald vergessen", notierte der Mann, der noch kurz zuvor ein Enthusiast des „sonderbaren Polen" gewesen war. Es galt, das geistige Abenteuer rasch abzuschließen, um zu den „lumpigen fünf Sinnen" und dem „lächerlichen Gehirn" zurückzufinden.[148]

Daß Servaes und einige deutsche Freunde ihre Haltung zu Przybyszewskis Person änderten, mag an einer Verkettung von Umständen liegen, die den „Fremden aus dem Osten" in einem anderen Licht erscheinen ließen. Keinen geringen Einfluß hatte sicherlich der Tod Marta Foerders[149], der Mutter von drei unehelichen Kindern des Schriftstellers, mitverantwortlich waren die Sorglosigkeit im Umgang mit privaten Schulden sowie Sottisen über die „fetten deutschen Biertrinker". Die Exzentrik und

---

Schriftsteller annoncierte. Panizzas Artikel empfand Przybyszewski als persönlichen Angriff, wovon er im Oktober 1896 Arnošt Procházka berichtete: „Oskar Panizza, den Herausgeber der *Himmelstragödie*, in der er Christus als syphilitischen Kretin und Maria als Hure darstellt, habe ich mit aller Wut persönlich in einem offenen Brief attackiert, er hatte damals schon ein Jahr Gefängnis erhalten, was ich nicht wußte, weil ich gerade in Kongsvinger war. Jetzt hat er sich revanchiert, indem er unter dem Pseudonym Saint Just Froid einen persönlichen Artikel zu *De profundis* veröffentlicht hat. Und ich Esel habe mich im ersten Moment dazu hinreißen lassen, ihm ein paar Worte zu stecken, was ich jetzt sehr bedaure." (*Listy*, Bd. 1, op. cit., S. 131f.) Die hier erwähnte Erwiderung hat Przybyszewski nirgends publiziert.
146 F. Servaes, *Jung-Berlin. Zehn Jahre Literatur-Bewegung*, in: „Die Zeit" 1896, Nr. 114, S. 156. Der Artikel ist wohl aus persönlichen Motiven voreingenommen und unsachlich gegenüber Przybyszewski, so daß sich selbst Alfred Mombert zu einer Reaktion veranlaßt sah (vgl. *Listy*, Bd. 1, S. 139). Nicht bekannt sind die Ursachen für die Trennung der beiden Freunde, die sogar familiären Umgang pflegten. (Dagny Przybyszewska war die Taufpatin der kleinen Dagny Servaes.)
147 F. Servaes, *Jung-Berlin*, op. cit., S. 155.
148 Ibidem, S. 156.
149 Materialien im Potsdamer Staatsarchiv, die der schlesische Forscher Franciszek Hawranek einsehen konnte, haben die Ansicht von Marta Foerders Selbstmord widerlegt (vgl. F. Hawranek, *Satanista i „socjalista" podejrzany o morderstwo* [Mordverdächtiger Satanist und „Sozialist"], in: „Opole" 1975, Nr. 6, S. 14f., 23). Ihr Tod am 6. Juni 1896 war die Folge einer Infektion während eines Schwangerschaftsabbruchs, zu dem sie Przybyszewski als potentieller Vater des Kindes (im Frühjahr 1896, als er eine Zeitlang in Berlin weilte, besuchte er Marta regelmäßig) vermutlich gedrängt hatte. Die offizielle Anzeige im „Vorwärts" (Nr. 135 vom 12. Juni 1896) nennt als Todesursachen Lungenentzündung und Herzversagen. Laut einem Rapport des Polizisten Korth vom 23. Juni 1896 (Staatsarchiv Potsdam, Rep. 30, Tit. 94, Nr. 123338) habe Przybyszewski nach Meinung der Nachbarn der Kranken ein Medikament verabreicht, und infolge des Verdachts, einen Selbstmord verschuldet zu haben, wurde er zwei Wochen inhaftiert.

der ungebremste Einfallsreichtum begannen die Umgebung des Dichters allmählich zu ermüden und zu erschöpfen. Gewichtige Vorbehalte weckten auch Przybyszewskis nationaler Größenwahn und Hochmut, die Überzeugung von der historischen Mission Polens und die Behauptung von der Andersartigkeit der eigenen Kultur.

Die Abneigung der früheren Freunde gegen Przybyszewskis Person war freilich nicht in jedem Fall mit einer Abwertung seines Schaffens verbunden. Dehmel, der den Lebenswandel des Polen kritisch beurteilte, gestand in einem Brief an Gustav Kühl vom 21. Oktober 1896: „... er ist mir nur noch ein interessantes Phänomen."[150] Und in der Besprechung einer Novelle von Friedrich Binde nannte er den Verfasser der „Totenmesse" (neben D'Annunzio und Schlaf) einen Schöpfer, der das poetische Abbild der „Seelenkrämpfe" vorzüglich zu gestalten verstünde.[151]

Przybyszewski entwickelte nach wie vor eigene künstlerische Konzepte und veröffentlichte unablässig neue Texte. In der Januar-Nummer der „Zeit" druckte er einen Auszug aus dem Essay „Ein Unbekannter", der wenig später vollständig in der „Kritik" erschien, im Jahr darauf gab er ihn unter dem Titel „Auf den Wegen der Seele. Gustav Vigeland" separat heraus.[152] Przybyszewski präsentierte Vigeland darin als einen Seelenpropheten, als einen der wenigen „Unbekannten", die aus Quellen schöpfen, welche nur Auserwählten offenstehen. Wahrsager und Propheten seien die „Unbekannten" einer Epoche, in der „Gehirnwissen", Naturalismus und Militarismus triumphierten, einer Epoche, die die Seele abgetötet habe. Vigeland sei ein Künstler vom Range eines Rops, Dostojewski, Huysmans oder Munch, der die geheimsten Winkel der Seele ergründe, der Schmerz, Zweifel und Verzweiflung, den wahren Gehalt der Existenz von Mensch und Welt, ans Tageslicht bringe, die Offenbarungen der Seele im Geschlechtsleben abbilde und die dämonische Macht der Frau, der Geliebten Satans, aufzeige. Vigeland habe – so Przybyszewski – als erster in genialer Klarheit den modernen Satan in seiner ganzen Pracht und Verzweiflung vorgestellt, den Götzen der Unzucht und den Götzen der Kunst, der nicht freiwillig, sondern aus Zwang das Böse schaffe.

Über den Essay „Auf den Wegen der Seele" vermerkte die Münchener „Gesellschaft", deren Rezensent die Ansichten des Polen zu Vigelands Skulpturen recht genau wiedergab und deutete: „Przybyszewski ist immer interessant. Er ist einer von jenen heiligen ‚Agni-Priestern', die der Seele opfern, einer von jenen wenigen, in denen die Tradition vergangener Zeiten von der Heiligkeit des Denkens und der Kunst stärker als je lebendig ist, einer von jenen, die nur in den Momenten ‚des intensivsten

---

150 Ein Auszug findet sich bei F. W. Neumann, *Stanislaw Przybyszewski und Richard Dehmel*, op. cit., S. 270.
151 Brief vom 8. Februar 1896, in: H. Henrichs, *Unbekannte Briefe Richard Dehmels*, in: *Euphorion* 1927, S. 473.
152 Der Essay ist dem Schaffen Gustav Vigelands gewidmet, dessen Skulpturen Przybyszewski 1894 in Kristiania (das heutige Oslo) kennenlernte. Im Januar 1895 trafen sich Vigeland und Przybyszewski beinahe täglich in Berlin. Przybyszewski war über das geringe Interesse an dem Norweger empört, in dem er ein Genie erblickte, und schrieb im November 1895 seinen Essay, der die öffentliche Meinung über den Bildhauer grundlegend revidierte. Den Essay druckten die Wiener „Zeit" 1896, Nr. 68, die Berliner „Kritik" 1896, Nr. 83-87, sowie die dänische „Tilskueren", die tschechische „Moderní Revue" und die Krakauer Zeitschrift „Zycie". Przybyszewski machte in Deutschland nicht nur El Greco und Goya, sondern auch Munch und Vigeland berühmt.

Seelenaufschwunges' schaffen. Leider heißen solche Künstler stets die ‚Unmoralischen', die ‚Obszönen'. Einer von ihnen ist auch der norwegische Bildhauer Gustav Vigeland."[153]

Die von Przybyszewski zur Vorstellung neuer künstlerischer Erscheinungen angewandte Methode der subjektiven Beschreibung, insbesondere die Wahl der kritisch beleuchteten Werke zum Ausgangspunkt für eine „freie Schöpfung", schockierte mitunter die Zeitgenossen. Der universelle Dualismus von Gott und Satan, von Mann und Frau, das Verständnis von Liebe als eines ewigen Kampfes der Geschlechter – all das erkannte Przybyszewski in den Arbeiten des norwegischen Bildhauers; doch es wurde, wie Sophus Larpent in der Zeitschrift „Altenposten" versicherte, zur Grundlage eines Essays, der „mehr über die dämonisch-erotischen Obsessionen des Verfassers selbst als über das Wesen von Vigelands Kunst" aussagte.[154]

Ähnlich urteilte Leonhard Lier, wiewohl er den Essay anregend fand: „Es ist eine allerdings weit über den Gegenstand, den norwegischen Bildhauer Vigeland, hinausführende Studie zur Sexualmoral, die viel Tiefes, aber auch Einseitiges enthält, weil sie den Wert des Sexuellen im Leben arg überschätzt und in das Phantastische verzerrt."[155]

Der Gegenstand der Untersuchung nahm die Studie mit gemischten Gefühlen auf. Nach einer ersten empörten Reaktion schrieb Vigeland in einem Brief: „Ich war mir bewußt, daß mein Bild aus der Feder Przybyszewskis eher einem großen männlichen Glied als dem ganzen Menschen ähnlich sehen würde. Aber der Artikel hat mich trotz allem gefreut, er berührt vieles und zieht vieles in Zweifel, und ich meine, daß er kraftvoll geschrieben ist. Beim Lesen habe ich mir oft gesagt: ‚Das ist zum Teufel das Beste, was ich je über Kunst gelesen habe.' Und dieser Meinung bin ich noch."[156]

Als der Essay über Vigelands „satanistische" Kunst entstand, arbeitete Przybyszewski gleichzeitig an einem neuen Roman. Er sollte „Satans Kinder"[157] heißen (polnische Version 1899) und einer der Formen gewidmet sein, in denen sich der zeitgenössische Satanismus artikulierte: dem Anarchismus.[158]

Der Stoff, der den Rahmen der Fabel bildet, wirkt karikiert. Es handelt sich um die Aktivitäten einer kleinen Gruppe von Anarchisten, die durch mehrere Brandstiftungen und einen Anschlag auf eine Fabrik in einer Provinzstadt Schrecken hervorru-

---

153 A. Donath, *Stanislaw Przybyszewski. Auf den Wegen der Seele*, in: „Die Gesellschaft" 1897, S. 137.
154 „Altenposten" (Kristiania), 30. Juni 1896; abgedruckt bei O. M. Selberg, *Esej Stanislawa Przybyszewskiego „Ein Unbekannter" w swietle nowego materialu* (S. P.s Essay „Ein Unbekannter" im Lichte neuen Materials), in: „Pamietnik Literacki" 1973, Nr. 1, S. 227.
155 L. Lier, *Neue Erzählungen und Romane*, in: „Blätter für literarische Unterhaltung" 1897, Nr. 8, S. 122.
156 Brief vom 8. Juli 1896; abgedruckt bei O. M. Selberg, *Esej Stanislawa Przybyszewskiego*, op. cit., S. 229. Die Studie wurde auch von einem zeitgenössischen norwegischen Vigeland-Forscher hoch geschätzt (vgl. R. Stang, *Gustav Vigeland. Der Künstler und sein Werk*. Übersetzt von G. Brock-Utne, Oslo 1967, passim).
157 Der Roman *Satans Kinder* entstand im November und Dezember 1895. Wegen der Schwierigkeiten, einen Verleger zu finden, erschien das Buch erst Anfang 1897 bei Albert Langen (Paris-München).
158 Przybyszewskis Roman war in gewissem Sinne eine Polemik zu dem damals populären Buch *Die Anarchisten* (1891) von John Henry Mackay, einem fanatischen Anhänger Stirners, der annahm, die Zukunft gehöre dem Anarchismus, während dieser für Przybyszewski „reiner Wahnsinn" war, wie er in der „Gazeta Robotnicza" schrieb (*Co to jest anarchizm?* [Was ist Anarchismus?], 1892, Nr. 27).

fen, ihre gesellschaftliche Rechtfertigung aber verlieren. Przybyszewski greift in dem Roman soziale und ökonomische Fragen nicht auf, sondern erkundet die pathologischen Prämissen des Anarchismus.

Die Romanfiguren sind das ganze Gegenteil von akzeptierten Mitgliedern der Gesellschaft, die dargestellte Welt ist – wie gewöhnlich bei Przybyszewski – imaginär, unwirklich. Paranoide, gespaltene Gestalten, schwankend zwischen Liebe und Haß, gepeinigt von Phantomen und Dämonen, agieren in einem kaum definierten, konturlosen Raum. Die Hauptgestalt, Gordon, scheint auf ihr Unbewußtes reduziert und aus psychoanalytischer Perspektive fixiert.

Der bei Przybyszewski dominierende sexuelle Aspekt ist nur scheinbar gedämpft. Gordon, der satanistische Anarchist, erweist sich nämlich als enttäuschter Liebhaber, dem die androgyne Vereinigung mit einer Frau mißglückte, weil die Geliebte zuvor schon einem anderen gehört hatte. Das Liebesleid aber verleiht ihm die Kraft zur Destruktion.

Dieser Hinweis auf den dialektischen Zusammenhang von Geschlechtstrieb und Aggression war seinerzeit eine – wenngleich gänzlich unbemerkte – sensationelle Entdeckung. Przybyszewski, der permanent die Psyche seiner Gestalten ergründete, der mehrere Schichten des „Ego" und des „Superego" freilegte, um in jene Bereiche vorzudringen, in denen die „nackte Individualität" regiert, entdeckte hier – lange vor Freud – auf dem Grund der Seele zwei Triebe: den sexuellen und den destruktiven, die Energie des Lebensinstinkts und die Energie des Todesinstinkts. Einige Jahrzehnte früher als Artaud und die Surrealisten erkannte er, daß sich in der Paranoia eine Wahrheit über die eigene Welt verbirgt.

Der gescheiteste Interpret dieses recht sonderbaren Romans[159] war der junge Wiener Kritiker Alfred Neumann, der in zwei neugegründeten Zeitschriften – dem Berliner „Neuland" und der „Wiener Rundschau"[160] – Besprechungen dazu druckte. Der Österreicher ordnete Przybyszewskis Schaffen der „neurasthenischen" Richtung in der zeitgenössischen Literatur zu, zu der er auch Turgenjew, Hamsun, Nietzsche und Dostojewski zählten. Über das Wesen dieser Prosa schrieb er in der „Wiener Rundschau": „Przybyszewski ist der Prototyp der Leidenschaft: aus seinen Romanen, seinen Skizzen, seinen Studien sprüht und spritzt und flackert die grelle, verzehrende Lohe auf, die sein Inneres verwüstet und die in diabolisch-anarchische Gedanken, in dämonische Exaltationen, in hypersensitive Gefühlsverwirrung verflammt. Eine wilde zerrissene Sprache schildert bizarre Prinzipien, seltsame, weltfremde Menschen, be-

---

159 Przybyszewskis Roman bildet ein eigenartiges Pendant zu den Theorien des italienischen Psychiaters und Anthropologen Cesare Lombroso, von denen der Pole – wie er später in *Ferne komm ich her* berichtete – damals erfüllt war. Lombrosos Untersuchung *L'uomo delinquente* (1876; *Der Verbrecher*) erschien in der Übersetzung von H. Kurella 1890-1896 in Hamburg, darunter 1895 der Band *Die Anarchisten. Eine kriminalpsychologische und soziologische Studie*, der das Phänomen der sog. Zwangsanarchisten, die vom Instinkt und nicht von ihrer Überzeugung geleitet werden, u. a. von der psychoanalytischen Seite erklärt.

160 Die „Wiener Rundschau" (1896-1901) war eine Zweiwochenschrift für Kultur und Kunst. Die Zeitschrift, die hauptsächlich der Wiener Moderne assistierte, veröffentlichte Beiträge zur Literatur und Kunst, literarische Werke, Theater-, Kunst-, Buchkritik u. dgl. Die gleichzeitig gegründete Berliner Monatsschrift *Neuland* (1896-1898), gewidmet Politik, Wissenschaft und Kunst, vertrat einen sozialistischen Standpunkt und tendierte stärker zur Politik als zur Literatur.

handelt verfehlte, abstrakte Probleme. Was das gewöhnliche Individuum ohne zu denken hinnimmt – Existenz im Weltgetriebe, Mitmenschen, Beruf, Zeitfragen –, das wird in den Augen Przybyszewskis zur furchtbaren Tatsache, die er spitzfindig und selbstquälerisch nach allen Seiten hin dreht und wendet, bis den Beobachter ein geheimes, tiefes Grauen vor etwas Unbestimmtem, Schrecklichem erfaßt, dem alles Lebende verfallen ist."[161]

Die psychologische Figurengestaltung und die Darstellung einer „Flut irrer, wüster Gedanken, welche diese verjauchten Gehirne durchtoben und sie dem sicheren Wahnsinn zutreiben"[162], wurden von Neumann als außerordentlich geistreich bewertet, ja er empfand, wie er in der Rezension für „Neuland" schrieb, das Talent des Polen in dieser Hinsicht als eine Synthese aus Hoffmann und Poe.[163] Neumann betonte „die faszinierende, erschreckende Gewalt des Erzählens", „die fabelhafte Gewalt seiner dämonischen Gedanken" usw. Überdies wies der Wiener Kritiker auf die Rolle hin, die Przybyszewski seinem Leser zugedacht hatte: „Der neurasthenische Pole (...) geht nicht darauf aus, dem Leser zu *gefallen*. (...) Ihn aber wie mit eisernen Zangen zu *packen*, ihn willenlos durch dick und dünn subtiler, psychologischer Zerrbilder zu führen – das ist sein Ziel."[164]

In einer Reaktion auf Neumanns Rezension in „Neuland" veröffentlichte die sozialdemokratische Zeitschrift „Die neue Zeit"[165] den Standpunkt des jungen Marxisten Heinrich Ströbel, eine diametral entgegengesetzte Position: „Der Roman ‚Satanskinder' gehört nämlich zu den haarsträubendsten Erzeugnissen, welche unsere an Produkten des Aberwitzes wahrlich nicht arme jüngste Literaturperiode hervorgebracht hat. Wir wenigstens müssen gestehen, daß uns ein mit gleicher Prätention auftretendes, gleich plattes und abgeschmacktes Buch in den letzten Jahren nicht zu Gesicht gekommen ist."[166]

Die Romanfiguren werden als arme Irre charakterisiert, die unter Alkoholeinfluß Wahnsinnstaten begehen und deren Dämonismus darin besteht, daß sie ein paar lächerliche Brände legen. Der Genius von Gordon, Satans erstem „Kind", äußert sich laut Ströbel lediglich verbal, „denn ohne seine bewundernde Anerkennung des Denkergenies des Herrn Gordon würde der unbefangene Leser dessen Tiefe und seine Gedanken am Ende gar nicht bemerken und ihn für einen geschwätzigen Aufschneider und bemitleidenswerten Trottel halten".[167] Der Hauptvorwurf aber richtete sich gegen das Fehlen gesellschaftlicher Ursachen für Gordons Zerstörungswerk. Der junge Marxist glaubte nicht an den reinen, ideologiefreien Akt der Destruktion, der irrationalen Motiven und in der menschlichen Natur schlummernden Instinkten entsprang. „Und diesem über alles lächerlichen Inhalt entspricht auch die Form des Przybyszewskischen Romans. Nirgends wird auch nur der Versuch gemacht, die einzelnen

---

161 A. Neumann, *Kritik*, in: „Wiener Rundschau" 1897, S. 399.
162 Ibidem, S. 400.
163 A. Neumann, *Stanislaw Przybyszewski, Satans Kinder*, in: „Neuland" 1897, S. 59.
164 Ibidem.
165 Die Zeitschrift war 1883 von Kautsky, Bebel und Liebknecht in Stuttgart gegründet worden; für sie schrieben u. a. Engels, Plechanow und Mehring.
166 H. Ströbel, *Przybyszewskis „Satanskinder"*, in: „Die neue Zeit" 1897, S. 243.
167 Ibidem, S. 244.

Personen zu individualisieren – alle sprechen genau denselben Jargon. (...) Wir haben es mit Karikaturen der tollsten Sorte zu tun, aber mit blutleeren, schemenhaften und darum langweiligen Karikaturen."[168]

Die Deformation der dargestellten Welt und die Auflösung der Gattungsstruktur im Werk – beides vom Autor so gewollt – wurden als literarische Kunstfehler hingestellt. Der Kritiker witterte eine Gefahr darin, solche „Schmierer" als geniale Dichter zu preisen, wie dies bei Przybyszewski der Fall sei, der „von einer gewissen Literaturclique als Genie gefeiert" und „Dämon" der jüngsten Literatur genannt werde.[169]

Die kritische Stimme des Rezensenten der „Neuen Zeit" brachte gewiß Einstellungen und Befürchtungen einer größeren Gruppe von Rezipienten zum Ausdruck. Aber an solch ein Auditorium waren Przybyszewskis Werke nicht gerichtet. Sein projizierter Leser gehörte zur Elite, was freilich nicht heißt, die Theorien und Schriften Przybyszewskis hätten neben den Hauptrichtungen der Literatur- und Kunstkritik gelegen (wie man zum Beispiel in Polen mutmaßte). Przybyszewski wurde in Deutschland – unabhängig von der Wertung seiner zweifellos provokanten Werke – als eine wichtige und anregende literarische Erscheinung betrachtet, als einer der ersten, welche die bis dahin übliche realistische und naturalistische Darstellung der Wirklichkeit durchbrachen. Folgerichtig wurde sein Schaffen in den ersten Synthesen der neuesten Literatur erwähnt.

Bereits vier Jahre nach dem Debüt tauchte der Name Przybyszewskis im deutschen Dichterlexikon von Franz Brümmer auf.[170] In der 1897 erschienenen Monographie Leo Bergs zur Interpretation des Übermenschen in der modernistischen Literatur wurde der Autor der „Totenmesse" vielfach zitiert. Przybyszewski und Dehmel galten dort als die bedeutendsten Repräsentanten der phantastisch-mystischen Geistesströmung.[171] Der Verfasser akzeptierte jedoch ungern den „erotischen Orgiasmus", den er namentlich in den Prosapoemen des Polen entdeckte.[172] „Was bei einem Conradi, einem Przybyszewski, einem Strindberg so echt, so ergreifend und rührend und zuweilen erschütternd wirkt, das ist grade der Mut ihrer Subjektivität in Eroticis."[173] Weit günstiger als die „erotischen Poeme" wurde der Roman „Satans Kinder" beurteilt, und das nicht nur deshalb, weil der Schriftsteller darin „aus den ängstlichen und beängstigenden Träumen im Venusberge (...) erwacht".[174] Nach Meinung des Kritikers näherte sich Przybyszewski mit der These, der Übermensch sei ein Produkt bürgerlicher Sorge um den Besitzstand, den Sozialdemokraten an, die in Nietzsche einen „Philosophen des Kapitalismus" sahen.

---

168 Ibidem, S. 246.
169 Ibidem.
170 Vgl. F. Brümmer, *Lexikon der deutschen Dichter und Prosaisten des neunzehnten Jahrhunderts*, Leipzig 1913 (vierte Auflage; die erste erschien 1896). Hier befindet sich in Band 3, S. 260, das Biogramm Przybyszewskis (Sohn eines polnisch-deutschen Lehrers aus dem Posenschen, wie Brümmer schrieb) samt den Titeln seiner bis 1896 publizierten Werke.
171 L. Berg, *Der Übermensch in der modernen Literatur. Ein Kapitel zur Geistesgeschichte des 19. Jahrhunderts*, München, Leipzig, Paris 1897, S. 173.
172 Ibidem, S. 224.
173 Ibidem, S. 235.
174 Ibidem, S. 226.

Die ersten Verallgemeinerungen des sonderbaren Werks entstanden mithin recht frühzeitig. Mitunter waren es (wie der angeführte Artikel „Jung Berlin" von Servaes) wenig schmeichelhafte Äußerungen, denn Przybyszewskis Bücher weckten allerhand Kontroversen. In Wien wurde ein weiterer Versuch einer Synthese unternommen. Im Juni 1897 wandte sich Alfred Neumann schriftlich mit der Bitte an Przybyszewski, ihm alle seine Arbeiten sowie eine Selbstcharakteristik zuzusenden: „Es handelt sich darum, daß ich einen größeren Artikel über Sie in der ‚Wiener Rundschau' schreiben möchte, der schon angemeldet und bewilligt ist. Möchten Sie, hochverehrter Herr, mir nicht in einem Briefe, der, wenn es Ihnen beliebt, auch Aufnahme im Essay finden würde, mit verschiedenen Daten an die Hand gehen, in denen Sie Ihre Ansicht über die moderne Literaturbewegung, Kritik etc. geben."[175]

Neumanns ausführlicher Beitrag unter dem Titel „Zur Charakteristik Stanislaw Przybyszewski's" erschien am 15. Juli in der genannten Zeitschrift. Erläutert wurden die Konzeptionen eines Künstlers, der „mit kühlem Salto mortale in den Sumpf ‚Literatur' sprang".[176] Außer Privatbriefen Przybyszewskis verwendete Neumann auch diskursive Äußerungen des Schriftstellers, was dazu führte, daß die Wiener Veröffentlichung die Ansichten des Polen eher referierte (den überwiegenden Teil des Textes bilden Zitate) als interpretierte. Dieses Vertrauen in das Selbstzeugnis erwuchs aus der Überzeugung vom innovativen Charakter der Werke Przybyszewskis: „Wir verdanken ihm", schrieb Neumann, „die Befreiung der gesamten erzählenden Prosa, namentlich des Romans aus drückenden Fesseln, seitdem er den *psychischen Roman* und jene literarische Gattung geschaffen, die vor ihm nicht existiert hat und für die es keinen technischen Namen gibt."[177]

Die Intuition des Hellsehers erlaube Przybyszewski, so der Kritiker, die geheimsten Bewegungen des Geschlechts zu verfolgen und jene Bewußtseinsschichten zu erkunden, zu denen sich noch keiner vorgewagt habe. Noch das geringste Erlebnis eröffne ihm die Möglichkeit zur psychologischen Musterung: „Was andere in ihrer enormen Borniertheit so leichtfertig behandeln, ergibt für Przybyszewski eine ungeheure Menge von psychologischen Untersuchungen (...), wo andere zögernd, von instinktivem Zweifel erfüllt innehalten, da beginnt Przybyszewski erst seine Miniarbeit."[178]

Nicht nur die Thematik seiner Werke, deren Substrat zwei zentrale Themenkreise bildeten – die Psychologie der Erotik und der Satanismus –, sondern auch die Sprache des polnischen Autors verdiene besondere Aufmerksamkeit: „Man bedenke nur, ein *Pole*, der das reinste, oft wundervollste *Deutsch* schreibt, ein Deutsch, das neue Bilder, neue Worte, neue Verbindungen bringt, die Schriftstellern nicht in den Sinn kommen, welche in ihrer Muttersprache erzogen wurden!"[179]

---

175 Brief vom 1. Juni 1897; abgedruckt bei R. Taborski, *Stanislaw Przybyszewski und Wien*, in: „Österreichische Osthefte" 1967, H. 2, S. 131.
176 A. Neumann, *Zur Charakteristik Stanislaw Przybyszewski's*, in: „Wiener Rundschau" 1897, Bd. II, S. 665.
177 Ibidem, S. 666.
178 Ibidem, S. 669.
179 Ibidem, S. 665f.

Angelastet würden ihm Tollheit und Raserei, bemerkte Neumann, was ein Anachronismus sei in Zeiten, in denen die Autoren nicht mehr die Seelenzustände des Herdentiers beschreiben wollten, sondern den subtilsten Schwingungen der Seele lauschten. Die mächtigen Stützpfeiler der neuen Kunst seien „Chopin, Nietzsche, Wagner... und noch einer... Er, dem diese Worte galten, er, der mit blutendem, zukkendem Herzen schuf, der die Lieder des Wahnsinns, der entfesselten Phantasie, der satanischen Qualen sang: Der einzige, unersetzliche Künstler – der Pole Stanislaus Przybyszewski..."[180]

Ein Jahr darauf unternahm Neumann in der „Monatsschrift für neue Literatur und Kunst"[181] den Versuch, Przybyszewski in den Gesamtkontext der deutschen Literatur zu stellen, vor allem des Romans, denn für den Wiener unterlag es keinem Zweifel, daß mit dem Verfasser der „Totenmesse" eine neue Ära der Gattungsentwicklung begonnen hatte. Nach Meinung des Kritikers wurde Przybyszewski als Reformator des Romans vorerst unterschätzt; dabei hatte er sich der Tradition radikal widersetzt und war daher zu bewundern.[182] Er hatte den Mut gehabt, das herkömmliche Romanmuster zu zerschlagen und die Handlung ins Reich der Psyche (der Seele) zu verlagern. „Nicht möglich wäre es", so Neumann, „Vergleiche zwischen ihm und irgendeinem seiner Vorgänger, seiner Zeitgenossen zu machen. Przybyszewski ist eine Erscheinung, wie sie – wenigstens ihrer Eigenart nach – die Weltliteratur noch nicht gesehen hat."[183] Der „große Kenner der kranken Seele" schreibe für ein exklusives, aristokratisches Publikum, das fähig sei, die eigene Seele „bis in ihre tiefen Gründe und Schluchten zu verfolgen".[184] Neumann sprach ihm abschließend „Talente" zu, „die erst später in ihrer ganzen Größe erkannt werden dürften".[185]

Bemerkenswert, daß Neumann in beiden bilanzierenden Beiträgen die slawische Herkunft des Verfassers von „Homo sapiens" hervorhob und das „sonderbare" Schaffen des „düsteren Polen" vom polnischen Temperament herleitete. Er schrieb: „Man muß etwas von dem slawischen Blute in sich haben, um ganz zu verstehen, was in der Seele Przybyszewskis vorgeht. Denn er als gebürtiger Pole ist ein Repräsentant des extremen *Slawen*, der im Leben nichts als den tiefen, entnervenden Kampf sieht, den Kampf gegen das Wollen, gegen das Dasein, gegen alles, was mit der Existenz zusammenhängt. Mehr oder minder sind sie ja alle Selbstbeobachter und Reflektierer, die slawischen, tschechischen, russischen, polnischen Künstler (...). Przybyszewski ist eben ein Extremrepräsentant."[186]

Der Wiener Kritiker spürte wohl intuitiv, daß Przybyszewskis Bemühen um die Abbildung nichtverbaler Phänomene, um die Erkundung tieferliegender Schichten der Psyche und die Aufdeckung unbewußter Inhalte seine Ursachen auch in der polnischen

---

180 Ibidem, S. 671.
181 A. Neumann, *Der deutsche Roman und Stanislaus Przybyszewski (Ein Beitrag zur Geschichte des Snobismus)*, in: „Monatsschrift für neue Literatur und Kunst" 1898, S. 457-464. Die Zeitschrift, orientiert auf Literatur und Kritik der Moderne, existierte 1896-1898.
182 Ibidem, S. 460.
183 Ibidem.
184 Ibidem, S. 462.
185 Ibidem, S. 464.
186 Ibidem.

Tradition besaß, Verstand und Herz alternativ gegenüberzustellen, irrationale und spontane Haltungen zu glorifizieren. Die Art, in der das Polnische Przybyszewskis Werke prägte, wurde – das sei hier ausdrücklich unterstrichen – von den deutschen Interpreten wahrgenommen. Bewußt hielt Przybyszewski sein Schaffen von den Bildern und Symbolen des polnischen nationalen Universums frei. Gestalten aus der polnischen Geschichte und Mythologie tauchen darin nicht auf. Das Polnische erstreckte sich eher aufs Emotionale und Intellektuelle; die „polnische Seele" oder, allgemeiner, die „slawische Seele" war nicht die mit einer Chiffre gekennzeichnete Matrize, die nur der Eingeweihte zu deuten weiß, sondern ein emotional bestimmter Bereich. Und diese subkutane Ablagerung des Polnischen in den Werken des „slawischen Strindberg" erspürten die deutschen Adressaten.[187]

Neumanns Aufsätze trugen erheblich dazu bei, das Augenmerk der polnischen Öffentlichkeit, namentlich in Galizien, auf den im Ausland wirkenden Künstler zu lenken. Denn Przybyszewski gelangte nicht über Deutschland nach Polen, sondern über Wien nach Krakau. Die jungen Krakauer Schriftsteller und Publizisten bezogen ihre Kenntnisse von den europäischen Erfolgen ihres Landsmanns aus der tschechischen und österreichischen Presse.[188]

Mit der Entscheidung, nach Polen zu gehen, schloß Przybyszewski seine erste, siebenjährige Schaffensperiode ab. Damit endete die deutschsprachige Phase, denn mit der Ankunft in Krakau wurde der „deutsche Sataniker" zu einem gänzlich polnischen Autor. Es endete das Schaffen der stürmischen neunziger Jahre, die Ferdinand Hardekopf später die „Zeit Przybyszewskis" nennen sollte.[189] Das Erstpublikum hatte den Wert der künstlerischen Angebote des „genialen Polen" gemeinhin zutreffend gewertet. Przybyszewski war ohne Zweifel ein dynamischer Bestandteil im Entwicklungsprozeß der modernen deutschen Literatur. Die ästhetischen Konzepte des Autors von „De profundis" wurden um die Jahrhundertwende zum Gemeingut der Boheme. Max Bruns zum Beispiel, der in der „Gesellschaft" das Schaffen Schurs und Momberts analysierte, fügte in einer Anmerkung hinzu, daß er den Begriff „Individuum" in der Bedeutung Przybyszewskis gebrauche.[190] In dem Artikel „Zur Psychologie der Moder-

---

187 Vgl. dazu meinen Beitrag *Die Rolle des Slawentums bei der Rezeption der Deutschen um die Jahrhundertwende XIX/XX (Stanislaw Przybyszewski als eine „echte slawische Erscheinung")*, in: *The Slavs in the Eyes of the Occident, the Occident in the Eyes of the Slavs*. Ed. by Maria Ciesla-Korytowska, Cracow 1992, S. 103-115.
188 Eine wesentliche Rolle spielte auch die tschechische „Moderní Revue", wo Procházka Przybyszewski zum bedeutendsten modernistischen Künstler Europas ausrief. Im Frühjahr 1896 wandte sich Maciej Szukiewicz an Przybyszewskis Verleger Fischer mit der Bitte, ihm die Anschrift des Landsmanns mitzuteilen, und im Mai setzte die Korrespondenz zwischen beiden Schriftstellern ein. 1897 nahm auch Adolf Nowaczynski schriftlich Kontakt zu Przybyszewski auf, und Krakauer Künstler begannen ihm Briefe zu schicken, in denen sie Przybyszewski „den Lorbeer des ganzen Literarischen Zirkels zu Füßen legten, ihn zur Heimkehr 'in den Schoß des Vaterlands' aufforderten und ihm den Feldherrnstab der ersten Avantgarde des Jungen Polen antrugen", wie Nowaczynski sich erinnerte (*Przybysz [Der Ankömmling]*, in: „ABC Literacko-Artystyczne" 1933, Nr. 40). In einer emotional aufgeheizten und erwartungsvollen Atmosphäre wurde der kommende Wortführer der Krakauer Modernisten empfangen, als er im September 1898 in Krakau erschien.
189 So Hardekopf in dem Gedicht *Wir Gespenster (Leichtes Extravagantenlied)*, abgedruckt in: „Die Aktion" 1914, Nr. 4, Sp. 80.
190 Vgl. M. Bruns, *Dekadents (Ernst Schur und Alfred Mombert)*, in: „Die Gesellschaft" 1898, H. 6.

ne" von Michael Georg Conrad, dem Wortführer der Münchener Naturalisten, der darin das Schaffen Hermann Conradis erörterte, fand sich außer der Anspielung im Titel Przybyszewskis berühmter Satz „Am Anfang war das Geschlecht", der unmißverständlich auf die bekannten Auffassungen verwies.[191]

Für viele Zeitgenossen belegte Przybyszewski einen hohen Rang nicht nur im literarischen Leben, dem er spezifischen Rhythmus und Reiz verlieh, sondern wurde er zu einer wesentlichen Erfahrung auf dem Weg zur geistigen Reife. Nach Ansicht Julius Babs hat er „eigentlich die letzte Berliner Boheme großen Stils geschaffen".[192] Und der angehende Literat Max Bruns schrieb im Juli 1898 über den polnischen Dichter an Dehmel: „Sie und Przybyszewski, die beiden Gegenpole, die mir die Welt der Zukunft umfassen."[193]

---

191 M. G. Conrad, *Zur Psychologie der Moderne*, in: „Die Gesellschaft" 1900, Bd. II, S. 3.
192 J. Bab, *Die Berliner Bohème*, Berlin 1905, S. 52.
193 Einen Auszug aus dem Brief veröffentlichte F. W. Neumann, *Stanislaw Przybyszewski und Richard Dehmel*, op. cit., S. 272.

3 DER „SONDERBARE POLE". DIE REZEPTION VON PRZYBYSZEWSKIS WERK 1899-1927

3.1 In absentia (1899-1905)

„Und immer werden sie die bewundernde Frage erzwingen:
  Was muß das für eine Zeit gewesen sein, die in ihrer Grundstimmung von einem machtvollen Hedonismus erfüllt war und dabei einen Dichter heraufwarf, der den Schmerz predigte, der ihn mit einem so unerhörten Sprachelan besang und Rhythmen fand (...). Was muß das für ein Dichter gewesen sein, der in einer Zeit der weiten Weltfreude über seine Lippen nur Worte sandte, die qualvoller Sehnsucht, todmüder Trauer oder irrsinniger Verzweiflung entsprangen?!"[194]

Mit diesem vielsagenden Fazit endete eine der bemerkenswertesten Studien, die zu Lebzeiten Przybyszewskis über den Schriftsteller entstanden: Arthur Moeller van den Brucks Buch „Mysterien". Die Eigenheiten von Przybyszewskis Werk fügte der Kritiker zu einer geschlossenen Struktur, die beinahe alle wesentlichen Elemente einte. Daß Moeller-Bruck einen Teil seiner Synthese zur deutschen Gegenwartsliteratur („Die moderne Literatur" zählte zwölf schmale Bände) der Interpretation Przybyszewskis widmete, welcher kurz zuvor den Status eines deutschen Dichters gegen die führende Rolle in der polnischen modernistischen Bewegung eingetauscht hatte, zeugt von hoher Anerkennung bei einem Mann, der in literarischen Kreisen als Kenner der neuesten Entwicklung galt.[195]

Moeller-Bruck unterstrich in seiner Abhandlung, daß sich Przybyszewskis Schaffen in einer Zeit, die von totaler Abwertung des Lebens und von Überhöhung des Leidens zur vornehmsten Bestimmung des Menschen gekennzeichnet sei, dennoch abhebe. Leiden sei für Przybyszewski das einzige Lebensgesetz, Rausch und Ekstase hingegen die einzigen Mittel, die - wenigstens zeitweise - Linderung brächten. Das

---

194 A. Moeller-Bruck, *Die moderne Literatur in Gruppen- und Einzeldarstellungen*. Bd. V: *Mysterien*, Leipzig 1902, S. 355 (die erste Auflage erschien 1899). Der Titel des Bandes ist womöglich eine Anspielung auf Przybyszewskis Rezension zu Hamsuns Roman *Mysterien* (1894 in der „Zukunft") bzw. auf die Faszination des Polen für das große Mysterium, das sich in der menschlichen Seele ereignet. Moeller-Brucks erste Frau erinnerte sich noch Jahre später an die Begeisterung ihres Mannes: „Er selber schuf eingehende kritische Würdigungen der Romane und Gesänge des ihm besonders nahestehenden Freundes Przybyszewski, an deren Helden der polnische Dichter seine ganze Kunst der psychologischen Erfassung der dekadenten Fin-de-siècle-Menschheit zeigte." (H. Eulenberg, *Der junge Moeller van den Bruck*, in: „Berliner Tageblatt" 1934, Nr. 441, 1. Beibl. Abend-Ausgabe.)
195 Moeller-Bruck verfaßte anregende Studien zu Werken von Conradi, Dehmel, Mombert, Przybyszewski und anderen. Er war häufiger Gast in Friedrichshagen. Nach Jahren berichtete ein weiterer Stammgast der Kolonie am Müggelsee: „Er schrieb in unendlich komplizierten Satzgefügen unheimliche Wälzer über die moderne Literatur; den holländischen Adel vor seinem zweiten Namen und die völkische Rassentheorie hatte er noch nicht entdeckt." (E. Mühsam, *Unpolitische Erinnerungen*, Berlin 1958, S. 62.) Mühsam spielte an auf die politische Schrift *Das dritte Reich*, die Thesen von der rassischen Überlegenheit des deutschen Volkes enthielt.

Leiden des modernen Menschen zeige der Autor der „Totenmesse" in verschiedenen Varianten, in immer neuen Inkarnationen von Adam und Eva, zur Grundlage des Erlebens seiner Gestalten mache er jedoch stets die eigene, intime Erfahrung: „... alle diese Leute, das ist Przybyszewski selbst".[196]

Der „neurasthenische Pole" beschreibe wie kein anderer das moderne Individuum, bei welchem Gefühl und Gehirn auseinanderfielen. Er unternehme den komplizierten Versuch, die Veränderungen aufzudecken, die im Zeitgenossen vorgingen, um damit den Charakter der Gegenwart und deren neue Qualität zu enthüllen. Przybyszewskis Dichtung wurde von Moeller-Bruck nicht nur als Erkundung der menschlichen Psyche gedeutet, sondern auch als eine Art intellektuell-diskursive Äußerung. Gerade diese Aktualität, dieser Einklang mit dem emotionalen Klima der Epoche raube den Werken ihren „ewigen" Wert und die Chance auf Nachruhm: „Seine Kunst ist aber keine, die sich lange jung erhält; dazu ist sie zu stark an Übergangserscheinungen gebunden! Und möglich, wahrscheinlich ist, daß ‚man' gerade diese Erstlinge später nur als literarische Kuriosität behandeln wird!"[197]

Eigenart und zugleich Geschlossenheit des Gesamtwerks veranlaßten den Kritiker, alle Publikationen Przybyszewskis unter einem Begriff zusammenzufassen: „Zur Psychologie des Individuums". Das semantische Volumen jenes Titels, den die beiden ersten Essays des Polen erhalten hatten, schien den Inhalt sämtlicher nachfolgender Werke zu umfassen.

Wie der Verfasser der „Mysterien" feststellte, wurde das Wesen von Przybyszewskis Schaffen einerseits durch die Tendenz zur Darstellung absoluter, überzeitlicher, ewiger Wahrheiten, andererseits durch die Verwendung vergänglicher Stoffe bestimmt, die meist das Beispielmaterial lieferten. Diese zweite Komponente, die hauptsächlich in den Romanen auftrete, bewirke wiederholt einen Abfall des künstlerischen Niveaus (etwa in „Satans Kinder"). Am höchsten bewertet wurden folgerichtig die Prosapoeme: in „Totenmesse" erweise sich Przybyszewski als Interpret seiner Zeit, in „Vigilien" und „Himmelfahrt" als Prophet der Ewigkeit. In „Homo sapiens" erblickte der Kritiker die „europäische" Fortsetzung von Conradis Roman „Adam Mensch".[198]

Przybyszewskis Kunst werde geboren aus Ekstase und Melancholie, erklärte Moeller-Bruck.[199] Sie sei übervoll von den dekadenten Traditionen des Polnischen und der rauhen katholischen Gefühlswelt. Im Rhythmus seiner poetischen Prosa sei die Intonation des Gebets zu spüren.[200]

Przybyszewski wurde den „Seelendichtern" zugeschlagen, die ihr Augenmerk weniger der äußeren Form als vielmehr den auf dem Grunde des Herzens verborgenen Inhalten zuwenden. Der Kritiker warnte jedoch vor allzu großem Vertrauen in diese Gestaltungsweise, denn „die Kraft, mit der die betreffenden Kunstwerke herausgeschleudert werden, hält nur für eine gewisse Zeit vor".[201] Das Übermaß an psychopa-

---

196 A. Moeller-Bruck, *Mysterien*, op. cit., S. 337.
197 Ibidem, S. 354.
198 Ibidem, S. 343-349.
199 Ibidem, S. 335.
200 Ibidem, S. 345.
201 Ibidem, S. 349.

thologischen Elementen, die Häufung von Fieberzuständen, Halluzinationen und anderen Symptomen psychischer Erkrankungen seien die negativen Anzeichen eben dieser Kunstauffassung. Moeller-Bruck fügte freilich hinzu, daß diese Mängel, die aus der Individualität des Schriftstellers erwüchsen, gleichzeitig den Reiz seiner Werke ausmachten: „Man darf eben nicht solche Werke von ihm verlangen, wie sie nur die vollschöpferische Natur, die ausgeglichene und ausgleichende Natur produzieren kann: Przybyszewski ist nun einmal ein außerordentlich stark, aber zu einseitig entwickeltes Temperament – doch gerade diese Einseitigkeit, diese Ausdehnungsunfähigkeit ist das Zeichen seiner starren Echtheit."[202]

Przybyszewski wird in Moeller-Brucks Synthese zur deutschen Gegenwartsliteratur auch sonst häufig erwähnt, insbesondere in jenen zwei Bänden (VI: „Richard Dehmel", VII: „Unser aller Heimat"), in denen er gewissermaßen den Spiegel bildet, in dem sich die Epoche selbst betrachtet und dessen Reflexe mit anderen, gegensätzlichen poetischen Auffassungen kontrastieren. Moeller-Bruck stellte Przybyszewski zwei anderen, nach seiner Meinung den bedeutendsten deutschen Dichtern gegenüber: Richard Dehmel und Johannes Schlaf. Er erkannte die Inspirationen des Autors von „De profundis" an mehreren Stellen, vor allem in Dehmels Gedichtband „Aber die Liebe". Hier fand der Kritiker Ähnlichkeiten im thematischen Bereich. Die Darstellung der Liebe, besonders des „Weibmysteriums", erinnere an eine Spezifik im Werk des Polen.[203] Die – an Przybyszewski geschulte – okkultistische Beziehung zur Frau sei jedoch in den folgenden Dichtungen von Dehmel überwunden worden.

Nach Moeller-Bruck bildete Dehmel trotz der engen Verbindung zu Przybyszewski dessen Gegenpol, und zwar sowohl im Formalen (Dehmels Werke seien das Ergebnis sorgfältiger künstlerischer Bearbeitung) als auch im Ideologischen (Dehmel sei von der pessimistischen Ethik Przybyszewskis weit entfernt).[204] Dehmels „Erlösungen" werden im Gegensatz zur „Totenmesse" als eine „Lebensmesse" bezeichnet.[205]

Auch das Werk von Johannes Schlaf (der eine Zeitlang dem Einfluß seines polnischen Freundes erlegen war, wovon noch die Rede sein wird), obgleich Przy-

---

202 Ibidem, S. 352.
203 Vgl. A. Moeller-Bruck, *Die moderne Literatur*, op. cit., Bd. VI: *Richard Dehmel*, Berlin, Leipzig 1900, S. 30.
204 Ibidem, S. 42-48. Dehmel selbst dementierte mehrfach die Äußerungen der Kritiker bezüglich Einflüssen oder Abhängigkeiten von Przybyszewski (davon war bereits die Rede). Solche Stimmen ertönten auch nach 1898, worauf Dehmels offener Brief an den Herausgeber der Zeitschrift „Die Kultur" von 1902 hindeutet: „An der Stelle, wo Sie meine ‚Vorgänger' nennen, sind Verlaine und Strindberg zutreffend – es hätten auch noch verschiedene andre genannt werden können, z. B. unser Lenau und Hebbel – *nicht* aber Baudelaire und Przybyszewski. Dieser letzte besonders deshalb nicht, weil er sich *gleichzeitig* mit mir entwickelt hat, zum Teil sogar an mir, wie ich mich an ihm; er ist der Prototyp für alle die Naturen, in denen sich jener heroische Instinkt der Selbstaufopferung, den ich bei Nietzsche beleuchtete, zur fanatischen Selbstzerstörungssucht ausgewachsen hat, und ist mir also höchstens wie ein Stiefbruder wesensverwandt." (R. Dehmel, *Bekenntnisse*, Berlin 1926, S. 136f.) Dehmel betrachtete den Polen mithin als einen wichtigen Künstler der Moderne. Im Januar und Februar 1899 hielt er in Berlin einen Vortragszyklus über Dichter der Gegenwart: 1) Nietzsche und Liliencron, 2) Holz und George, 3) Schlaf, Przybyszewski und Scheerbart, 4) Altenberg und Hofmannsthal, 5) Dauthendey und Mombert, 6) Dehmel. (Vgl. dazu R. Dehmel, *Kunst und Persönlichkeit*, in: „Pan" 1899, H. 1, S. 25; leider wird dort nichts über den Inhalt der Vorträge mitgeteilt.)
205 A. Moeller-Bruck, *Richard Dehmel*, op. cit., S. 77.

byszewskis Schaffen verwandt, weist laut Moeller-Bruck bei der Erfassung und poetischen Abbildung der Realität beträchtliche Divergenzen auf. Der Verfasser der Synthese verglich die Schriften des Deutschen und des Polen unter verschiedenen Aspekten und gelangte zu dem Schluß, Denkart und Weltempfinden beider seien gegensätzlich. Während Schlaf Leben und Tod ein freudiges Ja zurufe, berausche sich Przybyszewski am Leiden, das sich des öfteren in Hohn verwandle.[206] Bei dem einen finde man ein Bild des Glücks und die Bejahung des Daseins, bei dem anderen das Leben unter dem Blickwinkel äußersten Leidens. Moeller-Bruck schrieb: „Przybyszewski ist wohl der Tiefere, verbohrt Tiefere, in dessen Wahnidee ein eigenes Leid zum riesigen Leiden der ganzen Menschheit auswächst. Sein Schmerz, soweit er ernst zu nehmen ist, ist gleich Weltschmerz."[207]

Nie aber wisse man, ob die furchtbare Tragik nicht im nächsten Moment in grelle und überschwengliche Komik umschlage. „Dichterisch ist das natürlich nur um so erschütternder", so der Kritiker.[208] Schlaf, der Deutscher sei, bleibe beim klaren und eindeutigen Gefühl, während der Pole das Gefühl in einen sentimentalen, sensitiven Epikureismus transponiere.[209]

Die Erkenntnis von der Gegensätzlichkeit beider Schriftsteller, am sichtbarsten auf der weltanschaulichen Ebene – wo Przybyszewski einen kosmologischen Pessimismus, Schlaf einen ebensolchen Optimismus repräsentiere[210] –, führte Moeller-Bruck nicht zu einer Aussage über die verschiedenartigen Schaffenstypen, sondern zu dem Schluß, beide Autoren seien natürliche Produkte der gleichen literarischen Kultur.[211] Schlaf, in literarischer Hinsicht der Gegenpol sowie der ethische Widerpart Przybyszewskis, bilde zugleich die kulturpsychologische Ergänzung zum Werk des Polen.[212]

Moeller-Bruck gestand Przybyszewski einen wichtigen Platz in der zeitgenössischen deutschen Literatur zu. Sein Werk zeige ein eigenes, sehr individuelles Antlitz, und obgleich es extrem und durch die närrische Grimasse verzerrt wirke, gehöre es doch als wesentliche Komponente zur künstlerischen Epochenstruktur.

Franz Servaes, der seinen Essayband „Präludien" im selben Jahr publizierte wie Moeller-Bruck den Band „Mysterien", widmete Przybyszewski kein gesondertes Kapitel, hielt die Erinnerung an die einstige Faszination jedoch stark präsent. „Wer je die persönliche Einwirkung dieses meteorhaft aufleuchtenden Menschen an sich erfuhr, dem wird sie zeitlebens unvergeßlich bleiben"[213], schrieb der Kritiker, der Przybyszewskis Hauptverdienst darin sah, das ausgesprochen zu haben, was andere hören wollten. So habe er eine gebannte Zuhörergemeinde um sich geschaffen. Seine erste

---

206 Vgl. A. Moeller-Bruck, *Die moderne Literatur*, op. cit., Bd. VII: *Unser aller Heimat*, Berlin, Leipzig 1900, S. 29.
207 Ibidem, S. 30.
208 Ibidem, S. 31.
209 Ibidem, S. 30.
210 Ibidem, S. 17.
211 Ibidem, S. 26.
212 Ibidem, S. 7. Es sei daran erinnert, daß Dehmel das Schaffen der beiden Dichter ähnlich beurteilte, als er 1894 im *Modernen Musen-Almanach* schrieb, Schlafs *Frühling* werde durch Przybyszewskis *Totenmesse* psychologisch ergänzt.
213 F. Servaes, *Präludien. Ein Essaybuch*, Berlin, Leipzig 1899, S. 142. Von Przybyszewski ist hier im Zusammenhang mit Dehmel die Rede.

„dithyrambische Rhapsodie in romanartiger Form, voll genialen Gestammels und geistesheller Blitze", sei geprägt „von einem großartigen Rhythmus der Sprache" und erinnere an „ein Aufbrechen alter Rinden".[214] Es verwundere nicht, daß dieses Temperament bei Dehmel auf fruchtbaren Boden gefallen sei, der die mystischen Ergüsse im Band „Aber die Liebe" verarbeitet habe.

Informationen zu Przybyszewskis Werk tauchten auch in anderen Literaturgeschichten der Zeit auf, selbst wenn sie weniger umfangreich und erschöpfend waren. In dem Büchlein „Die letzten zwanzig Jahre deutscher Literaturgeschichte 1880-1900" von Emil Thomas erschien Przybyszewski als ein Schriftsteller, der die Verwandtschaft von Genie und Wahnsinn bewiesen habe und dessen Werke jenen Lesern als „pathologische Goldgrube"[215] dienten, die wissen wollten, wie sehr der Zeitgenosse leide. „Seine dämonisch-verrückt-genialen Dichtungen peinigen den Leser geradezu mit der Darstellung all der wirklichen und eingebildeten Schmerzen einer zerfaserten fin-de-siècle-Seele."[216]

Der Name Przybyszewski fand sich in einer weiteren, umfänglichen Synthese vom gleichen Jahr, er wurde dort allerdings nur in der Ahnenreihe des „neuen Individualismus" aufgezählt (neben Hebbel, Wagner, Liliencron, Martin Greif und Dehmel) sowie als Prototyp einer Figur in Bierbaums tragikomischem Roman „Stilpe" genannt.[217]

Przybyszewskis Schaffen wurde seinerzeit in unterschiedlichen literaturgeschichtlichen Veröffentlichungen angeführt, was davon Kunde gibt, daß der Autor der „Vigilien" im Kontext der Epoche nicht unbeachtet blieb. Beim Vergleich der Romantik um 1800 mit der Neoromantik um 1900 stellte zum Beispiel H. Maync fest, daß in der Literatur abermals ein Element des Übersinnlichen, der krankhaften Überfeinerung der Sinne, der Schattenseiten der menschlichen Natur auftrete – namentlich bei Maeterlinck und Jacobsen, bei Przybyszewski hingegen in Gestalt krankhafter Mystik.[218]

Auch Richard M. Werner nannte in seiner Studie über die historische Bedeutung von Klopstocks „Messias" den Namen Przybyszewski in einem für uns aufschlußreichen Zusammenhang: Klopstock wurde als Schöpfer des psychologischen Epos identifiziert, wodurch er zu einem Vorläufer moderner Richtungen des Epos, von Rousseau und Goethe bis Dostojewski, Tolstoi und Przybyszewski, avanciert sei.[219]

In seinem Essay über den neuen deutschen Roman rechnete Johannes Schlaf den Polen zu den wesentlichen Erscheinungen in der Prosa seiner Zeit: „Auch Stanislaw

---

214 Ibidem, S. 142f.
215 E. Thomas, *Die letzten zwanzig Jahre deutscher Literaturgeschichte 1880-1900*, Leipzig 1900, S. 100.
216 Ibidem.
217 Vgl. R. M. Meyer, *Die deutsche Literatur des neunzehnten Jahrhunderts*, Berlin 1900, S. 750, 816. Przybyszewski, Dehmel und Liliencron wurden als negative Beispiele ins Feld geführt: „... je ärmer der Gott, desto fanatischer der Priester", schrieb Meyer.
218 Vgl. H. Maync, *Romantik vor hundert Jahren und heute*, in: „Vossische Zeitung" 1900, Nr. 9 (den Artikel besprach O. F. Walzel, *Romantik*, in: „Jahresberichte für neuere Literaturgeschichte" 1900, IV 10:12).
219 R. M. Werner, *Die historische Bedeutung von Klopstocks „Messias"*, in: *Freundesgaben für C. A. H. Burckhardt*. Hg. von P. von Bojanowski und O. Francke, Weimar 1900, S. 184-193 (die Studie besprach R. Fürst, *Epos*, in: „Jahresberichte für neuere Literaturgeschichte" 1900, IV 3:47).

Przybyszewski muß hier erwähnt werden, trotz mancher Schrullen, trotz allerlei ‚Genialitäten' und seiner outrierten und oft fratzenhaften Dämonik und der Einseitigkeit seiner Motive. Seine lyrische Novelle ‚Totenmesse' ist vielleicht das Bedeutendste und Hervorragendste, das Genialste und Modernste, was die neuere deutsche Novelle aufzuweisen hat. Sie steht mit den hervorragendsten Leistungen des Auslandes auf gleicher Höhe."[220]

Den ersten, um 1900 edierten Synthesen, Analysen und Erwähnungen zufolge, hatte sich Przybyszewski bereits damals einen festen Platz in der deutschen Literaturgeschichte gesichert. Es überwiegen jedoch Auffassungen, die sein Werk einer vergangenen Epoche zuordnen. Die zeitliche Differenz wurde von den Kritikern durchaus vermerkt. Servaes erklärte in seinen „Präludien", was fünf oder zehn Jahre zuvor ein Ereignis gewesen sei, gelte unterdessen nur noch als Erinnerung an einstige Triumphe.[221] Das geistige Klima der Epoche hatte sich weitgehend gewandelt, die emotionalen und intellektuellen Erwartungen der Rezipienten hatten sich verändert, vor allem aber war ein neues ästhetisches Paradigma aufgetaucht, das als Reaktion auf modernistisch-dekadente Empfindsamkeit und „Stillosigkeit" in der Literatur der zweiten Hälfte der neunziger Jahre gelten mußte.

Interessant wäre demnach die Frage, wie in der neuen Situation die späteren Werke Przybyszewskis, eines typischen (womöglich gar extremen) Vertreters der Kultur der Jahrhundertwende, aufgenommen wurden. Im Jahr 1900 nämlich erschienen zwei Bände poetischer Prosa, die wenige Jahre zuvor entstanden waren: „In diesem Erdental der Tränen" und „Epipsychidion".[222]

Das entschieden interessantere Buch von beiden ist „Epipsychidion"[223], es verfügt über eine geschlossene Komposition und einen einprägsamen – freilich wiederum mit dekadenter Symbolik überfrachteten – Bildaufbau. Przybyszewski sind hier treffende visuelle Äquivalente zur Wiedergabe persönlichster Erlebnisse geglückt. Die innere Landschaft dieser „explosiven Rhapsodien" ist voller Bestandteile aus den Tiefenschichten der Psyche. Im Grunde ereignen sich alle Vorgänge dieses fragmentarischen, rhapsodischen Werks im Unbewußten, im Seelendämmer.

---

220 J. Schlaf, *Der neuere deutsche Roman*, in: „Die Kritik" 1899, Nr. 173, S. 234.
221 Vgl. F. Servaes, *Präludien*, op. cit., S. 142.
222 Den ersten Band bildeten Texte, die zuvor in deutschen Zeitschriften erschienen waren: *Am Meer* („Pan" 1899, H. 3, S. 139-147), *In hac lacrymarum valle* („Pan" 1896, H. 2, S. 113-119, gewidmet Conrad Ansorge) sowie *Himmelfahrt* aus dem *Modernen Musen-Almanach auf das Jahr 1894*. *Himmelfahrt* – das Poem wurde in einem der vorigen Abschnitte bereits erwähnt – entstand im Herbst 1893, *In hac lacrymarum valle* 1896, *Am Meer* im Frühjahr 1897 (der Verfasser gibt 1897/98 an, ein Brief an Adolf Nowaczynski vom 7. Mai 1897 – vgl. *Listy*, Bd. 1, op. cit., S. 150 – verrät jedoch, daß der Band *In diesem Erdental der Tränen* damals schon für den deutschen Verleger zusammengestellt war; in der Ausgabe von 1900 wurde lediglich die Reihenfolge verändert). Den Band *Epipsychidion* bildeten drei Rhapsodien, denen ein Einleitungsgebet vorausging: *Introibo: Sonnenopfer* (publiziert in der Zeitschrift „Pan" 1897, H. 4, S. 219- 225), *Helle Nächte* und *Am Meer*. Diese Anordnung entspricht dem 1899 in Krakau herausgegebenen Band *Nad morzem* (Am Meer), der ein Dagny-Porträt von der Hand Wyspianskis enthält.
223 Das Werk knüpft in gewisser Weise an ein gleichnamiges Poem des von Przybyszewski bewunderten Percy Shelley aus dem Jahr 1821 an, das gleichfalls ein Lob auf die Liebe, die Frau und die künstlerische Arbeit sang.

Der Band scheint ein besonders reizvolles Objekt für die psychoanalytische Interpretation. Den heutigen Leser mag die Stimmigkeit der archetypischen Bilder erstaunen, die aus den tiefsten Schichten der Psyche (des Autors) stammen. „Epipsychidion", was griechisch ist und auf deutsch „Buch von der Seele meiner Seele" heißt, ist gewissermaßen die bildliche Parallele innerster Überzeugungen Przybyszewskis, die vollkommenste Entsprechung der „nackten Seele". Auf dem Grund des Seelenmeeres begegnet dem Helden die Seele der Seele – die Frau, die Schwester und Anima, die aus abgründigen Tiefen kommt, in welche sie jedoch zurückkehren muß, damit die Synthese, die Vereinigung des transzendenten Elements (Er – Gott) mit dem physischen Element (Sie – die Erde) sich erfüllt. Um die „nackte Wahrheit" in der Psyche des Helden, der nach mystischer weiblicher Ergänzung verlangt, zu veranschaulichen, ist eine ausschweifende Meeressymbolik verwendet worden, gesättigt von Weiblichkeit und Erotik, in der die Synthese aus Liebe und Kunst, aus Geburt und Tod geschieht. Hinzu kommt eine Sonnensymbolik, die ebenfalls sexuelle Inhalte aufruft und die Sonne als Urmutter allen Lebens zeigt. Przybyszewski betrachtete – wohl zu Recht – „Epipsychidion" als sein bestes Werk.

Der Prosaband begeisterte indes nur wenige ehemalige Anhänger des „genialen Polen". Einer von ihnen war Heinrich Hart, der in „Velhagens und Klasings Monatsheften" erklärte: „So erreicht der Dichter in dieser rein lyrischen Schöpfung künstlerisch denn doch eine Reife, die man in seinen mehr erzählenden Arbeiten bisher vermißte. (...) Es ist eine große Poesie, die aus dieser Schöpfung atmet, freilich keine Poesie für jedermann. Man muß eigentlich selbst Künstler sein, um sie ganz würdigen zu können. An dieser Liebespoesie hat, soviel Empfindungsworte sie auch vergeudet, das Herz nur wenig Anteil, sie ist wesentlich aus der Phantasie heraus geboren. Aber diese Phantasie nimmt einen königlichen Flug."[224]

Ungeachtet großer Anklänge an das lyrische Schaffen Nietzsches hielt Hart Przybyszewskis poetische Vision für anregend und originell. Das unterschied ihn von Schlaf, der sich durch „Epipsychidion" zwar an die geniale „Totenmesse" erinnert fühlte, sowohl in der Komposition (dithyrambische Form in Zusammenspiel mit novellistischen Elementen) wie in der Sprache („bestrickende Metaphern"), der Przybyszewski jedoch zugleich Maßlosigkeit in der Bildwahl und die Wiederholung bereits früher benutzter Motive vorwarf. „In seinen Romanen und Novellen kann er ein so feiner und tiefdringender Psychologe sein und eine so reiche Mannigfaltigkeit entwickeln, könnte er doch diese Eigenschaft auch seiner Lyrik zugute kommen lassen!"[225]

Den Rezensenten der „Internationalen Literaturberichte" erregte etwas anderes an dem Buch: Przybyszewskis Eskapismus, der verursache, daß diese Poesie auf Willen und Energie einschläfernd wirke und daher weder die Poesie der Zukunft noch überhaupt gerechtfertigt werden könne.[226] Erdmann leugnete das Talent des Schriftstellers nicht (die Stimmungsschilderung in „Helle Nächte" fand er sogar meisterhaft), er

---

224 H. Hart, *Neues vom Büchertisch*, in: „Velhagens und Klasings Monatshefte" 1899/1900, Bd. II, S. 569.
225 J. Schlaf, *Stanislaw Przybyszewski: Epipsychidion*, in: „Die Zeit" 1901, Nr. 339, S. 206.
226 G. A. Erdmann, *Stanislaw Przybyszewski. Epipsychidion*, in: „Internationale Literaturberichte" 1900, S. 279.

wandte sich aber strikt gegen eine Literatur, in der alle Bande zur äußeren Wirklichkeit zerschnitten waren.

Friedrich Oppeln-Bronikowski besprach die beiden Bände Przybyszewskis in der Zeitschrift „Das literarische Echo" und konstatierte, „daß diese Bücher reich an aparten Wendungen, überraschenden Bildern, kühnen Hyperbeln und leidenschaftlichen, heißen Gefühlen sind, wie alles, was der sensitive Pole schreibt".[227] Vorbehalt weckte indessen die Tatsache, daß der Verfasser, laut Bronikowski der erste vernünftige Interpret Nietzsches, den Stil des Schöpfers von „Also sprach Zarathustra" übernommen habe. Unterwerfe man sich der formalen Autorität Nietzsches, „so läuft man Gefahr, nur für sich und für den geliebten Gegenstand zu schreiben, und Przybyszewski ist uns andern auch etwas schuldig!"[228]

Nach Meinung des Rezensenten der „Zeit", der den zweiten Band poetischer Prosa „In diesem Erdental der Tränen" kommentierte[229], hatte der „neurasthenische Pole" vornehmlich für Psychologen geschrieben, da es wohl nur einem kühlen Forscher gelinge, aus diesem Buch (und aus allen anderen) die Nachrichten vom merkwürdigen Zustand der modernen Psyche herauszufiltern. Denn darauf beschränke sich im Grunde der Wert dieser Schriften, die stets die gleichen Motive wälzten.

Gerade das „Neurasthenische" aber zog viele Leser an. Nach Arnold Hagenauer war „der geniale, deutschschreibende Pole der Dichter der Neurasthenie (...). Seine Kunst, die Alltagsumgebung ins Gigantische wachsen zu lassen (...), wirkt überwältigend und beängstigend zugleich." Schwerlich lasse sich in der Weltliteratur etwas Vergleichbares finden, vielleicht bei Huysmans, das Unnachahmliche bei Przybyszewski jedoch sei der tiefe Einblick in die Abgründe des Daseins und dessen geheimste Instinkte.[230]

Auch in der Bewertung durch Hermann Esswein war Przybyszewski „einer unserer zukunftsvollsten Prosadichter. (...) Sein Bemühen geht aufs Letzte und Tiefste, sein nervöses Temperament hat ihn in den Abgrund der Sehnsucht geschleudert, wo jene Kräfte kämpfen, aus deren ewigem Streite und ewig neu wiederholter Vermählung alles wird, was den Lärm des Tages überdauert!"[231]

Theodor Lessing hingegen bezeichnete Przybyszewskis Buch als eine „chose séparée". Die grundlegenden Fehler erkannte er in bildlichen und stilistischen Ungereimtheiten, in der erotischen Überreiztheit und einem Überschwang an Gefühl. „Das Adjektiv ist bei ihm wahnsinnig geworden" und „Przybyszewski würde vielleicht besser polnisch schreiben; die deutsche Sprache machte sich *ihn* zu eigen", stellte Lessing in der „Gesellschaft" fest.[232]

---

227 F. Oppeln-Bronikowski, *Stanislaw Przybyszewski, Epipsychidion. In diesem Erdental der Tränen*, in: „Das literarische Echo" 1899/1900, Sp. 1144f.
228 Ibidem.
229 M. M[esser], *Stanislaw Przybyszewski: In diesem Erdental der Tränen*, in: „Die Zeit" 1900, Nr. 285, S. 173.
230 A. Hagenauer, *Stanislaw Przybyszewski: In diesem Erdental der Tränen*, in: „Der Kyffhäuser" 1900, H. 2, S. 48.
231 H. Esswein, *Stanislaw Przybyszewski. In diesem Erdental der Tränen*, in: „Revue franco-allemande", München 1900, S. 92.
232 Th. Lessing, *Przybyszewski. In diesem Erdental der Tränen*, in: „Die Gesellschaft" 1900, Bd. I, S. 57.

Einige Zeit später hielten die deutschen Rezipienten jene Werke in Händen, die Przybyszewski zuerst auf polnisch geschrieben hatte, aber auch der deutschen Öffentlichkeit präsentieren wollte. 1902 debütierte der Schriftsteller mit dem Band „Totentanz der Liebe"[233] auf dem deutschen Buchmarkt als Dramatiker.

Der fleißige Leser seiner Schriften durfte erwarten, daß Przybyszewski nun in szenischer Gestalt das verborgene Leben der Seele enthüllen und eine tiefere Wirklichkeit aufzeigen würde. Sein Kunstkonzept hätte den Autor zum subjektiv-expressionistischen Drama hinführen müssen, wie es Strindberg hervorbrachte. Przybyszewski hätte den Typ des subjektiven Traumspiels bevorzugen müssen, das sich ausschließlich auf der geistigen Ebene, in der Welt der Phantome und Wahngebilde, bewegte. Doch der Pole blieb auf halbem Wege zwischen Ibsen und Strindberg stehen, ihm fehlte der Genius des Autors von „Fräulein Julie". Er suchte zwei Techniken zu vereinen, die in sich widersprüchlich waren: den subjektiven und den realistisch-naturalistischen Stil; er wollte die Vermählung zwischen dem symbolischen Drama Maeterlincks und dem analytischen Drama Ibsens samt der sophokleischen Tragödie. Das Ergebnis war eine Hybridbildung[234], welche die einen faszinierte und auf die anderen – trotz aller Originalität – epigonal wirkte.[235] Zwar wurde die Szene in Przybyszewskis Dramen zum psychischen Raum für die Gestalten, nicht aber zur visuellen Projektion unbewußter Regungen, wie es in Strindbergs „Nach Damaskus" (1898) der Fall ist, oder zur Umsetzung archetypischer Bilder, wie es in frühen Poemen dem Verfasser selbst gelungen war und wie es Artaud mit seinem Theater später wieder gelang. Anstatt eines visionären Dramas schuf Przybyszewski eine weitere Variante des symbolischen Dramas, anstatt des totalen Theaters das intime Theater.[236]

Die vier Stücke, nach Strindberg „Totentanz der Liebe" genannt, belegen ein weiteres Mal die Macht erotischer Instinkte, wiederholen die bekannte Dreieckskonstellation und variieren die These von der Undurchschaubarkeit menschlichen Schicksals. Deutlicher als in früheren Werken zeichnet sich darin der ethische Aspekt ab. Die Frage des Gewissens, der schuldlosen Schuld, die dennoch schwerste Strafe auf sich zieht (die Übertretung der „geheimen Ordnung" rächt sich stets, weil man das eigene Glück nicht auf Leid und Tod anderer errichten kann, so der Moralist Przybyszewski),

---

233 Der Band kam in Berlin bei Friedrich Fontane heraus. Aufgenommen wurden vier Dramen: *Das große Glück* (fünf Jahre vorher in „Die Gesellschaft" abgedruckt) sowie die in Krakau polnisch vefaßten Texte *Das goldene Vlies* (Zlote runo, entstanden Anfang 1901), *Die Mutter* (Matka, entstanden vermutlich Anfang 1902) und *Die Gäste* (Goscie, geschrieben im Herbst 1900). Die polnische Version von *Totentanz der Liebe* erschien 1901 in Lemberg und enthielt nur zwei Stücke (Zlote runo und Goscie).

234 Roman Taborski hat darauf verwiesen, daß diese Dramen Exempel bilden für einen in der Literatur des Jungen Polen häufigen Synkretismus; vgl. R. Taborski, *Wstep* (Einleitung), in: Przybyszewski, *Wybór pism* (Ausgewählte Schriften), Wroclaw 1966.

235 Gerade die Dramenrezeption offenbart die größten Unterschiede bei der Aufnahme von Przybyszewskis Werk in Deutschland und in Polen. In Deutschland blieben die Stücke fast unbemerkt, wurden sie bestenfalls als epigonal empfunden. In Polen und den anderen slawischen Ländern – wo sie als höchst attraktive Mischung aus Europäischem und Slawischem galten – feierten sie ungewöhnliche Triumphe.

236 Die Theorie (enthalten in der Studie *O dramacie i scenie* [Über Drama und Bühne], Warschau 1905, die Przybyszewski in Auszügen schon 1902 veröffentlicht hatte) und die Praxis des polnischen Dramatikers bewegten sich im Rahmen der damaligen Experimente um ein „intimes Theater".

bildet das zentrale Thema dieser Texte, dem die Vorgänge und Figuren (namentlich die vom Autor eingeführten Symbolfiguren[237]) untergeordnet sind.

Przybyszewskis Dramen wurden von der deutschen Kritik, die darin Einflüsse von Strindberg, Maeterlinck und Ibsen erblickte, recht kühl aufgenommen. Julius Hart resümierte in „Der Tag": „Der künstlerischen Persönlichkeit Przybyszewskis fehlt es nicht an suggestiver, bezwingender Kraft. Doch das Wesentliche, was er uns zu bieten hat, steckt schon in Strindberg, und im Grunde kann er nur als dessen Schüler angesehen werden. Dazu gesellen sich dann noch einige allzu deutlich hervortretende Beeinflussungen durch Maeterlinck. Die originalschöpferische Kraft mangelt diesem Dramatiker, und er kommt erst in zweiter Linie."[238]

Das Inferno, in welches Strindberg geriet, verschlinge auch Przybyszewski. „Auch Przybyszewski", erklärte Hart, „beschwört mit aufgehobenen Händen die Jugend, daß sie sich doch um Gottes willen nicht von den Irrlehren der Freiheitsapostel verstricken lassen solle."[239] Wie bei Strindberg seien die Figuren zur Liebe unfähig, stünden sie einander mit geballten Fäusten und höhnischem Lachen gegenüber. Przybyszewskis einstiger Freund bemerkte verwundert: „Mit dem Zynikerwesen, mit dem Przybyszewski vor dem Satan das Fleisch und den Geschlechtsgenuß anbetete, spricht er jetzt von dem Gott der Gesetze und der Pflicht, der Rache und des Gewissens."[240] Alle vier Dramen variierten die gleiche Grundsituation. Gezeigt werde das immer gleiche verbrecherische Wesen des Menschen, der zerstöre, um weiterzuleben. Der Autor suggeriere, daß es aus diesem Teufelskreis keinen Ausweg gebe.

Eine ausführliche Besprechung der Dramen Przybyszewskis bot im „Literarischen Echo" Wilhelm von Scholz[241], ein Vertreter des Neoklassizismus, der schon 1899 die Tragödie im großen Stil gefordert hatte, welche sich legendären und nationalen Themen zuwandte. Das Interesse an Dramatik war in neoklassizistischen Kreisen groß, und die neue Richtung löste eine rasche Umwertung der Theaterversuche aus den neunziger Jahren aus. Daher enthüllten Przybyszewskis dramatische Werke in Scholz' Interpretation so klar ihr anachronistisches Antlitz. Nach Meinung des Kritikers hätten die Stücke – zumindest im Entwurf – weit früher entstehen müssen, „zumal wir hier auf eine Beeinflussung Przybyszewskis durch fremde Muster stoßen, wie sie für eine originale Schriftstellerpersönlichkeit höchlichst überraschen muß".[242] Die Einflüsse

---

237 „Ich hole aus der Seele des Handelnden alles heraus, was die Tragödie seines Lebens ausmacht, und schaffe eine neue Gestalt, ich schaffe also eine Projektion des inneren Kampfes und Zwiespalts, und so habe ich gleich zwei starke und einander fortwährend beeinflussende Gestalten", schrieb Przybyszewski in der Studie *O dramacie i scenie* (Warschau 1905, S. 28f.). Diese symbolischen Figuren (z. B. Ruszczyc in *Das goldene Vlies*, der Gast und der Unbekannte in *Die Gäste* oder der Freund in *Die Mutter*) erinnern an reale Gestalten – anders als bei Strindberg, bei dem etwa Bettler und Caesar in *Nach Damaskus* Gestalten aus dem Unbewußten einer anderen Figur, symbolische Projektionen bleiben, ja das Drama überhaupt scheint eine auf einzelne Stimmen verteilte Inszenierung unbewußter Inhalte zu sein.
238 J. Hart, *Stanislaw Przybyszewski. Totentanz der Liebe*, in: „Der Tag" 1903, Nr. 537, S. 4.
239 Ibidem.
240 Ibidem.
241 W. von Scholz, *Stanislaw Przybyszewski, Totentanz der Liebe. Dramen*, in: „Das literarische Echo" 1902/1903, H. 10, Sp. 679f.
242 Ibidem, Sp. 680.

Ibsens und Strindbergs waren für Scholz offenkundig und erforderten keine genauere Analyse. Zu Recht stellte er fest, daß Przybyszewski mehrfach Ibsens mystisch-symbolische Gestalt nachahme und das Drama „Die Mutter" eine leicht zu entschlüsselnde Entsprechung der „Gespenster" sei.

Przybyszewski gründe seine Werke auf einen recht durchsichtigen Parallelismus der Ereignisse und nutze allzu einförmig den Kontrast, der hier – wie in den naturalistischen Stücken – wenig Eindruck erzeuge, erklärte der Kritiker weiter. Seine Gestalten beruhten auf ein paar Grundzügen, die dramatische Konstruktion wirke plump, wenngleich nirgends kraß verfehlt, der Dialog sei natürlich und psychologisch subtil, obwohl auch nicht frei von fremden Einflüssen.

Die Dramen „sind zunächst fesselnd, vermöge einer Spannung, die nicht auf dramatischem Bau, sondern auf psychologischem Interesse beruht, vermöge derselben Spannung, mit der wir spezifisch modernen Novellen folgen. Allerdings löst der Dichter diese Spannung nicht aus: er führt sie vielmehr nur zu einem ziemlich brutal einschneidenden Geschehnis, meist einem Selbstmord, nicht zu einer in verständliches psychisches Geschehen umgesetzten Analyse der Persönlichkeit"[243], folgerte der Rezensent. Eher zufällig habe der Dramatiker hier psychologisch aufschlußreiche Beobachtungen verwertet, woraus ein Schauspieler, der zur Darstellung psychischer Nuancen neige, einigen professionellen Nutzen ziehen könne.

Laut Scholz gemahnten Przybyszewskis Texte an jenen Zeitpunkt, zu dem sich eine junge Literatur im Stadium der Gärung befindet. Die hoffnungslos düstere Stimmung, das langsame Erlöschen oder Ersticken der Liebe, die Atmosphäre von Zweifel und Verzweiflung – diese Momente rührten im Verständnis des Kritikers sowohl unter strukturellem als auch unter thematischem Aspekt aus einer vergangenen Entwicklungsphase der Dramatik.

Etwas anders urteilte der Wiener Kritiker Rudolph Lothar, der in der populären Tageszeitung „Neue Freie Presse" Dramenbände von Przybyszewski und Bernard Shaw besprach.[244] Die Texte des Polen erschienen im Kontext des europäischen Dramas als Ansätze zu neuen künstlerischen Lösungen, die an Traditionen Ibsens, Strindbergs und Maeterlincks anknüpften. Der Rezensent deutete die Möglichkeit an, „Das goldene Vlies" und „Die Mutter" auf dem Theater zu inszenieren, weil kaum anzunehmen sei, daß das Publikum vor der zügellosen Gewalttätigkeit Przybyszewskis fliehen werde.[245]

Fast zwei Jahre später, am 3. Oktober 1903, sollte im Wiener Prater die deutsche Erstaufführung des Stücks „Das große Glück" erfolgen.[246] Es spricht für sich, daß es dazu nicht in Berlin, sondern in Wien kam. Hier erfreute sich der Autor der „Totenmesse" eines permanenten Ansehens, die emotionalen Spannungen des beinahe heimatlichen Berlin entfielen.[247]

---

243 Ibidem.
244 R. Lothar, *Neue Dramen (Bernard Shaw und Stanislaw Przybyszewski)*, in: „Neue Freie Presse" 1903, Nr. 13785.
245 Ibidem.
246 Die polnische Erstaufführung fand am 18. Februar 1899 im Krakauer Teatr Miejski statt.
247 Die „Wiener Abendpost" druckte zudem einen Artikel von T. Rittner, *Stanislaw Przybyszewski* (1902, Nr. 170), in welchem der Verfasser der *Totenmesse* nicht nur zum Hauptinspirator aller Veränderun-

Die Aufführung fand am experimentellen Intimen Theater statt, dessen Akteure wenig bekannt, aber mit schöpferischer Phantasie begabt waren. Man darf sie als gelungen betrachten, denn das elegante Publikum im Zuschauerraum soll heftig Beifall geklatscht haben, wie die „Neue Freie Presse" anderntags berichtete.[248] Przybyszewski habe in seinem Stück die Frage gestellt, so informierte der anonyme Rezensent, ob das Gewissen einen intelligenten Menschen unglücklich machen könne, „und er führt Beweis mit logischer Schärfe und erbarmungsloser Grausamkeit". „Man muß dem Intimen Theater dankbar sein, daß es diesen eigenartigen modernen Autor zu Worte kommen ließ."[249]

Im „Neuen Wiener Tagblatt" aber meldete sich Hermann Bahr persönlich zu Wort. Er ergriff die Gelegenheit der Theaterkritik, um sein Verhältnis zu Przybyszewski, für den er sich stets interessiert hatte, zu definieren. Der Text sei nicht frei von intimen Ergüssen und anekdotischen Berichten. Laut Bahr war die Wirkung des polnischen Schriftstellers auf seine Zeitgenossen enorm, obwohl die Presse den Mann, „der damals, neben Dehmel und Strindberg, der mächtigste Zauberer über die Berliner Jugend war"[250], nicht ausreichend gewürdigt habe. Er habe jedoch entscheidend zur Ausbildung einer Sprache beigetragen, mit deren Hilfe man das schwer faßbare geistige Erleben ausdrücken könne. Sein Wort gründe sich nicht mehr nur auf die Logik, sondern sei bereichert worden durch sinnliche und musikalische Qualitäten, die ihm einen neuen Sinn verliehen.

Bahr interpretierte das Drama nicht; man könne nicht – schrieb er – Handlungsmotive von Figuren bestimmen, die im Unbewußten liegen. Jedes Wort eröffne eine ganze Reihe von Möglichkeiten. Selbst die eigenen Emotionen vermögen wir nicht bis ins letzte zu ergründen, erklärte der Kritiker in Übereinstimmung mit Przybyszewski. Das Kaleidoskop der Gefühle erinnerte ihn an die Malerei der Pointillisten und an die Philosophie Wilhelm Machs. Das Stück kennzeichne ein Typ Philosophie, bei dem die Gefühle nicht von vornherein gegeben seien, sondern vor den Augen der Zuschauer entstünden.

Der österreichische Schriftsteller berief sich in seiner Rezension auf längere Passagen aus einem Artikel von Klemens Funkenstein, der im selben Jahr in der „Zeit" erschienen war und die neueste Literaturentwicklung in Polen darlegte.[251] Funkenstein widmete jenem Autor, der zuerst in Deutschland gewirkt hatte und danach für die polnische Literatur so bedeutsam wurde, viel Raum. „Ploszowski und Przybyszewski bilden zwei Meilensteine in der Entwicklung der polnischen Literatur", stellte der

---

gen in der polnischen Literatur erklärt, sondern auch die universellen und überzeitlichen Elemente seiner Werke hervorgehoben wurden. „Die Zeit" vermerkte hingegen die von Przybyszewski angeregte Gruppenstudie *Franz Flaum*, op. cit. (Vgl. H. H., *Franz Flaum...*, in: „Die Zeit" 1904, Nr. 498, S. 34, wo der Rezensent feststellte, Przybyszewski fände bei Flaum den Ausdruck eines gravierenden sexuellen Pessimismus und das Bild der Frau als einer ewigen Erweckerin des Geschlechts.)

248 Anonym *[Das große Glück]*, in: „Neue Freie Presse" 1904, Nr. 14408, S. 8.
249 Ibidem.
250 H. Bahr, *Das große Glück*, in: „Neues Wiener Tagblatt" 1904, Nr. 275; ich zitiere aus dem Nachdruck in: *Glossen zum Wiener Theater (1903-1906)*, Berlin 1907, S. 424.
251 K. Funkenstein, *Zur Geschichte der modernen Literatur in Polen*, in: „Die Zeit" 1904, Nr. 516, S. 90f.

Kritiker vehement fest.[252] Dank seiner „hypnotisierenden und rasenden Leidenschaft" sei es Przybyszewski gelungen, auch in Polen einen Kreis junger, faszinierter Anhänger um sich zu scharen. Dem Leser aber begegne ein Autor, „der keine Furcht kennt, der sich ganz der Entwicklung der menschlichen Erkenntnis geweiht hat. Denn die Grenzen unseres Bewußtseins immer mehr auseinanderzuschieben, hat er sich zur Aufgabe gemacht."[253] Ein Mann, der dies auf sich genommen habe, verdiene Bewunderung.

Mit der freundlichen Aufnahme der Erstaufführung durch die Wiener Presse wurde dem in Österreich geschätzten Autor die gebührende Hochachtung zuteil. Einen ganz anderen Ton schlug die kurze Besprechung an, die Fritz Telmann im Berliner „Literarischen Echo" zu „Das große Glück" veröffentlichte. „In diesem Stücke wird so viel gesprochen", berichtete Telmann, „daß manchmal auch etwas Gescheites unterläuft, und die Charaktere werden von so vielen einander widersprechenden Seiten gezeigt, daß man beinahe geneigt ist, die eine oder andere von ihnen für interessant zu halten."[254]

Das Intime Theater Wien inszenierte 1905 zwei weitere Stücke Pryzbyszewskis: „Die Mutter" (am 11. Mai) und „Das goldene Vlies" (am 23. Dezember)[255]; sie fanden jedoch weder beim Publikum noch bei der Kritik größeres Interesse.[256] Beide Premieren registrierte erneut Fritz Telmann im „Literarischen Echo", er wertete sie wesentlich positiver als „Das große Glück". „‚Die Mutter' von Przybyszewski scheint mir eine der glücklichsten Arbeiten dieses interessanten Autors. Glücklich in ihrer Wirkung, weil er in Behandlung seines Stoffes (...) die Lehren antiker (‚Ödipus', ‚Elektra') und moderner Theatertechnik (‚Gespenster') weise nützt; der Eindruck war denn auch stark und wird dem hier wenig bekannten Autor Freunde erworben haben."[257]

Nach der Premiere von „Das goldene Vlies" schrieb der Kritiker: „Przybyszewski, der vom Intimen Theater eifrig gepflegt wird, interessiert immer von neuem. Für das Hin und Wieder im Liebesleben nervöser Menschen findet er immer neue Worte, neue Übergänge (...). Dazu bringt er alle seine feinen Sachen in einer den neueren Franzosen abgeguckten Spannungstechnik, die ihm schließlich auch ein Publikum in den Bann ziehen hilft, das ihm rein geistig nicht zu folgen vermag."[258]

Przybyszewski unternahm im Herbst 1906 noch einen Versuch, eines seiner Stücke im Intimen Theater herauszubringen: „Schnee", das 1903 im Verlag von Dr. Julian Marchlewski in München erschienen war.[259] Aus ungeklärten Gründen kam es jedoch

---

252 Ibidem, S. 92.
253 Ibidem.
254 F. Telmann *[Das große Glück]*, in: „Das literarische Echo" 1904/1905, H. 3, Sp. 222.
255 *Das goldene Vlies* wurde erstmals am 27. März 1901 in Lemberg aufgeführt, *Die Mutter* am 27. September 1902 in Krakau.
256 Darauf verweisen die Rezensionen von L. Adelt in: „Die Zeit" 1905, Nr. 943 und Nr. 1168.
257 F. Telmann, *Echo der Bühnen*, in: „Das literarische Echo" 1904/1905, 18, Sp. 1367f.
258 F. Telmann, *Echo der Bühnen*, in: „Das literarische Echo" 1906, H. 8, Sp. 601.
259 Przybyszewski, *Schnee*, München 1903. Dieses Drama, im Herbst 1902 auf polnisch verfaßt, erschien 1903 in Warschau und im gleichen Jahr, am 16. Oktober, kam in Lódz zur Premiere. Auf einer deutschen Bühne wurde *Schnee* erst 14 Jahre später inszeniert, am 15. September 1917 in München, was im folgenden aufgegriffen werden wird.

nicht zur Premiere. Dabei hatte gerade dieses Drama der Liebessehnsucht, diese Hymne auf moralische Schönheit und Reinheit[260] in Deutschland die besten Pressestimmen erhalten.

Carl Hagemann hatte zwar im „Literarischen Echo" vermerkt: „Viel interessanter zu lesen ist das Drama ‚Schnee' von Stanislaw Przybyszewski (...). Aber auch nur zu *lesen*. Denn auf dem Theater würde es unsagbar langweilen."[261] Doch diese Meinung stand isdiert da. Der Kritiker sah in dem Stück Stoff für eine Novelle und stellte fest, daß die symbolischen Inhalte weder so tiefgründig und suggestiv wie bei Ibsen noch von der atmosphärischen Dichte Maeterlincks oder Wildes wären.

Im „Allgemeinen Literaturblatt" dagegen erklärte Albert Zipper, Przybyszewskis neuestes Stück sei „bühnengerecht, eine empfehlenswerte Aufgabe für Schauspieler; auch höchst dezent, insbesondere in Anbetracht des Leumundes der Przybyszewskischen Schöpfungen".[262] Den Genuß beeinträchtigten jedoch sprachliche Fehler (typische Polonismen), welche den gewaltigen Eindruck einer Aufführung gewiß schwächen würden.[263]

Müller-Waldenberg schrieb nach der Lektüre des Stücks: „Zu den großen Mystikern muß man den Dichter nach dieser Probe seines Könnens zählen."[264] Entstanden sei ein Drama über die quälendste aller Krankheiten – die Sehnsucht. Przybyszewski habe „als Meister in seinem Reiche gearbeitet und Szenen geschaffen, die durch tiefe und wahre Empfindung, durch den Zug von Melancholie und Resignation, der gleich einem Schleier über der Handlung liegt, wundersam ergreifen. Ibsen und Strindberg haben ihm zu Vorbildern gedient, ersteren ahmt er auch in der präzisen und geschickten Führung des Dialogs sehr glücklich nach."[265]

Die Berliner Wochenzeitung „Das neue Magazin" druckte in ihrer Beilage „Spiegel", die bereits Ausschnitte bedeutender Werke vorgestellt hatte (u. a. Heinrich Manns „Die Jagd nach der Liebe" und Strindbergs „Vom Meere"), auch einen Auszug aus „Schnee". Ihm wurde diese Empfehlung beigefügt: „Es folgt eine Probe aus dem neuesten Drama ‚Schnee' des größten Polen von heute, *Stanislaw Przybyszewski*. Die Kritik hat es heruntergerissen, es muß wohl gut sein. Und es ist gut..."[266]

---

260 *Schnee* war Przybyszewskis Reaktion auf scharfe Angriffe in der polnischen Presse, die ihn der Verbreitung öffentlicher Unmoral bezichtigte. Das Drama weicht in seiner Aussage stark vom vorhergehenden Schaffen des Autors ab, im Aufbau führt es jedoch das frühere Muster fort; auch *Schnee* basiert auf Parallelismus und Opposition (die dämonische Frau und die Frau als Hafen, Liebe als Zerstörerin und als Trost, Doppelselbstmordversuch u. dgl.), es enthält symbolische Gestalten, eine mystische Atmosphäre und den für Przybyszewski typischen „Hauch Transzendenz".
261 C. Hagemann, *Moderne Dramen*, in: „Das literarische Echo" 1904, H. 17, Sp. 1205.
262 A. Zipper, *Przybyszewski Stanislaw: Schnee*, in: „Allgemeines Literaturblatt" 1905, Nr. 6, Sp. 189.
263 Im Kontext dieser Äußerung mag man dem Autor glauben, daß er die deutsche Version nicht selbst angefertigt hat (vgl. Brief an Alexander Guttry vom 6. April 1916, in: *Listy*, Bd. 2, op. cit., S. 645), obwohl Helsztynski angibt, im Vertrag habe unter der Rubrik Übersetzer der Name des Verfassers gestanden (ibidem).
264 W. Müller-Waldenberg, *Dramatisches*, in: „Internationale Literatur- und Musikberichte" 1905, Nr. 8, S. 58.
265 Ibidem.
266 O. F., Vorwort zum *Schnee*, in: „Das neue Magazin" 1904, H. 23. Ausgewählt wurden hierfür die 8. und 9. Szene des I. Akts sowie der Beginn der 2. Szene aus dem II. Akt.

Das Presseecho auf Przybyszewskis Versuche, seine Dramen in Deutschland zu etablieren, verrät – selbst dort, wo es günstig ausfällt – die triftigen Gründe, aus denen es nicht zu einer Aufführungstradition kam: epigonale Form und unzeitgemäßer Inhalt. Die Vorwürfe waren indessen nur zu einem gewissen Grade berechtigt.

Tatsächlich hatte Przybyszewski von Ibsen das analytische Drama übernommen, bei dem die Spannung aus der Enthüllung einer zurückliegenden Schuld erwächst. Der Pole setzte aber das vorgefundene Muster nicht einfach fort, er wollte die Inspirationen zu einem originären Ausdruck für die eigene metaphysische Wahrheit verwenden. Auf der Suche nach Wahrheit reißen Ibsens Figuren einander Schleier und Masken herunter, Przybyszewskis Gestalten behaupten, die Wahrheit töte. Die innere, subjektive Wahrheit der Ibsenschen Helden ist bei Przybyszewski zu einer transzendenten, metaphysischen Wahrheit geworden, unabhängig vom Willen und vom Bewußtsein des einzelnen und nur der Vorsehung untertan. Ibsen war die deterministische Perspektive fremd, die der Pole einnahm, indem er Menschen als Marionetten des Schicksals und ihrer eigenen ungezähmten Instinkte zeigte.

Nach den Leidenschaften seiner Helden stünde Przybyszewski Strindberg näher, dem Schöpfer übermenschlicher, ungewöhnlicher, dämonischer Figuren. Die Strindbergsche Empfindungsstärke wandelte sich jedoch häufig in hysterische Gefühlsausbrüche, was den Werken melodramatische Züge verlieh. Przybyszewski folgte nicht dem Schweden, der entsprechend der Erkenntnis, daß man nur das eigene Leben wirklich kenne (dies äußerte er 1886), sein gesamtes Schaffen – einschließlich der Dramen – autobiographisch anlegte. Fast jedes seiner Stücke ist eine Reflexion der eigenen Existenz. Die Einheit der Handlung ersetzte Strindberg durch die Einheit des Autor-Ichs[267], wodurch er das abzubilden vermochte, was Przybyszewski so sehr zu erhellen wünschte: die nackte Wahrheit der Seele. Przybyszewski aber hielt Ausschau nach lebensähnlichen Situationen, in die er diese Wahrheit einschreiben konnte. Bei ihm fehlen der Strindbergsche Geschlechtskampf, die Ambivalenz von Liebe und Haß, das Entsetzen über das Leben. In ihren tieferen Schichten bergen die Stücke Przybyszewskis die Sehnsucht nach Liebe, nach Vereinigung, nach Erfüllung.

Darin unterscheidet sich Przybyszewski auch von Maeterlinck, der den blinden Mächten ausgelieferten Menschen in ein hoffnungsloses Erdendasein verstrickte. Sicherlich hatte der Pole die „Tragödie des Alltags" bei Maeterlinck wahrgenommen, doch er schilderte sie durch heftige Leidenschaften anstatt durch träumerische Apathie. Przybyszewskis Drama ist nicht Maeterlincks statisches Drama (mit Ausnahme von „Die Gäste"), und seine Figuren sind keine willenlosen Opfer der Ereignisse.

Der Vorwurf der Epigonalität ließe sich gegen beinahe alle dramatischen Werke der Jahrhundertwende erheben. Ibsen, Strindberg und Maeterlinck wiesen der Dramatik ihrer Epoche unangefochten die Richtung. So gesehen, erscheint Przybyszewski etwas weniger epigonal. Immerhin schuf er einen eigenen Dramentyp, der genau die Erwartungen des Publikums bediente, für das er schrieb.[268]

---

267 Darüber hat P. Szondi geschrieben in: *Theorie des modernen Dramas 1880-1950*, Frankfurt a. M. 1956 (vgl. speziell die Abschnitte zu Strindberg).

268 Alle dramatischen Werke Przybyszewskis (mit Ausnahme von *Das große Glück*) entstanden auf polnisch und in erster Linie für das polnische Publikum. *Das goldene Vlies* z. B. brachte es allein im

Das Geheimnis des immensen Erfolgs, den Przybyszewskis Stücke in Polen und den slawischen Ländern hatten, wurzelte wahrscheinlich nicht nur in Unterschieden der literarischen Kultur und der Rezeptionsweise neuer Kunst, sondern auch in dem anderen Empfindungstyp, der einen Polen (einen Slawen) von einem Deutschen trennt. Hinzu kam, daß die Dramen zu spät auf deutsche Bühnen gelangten und daher nicht mehr als Innovationen erkannt wurden. Metaphysische Tiefen und transzendente Wahrheiten vermochten die Zuschauer nicht mehr zu begeistern.[269] Sehr schnell hatten die Stücke ihre innere Dynamik verloren, sehr rasch setzte ein Alterungsprozeß ein, der gleichsam im künstlerischen „Image" angelegt war.

Dieser Prozeß erfaßte im übrigen Przybyszewskis gesamtes literarisches Schaffen. Auf dem deutschen Buchmarkt erschien 1905 ein weiteres seiner Werke, der Künstlerroman „Erdensöhne".[270] Thema war die Krakauer künstlerische Boheme, die angegriffen ist von einer „psychischen Malaria", erkrankt an Unproduktivität, unfähig, einen Platz in der Gesellschaft zu finden, welche sie verachtet, und zugleich der Abhängigkeit von jener unerbittlichen „Madame Delmonse" - der literarischen Öffentlichkeit - bewußt, die ihre Kinder im Elend verkommen läßt, um ihnen nach dem Tode herrliche Denkmäler zu errichten.

Der Roman, der stark autobiographische Züge trägt[271], war eine Reflexion über die Stellung von Kunst und Künstler in einer uniformierten Gesellschaft, über den Künstler als Propheten und Märtyrer. In den Künstlern als „Erdensöhnen" (oder besser „Söhnen der Natur") werde sich ein winziger Teil der Natur seiner selbst inne, erklärt Czerkaski, das Sprachrohr des Autors, denn der Künstler sei nur das Medium einer unsichtbaren Macht, die durch ihn ihre Wahrheit verkünde. Motive aus dem Künstlerdasein kreuzen sich mit dem Liebesthema; einem gehörnten und selbst treubrüchigen Mann soll eine neue Liebe helfen, das innere Gleichgewicht und die Schöpferkraft wiederzufinden, in höherem Sinn gar die Rückkehr ins verlorene Paradies ermöglichen.

Warschauer Teatr Rozmaitosci in der Saison 1901/1902 auf 33 Vorstellungen, was absoluter Rekord war. Von der Atmosphäre während dieser Aufführungen berichtete eine Zeitung: „Fünfzehnjährige Backfische überreichten ihm Bukette, mit Blumen überschütteten ihn auf der Bühne polnische Frauen, ihre Handschuhe waren vom heftigen Applaus aufgeplatzt... Sie fielen auf das Echo des selbstmörderischen Schusses, den der verratene und treubrüchige Gatte abgab, in selige Ohnmacht." (*Kobieta polska w dramacie Przybyszewskiego* [Die polnische Frau im Drama P.s], in: „Kurier Warszawski" 1901, Nr. 343.)

269 Das größte Interesse fanden Przybyszewskis Werke in Polen zwischen 1899 und 1904, erfolgreich auf dem Theater war er vornehmlich zwischen 1900 und 1903. In den deutschsprachigen Ländern gelangten die Stücke nach 1904 auf die Bühne, was die Aussichten auf Triumphe in der Tat schmälerte.
270 Przybyszewski, *Erdensöhne*, Berlin 1905. Auszüge druckten 1901 polnische Zeitschriften („Chimera", „Glos" und „Wolny Glos"), die Buchausgabe folgte erst 1904 in Lemberg. Der Roman bildete den ersten Teil einer Trilogie mit dem gleichen Titel, die beiden restlichen Teile erschienen wesentlich später: *Dzien sadu* (Der Tag des Gerichts) 1909, *Zmierzch* (Dämmerung) 1911. Der zweite Teil wurde 1913 in Leipzig unter dem deutschen Titel *Das Gericht* verlegt.
271 Präsentiert wurde hier Przybyszewskis Krakauer Freundeskreis samt der Romanze mit Jadwiga Kasprowicz, die als Hanka Glinska auftritt. Wegen allzu eindeutiger Passagen mußte der Vorabdruck in der „Chimera" im April unterbrochen werden. Bald danach, am 5. Mai 1901, wurde Dagny in Tiflis von Wladyslaw Emeryk ermordet (genau am Jahrestag der ersten Bekanntschaft zwischen Przybyszewski und Jadwiga).

Dieser recht gelungene, wenngleich reichlich verspätete Roman traf auf geringes Interesse bei den deutschen Lesern, denn er frischte nur die für das Ende des 19. Jahrhunderts typische Apotheose des Künstlers auf. „Die Nation" brachte eine wohlwollende Rezension von A. Sakheim, der in Przybyszewskis Darstellung eine anregende Studie über das tragische Los des Künstlers erblickte.

„Die Söhne der Erde – das sind die Titanen, die in Qualen tragen und in Schmerzen schaffen, was der Erdgeist durch sie der Menschheit offenbart. ‚Alle Schmerzen, die unendlichen' werden ihnen durch ihr idealistisches Künstlertum zuteil, und nur in der heißen, herrlichen Liebe, in der Selbstvergessenheit der Leidenschaft finden sie unendliche Freude. Diese Liebe ist das einzige, was ihre brennende Sehnsucht nach unbetretenen Tempeln, ihr düsteres Verlangen nach dionysischem Heldentum, nach dem Reiche des Satanas-Dionysos, dem Lande der Vitalität löschen kann (...). So ungefähr Przybyszewski, der in glühenden Worten und mit einem Können, das zuweilen die Höhen des Visionären erreicht, schreibt."[272]

In Przybyszewski erkannte der Kritiker eine Mischung aus Gorki und der westlichen Kultur. Zwar sei der polnische Autor nicht gefeit vor Banalität, doch er sei „einer, der im Schönheitskultus schwelg[e] und ein Verkündiger suggestiver Symbole. Dichter und Literat."[273]

Anderer Auffassung war Bodo Wildberg, der im „Literarischen Echo" den Roman wie folgt kommentierte: „Was Przybyszewski in seinem neuen Werke gibt, ist freilich nicht ganz das, was die Einleitung in rhapsodischen Sätzen versprochen hat. Tiefkrank ist auch dieses Buch – und ich für meine Person kann nur mit großer Mühe den Widerwillen zurückdrängen, den mir der Lazaretthauch dieser nervenquälenden Mystik verursacht. (...) Ich finde das Buch abscheulich. Abscheulich, und doch in einzelnen Teilen interessant. (...) Diese Fieberphantasien sind oft mit einer raffinierten Wortkunst aufs Papier gebannt. (...) Dennoch (...) ich lege das Buch gern wieder aus der Hand. Mögen jene es aufnehmen, deren Nerven stark oder stumpf genug sind, um es zu ertragen!"[274]

Przybyszewskis Schaffen stand also im Zeitraum 1899-1905 bei der deutschen Literaturkritik nicht im Zentrum der Aufmerksamkeit. Dies hatte seine Ursache nicht nur in der physischen Abwesenheit des Schriftstellers, sondern vor allem in seinen anachronistischen Werken, die sich dem neuen künstlerischen Paradigma nicht fügten. Nachrichten über die literarischen Aktivitäten Przybyszewskis in Polen erreichten hingegen die Deutschen beinahe regelmäßig.

Bereits 1901 erschien die Geschichte der polnischen Literatur von Aleksander Brückner, dem damaligen Professor für slawische Sprachen und Literaturen an der Berliner Universität. Der große Gelehrte widmete dem „satanischen" Landsmann einen Abschnitt, der dessen Schaffen vielleicht zu knapp, aber dafür höchst zutreffend interpretierte. Brückner überschätzte die Rolle Przybyszewskis wohl ein wenig, als er schrieb, die Moderne mit ihrer Dekadenz und ihrem Pessimismus, ihren Übermenschen, ihrem Daseinsschmerz, ihrer tragischen Erotik, den Verirrungen der Instinkte

---

272 A. Sakheim, *Erdensöhne*, in: „Die Nation" 1905/1906, Nr. 45, S. 720.
273 Ibidem.
274 B. Wildberg, *Erdensöhne*, in: „Das literarische Echo" 1907, H. 15, Sp. 1052.

und den Manien habe erst mit dem Verfasser der „Totenmesse" Eingang in die polnische Literatur gefunden.[275]

Nach Brückner erlangten Przybyszewskis Werke in Deutschland Anerkennung „durch die Wahl der gewagtesten Stoffe, deren grelle Beleuchtung, den glänzenden Stil, die Paradoxen seiner Übermenschen".[276] Przybyszewski betreibe die „Entfesselung des Individuums", das jenseits von Gut und Böse stehe, obwohl es von atavistischen Gewissensskrupeln nicht frei sei. Die Verachtung der Menge und aller Philister, die Ablehnung des sozialen Auftrags der Kunst, die Forderung nach einem Schaffen „des Einzigen für den Einzigen", die bis zur Selbstkasteiung getriebene Analyse der „nackten" Seele, der Haß gegen das Weib und die Glorifizierung des Bösen als des Stärkeren – dies waren nach Meinung des Literaturforschers die Leitmotive im deutschsprachigen Werk. In Polen seien sie etwas gemildert worden, es hätten sich moralische Akzente gezeigt, wonach alles Böse die Strafe in sich trüge. Die Schwermut hätte sich verstärkt, das Unheimliche abgeschwächt. Przybyszewski, so schloß der Gelehrte, sei zum Dramatiker geworden und wecke als solcher in Polen bedeutende Hoffnungen.[277]

Viel Information über Przybyszewski enthielten die in Abständen publizierten Presseschauen[278] sowie die Korrespondenzen von Józef Flach im „Literarischen Echo". Der Verfasser der „Polnischen Briefe" registrierte darin wichtige Ereignisse aus dem polnischen literarischen Leben, und auffallend häufig wurde dabei der Wortführer des Jungen Polen erwähnt. Die Briefe waren nicht frei von Wertungen. So lobte Flach nach der Lemberger Premiere das Stück „Das goldene Vlies" und schrieb: „Trotz der erdrückenden Atmosphäre hat das Drama eine echte, tiefe Tragik, und wie noch niemals bei Przybyszewski wird auch der Kausalnexus zwischen Schuld und Strafe betont. (...) Sonderbarerweise gab es Kritiker, die sich über das Stück moralisch entrüsteten."[279]

Auch „Die Mutter" wurde dem deutschen Publikum als ein Bühnenwerk gepriesen, das einen beträchtlichen Erfolg eingeheimst habe.[280] Nach der Premiere von „Schnee" merkte der Informant zwar an, daß das Stück „reifer und auch technisch solider ist als der ‚Totentanz der Liebe'", der Dramatiker habe damit aber nicht die bereits verlorenen Positionen wiedergewinnen können. Der polnische Kritiker erläuterte: „Doch ist der Grund des allmählichen Niederganges von Przybyszewskis Ruhm in Polen wie in Deutschland nicht schwer zu finden: Während die Menschheit an die Poesie heute

---

275 Vgl. A. Brückner, *Geschichte der polnischen Literatur*, Leipzig 1901, S. 603.
276 Ibidem, S. 604.
277 Vgl. ibidem, S. 605.
278 Meist abgedruckt in: „Das literarische Echo", das – gegründet von J. Ettlinger – ab 1898 erschien und eine Informationsschrift war (von 1923 bis 1944 unter dem Titel „Die Literatur"); vgl. z. B. den Artikel *Polen* („Das literarische Echo" 1900, Sp. 10776), wo A. Mazanowskis Beitrag *Mloda Polska w powiesci i poezji* (Das Junge Polen in Roman und Dichtung) aus dem „Przeglad Powszechny" resümiert wurde.
279 J. Flach, *Polnischer Brief*, in: „Das literarische Echo" 1901, H. 15, S. 1139. Die Zeitschrift informierte im selben Jahr mehrfach über den Mord an Dagny Juel-Przybyszewska.
280 Vgl. J. Flach, *Polnischer Brief*, in: „Das literarische Echo" 1903, Sp. 338. In einem anderen „Brief" aus dem gleichen Jahr berichtete Flach über die polnische Ausgabe der *Synagoge des Satans*, die 1902 in Warschau – nach Eingriffen der Zensur stark gekürzt – erschienen war (vgl. Sp. 56).

andere Forderungen stellt als etwa 1890, bewegt sich der deutsch-polnische Autor im Bannkreise derselben Ideen, derselben Motive, ja sogar derselben dramaturgischen und stilistischen Mittel."[281] Einige Nummern zuvor war mit ähnlicher Deutlichkeit der Roman „Erdensöhne" bedacht worden; er „zeugt von einer Gärung, die freilich vorläufig nur negative Resultate: Bruch mit der Vergangenheit, und nichts Positives gebracht hat".[282]

Merkwürdig, daß die gleichfalls im „Literarischen Echo" veröffentlichten „Russischen Briefe" von Arthur Luther ein abweichendes Bild vom Schaffen Przybyszewskis zeichneten. Fast jeder größere Artikel über den Schriftsteller in der russischen Presse wurde darin geradezu ehrfürchtig festgehalten.[283] Flach muß schon frühzeitig damit begonnen haben, das Schaffen Przybyszewskis zu diskreditieren; ab 1904 war der Ruhm des Autors tatsächlich im Schwinden, doch seine Werke erfreuten sich noch einer erheblichen Popularität. Mit seinen Befunden schien sich der Kritiker eher der deutschen Meinung anzubequemen als die Stimmung in Polen zu spiegeln.

Der bekannte Neoklassizist Samuel Lublinski resümierte in seinem Buch „Bilanz der Moderne" (1904) den literarischen Ertrag Przybyszewskis mit den Worten: „Ein polnischer Dichter, der auch in deutscher Sprache schrieb, Stanislaw Przybyszewski, war eigentlich der erste, der diese physiologische Romantik in die Erzählung einführte, und zwar gleich im wildesten Stil. Er war eine geniale Persönlichkeit (...), aber Stilgefühl hatte er nicht allzu viel; er war kein formender Künstler und am wenigsten ein Erzähler. Über oft überwältigende Tagebuchausbrüche kam er eigentlich nirgends hinaus, und so konnte er nicht fortzeugend wirken und ging wie ein Meteor rasch vorüber."[284]

Diese lakonische Wertung erfaßte das Wesen von Przybyszewskis Werk aus der damaligen Perspektive außerordentlich präzise. Der „geniale Pole" aber unternahm bald darauf den Versuch, aus dem literarischen Leben Deutschlands „emporzutauchen". Doch die internen Determinanten seines Werks – die ja konstant blieben – entfernten sich immer weiter vom künstlerischen Experiment und verwirkten schließlich ihre Chancen, ein weiteres Mal „aufzutrumpfen".

3.2 In der Münchener Zeit und danach (1906–1927)

Als Przybyszewski im Februar 1906 nach München zog, hatte er 14 Jahre schriftstellerischer Tätigkeit hinter sich: sieben Jahre in Deutschland und sieben Jahre in Polen. 1905 war der Verfasser des Manifests „Confiteor" in eine schwierige Lage geraten. Die revolutionären Ereignisse, die er absolut nicht begriff, waren einer der Gründe für seine überstürzte Abreise aus Warschau. Intuitiv spürte Przybyszewski, daß die Realität damit den dekadent-metaphysischen Stimmungen der neunziger Jahre den letzten

---

281 J. Flach, *Polnischer Brief*, in: „Das literarische Echo" 1904, H. 17, Sp. 1293.
282 J. Flach, *Polnischer Brief*, in: „Das literarische Echo" 1904, H. 3, Sp. 213.
283 Vgl. z. B. *Russischer Brief*, in: „Das literarische Echo" 1902, H. 17, Sp. 1276, wo ein Artikel von Eugen Degen bzw. eine andere Korrespondenz besprochen wird, die über einen Essay von Wolshki informiert hatte (1905, H. 4, Sp. 283).
284 S. Lublinski, *Bilanz der Moderne*, Berlin 1904, S. 233.

Stoß versetzte. Der einstige Wortführer der Krakauer Modernisten sah sich zu einer Entscheidung veranlaßt, die nicht nur das Privatleben an der Seite der einer neuen Frau[285], sondern die Fortsetzung seiner Karriere als Künstler überhaupt betraf.

Die Flucht aus Polen – und die Rückkehr nach Deutschland erschien durchaus als eine Niederlage – hatte mehrere Anlässe. Für sie sprach zweifellos die Hoffnung, sich wieder in die deutsche Literatur einschalten zu können. Przybyszewskis Zweisprachigkeit und seine Kenntnis der deutschen Verhältnisse bargen eine reale Chance: gleichzeitig in zwei Nationalliteraturen zu funktionieren. Über die Wahl Münchens entschied nicht nur die Tatsache, daß die bayerische Hauptstadt seinerzeit ein Hort von Wissenschaft und Kunst war, sondern ebenso – und vielleicht vor allem –, daß sich Jadwigas Schwester, die Gattin des Münchener Jura-Absolventen Karol Pohoski, in eben dieser Stadt niedergelassen hatte.[286]

Nach dem endgültigen Entschluß zur Übersiedlung suchte Przybyszewski nach mehrjährigem Schweigen wieder den Kontakt zu seinem engsten deutschen Freund, zu Richard Dehmel, dem er am 29. Januar 1906 schrieb: „... in meinem eigenen Vaterland ist mir das Todesurteil gesprochen worden – weil ich den sinnlosen Mut besaß, nicht nach dem billigen Lorbeer der Gasse zu greifen. (...) Ich war stets heimatlos und bleibe es in meiner rebellischen Liebe."[287]

Die Heimatlosigkeit, die Przybyszewski in Briefen an Freunde beklagte, war mehr erzwungen als freiwillig. Denn in keinem der kulturellen Zentren des damaligen Polen – Krakau, Warschau oder Lemberg – konnte sich der Skandalumwitterte heimisch fühlen. Skandalös gewirkt hatte nicht nur der unkonventionelle Lebenswandel, den Przybyszewski in Krakau führte (mit Alkoholexzessen, nächtlichen Eskapaden mit jungen Leuten in den Parkanlagen, provokatorischen Vorträgen und für Philister unzumutbaren Schriften), sondern vor allem die Liebesaffären, in welche sich der Künstler auf der Suche nach der Zwei-Einigkeit verheddarte: die Romanze mit der begabten Lemberger Malerin Aniela Pajakówna, der eine weitere uneheliche Tochter entstammte (die spätere Autorin von Dramen über die Französische Revolution Stanis-

---

285 Hochzeit mit Jadwiga Kasprowicz hielt der Schriftsteller sechs Jahre nach der berühmten Romanze, am 11. April 1905 in Inowroclaw. Kurz darauf absolvierte er auf Initiative der Gattin eine erfolgreiche Entziehungskur.
286 Von einer Rückkehr nach Berlin, das für den Schriftsteller mit Erinnerungen an Dagny erfüllt war, konnte angesichts der krankhaften Eifersucht der neuen Gemahlin keine Rede sein.
287 Przybyszewski, *Listy* (Briefe). Bearbeitung S. Helsztynski, Bd. 1, Warszawa 1937, S. 356. Dehmel hatte im Februar 1905 in einem Brief an Robert Scheu die Kandidatur Przybyszewskis für den Kongreß der internationalen kulturpolitischen Liga vorgeschlagen (vgl. R. Dehmel, *Ausgewählte Briefe*, Bd. 2, Berlin 1923, S. 68f.). Womöglich führte diese Geste Dehmels zu einer erneuten Kontaktaufnahme der einstigen Freunde. Przybyszewski hatte Dehmels Anschrift von dessen früherer Frau, Paula, erhalten; am 19. Januar 1906 schrieb er einen ersten, herzlichen Brief: „Von mir ist nichts zu berichten, letztlich ist mir diese ganze alberne Äußerlichkeit so gleichgültig – aber innerlich habe ich mich entwickelt, bin klüger geworden – und habe gelernt, was Verzicht ist und was es heißt, keine Bedürfnisse zu haben. Ein paar Worte von Dir würden mich wahrhaft glücklich machen." (*Listy*, op. cit., S. 348) Am gleichen Tag schrieb Przybyszewski an Johannes Schlaf, mit dem er sporadisch korrespondierte: „Ich empfinde für Dich eine stille, wehmütige Liebe, sie ist wie das ferne Echo von etwas Schönem, Gutem und Tiefem." (Op. cit., S. 348.) Diese Versöhnungsversuche sind im Kontext von Przybyszewskis Lebensentschluß bemerkenswert. Richard und Ida Dehmel besuchten das polnische Ehepaar 1907 in München.

lawa Przybyszewska), und die Romanze mit Jadwiga, der Frau von Jan Kasprowicz, dem bedeutenden polnischen Dichter und Freund Przybyszewskis, die um des „traurigen Satans" willen ihren Mann und zwei Töchter verließ. In Warschau traf er sich mit Dagny, die er schließlich in Gesellschaft ihres Verehrers Wladyslaw Emeryk in den Kaukasus schickte; der junge Mann, der sich unsterblich in die schöne Norwegerin verliebt hatte, erschoß daraufhin in Tiflis sie und sich selbst.

Von einem Teil der Polen immer als fremd, als „Deutscher" betrachtet, namentlich wegen seiner Versuche einer ethischen und ästhetischen Neustrukturierung des Lebens, war Przybyszewski im Grunde nie als „echt polnischer" Autor anerkannt worden. Auf das Nomen est omen seines Familiennamens, dessen erster Teil im Polnischen „Ankömmling" bedeutet, hat er mehrfach fatalistisch verwiesen. Die Rückkehr nach Deutschland war daher die natürliche Reaktion eines Mannes, der in beiden Kulturen zu Hause beziehungsweise zwischen sie geraten war. Würde es dem „genialen Polen" gelingen, sich erneut in die deutsche Literatur „einzumischen"?

Przybyszewski unternahm mehrfach entsprechende Bemühungen, insbesondere während der ersten Monate in München. Doch weder vermochte er die deutschen Bühnen für seine Stücke[288] noch die deutschen Verleger für seine Manuskripte nachhaltig zu interessieren. Hätte er nicht im April 1908 die Verbindung zum Verlagshaus Gebethner und Wolff in Warschau geknüpft, wäre aus dem einstigen Bohemien womöglich der wohlsituierte Besitzer eines Zigarrengeschäfts geworden.[289] Gebethners Honorarzahlungen ermöglichten nach einigen Jahren nicht nur das Schild „S. von Przybyszewski"[290] an der Tür der vornehmen Wohnung im Stadtzentrum, sondern leiteten seine Werke in der Hauptsache auf den polnischen Markt. Der frühere „deutsche Sataniker", der nun in der kulturellen Metropole Süddeutschlands residierte, blieb ein polnischer Autor. Auch seine Kontakte zu literarischen und künstlerischen Kreisen besaßen nicht mehr die inspiratorische und schöpferische Kraft, welche die Berliner Beziehungen gekennzeichnet hatten. Die Atmosphäre im „Café Stephanie", in dem er bisweilen saß, ähnelte nicht jener im „Schwarzen Ferkel", und seine Bekanntschaften waren hauptsächlich Polen, die in München wohnten oder studierten, wiewohl Przybyszewski auch enge Kontakte zu Münchener Schriftstellern wie Paul Hey-

---

288 Przybyszewski wandte sich im Oktober 1906 brieflich an Hermann Bahr, der gerade in Berlin als Regisseur an Max Reinhardts Deutschem Theater begonnen hatte, und suchte ihn zur Aufführung eines seiner Stücke zu bewegen. (Vgl. Brief vom 29. Oktober 1906, in: *Inedita listów Stanislawa Przybyszewskiego* [Unveröffentlichte Briefe S. P.s], in: S. Helsztynski, *Meteory Mlodej Polski* [Meteore des Jungen Polen], Kraków 1969, S. 276.) Die Antwort war vermutlich wohlwollend, denn im November bat der Autor Bahr um einen Vorschuß. Bekanntlich hat Bahr jedoch nie ein Przybyszewski-Stück inszeniert.

289 Przybyszewski, dem es in den ersten Monaten in München an Geld fehlte, wollte auf den Rat von Ignacy Nikorowicz ein Zigarettengeschäft eröffnen; darüber berichtet S. Wasiylewski, *Sklad papierosów pod firma Stanislawa Przybyszewski i S-ka* [Zigarettenhandel der Firma S. P. und Co.], in: „Gazeta Polska" 1938, Nr. 8.

290 Vgl. S. Helsztynski, *Przybyszewski. Opowiesc biograficzna* [P. Biographische Erzählung], Warszawa 1973, S. 366.

se, Ferdinand Hardekopf, Frank Wedekind, Ludwig Scharf, Robert Graf Raffay oder Willy Seidel unterhielt.[291]

Auf den deutschen Buchmarkt brachte Przybyszewski nur wenige Werke: 1906 „Androgyne" und „Gelübde", 1913 „Das Gericht" und „Untiefen", danach „Heimkehr" (1917), „Der Schrei" (1918) sowie die beiden politischen Broschüren „Polen und der heilige Krieg" (1915) und „Von Polens Seele" (1917). „Das Gericht" und „Untiefen" wurden von der Kritik völlig übergangen.[292]

Das erste Buch, das den Autor nach seiner Übersiedlung gewissermaßen willkommen hieß, war „Androgyne", erschienen im Berliner Verlag Friedrich Fontanes, mit dem Przybyszewski noch von Thorn aus verhandelt hatte.[293] Diese letzte seiner großen Rhapsodien erreichte die deutschen Leser mit beträchtlicher Verspätung, denn sie war acht Jahre eher entstanden und in der polnischen Fassung 1900 in Lemberg publiziert worden.[294]

„Androgyne" ist im Kontext der Jahrhundertwende aufschlußreich; das Poem bildet ein eigenwilliges Konglomerat der für die Literatur der neunziger Jahre typischen Motive, jedoch ausgerichtet an der originellen Sicht des Verfassers, der eine eigene Version des Mythos von der Androgynie anbot. Przybyszewski hat übrigens den Zusammenhang mit fremden Vorbildern nie geleugnet und dabei auf die Quellen der hier angewandten dekadenten und symbolischen Ornamentik verwiesen.[295]

„Androgyne" besteht aus einer Kette von Assoziationen, Wachträumen, mystischen Erschütterungen, ekstatischen Trugbildern, Sehnsüchten und Genüssen, Zwangs-

---

291 Vgl. M. Japoll-Asanka, *Galeria ludzi dookola Stanislawa Przybyszewskiego w Monachium* [Galerie der Leute um S. P. in München], in: „Dziennik Poznanski" 1927, Nr. 347.
292 Über die in Polen publizierten Werke informierten J. Flachs *Polnische Briefe* im „Literarischen Echo". 1906 (H. 3, S. 2234) schrieb Flach über die Premiere des Stücks *Odwieczna basn* (Uralte Mär), die am 2. Mai in Lemberg stattfand, wobei er anmerkte, daß dem Verfasser endlich der Ausbruch aus dem Teufelskreis der satanistischen Erotik gelungen sei. 1910 (H. 19, S. 1045) verwies er auf das neue Drama *Gody zycia* (Fest des Lebens), in dem der Autor das erotische Leidenschaft habe siegen lassen. 1911 (H. 1, S. 61) besprach er den letzten Band des Romanzyklus *Erdensöhne*, der die Niederlage der individualistischen Ethik zeige. 1913 (H. 11, S. 860) schließlich informierte er über einen neuen Roman mit dem Titel *Mocny czlowiek* (Der starke Mensch), den er als „besseren kriminalistischen Roman" qualifizierte.
293 Vgl. Przybyszewski, *Listy*, Bd. 1, op. cit., S. 344. Przybyszewski übertrug den Text Anfang 1906 ins Deutsche.
294 Das Werk entstand 1898 (in Toledo) und 1899 (in Krakau); Auszüge druckte die Krakauer Zeitschrift „Zycie" 1899 (Nr. 1-3, 10-12, 17-18). Am Rande erwähnt sei, daß Przybyszewski während der Entstehungszeit des Poems, das ja eine Hymne der Sehnsucht nach der idealen Geliebten und des Verlangens nach androgyner Erfüllung war, Jadwiga Kasprowicz kennenlernte, und die intensive emotionale Öffnung des „sich selbst erschaffenden" Künstlers könnte sich auf die Darstellung des Objekts der neuen Liebe ausgewirkt haben, einer Liebe übrigens, die ihren Ausdruck in den Schlußpartien fand (erste Abschnitte aus *W godzinie cudu* [In der Stunde des Wunders] wurden im Mai veröffentlicht, die Romanze begann höchstwahrscheinlich am 5. Juni, als Przybyszewski zu einem Vortrag in Lemberg weilte).
295 In einem Brief an seine Frau Jadwiga, den er „Beichte" überschrieb, gestand Przybyszewski: „Ich habe bei Gautier den phantastischen Landschaftshintergrund gestohlen, bei Michelet die Beschreibung der Edelsteine und bei Rostafinski die Beschreibung der subtropischen Pflanzen (...), die brennenden Berge und das Meer und die Sklavin und die Paläste sind direkt von Huysmans übernommen." (Vgl. *Listy*, Bd. 1, op. cit., S. 359.) Über den Einfluß von Huysmans auf Przybyszewski siehe M. Herman, *Huysmans et Przybyszewski*, in: „Le Monde Slave" 1935, S. 357-367.

vorstellungen und Begierden. Sie entzünden sich an einem Bukett symbolischen, mystisch-erotischen Inhalts, das eine große Unbekannte niedergelegt hat. Der auf die höchste Stimmlage gesteigerte Gefühlsausbruch, genauer der Ausbruch einer Sehnsucht nach der Einzigen, welche die emotionale und transzendente Synthese ermöglicht, nimmt dabei wechselnde Formen an: vom Wahn der Begierde und dem Versuch seiner Überwindung bis zu ekstatischer religiöser Erotik (ein mystisches Erleben der Himmelfahrt, das Bild der gekreuzigten Geliebten etc.). Dazu werden expressionistische Visionen ausgebreitet, etwa der Anblick einer toten Stadt oder Vulkanausbrüche mit himmelhoch aufschießendem Lavagestein.

Ein „Jungsches" Motiv, das schon in früheren Werken auftauchte, wird hier überaus deutlich: die Erschaffung der Geliebten aus der Tiefe des Ichs, die Verkörperung eines Teils der eigenen Seele zur weiblichen Gestalt. Die androgyne Synthese kann jedoch trotz allen Bemühens des Helden auf Erden nicht gelingen, weil dort nur der Schatten der Geliebten zu fassen ist; sie verlangt nach Transzendenz, also dem Tod.

Das an sich interessante Werk war den deutschen Adressaten ganz und gar unverständlich und wurde als bizarr abgetan: „Aus dieser berauschenden Symphonie einen Zusammenhang, eine Formel gar herauszukonstruieren, ist überflüssig und unfruchtbar", schrieb Sakheim.[296] In „Androgyne" entdeckte er vor allen Dingen die körperliche Erotik: „Das Thema des Ganzen ist des Weibes Leib; und für den erotisch unersättlichen Künstler, den Helden Przybyszewskis, hat jede Faser des weiblichen Körpers ein besonders intensives Leben, das er – goethisch zu reden – sieht mit fühlendem Auge, fühlt mit sehender Hand."[297] Nach Sakheims Auffassung war dieses Poem stark an den polnischen Kontext gebunden. Und das nicht nur, weil es an jungpolnische Kunstwerke erinnerte (etwa an die Gemälde Siemiradzkis), sondern „es weckt die alten blutsaugenden Vampyre der slawischen Volkslieder auf".[298] Die Phantasien des Polen riefen dem Rezensenten die Visionen Dantes und die künstlichen Paradiese Baudelaires, die Gedichte Dehmels und die Gedanken des alten Schlegel ins Gedächtnis.

Ähnlich wertete Fritz Böckel „Androgyne" im „Literarischen Echo", wo er Stillosigkeit und manierierte Sprache monierte: „Die ganze Novelle (...) ist ein Chaos von Wortorgien, von Bilderbacchanalen." Freilich vernahm der Kritiker auch „die hohen Klänge einer feinsten, zarten Lyrik. (...) Und ein Kapitel darin ist von einem ganz eigenartigen, starken und süßen Zauber."[299]

„Androgyne" war gerade erst in Berlin erschienen, als der Verleger Etzold in München Przybyszewskis neues Drama „Gelübde" (1906)[300] herausbrachte, eines der schwächeren Werke (der Autor hatte es quasi nach dem Diktat seiner Frau geschrie-

---

296 A. Sakheim, *Androgyne*, in: „Die Nation" 1905/06, Nr. 45, S. 720.
297 Ibidem.
298 Ibidem.
299 F. Böckel, *Novellen und Skizzen*, in: „Das literarische Echo" 1907, Nr. 15, S. 1011f.
300 *Gelübde. Dramatische Dichtung in 3 Aufzügen*, München 1906; der Gattin Jadwiga gewidmet. Teile des ersten Akts publizierte die Zeitschrift „Krytyka" 1906 (Bd. 1, S. 39-45, 149-158), die polnische Gesamtfassung erschien gleichfalls 1906 in Thorn.

ben[301]), dessen Aufführung in Krakau am 17. Februar 1906 zum ersten spürbaren Mißerfolg wurde. Der Verfasser wußte um die Schwäche seines Dramas und nannte es ein dramatisches Poem. Das belanglose Gerede der Gestalten (die Viereckskonstellation aus „Schnee" ist gleichsam umgekehrt) enthüllt unsichtbare Bindungen an die Vergangenheit, eben jene „Gelübde", von denen sich die Helden befreien wollen. Es fehlt aber die mystische Erregung und die dramatische Spannung der früheren Stücke, die Symbolik verliert sich in allzu eindeutigen Bildern (das Mausoleum der Liebe, die tötet, und der Altar der befreienden, belebenden Liebe), das psychologisch Raffinierte der Dialoge geht im Räsonieren unter, und das Ganze erweckt den Eindruck, als verhandle es die persönliche Sendung des Autors mit verteilten Rollen.

So verwundert es nicht, daß das Werk – das selbst in Polen unfreundlich aufgenommen wurde – die deutschen Rezipienten nicht weiter beschäftigte. Der Przybyszewski geneigte Rezensent des „Literarischen Echos", der immerhin „eine berauschende Sprache" und „echte dichterische Kraft" konzedierte, stellte zugleich fest: „Er möchte gern an die ewig verschlossenen Pforten, die ins Nichts hinunterführen, rütteln, greift in mystischer Sehnsucht in den Bereich der physischen Grenzbegriffe und holt doch nichts hervor als – Theater."[302]

Die Herausgabe des neuen Dramas bewog Ernst Schur, in der damals einflußreichen Theaterzeitschrift „Die Schaubühne" das Wort zu ergreifen. Sein längerer Artikel galt dem dramatischen Schaffen des Polen insgesamt.[303] Der Kritiker rechnete Przybyszewski zur Generation der achtziger Jahre, deren künstlerische Leistung mittlerweile der Vergangenheit angehöre. Schur ordnete die Werke des Dramatikers zu einer „richtigen" literarischen Reihe und würdigte die Bezüge zu Ibsen und Strindberg, so daß er den historischen Ort und die Bedeutung Przybyszewskis zu fixieren vermochte.

In „Gelübde" erblickte der Kritiker eine Ibsensche Konstruktion, ja eine direkte Anknüpfung an „Die Frau vom Meere". Dabei wies Schur darauf hin, daß der Skandinavier künstlerische Disziplin und reiche dramatische Mittel beweise, daß er die reale und die visionäre Sphäre meisterhaft verquicke, wohingegen in den Werken des Polen das Visionäre und das Reale auseinanderklafften, was er als technischen Mangel qualifizierte. Diese Art „dekoratives Drama", das auf der „stillosen" Anhäufung von Ornamentik beruhe, welche man allenfalls einem Debütanten nachsehen könne, störe jedoch bei einem reifen Künstler.

Höher bewertet wurde das Drama „Schnee", dessen Exposition Schur meisterlich fand. Obwohl darin die Erotik, wie in allen Werken Przybyszewskis, eine entscheidende Rolle spielte, bescheinigte der Kritiker dem Autor die Fähigkeit, „aus einem Nichts eine tragische Verwirrung aufwachen zu lassen".[304] Unbestreitbare Vorzüge des Stücks seien der natürliche Dialog und die geschickte Einbindung der visionären Ebe-

---

301 Das Stück schrieb Przybyszewski 1905. (Er begann es im Januar in Warschau und beendete es in Thorn, wohin er im März gezogen war.) Unmittelbarer Anlaß war die Einleitung der Scheidung durch Jadwiga, mithin der Bruch eines Gelübdes. Wie die Korrespondenz jener Jahre zeigt, besprach sich der Schriftsteller stets mit seiner künftigen Gattin und folgte in allem ihrem Rat.
302 Ch. Gaehde, *Dramatisches*, in: „Das literarische Echo" 1909, H. 8, Sp. 601.
303 Vgl. E. Schur, *Neue Dramen von Przybyszewski*, in: „Die Schaubühne" 1908, Nr. 31/32, S. 79-83.
304 Ibidem, S. 81.

ne in die szenische Realität, es störe allerdings der zu „starke" und eindeutig pathetische Schluß. Die Atmosphäre erinnere zwar an Strindberg, doch die Behandlung des Themas zeige beträchtliche Unterschiede zwischen dem Schweden und dem Polen. Strindberg steuere seine Marionettenaufführung mit Vorbedacht und erzeuge ein höhnisches Pathos, Przybyszewski hingegen breche aus wie ein Vulkan und lege alle seine Gefühle in den literarischen Stoff: „Es sind verschiedene Anlagen. Die Nationalitäten kommen in Betracht. (...) Strindberg ergründet, legt ein Gefüge bloß. Er ist einseitig, aber bleibt überlegen. Przybyszewski klagt an, befindet sich ewig in Gärung und kommt zum Schwall, zum Chaos. Das Chaos: das ist Przybyszewskis Welt. Die Menschen erscheinen ihm groß, in übertriebenen Umrissen; wie in alten Sagen. Auch das ist seine nationale Eigentümlichkeit. Und das ist ein Fehler: er rechnet nicht mit Menschen dieser Welt."[305]

In Przybyszewskis Dramen erkannte Schur eine Osmose zwischen Naturalismus und Symbolismus. „Die Franzosen geben die Technik, Strindberg die Schärfe, Ibsen die Eindringlichkeit"[306], stellte der Kritiker mit Blick auf den Band „Totentanz der Liebe" fest. Ursprünglich und originär am Verfasser sei „das Slawische, das die harten Konturen des Lebens wie mit einer leisen, müden, trostlosen Melodie umfließt".[307] In seinem besten Drama, „Das goldene Vlies", eröffne Przybyszewski sogar eine gewisse Lebenstiefe, und seine Gestalten, nicht ohne irrationale, blinde, instinktive Antriebe, seien von der Wirklichkeit nicht allzu weit entfernt. „Schnee" und „Das goldene Vlies" identifizierte der Kritiker als Stücke, die auf das Interesse der Zeitgenossen künftig rechnen könnten.

Auf die deutschen Bühnen gelangte aber in erster Linie ein anderes Drama, das dafür nicht die besten Voraussetzungen bot: „Das große Glück".[308] Seine erste Premiere erfolgte am 1. Mai 1906 im Residenztheater Frankfurt am Main, wovon Gustav Zieler berichtete: „Das Drama des schwer zu nennenden Polen bereitet allen, die seine Art kennen, keine Enttäuschung. Seinen Inhalt in die feste Form eines Referates fassen zu wollen, ist ein ebenso nutzloses Beginnen, als wenn man Wasser mit den Händen zusammenballen wollte: der Inhalt zerfließt uns unter den Händen. (...) Es ist ein gewagtes Unternehmen, solche analysierenden und gänzlich bühnenfremden Stücke

---

305 Ibidem.
306 Ibidem, S. 83.
307 Ibidem.
308 *Das große Glück* erlebte auf deutschen Bühnen fünf Premieren: am 3. Oktober 1904 im Intimen Theater Wien, am 1. Mai 1906 im Residenztheater Frankfurt am Main, am 28. Juni 1911 im Münchener Residenztheater, am 13. Januar 1912 in der Berliner Neuen Freien Bühne sowie als Gastspiel des polnischen Heller-Ensembles im Saal der Wiener Residenzbühne am 6. April 1915. Das weit interessantere *Goldene Vlies* wurde nur dreimal berücksichtigt: am 23. Dezember 1905 im Wiener Intimen Theater, Anfang März 1912 in der Neuen Freien Bühne Berlin und in der polnischen Fassung am 8. April 1915 durch das Heller-Ensemble in Wien. *Schnee* wurde zweimal inszeniert: am 17. Dezember 1915 im polnischen Theater Wien in der Regie von Tadeusz Rittner sowie am 15. September 1917 im Münchener Residenztheater. *Die Mutter* spielte lediglich das Intime Theater Wien, die Premiere war am 11. Mai 1905. Insgesamt gab es im deutschen Sprachraum elf Przybyszewski-Inszenierungen, drei davon mit polnischen Ensembles (in polnischer Sprache).

(...) in einer Zeit aufzuführen, die lauter als je wieder nach kräftigem Leben und mannhafter Handlung auf der Bühne ruft."[309]

Auch die Aufführung des Stücks am Münchener Residenztheater am 28. Juni 1911 brachte nicht den großen Erfolg, obgleich der Rezensent der „Münchener Neuesten Nachrichten" versicherte, das zahlreich versammelte Publikum habe den Akteuren stürmischen Beifall gespendet, dem Stück applaudiert und den Autor mehrmals auf die Bühne gerufen.[310] In München waren zwei Stücke gemeinsam inszeniert worden: „Die florentinische Tragödie" von Oscar Wilde und Przybyszewskis „Das große Glück". Sie ergänzten einander in gewisser Weise, denn das erste zeigte eine Frau zwischen zwei Männern, das zweite einen Mann zwischen zwei Frauen. „Das große Glück" erschien der Kritik in Naturalismus getaucht, doch herausragend durch die Stärke des Gefühls und die Schärfe des Abbilds, dabei an Ibsen geschult und über dem Durchschnitt liegend.[311]

Diese Einschätzung darf als großes Kompliment an einen Dramatiker gelten, der es gewagt hatte, sein Stück in einer Stadt aufzuführen, die eines der Zentren europäischer Kunst war. Der Geschmack des Münchener Publikums war durch die verschiedensten Experimente geprägt worden, u. a. durch das zehn Jahre zuvor gegründete Kabarett „Die Elf Scharfrichter" oder das 1908 eröffnete Münchener Künstler-Theater von Georg Fuchs. Letzteres entsprach auch in seinem Bau den Bedürfnissen eines rituellen Theaters, das Drama und bildende Kunst vereinen sowie Schauspieler und Zuschauer räumlich zusammenführen sollte. Diese Einheit des geistig-dramatischen Erlebens ereignete sich auf einer speziell dafür konstruierten Reliefbühne.

Przybyszewskis Dramatik wich weit von dem ab, was das Münchener Publikum damals erwartete und bewegte. Dennoch unternahm der Autor einige Jahre später einen weiteren Versuch. Am 15. September 1917 wurde im Münchener Schauspielhaus „Schnee" aufgeführt. Wie Edgar Steiger nach der Premiere berichtete, löste der Schluß des Stücks im Publikum eine Lachsalve aus. Die Helden Przybyszewskis wurden als Enkel des Byronschen Don Juan verstanden, als „körperlose Seelen oder auch nur Seelenfetzen, Gefühle und Wahnvorstellungen".[312] Die Wirklichkeit verdampfe bei dem Autor in einem grauen Gemütsnebel, bemerkte der Kritiker des „Literarischen Echos". „Die meisten seiner Dichtungen haben etwas von den wirren Phantasien eines Alkoholikers, dem der Rausch zum Leben, das Leben zum Traum und der Traum zum Kunstwerk geworden ist."[313] Bereits im ersten Akt sei alles klar, und das Stück dauere wohl nur deshalb so lange, „weil all diese Personen, die keine Arbeit, keinen Beruf, keinen Daseinszweck haben, als sich zu sehen und zu sterben, uns vier Akte erst langsam auseinandersetzen müssen, daß sie eigentlich gar nicht das sind, was sie äußerlich vorstellen, sondern etwas ganz anderes, Tieferes, Höheres, Metaphysisches, Jenseitiges".[314]

---

309 G. Zieler, *Echo der Bühnen*, in: „Das literarische Echo" 1906, H. 18, S. 1321.
310 G., *Theater und Musik*, in: „Münchener Neueste Nachrichten" 1911, Nr. 300 (vom 30. Juni).
311 Ibidem.
312 E. Steiger, *Echo der Bühnen*, in: „Das literarische Echo" 1917, H. 1, S. 91.
313 Ibidem.
314 Ibidem.

Vorsichtiger beschrieben wurde die „Schnee"-Inszenierung von L. G. Oberlaender, der die Hauptursache für den Fehlschlag im letzten Akt erblickte, „während zuvor die Zuschauer mit achtungsvollem Beifall dem hier lebenden Dichter auf seinen romantischen Pfaden zu folgen gesucht hatten".[315] Nach Meinung des Rezensenten „zerfließt alles in lyrischen Stimmungen. Durch eine künstlerisch nicht bezwungene Symbolfigur versuchte der Dichter seine Fabel zum Gleichnis einer Schicksalsidee umzudeuten, geriet aber aus der schmalen Bahn des Erhabenen."[316]

Im Kontext dieser Wertungen ist kaum nachzuvollziehen, daß sich Theaterleute fanden, die den Dramatiker Przybyszewski zum Propheten und Apostel neuer Kunst machen wollten. Dieser Aufgabe widmete sich in der Tat Karl Vogt, der das gesamte dramatische Werk des in den neunziger Jahren populären Schriftstellers an der Berliner Neuen Freien Bühne aufführen und damit einen Erfolg erringen wollte. Am 13. Januar 1912 hatte „Das große Glück" Premiere, bald darauf – Anfang März – konnte das Berliner Publikum „Das goldene Vlies" erleben.

„Die Dramaturgen interessierten sich schon lange für diese seltsame Kunst, aber noch wagte keine Bühne den Versuch mit ihr. Vielleicht ist jetzt für Przybyszewski (sprich Pschibischewski) die Zeit gekommen, wie einst auch für die lange verkannten Buchdramatiker Wedekind, Strindberg, Shaw, mit denen der Pole manche Berührung hat", schrieb Vogt nach der ersten Berliner Premiere, von den vorangegangenen Mißerfolgen offenbar unberührt.[317]

Nach Ansicht Vogts war Przybyszewski wie kein anderer berufen, den Titel „Dichter der Liebe" zu tragen. In seinem Schaffen habe er zahllose Varianten dieses Gefühls durchgespielt und die feinsten Nuancen der Leidenschaft mit einer Tiefe des Erlebens wiedergegeben, wie dies nur ein Pole könne. Die eigentümliche Form verlange dabei von den Schauspielern und vom Regisseur besondere Fähigkeiten, denn „in einer höheren Stilisierung der Lebensformen spielt sich bei Przybyszewski *hinter dem Text*, den die handelnden Personen sprechen, *ein zweites Drama* ab".[318] Der Berliner Theatermann besprach in seinem ausführlichen Artikel detailliert alle bis dahin auf deutsch veröffentlichten Stücke des Dramatikers und empfahl sie zur Aufführung.

Nach dem Berliner „Goldenen Vlies" meldete sich in der expressionistischen Zeitschrift „Die Aktion" Ferdinand Hardekopf zu Wort, ein Münchener Freund und Bewunderer Przybyszewskis, der dem kühnen Vorhaben Karl Vogts seine Anerkennung zollte: „Diese Tat des Herrn Vogt: auf seiner Szene Przybyszewskis Dramenzyklus ‚Totentanz der Liebe' aufzuführen, erfüllt mich mit tiefer Achtung und mit einer wilden Freude. Denn das Theater Przybyszewskis, das Theater der Qualen, der Neuro-

---

315 L. G. Oberlaender, *Przybyszewski Stanislaus, Schnee. Drama in vier Akten*, in: „Die schöne Literatur" 1917, S. 312.
316 Ibidem.
317 K. Vogt, *Stanislaw Przybyszewski als Dramatiker*, in: „Neue Theater-Zeitschrift" 1912, H. 6, S. 1. Die Neue Freie Bühne wurde im März 1911 gegründet, ihr Ziel war die Förderung interessanter, aber bis dato unterschätzter Dramatiker. In den Jahren 1911/12 war Vogt Direktor der Bühne.
318 Ibidem.

sen, Psychosen, der Gewissensängste, der Reue und des Todes bietet radikal und fanatisch das, worauf es ankommt. O, es ist ein ehrliches Theater."[319]

In der „Zeit" erklärte der Schriftsteller und Essayist Hardekopf, Przybyszewski sei fern von der propagierten Harmonie in Weltanschauung und Wissenschaft, von neuer Moral und monistischen Auffassungen, dafür aber jenen Künstlern nah, die sich auch in der Gegenwart der Psyche zuwandten, die unmodern, neurasthenisch und dekadent sein wollten.

Die Rückkehr zu Przybyszewski war keineswegs so zufällig, wie es scheinen könnte. Die nachfolgende Generation lehnte zwar die mystische Tiefe und die transzendente Unruhe in seinen Werken ab, spottete über die pathetische Sprache und die aufgebauschten Bilder, griff jedoch einige Themen auf, bei denen der Schriftsteller in Deutschland Wegbereiter gewesen war. Erotik und Satanismus – diese beiden Themenkreise wurden in verschiedenen Konstellationen aktualisiert.

Der Roman „Satans Kinder" beispielsweise wurde mit Vorliebe von den Anarchisten gelesen.[320] Erich Mühsam veröffentlichte 1907 in der Zürcher „Polis", dem Organ der um Fritz Brupbacher gescharten Anarchisten, einen Beitrag, in dem er an diesem Buch den Zusammenhang zwischen Terror und Kunst erläuterte.[321] In Przybyszewskis Roman sei der Terror als ästhetischer Akt dargestellt, meinte Mühsam. Das preußische Teilungsgebiet, in dem die Polen besonders unterdrückt würden, müßte Terror begünstigen, doch die angeborenen demokratischen Neigungen der Polen bildeten einen Schutz gegen anarchistische Bestrebungen. Daher sei der Anarchismus in Polen nicht in der Realität, sondern im Roman anzutreffen, folgerte der Schriftsteller und Anarchist.

Przybyszewskis Denkweise, wie sie „Die Synagoge des Satans" verrät, untersuchte 1906 in der österreichischen Zeitschrift „Die Fackel" der hochinteressante Beitrag „Erotik der Keuschheit".[322] Er gehörte zu einer Reihe von Artikeln, in denen die sexuelle Problematik und ihr Stellenwert für das Individuum innerhalb der verbindlichen gesellschaftlichen Normen behandelt wurden. Der Verfasser, der sich hinter dem Pseudonym Lucianus verbarg, knüpfte an Przybyszewskis Diagnose an (sie wurde in gewissem Sinne von Freud bestätigt), nach der es damals bei Frauen gehäuft zu erotischer Hysterie gekommen sei, die an den Hexenwahn des Mittelalters erinnere. Die Quelle für diese „Epidemie" erblickte er ebenfalls in dem ethischen Druck, den das christliche Wertsystem auf die sexuelle Sphäre ausübe. Das Christentum habe die

---

319 F. Hardekopf, *Stanislaw Przybyszewski: Das goldene Vlies*, in: „Die Aktion" 1912, Sp. 367. Die Rezension wurde nachgedruckt in der Anthologie *Die Berliner Moderne 1885-1914*. Mit 60 Abbildungen. Hg. von J. Schutte und P. Sprengel, Stuttgart 1987, S. 467ff.
320 Für den führenden Schweizer Anarchisten Fritz Brupbacher, der einen engen Zusammenhang zwischen dekadenter Literatur und den politischen Zielen des Anarchismus erblickte, war Przybyszewski „der dekadenteste der Dekadenten". (Vgl. F. Brupbacher, *60 Jahre Ketzer. Selbstbiographie* [1935], Neudruck, Zürich 1973, S. 102.)
321 Vgl. E. Mühsam, *Terror*, in: „Polis" 1907, H. 10, S. 160-163; der Beitrag wurde nachgedruckt in der Zeitschrift „Der freie Arbeiter" 1907, Nr. 36, Beiblatt.
322 Lucianus, *Erotik der Keuschheit*, in: „Die Fackel" 1906, Nr. 192, S. 8-14. 1907 publizierte Przybyszewski in dieser Zeitschrift den Artikel *Das Geschlecht. Weiningers Manen gewidmet* (Nr. 239/40, S. 1-11), in dem sein Konzept einer Ontogenese aus dem Geschlecht eine neue, platonische Begründung erfuhr. Den Artikel druckte „Der Sturm" in Nr. 31-32, Jahrgang 1910/11, nach.

Erotik verdammt beziehungsweise sublimiert, indem der Begriff der Sexualität ins Übernatürliche hob. Die Sünde begann alles das zu verkörpern, was verboten, verführerisch, insgeheim begehrt war. So habe das Christentum selbst den Satanismus, die Idee der unbefleckten Empfängnis, die raffiniertesten erotischen Phantasien hervorgebracht. Laut Lucianus bot die Geschichte des Satanismus den Sexualpsychologen lehrreichen Stoff, er empfahl ihnen insbesondere Przybyszewskis beeindruckenden Roman.[323]

Przybyszewskis Anschauungen zur Erotik wurden in besonderer Weise von Willi Geiger benutzt, der seinem 1907 edierten Zyklus erotischer Zeichnungen ein längeres Zitat aus „Totenmesse" voranstellte (der einleitende Abschnitt wurde dabei in extenso angeführt).[324] Die erotische und pornographische Graphik des deutschen Malers stand in direkter Korrespondenz zu Spekulationen über das „Evangelium des Geschlechts". Auszüge aus Przybyszewskis Schriften wurden dort noch mehrfach zitiert. In einem „Kleinen Vademecum", das dem Büchlein beigegeben war, fanden sich neben zahlreichen Aphorismen zum Thema Sexualität - u. a. von Goethe, Schlegel, Weininger, Rops, Wilde - auch zwei Zitate aus Przybyszewskis Studie „Ein Unbekannter", in denen von stets unverstandenen großen Künstlern, welche die Massen unmoralisch und obszön dünken, und von einem verbrecherischen Weib, einer Satanspriesterin, die Rede ist. Ein Ausschnitt aus „Totenmesse", der von der toten Geliebten handelt, wurde als Kommentar zu einer Zeichnung verwendet, auf der in ausgesprochen freizügiger Weise eine Frau im Sarg dargestellt war.

Das Einleitungsfragment aus Przybyszewskis erstem Poem (das von den Certains spricht, die „vielleicht der einzige Luxus" seien, „den sich die Natur jetzt noch gestattet") war ein Jahr zuvor von Stefan Wronski auf höchst subtile Art in einem Aufsatz angeführt worden. Jene Äußerungen Przybyszewskis fanden ihren Niederschlag in einem Berliner Vortrag von Thomas Mann![325]

„Totenmesse" hatte sich tief ins kulturelle Bewußtsein der Epoche eingegraben. Noch 1916 nahm der Rezensent von Paul Adlers Buch „Nämlich" auf das 1893 erschienene Poem Bezug: „Das Buch ‚Totenmesse' des Polen Przybyszewski war zu seiner Zeit eine literarische Tat. Oder nur ein Experiment? Gleichviel: der Verfasser hatte Mut. (...) Der ganze Schlußverlauf des Buches konnte Anspruch erheben, selbst einen gelehrten Psychiater zu befriedigen."[326]

Przybyszewski als Prophet der „positiven Abweichungen" und als Apostel eines satanischen Weltbilds erweckte einige Male das Interesse der Zeitgenossen im neuen Jahrhundert. In einer umfangreichen Studie von Maria Maresch-Jezewicz zum literarischen Satanismus des 19. Jahrhunderts wurde auch das Schaffen des einstigen

---

323 Ibidem, S. 10.
324 Vgl. *Das gemeinsame Ziel und anderes. Ein Zyklus erotischer Zeichnungen von Willi Geiger mit einleitenden Worten aus der „Totenmesse" von Stanislaw Przybyszewski*, Wien 1907. Die Verwendung seines Poems empörte Przybyszewski, was er im „Literarischen Echo" auch bekundete (1907, Nr. 6, S. 449). In seiner Antwort entschuldigte sich Geiger und erklärte, der Verleger habe ohne sein Wissen und Einverständnis aus *Totenmesse* zitiert (Nr. 7, S. 600).
325 Vgl. S. Wronski, *Berlinische Kultur*, in: „Kritik der Kritik" (Breslau) 1906, H. 8, S. 66; Stefan Wronski war das Pseudonym von Ferdinand Hardekopf.
326 F. M. Huebner, *Totenmesse*, in: „Die Schaubühne" 1916, H. 2, S. 150.

„deutschen Satanikers" herangezogen – wenngleich als Beispiel für den slawischen Satanismus.[327] Die Verfasserin untersuchte Werke von Byron und Shelley, Carducci und Leopardi, Poe und Hawthorne, von Baudelaire, Verlaine, Rimbaud und Huysmans, von Hoffmann und Ewers und fahndete in all diesen Spielarten des Satanismus nach der nationalen Spezifik. Bei den Engländern entdeckte sie sie im Faible für metaphysische Dispute, bei den Italienern im Freiheitskult, bei den Amerikanern in der Vorliebe für Gruselstories und Detektivgeschichten, bei Franzosen und Deutschen in einer Osmose zwischen Grausamkeit und Begierde, bei den Slawen in orgiastischer Zerstörungslust. In Przybyszewskis Roman „Satans Kinder" hätte sich letzteres überdeutlich offenbart: „Hier ist Satanismus nichts anderes als Nihilismus, grenzenlose Freude am Zerstören und Vernichten."[328]

Der „geniale Pole" wurde also nicht so rasch aus dem historischen Gedächtnis getilgt. Nach dem Tod Strindbergs druckte die Zeitschrift „Über den Wassern" einen gründlichen Kommentar zu Przybyszewskis Feuilletons über den schwedischen Dramatiker, welche die Warschauer Zeitung „Slowo Polskie" veröffentlicht hatte[329], und erinnerte an die Freundschaft der beiden Männer, die wegen Strindbergs Verfolgungswahn – in seinem „Inferno" plastisch geschildert – zerbrochen war.

Przybyszewski glaubte zu Unrecht, die deutschen Literaturhistoriker hätten seine Spuren verwischen wollen. Andererseits war ein übermäßiges Interesse für den „sonderbaren Polen" kaum zu erwarten, der so stark in einer vergangenen Epoche wurzelte und den man – wenige Enthusiasten ausgenommen – auch vorher nicht zu den herausragenden künstlerischen Phänomenen gezählt hatte. Deshalb sind – zumal aus polnischer Perspektive – jegliche Signale eines Rückgriffs auf sein Werk ohne Zweifel von Belang.

Ein 1906 erschienener Führer durch die deutsche Gegenwartsliteratur, der 300 Namen der „hervorragendsten Schriftsteller" der Epoche vereinte, enthielt auch eine Notiz über den „genialen Polen", doch sein Name war zu „Przybyczewsky" entstellt.[330] Die kurze und trockene Information über den deutsch-polnischen Autor wies weitere Fehler auf: unter seinen literarischen Veröffentlichungen wurde ein – nichtexistentes – Drama „Am Wege" angegeben, der Titel der ersten Trilogie erschien fälschlich als „Homo sum". Abgesehen von diesen bedauerlichen Irrtümern waren die Grundzüge von Przybyszewskis Schaffen zutreffend, wenngleich etwas einseitig dargelegt. Überbetont wurde vor allem die sexualpathologische Komponente seiner Werke,

---

327 Vgl. M. Maresch-Jezewicz, *Literarischer Satanismus. Ein Beitrag zur Psychologie der Moderne*, in: „Hochland" 1914, H. 10, Bd. 2, S. 435-441.
328 Ibidem, S. 439.
329 Vgl. *August Strindberg und Stanislaus Przybyszewski*, in: „Über den Wassern" 1913, Nr. 5, S. 309f. (Strindberg starb am 14. Mai 1912 an Magenkrebs). Przybyszewski veröffentlichte im „Slowo Polskie" Erinnerungen an den schwedischen Dramatiker (1912, Nr. 468-472).
330 Vgl. *Führer durch die moderne Literatur. 300 Würdigungen der hervorragendsten Schriftsteller unserer Zeit*. Hg. von H. H. Ewers, Berlin 1906 (über Przybyszewski S. 143). Autor des Textes über Przybyszewski war Erich Mühsam, der sicher viel über den Schriftsteller erfahren hatte, als er 1902 nach Friedrichshagen kam, wo die Reminiszenzen an die Boheme der neunziger Jahre noch lebendig waren. Der Name des Polen wurde von Deutschen häufig entstellt; im Buch von E. Ludwig, *Richard Dehmel* (Berlin 1913, S. 128) etwa erscheint der Freund und nächtliche Trinkgefährte des deutschen Dichters als „Prszybyszewski".

unterstrichen wurde daneben – dies sei hier eigens erwähnt – sein beispielhafter Umgang mit der deutschen Sprache.

Friedrich Kummers Literaturgeschichte aus dem Jahr 1909 enthielt mehrere Verweise auf Przybyszewski, der, „von Nietzsches Gedanken vom Übermenschen gefangengenommen, den Gipfel modernen Subjektivismus darstellt. Von Deutschland ging er nach Warschau und revolutionierte dort die polnische Literatur."[331] Kurt Martens wertete ihn demgegenüber als Protagonisten einer der interessantesten literarischen Erscheinungen, nämlich der psychopathologischen Strömung.[332]

Es gab freilich auch Negativurteile, etwa in der Literaturgeschichte von Karl Bleibtreu (dessen Roman „Größenwahn" schätzte Przybyszewski sehr), wo es im Kapitel „Erotiker" hieß: „Der Pole Prebyczewski ergab sich in sogenannten Romanen dem abstrusesten Satanismus, vielleicht angeregt durch Huysmans, sein mystischer Sadismus notzüchtigt auch unsere alte Muttersprache, und solcher Lustmord am alten Gesunden und Vernünftigen kann nur Aspiranten aufs Irrenhaus begeistern, solange sie noch frei herumlaufen."[333]

In Wilhelm Feldmans 1916 herausgegebenem Buch „Die polnische Literatur der Gegenwart", das für den deutschen Leser bestimmt war, wurde Przybyszewski als ein Schriftsteller vorgestellt, der die Kunst um weite Räume des metaphysischen Individualismus bereichert habe.[334] Nach Meinung des polnischen Forschers steckte der Kern seines Schaffens nicht in der Hysterie, wie einige deutsche Kritiker erklärten, sondern in der Wendung zum metaphysischen Urgrund des Lebens, in der Erkundung unerforschter Schichten der menschlichen Psyche. Die tragisch-fatalistische Wirklichkeitssicht prädestiniere ihn zum Dramatiker, und seine vorzüglichen Stücke hätten ihre Wirkung auf die Zeitgenossen nicht verfehlt. Przybyszewskis metaphysisches System lasse sich nicht aus den Angeln heben, bemerkte Feldman, man könne ihm lediglich ein anderes entgegensetzen.

Die meisten schriftlichen Äußerungen zum Werk des Dichters betrafen die Berliner Zeit, in München nahm Przybyszewski praktisch nicht am literarischen Leben teil. Gewisse Kontakte pflegte er zu Wien, wo er in der „Fackel" Artikel und Auszüge aus neuen Werken druckte[335] oder von Zeit zu Zeit öffentliche Vorträge hielt, die nach Berichten von Zeitzeugen recht gut besucht waren.[336] Manche wurden in der Wiener

---

331 F. Kummer, *Deutsche Literaturgeschichte des neunzehnten Jahrhunderts*, Dresden 1909, S. 579f.
332 Vgl. K. Martens, *Literatur in Deutschland. Studien und Eindrücke*, Berlin 1910, S. 13f. Zwölf Jahre zuvor schrieb Martens seinen *Roman aus der Décadence*, in dem auch Przybyszewski auftritt, wovon noch zu reden sein wird.
333 K. Bleibtreu, *Geschichte der deutschen National-Literatur von Goethes Tode bis zur Gegenwart*. Hg. von G. Gellert, Berlin 1912, Bd. 2, S. 85.
334 W. Feldman, *Die polnische Literatur*, Berlin 1916, S. 11.
335 Die bereits erwähnte Studie *Das Geschlecht* sowie *Brief an den Herausgeber der „Fackel"* (1908, Nr. 242f.), *Ein Gruß* [an Karl Kraus] (1910, Nr. 300, S. 32), *Die Tat* (Auszug aus dem Roman *Das Gericht*, 1910, Nr. 301/02) und *Auf Kains Pfaden* (Auszug aus *Kinder des Elends*, 1910, Nr. 307/08).
336 Vgl. B. Szarlitt, *Ze wspomnien o Przybyszewskim* [Aus den Erinnerungen an P.], in: „Tygodnik Ilustrowany" 1927, Nr. 50. Über die Beziehungen Przybyszewskis zu Wien siehe R. Taborski, *Przybyszewski w Wiedniu*, in: *Wsród wiedenskich poloników* (Aus Wiener Polonica), Kraków 1974, 1983. Przybyszewski hielt bis an sein Lebensende zahlreiche Vorträge in Deutschland, Österreich, Frankreich, Böhmen, Rußland und Polen. Von einigen berichtete die deutschsprachige Presse, u. a. durch Tadeusz Meyerhold, Przybyszewskis Freund, der in unterwürfigem Stil eine Rede über die Frauen-

Presse besprochen, so ein Vortrag vom 18. Januar 1909 über die Ethik des Geschlechts, in dessen Verlauf der polnische Dichter auch sein Poem „Auf Kains Pfaden" las.[337] Die „Neue Freie Presse" charakterisierte den Referenten als „Pfadsucher der modernen Bewegung" und Schöpfer „lyrisch-dithyrambischer Dichtungen (...), dessen nervöser Schwung sich den psychologischen Finessen des Inhalts eigenartig anschmiegt". „Fontane nannte ihn den Mann mit dem unaussprechlichen Namen, der die Deutschen deutsch schreiben lehren konnte."[338] Dem Informanten zufolge war die Sprachgewalt zwar auch an dem rezitierten Poem zu bewundern, aber sie „sprang nicht so deutlich hervor, da der harte, fremdländische Akzent Przybyszewskis das Verständnis seines Vortrages sehr erschwerte". Jedoch: „Das Publikum nahm diese gedankentiefe, von großen menschheitsphilosophischen Symbolen erfüllte und von dem ganzen Prunk seiner Sprache garnierte Dichtung mit großem, anhaltendem Beifall auf."[339]

In Wien wurde, auf Initiative der dort lebenden Polen, 1915 auch das 25jährige Schaffensjubiläum Przybyszewskis begangen.[340] Enge Beziehungen zur Wiener Polonia unterhielt der Schriftsteller seit Ausbruch des Ersten Weltkrieges. Im November 1914 hatte er Kontakt zu Hipolit Sliwinski, Funktionär des Obersten Nationalkomitees und Mitbegründer des „Wiener Polnischen Kuriers", geknüpft und sich aktiv in die Tätigkeit des Nationalkomitees eingeschaltet. In den ersten Kriegsjahren veröffentlichte er im „Wiener Polnischen Kurier" und in Eduard Goldscheiders deutschsprachiger Zeitschrift „Polen" (hier zwischen Januar 1915 und August 1917) eine Reihe von publizistischen Beiträgen.[341] Von Beginn der Kriegshandlungen an repräsentierte Przybyszewski eine germanophile Haltung, er glaubte an die Chance Polens, seine Unabhängigkeit an der Seite Österreichs und Preußens zu erringen, unterstützte Pilsudskis Legionen und verurteilte offiziell die Tätigkeit der Nationaldemokratie.[342]

---

problematik resümierte; vgl. T. Meyerhold, *Przybyszewski: Das Problem der Frau*, in: „Wirtschaftskorrespondenz für Polen" (Katowice) 1927, H. 30/31 (vom 12. April), S. 3. Erwähnt sei an dieser Stelle, daß Przybyszewski vor der Abreise nach Posen verstarb, wo er zwei Vorträge halten sollte: über Kasprowicz und über Krakau vor 25 Jahren.

337 Auszug aus dem Roman *Kinder des Elends* (*Dzieci nedzy*), der 1913 in Warschau erschien und nie zur Gänze ins Deutsche übertragen wurde.

338 Anonym [*Przybyszewski-Vortrag*], in: „Neue Freie Presse. Morgenblatt" 1909, Nr. 15962, S. 12 (vom 18. Januar).

339 Ibidem.

340 Das Jubiläum wurde verfrüht begangen, denn Przybyszewski hatte erst 1891 zu schreiben begonnen. Im Februar 1915 machte ihm Hipolit Sliwinski das Angebot, in Wien eine Reihe von Vorträgen zu halten. Sie fanden im März statt und lockten eine riesige Zuhörerschaft an, hauptsächlich Polen; kurz darauf wurde das Jubiläum veranstaltet, zu dem das Ensemble von Ludwik Heller zwei Stücke Przybyszewskis aufführte (am 6. April *Das große Glück* und am 8. April *Das goldene Vlies*). Einen Bericht von den Feierlichkeiten brachte die „Neue Freie Presse" (*Stanislaw Przybyszewski-Abend*, Nr. 18183 vom 7. April 1915).

341 Außerdem veröffentlichte er politische Beiträge auch in deutschen Zeitschriften, um die Deutschen für die polnische Frage zu interessieren (u. a. im Berliner „Tag", in der „Münchener-Augsburger Morgenzeitung", den „Münchener Neuesten Nachrichten"). Die größte Aufregung verursachte der Artikel *Und der polnische Aufstand* („Der Tag" 1915, Nr. 27/28), der „General" Pilsudski pries und die Politik Dmowskis verurteilte, woraufhin Przybyszewski vom „Kurier Poznanski" boykottiert wurde.

342 Die prodeutsche Haltung gab er erst 1917 auf, als die Vereinigten Staaten in den Krieg eintraten und sich eine reale Chance abzeichnete, Polens Unabhängigkeit durch die Entente zu erreichen.

In den literarischen Arbeiten aus jener Zeit suchte er den Krieg weniger mit politisch-ökonomischen als vielmehr mit mystischen Fakten zu erklären. Er wollte die irrationalen Ursachen aller Kriege ergründen und zu einer Art metaphysischer Synthese zusammenführen, wie er in einem Brief an Pfarrer Dettloff schrieb.[343] In der 1915 erschienenen dithyrambischen Rhapsodie „Tyrteusz" (Tyrtaios)[344] schilderte er den Krieg als eine „Reinigung" von den Sünden des Menschengeschlechts. In mystischer Inspiration schrieb er:

„Weshalb sollten die Kriegsursachen in so unbedeutenden Erscheinungen liegen wie dem deutschen Militarismus, dem englischen Imperialismus, dem französischen Chauvinismus und Revanchismus oder im Wahn des Moskauer Schinders, der zum Befreier der slawischen Brüder erkrankt ist?

(...)

Einen anderen, gänzlich anderen Krieg erschaute er nun.

Er erschaute ihn endlich als das, was er war: der Seelenzorn des Universums, das sich dafür rächte, daß seine Gaben sinnlos vergeudet wurden, daß die Schätze, die es den Menschen zur Bewahrung und Mehrung anvertraut hatte, irgendwo tief und fest, längst vergessen, in unfruchtbarer Erde ruhten, daß das Feuer, das es in den Seelen entfacht hatte, längst erloschen und nur eine Handvoll ekler Asche geblieben war.

Er begann den Krieg zu segnen, denn er sah in ihm die Heimsuchung des verkümmerten Stammes der Menschen durch die Große Seele, die aus tiefem Schlaf erwacht war:

Und er segnete den Krieg."[345]

Der Schriftsteller, der ein Ereignis, welches über das Schicksal des damaligen Europa entschied, in dieser Weise interpretierte, übernahm gleichwohl die Rolle eines Mittlers zwischen zwei Nationen und eines Sachwalters der polnischen Frage.

1915 wurde die erste politische Broschüre Przybyszewskis verlegt, geschrieben für deutsche Adressaten: „Polen und der heilige Krieg".[346] Diese „Botschaft an die deutsche Nation", wie der Verfasser formulierte, war weit von nüchternem Kalkül und propagandistischem Stil entfernt. Die dithyrambische Aufzählung polnischer Verdienste ersetzte eine politische Erörterung, der pathetische Appell an Gefühl und „Seele" des Nachbarvolks eine besonnene Argumentation, und an die Stelle konkreter Forderungen trat die Suche nach einem gemeinsamen geistigen Bündnis. Der gewaltige Reichtum der polnischen Kultur (nach Przybyszewski war Krakau jahrhundertelang eines der wichtigsten Zentren europäischer Zivilisation und Kultur), die Funktion Polens als Bollwerk des Christentums, die Idee der Freiheit und ihre historische Umsetzung, namentlich im Aufstand von 1831, sowie erprobte Bündnistreue – das in etwa waren die Hauptgründe, die nach Meinung des Schriftstellers die Größe Polens und

---

343 Vgl. Brief vom 5. Oktober 1915, in: *Listy*, Bd. 2, op. cit., S. 636f. Die Antworten auf seine Fragen suchte er im Alten Testament.
344 *Tyrteusz. Z cyklu „Wojna"* (Tyrtaios. Aus dem Zyklus „Krieg"), Wien 1915 (zuvor abgedruckt im „Wiener Polnischen Kurier" 1915, Nr. 148-154). Das Werk war Tadeusz Rittner gewidmet.
345 Przybyszewski, *Tyrteusz*, op. cit., S. 15, 26.
346 Przybyszewski, *Polen und der heilige Krieg*, München 1915. Das Buch erreichte drei Auflagen (zwei 1915, eine 1916). Es enthielt Beiträge, die zuvor in deutschen Zeitschriften erschienen waren. Die polnische Version *Polska i swieta wojna* wurde 1915 in Wien (und 1916 in Stanislawów) ediert.

sein Selbstbestimmungsrecht verbürgten. Den Glanzpunkt aber bildete die Erinnerung an das romantische Empfinden für die geistigen Bande zwischen beiden Nationen, wie es in den „Polenliedern" deutscher Dichter zum Ausdruck gekommen war.

Przybyszewskis Broschüre wurde auf zweierlei Art rezipiert. Die deutschsprachige polnische Presse brachte enthusiastische oder zumindest freundliche Kommentare. Der anonyme Rezensent der Wiener Zeitschrift „Polen" stellte wohl mit Recht fest: „Der Dichter, der in dieser Kriegsschrift spricht, in der deutschen Literatur wohlbekannt, in der polnischen als einer der originellsten geschätzt, erscheint besonders berufen, einer so wichtigen Sache, wie es die deutsch-polnische Verständigung ist, zu dienen."[347] Przybyszewskis Schrift sei weder politisch noch historisch, schrieb der Kommentator, und gerade die unkonventionelle, poetische Form, in der sich das „Talent des synthetisierenden Visionärs" zeige, wirke stark und bewege gewiß die deutschen Leser, sich mit polnischer Kultur und Geschichte zu beschäftigen.

Die „Polnischen Blätter" druckten gleich zwei Besprechungen der in Stanisławów edierten Broschüre – zur deutschen und zur polnischen Version. In derselben Ausgabe kamen der bekannte Übersetzer polnischer Literatur ins Deutsche, Jean Paul d'Ardeschah (das Pseudonym für Jan Paweł Kaczkowski), sowie eine anonyme Stimme zu Wort.[348] Laut Ardeschah verdiente Przybyszewskis Äußerung zur deutschpolnischen Versöhnung besondere Aufmerksamkeit, und zwar zum einen wegen des künstlerischen Ranges des Polen und zum anderen wegen seiner emotionalen Beziehung zum deutschen Volk, von welchem sich die meisten europäischen Staaten abgewandt hätten. Die Berufung auf das Jahr 1831 enthülle wesentliche Unterschiede zur polnischen Frage in Deutschland damals und heute. Damit „ist das Buch Przybyszewskis mehr als ein bloßes Bekenntnis", schloß Ardeschah. „Es ist eine Stimme eines großen Vertreters der polnischen Seele, die da zaghaft an das Tor des deutschen Gewissens klopft."[349]

Die deutschen Adressaten aber hörten Przybyszewskis Botschaft mit Distanz und vielen Vorbehalten. Der Hauptvorwurf richtete sich gegen Form und Aussage der Schrift, wie es Nachum Goldmann im „Literarischen Echo" artikulierte: „Ein Buch über dieses Thema in dieser Zeit kann nur zwiefache Form tragen: entweder ist es sachlich, überlegt, nüchtern, *politisch*, oder aber es ist mächtig, überwältigend, hinreißend, das Werk eines *Dichters*. Przybyszewskis Buch ist nichts von beiden, oder richtiger: Es hat von beiden die weniger gute Seite: die Polemik und Argumentation eines schwachen Politikers und die Rhetorik und schauspielerisch-tragische Pose eines schlechten Dichters."[350]

Es sei schwer zu beurteilen, welchem Zweck die Schrift diene, da sie weder das verwickelte politische Problem zu entwirren suche, das die polnische Frage darstelle, noch über die politischen Hoffnungen der polnischen Nation Auskunft gebe. Sie sei zu

---

347 Anonym, *Polen und der heilige Krieg*, in: „Polen" 1916, Nr. 50, S. 337.
348 Vgl. J. P. von Ardeschah, *Eine polnische Dichterstimme (Randbemerkungen zu Stanislaw Przybyszewski „Polen und der heilige Krieg")*, in: „Polnische Blätter" 1916, Bd. II, H. 17, S. 237-241, sowie Anonym, *Vom Büchertisch*. „*Polska i święta wojna*", ibidem, S. 255f.
349 J. P. von Ardeschah. *Eine polnische Dichterstimme*, op. cit., S. 241.
350 N. Goldmann, *Polen und der heilige Krieg von Stanislaw Przybyszewski*, in: „Das literarische Echo" 1916, Sp. 1156.

emotional, subjektiv, pathetisch und faktenarm, um auf die öffentliche Meinung Einfluß zu nehmen. Przybyszewskis Methode, an Mitgefühl und Sympathie der Deutschen zu appellieren, hielt Goldmann für völlig verfehlt, denn dafür sei „die Zeit zu groß und das polnische Problem zu ernst".[351]

Eine noch kritischere, weniger ausgewogene und auf sehr subjektive Art polemische Wertung erfuhr Przybyszewskis Broschüre in der Zeitschrift „Vergangenheit und Gegenwart". Der deutsche Rezensent wandte sich darin „gegen die maßlose Verhimmelung" der polnischen Kultur und gegen die Behauptung, Polen sei bis zum 17. Jahrhundert Zentrum europäischer Kunst gewesen. „Daß ein paar Magnaten kostbare Bilder und Bücher anderer Völker sammeln, macht ein Volk nicht kultiviert."[352] Widerspruch weckte auch die These von der polnischen Toleranz: „Also ein bißchen mehr Respekt vor den Tatsachen und ein bißchen mehr Bescheidenheit möchte man den polnischen Schriftstellern doch empfehlen."[353]

Ungeachtet dieser Vorbehalte festigte die Publikation Przybyszewskis Ruf. Im Mai 1916 meldete sich der Jenaer Verleger Eugen Diederichs, der Herausgeber der Reihe „Schriften zum Verständnis der Völker", und bat den Autor um ein weiteres Manuskript, das der „Völkerverständigung" den Weg bereiten könne.[354] Przybyszewski legte innerhalb kurzer Zeit das Buch „Von Polens Seele" vor, das 1917 bei Diederichs erschien.[355]

Das im Rahmen der damaligen politischen und künstlerischen Realien recht eigenartige Werk ist aus heutiger Sicht aufschlußreich. Abgesehen von der mystischromantischen Terminologie, deren sich der Verfasser bedient, erinnern die Interpretation des Geschichtsprozesses und die Zusammenfassung wesentlicher Eigenschaften der polnischen Nation an die Kulturtheorien Spenglers oder Toynbees. Przybyszewski betont die Stabilität der Nationalkultur, benennt „ewige", archetypische nationale Inhalte, verweist auf ihre Eigenständigkeit und zugleich Abhängigkeit von der jeweiligen Zivilisation. Damit sucht er nachzuweisen, daß die polnische Psyche ein Bestandteil der Weltpsyche sei und daß ohne die spezifisch polnischen Elemente Erbe und Gegenwart der Weltkultur erheblich ärmer wären.

Das Wesen der „polnischen Seele" erblickt er in einer glühenden Sehnsucht, begriffen als ständiges Streben nach neuen Horizonten und Ablehnung aller überholten Formen, sowie in der Fähigkeit, neue Erfahrungen sofort aufzunehmen und schöpferisch zu verarbeiten. Die polnische Nationalkultur, schreibt Przybyszewski, sei eine erstaunliche Synthese aus der Kultur des Westens und der Gefühlstiefe der slawischen Seele, ihrer Herzensbildung und Religion. Die Polen vermöchten das Erbe der ganzen Welt zu verstehen und zu empfinden, während die polnische Kultur außerhalb des Geltungsbereichs der Nationalseele ihren Reichtum verliere. Deshalb versucht der

---

351 Ibidem.
352 Dühring, *Literatur über den gegenwärtigen Krieg*, in: „Vergangenheit und Gegenwart" 1916, S. 301.
353 Ibidem.
354 Vgl. Brief an Eugen Diederichs vom 13. Mai 1916, in: Przybyszewski, *Listy*, Bd. 2, op. cit., S. 630.
355 Przybyszewski, *Von Polens Seele. Ein Versuch*, Jena 1917. Die Broschüre enthält ebenfalls bereits veröffentlichte Texte, so aus den „Münchener Neuesten Nachrichten", „Polen" und der „Frankfurter Zeitung". Die (veränderte und stark erweiterte) polnische Version *Szlakiem duszy polskiej* wurde 1917 in Posen herausgegeben.

Autor in der Schrift „Von Polens Seele", das Polnische anhand herausragender nationaler Leistungen seit der Zeit Kazimierz' des Großen (1333-1370) dem Leser nahezubringen. Die Wahl der Beispiele ist jedoch eigenwillig, weil der Verfasser sich auf mystische Erscheinungen konzentriert, auf jene Etappen am „Weg der nationalen Seele", bei denen diese dem Absoluten zutreibt.

Wie die zahlreichen Pressekommentare belegen, traf die zweite Broschüre auf reges Interesse. Damals wurde ohnehin viel über Polen geschrieben, und Veröffentlichungen zu diesem Thema, selbst wenn sie die Kultur berührten, durften auf eine relativ breite Resonanz vertrauen.[356] Der Ton der meisten Rezensionen war gefällig gegenüber dem „mystischen" Autor, der sich bereits seit drei Jahren mit Politik herumschlug. Bei allen sachlichen Einwänden erkannten die Kritiker den „Herzenseifer" und die stimulierende Wirkung der Ausführungen an.

„Jede Strophe dieser dichterischen Synthese ist voll von tief inspiriertem Sinn", bemerkte der anonyme Rezensent in der Zeitschrift „Polen"; man müsse das Büchlein unbedingt lesen, weil er es „nur schwer in berichterstattender Trockenheit wiedergeben könne".[357] Er persönlich glaube, daß die Broschüre dem gegenseitigen Verständnis der Völker diene, obgleich sie keine sozialen und ökonomischen Fragen behandle, sondern das polnische Gefühlsleben: die Seele der Nation enthülle. Auch die Kurzinformation im Wiener „Jahrbuch deutscher Bibliophilen für 1918" war eine hochherzige Empfehlung für das „mit der glühenden Seele Przybyszewskis geschriebene Büchlein".[358]

Gerade die emotionale Anspannung, der „Eifer" bei der Aufzählung von Meriten des eigenen Volkes, gewannen dem Autor viel Sympathie. Arthur Luther, ein getreuer Leser Przybyszewskis, erklärte im „Literarischen Echo": „Ein Dichter mit einer Feuerseele ist bemüht, alle edlen Qualitäten auf den Ehrenscheitel seines Volkes zu häufen. Man hat zuletzt den Eindruck, als wäre einzig nur der Pole der wahre Mensch, zu dem wir andern nur mit scheuer Bewunderung aufblicken dürfen. Da beginnt sich denn leicht der kritische Widerspruch zu regen, aber er wird doch nicht so stark, wie man meinen sollte, denn Przybyszewskis flammende Beredsamkeit hat etwas so unmittelbar Fortreißendes, daß als letzter Eindruck schließlich bleibt: Ein Volk, das einen so begeisterten Fürsprecher hat, muß ein großes Volk sein."[359]

Wie die Mehrheit der Rezensenten unterstrich Luther den besonderen Reiz jener Passagen, die Chopin gewidmet waren. „Am hinreißendsten wirkt Przybyszewski immer, wenn er über Musik spricht", schrieb Luther in einer zweiten Besprechung

---

356 Zu dieser Zeit kamen viele interessante Publikationen heraus, z. T. sachlichere und kompetentere als die Schriften Przybyszewskis; dazu zählten Arbeiten von Wilhelm Feldman, dem Vertreter des Krakauer Obersten Nationalkomitees in Berlin (z. B. *Die Wünsche der Polen*, Berlin 1915; *Die Zukunft Polens und der deutsch-polnische Ausgleich*, Berlin 1915; *Polen. Wege zur polnischen Seele*, Berlin 1917), von Alexander Guttry, *Die Polen und der Weltkrieg*, München 1915, oder von Eduard Goldscheider, *Wege und Ziele der polnischen Kultur*, Wien 1916.
357 Anonym, *Stanislaw Przybyszewski. Von Polens Seele*, in: „Polen" 1917, Nr. 124, S. 140.
358 Anonym, *Przybyszewski Stanislaw: Von Polens Seele*, in: „Jahrbuch deutscher Bibliophilen für 1918", Wien 1918, S. 126.
359 A. Luther, *Von Polens Seele. Ein Versuch von Stanislaus Przybyszewski*, in: „Das literarische Echo" 1917, H. 18, Sp. 1159.

des Büchleins, die in der „Zeitschrift für Bücherfreunde" erschien.[360] Der deutsche Kritiker fühlte sich von den Überlegungen des Polen angeregt. „Und Przybyszewski hat recht, wenn er uns Deutschen rät, das polnische Volk kennenzulernen, von dem wir trotz jahrhundertelanger Nachbarschaft eigentlich nichts wissen."[361] Der verdiente Mittler slawischer Kultur stellte fest, das deutsche Volk kenne überhaupt wenig vom kulturellen Erbe anderer Völker, insbesondere der Slawen, was der Krieg nachdrücklich beweise.

Ähnlicher Ansicht war der Rezensent der „Neuphilologischen Blätter", der nach der Lektüre Przybyszewskis eingestand, wie wenig die Deutschen – obwohl sie Chopin spielten – von Polen wüßten. „Das Buch regt unbedingt zu eingehenden Studien polnischer Geschichte, Literatur und Kunst an. Ob aber der Zweck damit erreicht wird, eine tiefe und freundschaftliche Sympathie zwischen der deutschen und polnischen Volksseele zu erreichen, scheint mir mehr als zweifelhaft. (...) Die Geschichte unserer Tage spricht Bände, und zwei Eigenschaften der Polen zeigen sich wieder in scharfem Lichte: der krasse nationale Egoismus, der keine Rücksichten kennt auf politisch mögliche Ziele, und die Anmaßung und der Größenwahn, an denen doch letzten Ende das alte polnische Reich zugrunde gegangen ist."[362]

Das nüchternste – und damit härteste – Diktum zur Schrift „Von Polens Seele" bot die „Deutsche Literaturzeitung", in der Albert Malte Wagner erklärte: „So ist es nur zu begrüßen, daß Przybyszewski dem Deutschen den Werdegang und das innerste Wesen der polnischen Seele in ihren bedeutsamsten literarischen Inkarnationen vor Augen rücken will. (...) Aber den Weg hinein in die polnische Seele verfehlt der Verfasser durchaus. Anstatt uns mit fester Hand eine sichere Straße zu führen, schwelgt er in sehr willkürlichen Erklärungen der polnischen Kunst, die jeden greifbaren Gehaltes entbehren. Viel Selbstverständliches wird mit einem Bombast vorgetragen, als ob es sich um neueste Wahrheiten handele."[363]

Aus dem „rhapsodischen Stammeln"[364] Przybyszewskis müsse dem Leser ein ganz verkehrtes Bild von der polnischen Kunst erwachsen. Der Verfasser erwecke den Eindruck, als kenne er selbst die polnische Literatur nur mangelhaft, wenn er über Slowacki und Mickiewicz zum Beispiel Krasinski völlig vergesse. Er irre auch, wenn er Dehmel für die Verkörperung des Zeitgeistes halte, denn das sei eine überholte Sichtweise. Wagner meinte, das deutsche Volk benötige zwar Kenntnisse über Polen, doch seien ihm bessere „Dolmetscher des Geistes" zu wünschen.[365]

Von einigen Interpreten wurde Przybyszewskis emotionale Optik strikt negativ veranschlagt. Nach Meinung des „Literarischen Centralblatts" diskreditierte sich die

---

360 A. Luther, *Von Polens Seele. Ein Versuch von Stanislaus Przybyszewski*, in: „Zeitschrift für Bücherfreunde" 1917, Sp. 112.
361 Ibidem.
362 *Von Polens Seele*, in: „Neuphilologische Blätter" 1917/18, S. 191.
363 A. M. Wagner, *Stanislaw Przybyszewski. Von Polens Seele*, in: „Deutsche Literaturzeitung" 1917, Nr. 35, S. 1095.
364 Ibidem, S. 1096.
365 Ibidem, S. 1098.

Schrift durch den ungezähmten Subjektivismus ihres Verfassers³⁶⁶, laut Elias Hurwicz durch den Mystizismus und den poetischen Zugriff auf die Thematik.³⁶⁷ Hurwicz schrieb: „Ein Dichter, ganz besonders von der mystischen Art Przybyszewskis, erscheint uns als ein wenig geeigneter Interpret der polnischen Volkspsychologie für weitere Kreise. In einer Zeit zumal, wo es sich um die staatliche Wiedergeburt Polens handelt (das Bändchen trägt denn auch auf dem Umschlagsblatt die Überschrift: ‚Zur Polenfrage!'), möchte man etwas über den Polen als Staatsmann, Volkswirt, Familienvater und Privatmann psychologisch erfahren; man möchte die auch im ständigen Leben bedeutsamen Eigenschaften des polnischen Volkes, seine spezifischen Fähigkeiten, seine Vorurteile kennenlernen – nichts davon ist aber in der vorliegenden Schrift zu finden."³⁶⁸

Przybyszewski bestätige die Zugehörigkeit Polens zur westlichen Kultur und führe zum Beweis Werke von Mickiewicz, Kasprowicz und Slowacki an, beschreibe die Bedeutung Sienkiewicz' und der Musik Chopins. Seiner Argumentation wohne jedoch zuviel Mystik inne, was den Nutzen der Schrift für die Völkerverständigung schmälere, schrieb der rationalem Denken zugeneigte Kritiker.

Vergleichbar äußerte sich Neubaur, der hauptsächlich der Frage nachging, ob eine solche Schrift die Erwartungen erfüllen könne. Die Antwort fiel natürlich negativ aus. In „Von Polens Seele" sei es dem Verfasser trotz einiger Versuche nicht gelungen, den Rassenunterschied zwischen einem Deutschen und einem Polen zu verdeutlichen. Przybyszewski sage, der Deutsche denke logisch und befasse sich mit objektiven Gegebenheiten, für den Polen aber besetze das Gefühl den zentralen Platz. Das sei zuwenig, um die Spezifik zweier so unterschiedlicher Völker zu fassen. „Je weiter die Entfernung bezüglich völkischer und rassischer Wesensart, um so schwieriger das Verständnis! Das gilt in vollem Maße für diese Schrift", schloß Neubaur.³⁶⁹

Die politische Aktivität Przybyszewskis spielte vielleicht keine größere Rolle – sie konnte der Weltgeschichte ohnehin nicht die Richtung weisen, weil alles in blinden Bahnen verlaufe, wie der einer irrationalen Vorsehung vertrauende Autor meinte –, aber sie enthüllte eine Sphäre nationaler Gefühle, die der Sataniker bis dahin nur halbbewußt manifestiert hatte. Sie veränderte freilich seine innersten Überzeugungen von Anfang, Wesen und Bestimmung dieser Welt nicht. Selbst der Krieg, ein höchst reales und in konkreten Bedingungen wurzelndes Ereignis, blieb für Przybyszewski ein metaphysisches Phänomen. Seine Kriegserzählungen, die er 1916 in dem Band „Powrót" (Die Heimkehr) versammelte³⁷⁰, sind keine „menschlichen Dokumente" ihrer Zeit,

---

366 Anonym, *Przybyszewski Stanislaw, Von Polens Seele*, in: „Literarisches Centralblatt" 1917, Nr. 19, S. 480.
367 Vgl. E. Hurwicz, *Przybyszewski Stanislaw: Von Polens Seele*, in: „Schmollers Jahrbuch für Gesetzgebung, Verwaltung und Volkswirtschaft im Deutschen Reiche" 1917, H. 3, S. 470f.
368 Ibidem, S. 471.
369 Neubaur, *Przybyszewski Stanislaw. Von Polens Seele*, in: „Archiv für Rassen- und Gesellschaftsbiologie" 1921, Bd. 13, S. 120.
370 Den Band bildeten die drei Novellen *Powrót*, *Pojednanie* und *Ruchomy kamien* (*Die Heimkehr, Versöhnung* und *Der bewegliche Stein*), die 1915 entstanden waren. Er erschien in Krakau beim Zentralen Verlagsbüro des Obersten Nationalkomitees. Auf deutsch wurden die Texte unter dem Titel *Die Heimkehr* in der Sammlung *Polen. Ein Novellenbuch.* Hg. von Alexander Guttry, München 1917, S. 283-344, veröffentlicht.

sondern liefern universelle, existentielle Wahrheiten über das menschliche Schicksal. Seine Helden sterben auf dem Felde der Ehre, um damit für frühere Schuld zu büßen.[371]

Gleichsam am Rande des Kriegsgeschehens und des eigenen politischen Engagements entstand der beste Roman des polnischen Schriftstellers – „Krzyk", („Der Schrei". Große Teile waren bereits 1914 geschrieben worden[372], im Winter 1916/17 nahm Przybyszewski die Arbeit daran wieder auf und beendete sie, wie die Korrespondenz vermuten läßt, im Februar 1917, als er einen programmatischen Aufruf für die expressionistische Zeitschrift „Zdrój" verfaßte.[373] Der Roman erschien beim Lektor-Verlag Lemberg im Dezember 1917[374], die deutsche Fassung 1918 beim Verlag Georg Müller in München.

Held des eindeutig expressionistischen Werks ist ein Maler, der mit seinem Bild ein großes Symbol der „Straße" schaffen, eine Synthese aus Erscheinung und Geist erreichen, den spontanen „Schrei der Seele" ausdrücken will, in dem das Geheimnis jeglichen Schaffens, das ewige Rätsel von Leben und Tod beschlossen liegt. Die „Straße", die jener Gasztowt malen möchte, ist ein metaphorisches Abbild der menschlichen Welt, in der Elend, Verbrechen und ewiger Hunger herrschen – Hunger des Geschlechts, Hunger nach Macht und nach Erkenntnis.

Den Künstlerhelden plagen ästhetisches Begehren, die Gier nach künstlerischer Erfüllung, aber auch ein Hunger nach Erkenntnis, das Verlangen, die in der erfahrbaren Welt verborgenen Geheimnisse zu entschlüsseln. Przybyszewskis modernistische Sehnsucht hat hier die expressionistische Gestalt metaphysischer Begierde angenommen. Das dekadente Unvermögen verwandelt sich in eine existentielle Krankheit – als Demiurg schafft der Künstler neue Welten, kann aber die Wahrheit der wirklichen

---

371 In einer Besprechung der polnischen Ausgabe erklärte ein Rezensent sogar, daß die Prosa „künstlerisch emporragt über alles, was bisher die polnische ‚Kriegsbelletristik' (...) hervorgebracht hat" (vgl. J. W., *Stanislaw Przybyszewski: Powrót*, in: „Polen" 1916, Nr. 94, S. 52).
372 Gedruckt unter dem Titel *Spotkanie* (Die Begegnung) in: „Kurier Poznanski" 1914, Nr. 287-296.
373 Przybyszewskis Zusammenarbeit mit der expressionistischen Zeitschrift, auf deren ideelle und ästhetische Ausrichtung er entscheidenden Einfluß hatte, dauerte vom 1. Oktober 1917 bis zum 1. Juli 1918 (Kontakt zu Witold Hulewicz, der offiziell als Herausgeber firmierte, hatte er im August 1916 aufgenommen). Der einstige Initiator der exklusiven deutschen Zeitschrift „Pan" und Redakteur des Krakauer „Zycie" gewann jungpolnische Mitarbeiter, beschrieb in den ersten Heften den Charakter von „Zdrój", der sich vom deutschen Expressionismus abhob, und bestimmte die Richtung. 1918 veröffentlichte Przybyszewski in der Zeitschrift zwei wichtige Texte: *Ekspresjonizm, Slowacki i „Genezis z ducha"* (Der Expressionismus, Slowacki und dessen „Genesis aus dem Geiste") und *Powrotna fala. Naokolo ekspresjonizmu* (Die wiederkehrende Welle. Über den Expressionismus). Darin sprach er dem polnischen Expressionismus eine polnische, romantische und modernistische Tradition zu. Unter dem Druck junger Künstler, die den Charakter der Zeitschrift verändern wollten, endete Przybyszewskis Kooperation mit „Zdrój".
374 Anfang 1917 nahm Przybyszewski Verbindung zum Lektor-Verlag von Stanislaw Rogala-Lewicki in Lemberg auf, ab Juli leitete er die Literaturabteilung. Im Juni 1917 erarbeitete er ein detailliertes Verlagsprogramm, dessen Ehrgeiz eine Bibliothek aus Werken war, die sich „in den unbekannten Sphären der menschlichen Seele" bewegten, z. B. *Alraune* von Hanns Heinz Ewers oder *Die Teuflischen* von Barbey d'Aurevilly. Mit dem Lektor-Verlag kooperierte der Schriftsteller bis zu seinem Tod. Dort erschienen Übersetzungen aus der deutschen Literatur von Jadwiga Przybyszewska, manche mit einer Einleitung Przybyszewskis. 1923-1929 gab der Lektor-Verlag *Dziela* (Werke) des Autors heraus.

Welt, der „Straße", nicht ergründen. Das Verbrechen, genauer der Akt des Todes, denn der Verbrecher ist zugleich sein eigener Verteidiger (wie auf einem Bild Gasztowts) und das Opfer (wie in der Romanwelt), soll die Rätsel der Welt entdecken helfen. Doch nach der Ausführung erweist sich der Schrei als die Lautlosigkeit des Todes. Das Mysterium des Lebens erfährt der Held erst, als er sein Alter ego tötet, also selbst stirbt. Nicht die Liebe, wie in früheren Werken, sondern der Tod ist hier die „Stunde des großen Wunders", in der die Schwelle des heiligen Geheimnisses überschritten wird.

Die Szenerie des Romans ist unwirklich, sie liegt außerhalb von Zeit, Raum und Handlungslogik. Das reale Leben erscheint als Maskerade, groteske Entstellung, Traumbild. Expressionistische Visionen und Deformationen der Psyche konstituieren eine undurchdringliche Realität, die fremd und abstoßend ist. Der Held bewegt sich wie ein Schlafwandler, gepeinigt von Wahnvorstellungen und physiologischem Hungergefühl, er leidet an Halluzinationen, an Spaltung und sogar Dreiteilung des Ichs. Sein „künstlerischer" Teil tötet den körperlich-vitalen (Weryho), durch den Akt des Tötens entschwindet er in die Transzendenz.

Dieser packende, strikt expressionistische kleine Roman besaß alle Voraussetzungen, um sich im literarischen Umlauf zu behaupten, und nach Jahren ist nur schwer zu ermitteln, weshalb es dazu nicht kam. An dieser Stelle sei vermerkt, daß sich die deutschen Expressionisten – auch darüber wäre nachzudenken – in ihren Manifesten niemals auf Przybyszewskis frühe, wegweisende Werke berufen haben, wohingegen sie Mombert oder selbst Dehmel vielfach erwähnen. Auf die präexpressionistischen Züge bei dem „sonderbaren Polen" hat erst Albert Soergel in seiner monumentalen Monographie verwiesen, auf die später eingegangen wird.

„Der Schrei" weckte bei der Kritik kein größeres Interesse. Informationen über das Buch erschienen zunächst in fünf deutschen Zeitschriften: „Der Merker", „Donauland", „Das literarische Echo", „Die schöne Literatur" und „Die neue Bücherschau". Zwei davon beschränkten sich jedoch auf eine knappe, „pflichtschuldige" Inhaltsangabe und sparten Wertungen aus.[375]

Die ausführliche Besprechung von Arthur Luther fällte ebenfalls kein enthusiastisches Urteil, wiewohl der Kritiker anmerkte, der Verfasser des „Schrei" habe die poetische Welt, in der sich das Reale und das Visionäre mischten, meisterhaft konstruiert, und bei der Lektüre fühle sich der Leser „wie im Banne eines bösen Hexenmeisters".[376] „Dieser Roman ist selbst ein Schrei, der Not- und Verzweiflungsschrei des in der Großstadt verlorenen Künstlers – in der Großstadt mit ihren Gespenstern, die in immer neuen Gestalten vor ihm auftauchen, ihn ängstigen und quälen, sein Blut aus-

---

375 Vgl. A. E. Rutra, *Stanislaw Przybyszewski, Schrei*, in: „Die neue Bücherschau" 1919, H. 2, S. 18, sowie *Der Schrei. Roman von Stanislaus Przybyszewski*, in: „Donauland" 1919, H. 3, S. 312. Interessant war eine Aussage des Rezensenten der Zeitschrift „Der Merker", wo es hieß: „Was unsere jungen Dichter von heute ‚Expressionismus' nennen, hat ihnen dieser Pole schon vor zwanzig Jahren vorgeahnt." (L. Andro, *Der Schrei. Roman von Stanislaus Przybyszewsky*, in: „Der Merker" 11 [1920], S. 456.)
376 A. Luther, *Der Schrei. Roman von Stanislaw Przybyszewski*, in: „Das literarische Echo" 1919, H. 14, S. 884.

saugen und seinen Geist verwirren"³⁷⁷, schrieb der Kritiker und bot damit eine eher unglückliche Interpretation des Romans über eine Selbstzerstörung.

Alexander Pache berichtete von einem „sonderbaren Roman voller Dämonie, Verzerrung und wirrer, aber bohrender Einseitigkeit des verrückten Themas".³⁷⁸ Der Leser fühle sich verhöhnt und verwirrt, und recht habe Bierbaum, „wenn er von diesem närrischen Polen, der übrigens einen blendenden Stil schreibt, meinte: ‚Sein Dichten war eine Art verzückter Drehkrankheit, und man wußte nicht, ob er sich drehte, um zu dichten, oder ob er dichtete, um sich zu drehen.'"³⁷⁹

Paches Rezension, zwei Jahre nach Przybyszewskis Abreise aus München³⁸⁰, war die letzte kritische Äußerung zu dessen deutschsprachigen Werken. Der Name des Polen fiel in der deutschen Presse erst wieder nach Bekanntwerden der Erinnerungen, deren erster Teil 1926 in Warschau erschien.³⁸¹

Das leidenschaftliche Erinnerungsbuch „Moi współczesni" („Meine Zeitgenossen"), eine Mischung aus persönlicher Rückschau und literarischem Exkurs, bildet das Exempel einer „geistigen Autobiographie". Es ist weder ein Tagebuch noch die bloße Erinnerung des Schriftstellers, obwohl es von polnischen wie von deutschen Rezipienten im allgemeinen so verstanden wurde. Przybyszewski hat darin versucht, dem Geheimnis des literarischen Schaffens auf den Grund zu kommen. Dessen Wurzeln

---

377 Ibidem, S. 883f.
378 A. Pache, *Übersetzungen*, in: „Literarisches Centralblatt für Deutschland" („Die schöne Literatur") 1921, H. 16, S. 204f.
379 Ibidem, S. 205. Das Zitat stammt aus Bierbaums Roman *Stilpe*, von dem noch die Rede sein wird. – Auch Emil Szittya betrachtete Przybyszewski als eine sonderbare Erscheinung und äußerte sich in diesem Sinne einige Male in seinem Buch *Das Kuriositäten-Kabinett. Begegnungen mit seltsamen Begebenheiten, Landstreichern, Verbrechern, Artisten, religiös Wahnsinnigen, sexuellen Merkwürdigkeiten, Sozialdemokraten, Syndikalisten, Kommunisten, Anarchisten, Politikern und Künstlern*, Konstanz 1923 (passim).
380 Przybyszewski verließ München zum zweitenmal (den ersten Versuch hatte das Ehepaar im Juni 1918 unternommen, als es nach Prag übersiedeln wollte) Ende Juni 1919 in Richtung Posen, wo er als Übersetzer in der Postdirektion arbeitete und ein polnisch-deutsches Wörterbuch des Postwesens zusammenstellte. Ab Oktober 1920 wohnte er in Zoppot mit einer Anstellung als Bibliothekar bei der Danziger Bahndirektion. Im November 1924 bezog er als Kanzleibeamter des polnischen Präsidenten Stanisław Wojciechowski eine Wohnung im Warschauer Schloß. 1919 waren beim Verlag Georg Müller in München einige Werke Przybyszewskis erschienen (*Zur Psychologie des Individuums, Vigilien, Homo sapiens, Satans Kinder, Epipsychidion, Totentanz der Liebe, Erdensöhne, Androgyne*); das waren allerdings keine Neuauflagen, sondern Übernahmen von anderen Verlagen (insbesondere von Fontane), die mit neuen Umschlägen weiter vertrieben wurden. Müller plante eine Gesamtausgabe, doch er starb (im Dezember 1918), ehe es zum Vertrag kam. Als Przybyszewski aus München wegging, überließ er dem Herausgeber der Polnischen Bibliothek Alexander Guttry die Vollmacht zur Edition seiner Werke. Die 1919 präsentierten Übernahmen stießen bei der deutschen Kritik nicht auf Interesse.
381 Der erste Teil der Erinnerungen, *Moi współczesni. Wśród obcych (Meine Zeitgenossen. Unter Fremden)*, wurde im „Tygodnik Ilustrowany" 1924, Nr. 1-52, die Fortsetzung in „Rzeczpospolita" 1925, Nr. 56-146, veröffentlicht. Als Buch erschien er 1926 im Warschauer Verlagsinstitut „Biblioteka Polska". Die Arbeit am zweiten Teil, *Moi współczesni. Wśród swoich (Meine Zeitgenossen. Unter Freunden)*, begann Przybyszewski im Sommer 1927 während eines Aufenthalts in Bad Fuschl, den Abschluß plante er – nachdem der Vertrag mit dem Verlag „Świat" den Druck auf das folgende Jahr festgelegt hatte – für November 1927. Durch den Tod Przybyszewskis blieb die Schrift unvollendet. Einige polnische Zeitschriften druckten die unvollständigen Erinnerungen, bevor sie 1930, in der Bearbeitung und mit einem Vorwort von Konrad Górski, im gleichen Verlag erschienen.

wähnte er in der Sphäre des Unbewußten – eben dort, wo sich das schöpferische Individuum mit dem Gedächtnis von Generationen trifft. Der Autor des Manifests „Confiteor" nahm an, jedes Erleben enthalte die unbewußte Erinnerung an ein anderes Dasein, jedes tiefe Empfinden des Künstlers erzeuge schöpferische Kraft. Und so hinterfragte er das eigene Leben nach Ereignissen, die sein Schaffen bestimmten.

Das an Fakten und Erinnerungen reiche Buch beinhaltet Porträts der besten Freunde Przybyszewskis, fesselnde – wenngleich oft subjektive – Hypothesen zur Literatur der europäischen Moderne und originelle Interpretationen der eigenen Werke. Ohne Zweifel war es für den deutschen Leser eine interessante Publikation. Auszüge aus den Memoiren wurden daher in deutscher Übersetzung nachgedruckt[382], das Buch selbst rezensierten polnische und deutsche Slawisten in verschiedenen Zeitschriften.

Der Wiener Polonist Otto Forst-Battaglia ging in seinen Arbeiten zur polnischen Literatur gleich zweimal auf Przybyszewskis Erinnerungen ein. In der umfangreichen Studie „Die polnische Literatur der Gegenwart"[383], einer detaillierten Erörterung der polnischen Moderne, wurde der Pole als ein Autor charakterisiert, der, „mit allen Europas vertraut", seinerzeit heftige Diskussionen ausgelöst habe. „Alle diese Dekorationsstücke der ‚fin de siècle'-Literatur sind in den gedruckten und im Gedächtnis bewahrten Erinnerungen an jene große Zeit begraben. Wie sehr sie, die Werke, welche ihrer Inspiration entsprangen, und die Menschen, die sie schrieben und auch die sie schilderten, unserem Empfinden entrückt sind, das hat jüngst Przybyszewskis Memoirenbuch ‚Meine Zeitgenossen' zum Bewußtsein gebracht", konstatierte der Literaturhistoriker.[384]

In seiner Rezension der jüngsten Beispiele polnischer Memoirenliteratur (darunter die Erinnerungen von Ignacy Daszynski und Józef Weyssenhoff) benannte Forst-Battaglia im „Literarischen Centralblatt für Deutschland" einen „nationalen Makel" dieser Bekenntnisse: „Allen diesen polnischen Memoiren ist gemeinsam, daß sie in erster Linie des Verfassers Wert und Wirken für die nationale Sache ins rechte Licht stellen wollen. Kein einziger, auch nicht der einstige Kosmopolit Przybyszewski, begnügt sich, seine Privatangelegenheiten (...) an die Öffentlichkeit zu zerren..."[385]

Ein Jahr darauf bewertete der galizische Kritiker Hermann Sternbach in derselben Zeitschrift erneut polnische Memoiren: von Przybyszewski, Weyssenhoff und Zeromski. Sternbach unterstrich den Subjektivismus in den Urteilen Przybyszewskis, die keineswegs immer zutreffen und mit den Erkenntnissen der Literaturhistoriker

---

382 Die „Neue Freie Presse" publizierte bereits 1926 einen Ausschnitt über Dehmel: *Richard Dehmel. Ein Lebensblatt* (in den Nummern 22283 und 22290 vom 26. September und 3. Oktober); der Buchausgabe folgten in Deutschland drei Auszüge: *Erinnerungen an Strindberg. Aus den Memoiren Przybyszewskis*, übersetzt von Elias Hurwicz für „Die literarische Welt" 1927, Nr. 49, S. 1f. (9. Dezember, kurz nach dem Tod des Verfassers); *Richard Dehmel*, übersetzt von Alexander Guttry, in: „Pologne Littéraire" 1928, Nr. 20, S. 2; sowie *Dehmel – Hille – Liliencron* in der Übertragung von Arthur Ernst Rutra und Alexander Guttry für den „Vorwärts" (Beilage „Unterhaltung und Wissen") vom 7. April 1929.
383 O. Forst-Battaglia, *Die polnische Literatur der Gegenwart*, in: „Euphorion" 1926, Bd. 26, S. 534-550.
384 Ibidem, S. 545.
385 O. Forst-Battaglia, *Polnisches Schrifttum*, in: „Literarisches Centralblatt für Deutschland" 1926, Nr. 18, S. 1489.

übereinstimmen müßten.[386] In seinem „Polnischen Brief", den die Zeitschrift „Die Literatur" druckte, gestand er jedoch zu, daß Przybyszewskis Autobiographie vielfältige Informationen über das literarische Leben in Deutschland und Versuche zu einer ersten Synthese enthalte. „Der deutschen Dichtergeneration der Gegenwart", schrieb Sternbach, „ist Przybyszewski ein Name nur. Aber es war eine Zeit (...), wo Przybyszewski mitten unter den literarischen Bahnbrechern stand."[387]

Für viele Leser war das Erinnerungsbuch deshalb so interessant, weil es die Atmosphäre zur Jahrhundertwende plastisch wiedergab und aufreizende Porträts von herausragenden Künstlern der Epoche zeichnete. Elias Hurwicz, der „Moi współczesni" in der „Kölnischen Zeitung" besprach, referierte vor allem die Reminiszenzen des „auch in Deutschland wohlbekannten St. Przybyszewski" an August Strindberg.[388] Eineinhalb Monate später publizierte H. Flaßenberg-Hildar an gleicher Stelle eine gewissenhafte Besprechung der Autobiographie. Der Kritiker verwies auf die bewußte Auswahl der Begebenheiten, welche die geistige Entwicklung des Autors beeinflußten: „Diese Enthaltsamkeit neben der Wehmut – *et la tristesse de tout cela...* –, die Gewesenem halb resigniert, halb verhöhnt nachschwingt, verleiht dem Buch einen besonderen Ton. Geschrieben sind die Erinnerungen glänzend, das entschädigt aber zum Teil für die zahlreichen schiefen Urteile und die peinlichen Entgleisungen."[389]

Przybyszewski hatte sich bei der Abfassung seiner Memoiren auf die Literaturgeschichte Albert Soergels gestützt, worauf Stanislaw Helsztynski schon hinwies, indem er eindeutige Parallelen bei beiden Autoren herauspräparierte.[390] Um so mehr muß Przybyszewskis in den Erinnerungen geäußerte Ansicht verwundern, die deutschen Literaturhistoriker hätten seine Spuren sorgfältig verwischt. Die 1911 veröffentlichte Monographie „Dichtung und Dichter der Zeit. Eine Schilderung der deutschen Literatur der letzten Jahrzehnte" lieferte über den Schriftsteller zahlreiche Informationen. Autor Soergel erwähnte u. a. die literarischen Abbilder Przybyszewskis im Roman „Stilpe" von Bierbaum sowie in Dramen von Dauthendey („Maja") und Holz („Sozialaristokraten"), er erblickte in dem deutsch-polnischen Autor einen Fortsetzer Hermann Conradis und einen Wegbereiter des Expressionismus. In späteren Auflagen wurde der Abschnitt über Przybyszewski erweitert und durch neue Tatsachen untermauert, in den zweiten Teil des monumentalen Werks übernommen („Neue Folge. Im Banne des Expressionismus"), der zwei Jahre vor dem Tod des „genialen Polen" erschien.[391]

---

386 Vgl. H. Sternbach, *Polnische Dichter-Memoiren. Neuzeit*, in: „Literarisches Centralblatt für Deutschland" 1927, Nr. 16, S. 1384f. Julius Bab bezweifelte Przybyszewskis Behauptungen hinsichtlich seines Einflusses auf die deutsche Literatur (vgl. J. Bab, *Der größenwahnsinnige Przybyszewski*, in: „Der Tag", 10. Februar 1926).
387 H. Sternbach, *Polnischer Brief*, in: „Die Literatur" 1926/27, S. 107.
388 E. Hurwicz, *Strindberg und Przybyszewski*, in: „Kölnische Zeitung" 1927, Nr. 644 (vom 2. Oktober).
389 H. Flaßenberg-Hildar, *Aus der Glanzzeit der Berliner Bohème. Przybyszewskis Erinnerungen*, in: „Kölnische Zeitung" 1927, Nr. 731 (vom 15. November).
390 Vgl. S. Helsztynski, *Przybyszewski. Opowiesc biograficzna*, op. cit., S. 533-537. Darin werden Fragmente aus beiden Büchern gegenübergestellt.
391 Das Kapitel heißt *Stanislaus Przybyszewskis Versuch einer Gestaltung der „reinen nackten Individualität"* und ist mit einem von Wyspianski 1899 gezeichneten Przybyszewski-Porträt versehen.

Przybyszewski wurde dort gleich einem Schemen aus ferner Vergangenheit beschworen: „Denn nur wie eine Spukgestalt schon ferner Erinnerungen wirkt heute Stanislaw Przybyszewski (...), der in der Mitte der neunziger Jahre das literarisch junge und namentlich jüngste Berlin mit seinen mystisch-brünstigen Visionen ängstend bannte, eine kurze Berühmtheit als der ‚deutsche Sataniker', als der Naturalist der ‚nackten Seele' genoß."[392]

Die Formel vom Psychologen der hysterischen Seele, die Przybyszewski in seinem Essay „Zur Psychologie des Individuums" auf Chopin angewandt hatte, war nach Meinung des Literaturforschers zugleich die präzise Selbstcharakteristik eines Autors, dessen Werke „die Vermischung von katholischem Weihrauchsdunst und Satanskult, von lyrischem Pathos und wissenschaftlicher Sezierungswut ahnen lassen".[393] In „Totenmesse" habe Przybyszewski die Karikatur eines Selbstanalytikers vorgeführt, der von verrückten Ideen verzehrt und von Größenwahn beherrscht werde, erklärte Soergel, in „Vigilien" und „Himmelfahrt" dominiere perverse Erotik, in „De profundis" die „Orgie des Leidens", in „Satans Kinder" würden zerstörerische Mächte verherrlicht, im Romanzyklus „Homo sapiens" schließlich versuche der Autor, ein Abbild der Epoche zu geben.[394] „Und als Gesamteindruck bleibt" – nach gewissenhafter Lektüre dieser Werke – „die Erinnerung an etwas Wildes, Groteskes, Leidverzerrtes, an Entsetzen und Angst, an fieberkranke Spekulation, an heulende, fleischliche Gier, an einen grauenhaften Spuk."[395] Dieser Spuk habe allerdings seine Berechtigung, die neue Kunst Przybyszewskis solle nämlich eine Kunst der „Individualität", nicht der „Persönlichkeit", ein Abbild des unbewußten Lebens der Seele sein.

Der „Deutschpole" Przybyszewski sei, so Soergel, ein Vorkämpfer für künstlerische Phänomene, die sich erst viele Jahre nach seinem Erscheinen kristallisierten. Der Verfasser der Studie „Psychischer Naturalismus" sei der erste gewesen, der die Dekadenz in Richtung auf den Expressionismus zu durchbrechen gesucht habe.[396] Seine Theorie – explizit in „Vigilien" dargelegt –, nach der die Kunst ein Spiel von Geschlecht und Gehirn sei, habe Sigmund Freud in seinen Arbeiten bestätigt, und die Auffassung, daß die Psyche nicht das Produkt der gesellschaftlichen Verhältnisse sei – wie in „Satans Kinder" dargetan –, passe durchaus in das dreißig Jahre später formulierte Programm der „jungen Jugend".[397]

---

392 A. Soergel, *Dichtung und Dichter der Zeit. Eine Schilderung der deutschen Literatur der letzten Jahrzehnte. Neue Folge. Im Banne des Expressionismus*, Leipzig 1927 (4. Auflage), S. 16. Genau diese Bezeichnung für Przybyszewski steht in der Fußnote zu einem Beitrag von H. Henrichs, *Unbekannte Briefe Richard Dehmels* („Euphorion" 1927, S. 473).
393 Ibidem, S. 16.
394 Vgl. ibidem, S. 16f.
395 Ibidem, S. 17.
396 Soergel bemerkte im ersten Band seiner Monographie, daß die Dekadenz in der deutschen Literatur schon Conradi zu überwinden versucht hätte, dessen Werke Vorboten der späteren Bestrebungen Schlafs, Dehmels sowie der psychologisch-naturalistischen und frühexpressionistischen Schriften Przybyszewskis gewesen seien (vgl. A. Soergel, *Dichtung und Dichter der Zeit. Eine Schilderung der deutschen Literatur der letzten Jahrzehnte*, Leipzig 1928, S. 100).
397 Vgl. ibidem, S. 18. Soergel schreibt hier, die expressionistische „Aktion" habe sich auf Przybyszewski berufen. Das gilt jedoch nicht für die wichtigsten Manifeste der Strömung, denn in der Anthologie *Expressionismus. Manifeste und Dokumente zur deutschen Literatur 1910-1920* (hg. von T. Anz und M. Stark, Stuttgart 1982) wird der Name des Polen kein einziges Mal genannt. Pry-

Soergel verglich Przybyszewski mit Wedekind und Heinrich Mann, denn alle drei seien auf ihre Art eindeutig gewesen.[398] Hingegen weiche Schlaf, trotz vieler Anklänge an die Vorgaben Przybyszewskis, in seinem Wesen gänzlich davon ab. Schlaf war laut Soergel ein fühlender Mensch, ein Mann des Instinkts, Przybyszewski seinerseits beobachtete, ähnlich wie Bourget und Bahr, das Gefühl von außen.[399] Die Linie Conradi, Przybyszewski, Schlaf setze Hermann Stehr fort, doch der wesentliche Unterschied zwischen dem Deutschen und dem Polen bestehe darin, daß die ganze Welt Stehrs Vaterland, Przybyszewski aber allenthalben entfremdet sei: „Nirgends ist Przybyszewski heimisch, nirgends seine Menschen; naturlos, kulturlos ist er, das Zerrbild des ‚modernen Europäers'."[400] Przybyszewski habe die künftigen Wege von Literatur und Kunst intuitiv erspürt, jedoch die eigenen genialen Ideen nicht umsetzen können, weshalb er – dies Soergels Schlußfolgerung – so rasch in Vergessenheit geriet. Was er erstrebte, verwirklichten andere: Dehmel als Dichter und Schlaf als Romancier.[401]

Soergels Opus magnum, in dem der vergessene Deutschpole vom Ende des vorigen Jahrhunderts zum Vorläufer mehrerer literarischer Phänomene erklärt wurde, erschien zu einer Zeit, als Przybyszewskis Verdienste in Polen mit dem Offizierskreuz des Ordens Polonia Restituta gewürdigt worden waren.[402] Die deutsche Literaturgeschichte bilanzierte die künstlerische Leistung, betonte aber die ungenutzten Möglichkeiten stärker als das Errungene. Die Hinwendung zu Przybyszewski war in den zwanziger Jahren insgesamt gering. Zwar wurde sein Schaffen in einigen Schriften erwähnt, beinahe stets aber als Beispiel für eine wenig bedeutsame, wenngleich „sonderbare" Erscheinung. In seinem Buch über Dehmel erinnerte Julius Bab an einige Werke des Polen, die er wegen der Häufung sexueller Motive und der nihilistischen Lebensmüdigkeit, wegen der Unterordnung des Willens unter unbewußte Mächte bemerkenswert fand.[403] Auch Robert Franz Arnold kam im Zusammenhang mit Dehmel auf Przybyszewskis Werke zu sprechen und bezeichnete die Dramen als eine neoromantische Variante an der Grenze zwischen Schlafs „Nervennaturalismus" und Maeterlincks Mystik.[404] Keiner dieser Interpreten hielt die Texte Przybyszewskis einer eingehenden Analyse für wert.

Konnte dieser noch zu Lebzeiten abgeschlossenen literarischen Biographie überhaupt ein weiteres Kapitel hinzugefügt werden? Der Tod des Schriftstellers (am 23. November 1927), das definitive Ende, bot Gelegenheit zu einem Fazit. In Deutschland reagierte man sehr lebhaft. In einer Reihe von Zeitschriften wurden Nachrufe auf den einstmals populären Autor eingerückt, wenig später meldeten sich seine einstigen

---

byszewski erwähnen weder Gottfried Benn in der Anthologie *Lyrik des expressionistischen Jahrzehntes (1910-1920)* noch Heselhaus in seiner Auswahl. Dagegen werden als Vorläufer des Expressionismus aufgeführt: Mombert, Else Lasker-Schüler, Hille, Otto zur Linde, Dauthendey, Dehmel u. a.
398 Vgl. ibidem, S. 157.
399 Ibidem, S. 109.
400 Ibidem, S. 28.
401 Ibidem, S. 19.
402 Przybyszewski wurde 1925 mit dem Offizierskreuz, zwei Jahre später mit dem Kommandeurskreuz des Ordens Polonia Restituta geehrt.
403 Vgl. J. Bab, *Richard Dehmel*, Leipzig 1926, S. 97.
404 Vgl. R. F. Arnold, *Das deutsche Drama*, München 1925, S. 756.

Freunde und Bekannten zu Wort.[405] Aus allen diesen Äußerungen spricht die Gewißheit, der Pole habe in der deutschen Literatur eine bedeutende Rolle gespielt, doch zugleich wird sein Schaffen als eine längst vergangene Erscheinung registriert.

Eine kurze und sachliche Notiz brachten die „Münchener Neuesten Nachrichten"; nach Aufzählung seiner deutschen Bücher wurde Przybyszewski als „hervorragender polnischer Schriftsteller" bezeichnet.[406] Die Nachricht im Berliner „Vorwärts" akzentuierte den „satanistischen" Aspekt im Werk des Verstorbenen.[407] Ludwig Lessen unterstrich die Bedeutung des Poems „Vigilien", das in literarischen Kreisen Berlins zu seiner Zeit eine Sensation gewesen sei.[408]

Auf die Nachricht vom Tode Przybyszewskis reagierte auch Thomas Mann, der dem Warschauer PEN-Club ein Kondolenzschreiben übermittelte: „Mit wahrer Anteilnahme habe ich in den Zeitungen die Nachricht vom Tode Stanislaw Przybyszewskis vernommen und das unwiderstehliche Bedürfnis verspürt, den Polen meine tiefe Ergriffenheit aus diesem Anlaß auszudrücken."[409]

Auch die Wiener Presse informierte über den Tod des um die deutsche Literatur verdienten Künstlers. In einer Notiz des „Neuen Wiener Journals" wurde an Strindbergs Äußerung erinnert, nach der es der junge Pole mit dem unaussprechlichen Namen noch weit bringen, und er tiefe Spuren hinterlassen werde.[410] Hinzugesetzt wurde, sein Name habe sich in die Geschichte zweier Literaturen eingeschrieben. Die „Neue Freie Presse" formulierte die Verdienste des Verstorbenen weniger pathetisch, dennoch wurde auch hier die Tatsache hervorgehoben, daß er einst als große Hoffnung der deutschen Literatur gegolten hatte.[411]

Sinngemäß war der Nekrolog in der Berliner Zeitschrift „Die Literatur" abgefaßt, der einen Lebenslauf Przybyszewskis und eine Kurzcharakteristik seines Schaffens enthielt. Letzteres sei indessen nicht mehr fähig, das Publikum zu interessieren, wiewohl es einst viel Anerkennung fand, weil der Schriftsteller zu den wenigen gehört

---

405 Ihrer waren nur noch wenige; 1903 starb Wilhelm von Polenz, 1904 Peter Hille, 1905 Hartleben, 1906 Heinrich Hart, 1909 Liliencron, 1910 Bierbaum, 1912 Strindberg, 1913 Bengt Lidforss, 1915 Scheerbart, 1917 Flaum, 1918 Max Dauthendey, Bodenhausen, Wedekind, 1920 Dehmel, 1921 Panizza, 1922 Schleich und 1925 Moeller-Bruck und Hansson.
406 Anonym, *Stanislaw Przybyszewski*, in: „Münchener Neueste Nachrichten" 1927, Nr. 321 (vom 25. November), S. 2.
407 Vgl. Anonym, *Der Tod des „Satanisten"*. *Stanislaw Przybyszewski gestorben*, in: „Vorwärts" 1927, Nr. 555/A 282 (vom 24. November), S. 3. Hervorgehoben wurde hier Przybyszewskis Zugehörigkeit zu dem Kreis um Strindberg, Dehmel und Schleich im „Schwarzen Ferkel" sowie sein Anteil an der Entdeckung der lokalen Anästhesie durch den Berliner Arzt und Intellektuellen Carl Ludwig Schleich.
408 L. Lessen, *Stanislaw Przybyszewski*, in: „Vorwärts" (Beilage „Unterhaltung und Wissen") 1927, Dezember.
409 Den Brief zitierte die Zeitung „Express Radomski" (*Znakomity pisarz niemiecki o Stanislawie Przybyszewskim i o Warszawie* [Ein bedeutender deutscher Schriftsteller über S. P. und über Warschau], 1927, Nr. 14, S. 3. Thomas Mann hatte viel über Przybyszewski gehört, da beide in München lebten (eine Episode aus dem Leben des „genialen Polen" findet sich sogar im *Zauberberg*, welche später behandelt wird); persönlich lernten sich beide Schriftsteller aber erst im März 1927 in Warschau kennen, wo sich der Deutsche auf Einladung des PEN-Clubs aufhielt. Während des feierlichen Empfangs im Hotel Europejski sprachen u. a. Przemycki, Przybyszewski, Horzyca, Kaden-Bandrowski (Przybyszewskis Lobrede druckte „Pologne Littéraire" 1927, Nr. 4 vom 12. März, S. 2).
410 „Neues Wiener Journal" 1927, 24. November.
411 Anonym, *Stanislaus Przybyszewski*, in: „Neue Freie Presse" 1927, 24. November.

hatte, „die dem Geist und der Sehnsucht der Zeit den stärksten, individuellsten Ausdruck zu verleihen vermochten".[412]

Einige Tage nach dem offiziellen Nachruf formulierte Franz Servaes für die „Neue Freie Presse" ein Lob auf das Werk des Toten. Der Kritiker erinnerte an Przybyszewskis Auffassungen aus seiner ersten, „genialen" Broschüre „Zur Psychologie des Individuums", die das kulturelle Leben Berlins aufgerüttelt hatte. Mit seinen ersten literarischen Texten sei es ihm gelungen, „schulenbildend aufzutreten und des öfteren die literarische Öffentlichkeit in Atem zu halten"[413], schrieb Servaes, der in den Jahren zuvor widersprüchliche Gefühle gegenüber dem polnischen Freund gehegt hatte.

Kurz darauf unterzog Servaes in einem Beitrag für die „Kölnische Zeitung" das Werk und die Persönlichkeit des polnischen Schriftstellers einer gründlicheren Analyse. Er lieferte dabei eine Deutung, weshalb der Pole in den neunziger Jahren manchen als der langersehnte „Messias der Literatur" erschienen war: „Als ich dieser Gruppe schlagbereit harrender junger Stürmer Przybyszewski mit seiner glühenden Sehnsucht nach dem großen jenseitigen Ufer der menschlichen Entwicklung zuführen konnte, empfand man dies sofort als bedeutsamen Gewinn. Ja, man darf wohl sagen, daß Przybyszewski ebensosehr mit seiner überlegenen naturwissenschaftlichen Bildung sich zum Wortführer aufwarf und vielleicht die letzten entscheidenden Schlagwendungen prägte."[414]

Przybyszewski sei aber nicht zum geistigen Führer seiner Generation geworden, er habe keine Schule gebildet und breite Leserkreise nie erreicht. „Seine Darstellungsweise war hinreißend. Sie hatte Tempo und Feuer. Aber die immer wiederkehrenden, mitunter bis zu Idiosynkrasien entarteten gleichen Themen wirkten doch bald ebenso ermüdend wie befremdend. Ein größeres deutsches Publikum zu fesseln vermochten sie nicht und werden es wohl auch niemals vermögen."[415]

Przybyszewski „brachte uns Begriffe, die in Berlin um keinen Preis zu haben waren", notierte in seinem Gedenken der frühere Bekannte Julius Meier-Graefe.[416] Die ersten Veröffentlichungen hätten ihm den Ruhm eines „slawischen Strindberg" eingetragen, obwohl darin „viel betrunkene Romantik, verstiegene Erotik, Flausen" gewesen seien.[417]

Otto Forst-Battaglia, der Wiener Polonist, widmete dem toten Dichter einen längeren Artikel, der eine scharfsinnige Interpretation seines Schaffens enthielt. Für den Österreicher war Przybyszewski in erster Linie ein polnischer Autor (auch wenn er das Deutsche meisterhaft beherrschte), denn selbst in seinen frühen Werken schlum-

---

412 Anonym, *Nachrichten*, in: „Die Literatur" 1927/28, S. 247.
413 F. Servaes, *Ein Abenteuer des Geistes. Stanislaw Przybyszewski*, in: „Neue Freie Presse". Morgenblatt, 1927, Nr. 22710, S. 2 (vom 7. Dezember).
414 F. Servaes, *Aus der Berliner Bohème der neunziger Jahre. Erinnerungen an Stanislaw Przybyszewski*, in: „Kölnische Zeitung" 1927, Nr. 782.
415 Ibidem, Nr. 786.
416 J. Meier-Graefe, *Stanislaus Przybyszewski*, in: „Frankfurter Zeitung" 1927, Nr. 876 (vom 25. November), S. 1.
417 Ibidem.

mere „der ur-polnische Charakter"[418] – trotz merklicher Einflüsse der Skandinavier, der französischen und spanischen Mystik, des Symbolismus à la Maeterlinck und Péladan. Die Bedeutung Przybyszewskis für die polnische Literatur sah der Kritiker „in seinem Apostolat des Eros in der Kunst".[419] Forst-Battaglia über das Erbe des Schriftstellers, dessen Ruhm nach 1905 geschwunden war: „Die Erzählung ‚Satans Kinder' verblaßt so sehr im Vergleich zu den Büchern der großen Franzosen und Belgier (...). Wir glauben nicht mehr an die Weisheit und zweifeln an der Tragik des ‚homo sapiens' zwischen drei Frauen. Die Fiebervisionen der ‚Androgyne' erscheinen uns als Spielerei eines großen, verlorenen Kindes. Auch vom Dramatiker Przybyszewski ist nichts mehr übrig."[420]

Keiner der postum publizierten Artikel suggerierte auch nur die Möglichkeit, Przybyszewskis Werke könnten wieder in den öffentlichen Umlauf gelangen. Eine andere Alternative deutete sich an: die Verlagerung des Interesses vom literarischen Werk in die private Sphäre. Der Tod des Schriftstellers beflügelte die Legendenbildung, die schon eher eingesetzt hatte, aber nun an Intensität gewann (ein ähnlicher Prozeß verlief in Polen).

Das beste Beispiel war wohl eine Notiz aus der Berliner Zeitschrift „Die literarische Welt"[421], in der sich neben rühmenden Worten deutlich das Bemühen zeigte, den „satanistischen Polen" zu mythisieren. Przybyszewski wird als Initiator vieler Aktionen – auch außerliterarischer (so habe er zur Entdeckung der örtlichen Betäubung durch Dr. Schleich beigetragen) - gelobt. Er habe das unerforschte Gebiet der sexuellen Erfahrungen erkundet und diese, in anderem Sinne als Strindberg, zum Gegenstand der Literatur gemacht, wodurch er zum Vorläufer Freuds geworden sei. Größte Wirkung auf die Zeitgenossen hätten Werke wie „Totenmesse", „Homo sapiens" und „Satans Kinder" ausgeübt, während die unter dem Einfluß Maeterlincks verfaßten Dramen lediglich in Polen größere Resonanz hervorgerufen hätten.

Neben sachlichen, literaturgeschichtlich relevanten Informationen enthielt der Nekrolog, der immerhin in einer literarischen Zeitschrift erschien, auch mythenstiftende Elemente. Wiederholt wurden das Gerücht, Przybyszewski habe Otto Weiningers Selbstmord herbeigeführt[422], und die Legende, Strindberg habe in der Phase des

---

418 O. Forst-Battaglia, *Stanislaw Przybyszewski*, in: „Pologne Littéraire" 1928, Nr. 20, S. 1.
419 Ibidem.
420 Ibidem.
421 Anonym, *Zum Tode des polnischen Dichters Stanislaw Przybyszewski*, in: „Die literarische Welt" 1927, Nr. 49, S. 1 (vom 9. Dezember). Vielleicht stammte diese Notiz von Elias Hurwicz, dem Übersetzer der gleichzeitig veröffentlichten *Erinnerungen an Strindberg. Aus den Memoiren Przybyszewskis*. Die Nachrufschreiber beriefen sich im übrigen recht häufig auf den Namen Strindbergs; der große Schwede, der einst mit Przybyszewski befreundet gewesen war, sollte dem Verstorbenen offenbar Bedeutung verleihen. So wird in dem Artikel von A. Paul vor allem an die Freundschaftsepisode beider erinnert. Strindberg, so schrieb dessen ehemaliger Famulus, „schätzte Przybyszewski hoch und hatte ihn schon zum Erben seines ‚Grünen Sacks', in dem er seine Entwürfe aufbewahrte, eingesetzt" (*Strindberg und Przybyszewski*, in: „Berliner Lokalanzeiger" vom 27. November 1927).
422 Otto Weininger verübte am 4. Oktober 1903 Selbstmord, und dies wurde zur wirksamen Reklame für sein kontroverses Buch *Geschlecht und Charakter* (eine Theorie der Minderwertigkeit der Frau in biologischer, psychologischer, gesellschaftlicher und metaphysischer Hinsicht), welches nicht so aufgenommen worden war, wie es sich der 23jährige Misogyn vorgestellt hatte. Der Wiener Bohemien

„Inferno" körperliche Qualen gelitten, die ihm der gehässige Pole telepathisch zufügte, ja sogar die erotisch-satanistische Bewegung, die nach der Revolution von 1905 unter Schülern in Rußland aufflackerte, wurde auf seine Rechnung gesetzt.

Die Legenden und Gerüchte überschritten jedoch den Rahmen von Literaturgeschichte und -kritik. Auch die Erinnerungen der einstigen Freunde und Bekannten schufen ein Bild des Schriftstellers – halb legendär, halb wirklich –, das die inspirierende Funktion seiner literarischen Werke und schöpferischen Ideen mit der starken persönlichen Wirkung zu verbinden vermochte. Ein Bild, geprägt durch Freundschaften und Feindschaften, oftmals subjektiv, aber gerade dadurch einzigartig und faszinierend.

Peter Altenberg soll verbreitet haben, Weininger habe sich nach der Lektüre der *Totenmesse* das Leben genommen.

4 NAHAUFNAHME. SUBJEKTIVE WAHRHEITEN, MYTHEN UND LEGENDEN

4.1 „Unser Stachu". Przybyszewski in den Erinnerungen von Freunden und Bekannten

Julius Bab, erster Historiker der Berliner künstlerischen Subkultur, erklärte in seinem 1905 publizierten Buch „Die Berliner Bohème", das deren Erscheinungsbild in den neunziger Jahren des vorigen Jahrhunderts zeichnet: „... *Stanislaus Przybyszewsky, der polnisch-deutsche Dichter, der mystisch-ekstatische Slawe, der allerdifferenzierteste Nervenmensch und tiefsinntolle Alkoholiker – und er eigentlich hat die letzte Berliner Bohème großen Stils geschaffen*".[423]

Der „geniale Pole" hatte seine Präsenz im literarischen Berlin des Jahrhundertendes tatsächlich höchst eindrucksvoll bekundet. Seine Gestalt taucht in den unterschiedlichsten Erinnerungstexten auf, deren Zahl – und das ist beachtlich – die Dreißig übersteigt.[424] Es muß seinen Grund gehabt haben, daß der polnische Schriftsteller im Gedächtnis derer, die ihn kennenlernten, so lange haften blieb (die erste Erinnerung erschien 1903[425], die letzte zu Beginn der siebziger Jahre), ja daß selbst Menschen, die der Berliner Boheme der neunziger Jahre eher locker verbunden waren, Przybyszewski nicht vergaßen. Zu ihnen zählten etwa der deutsche Maler Heinrich Schlittgen, der Kunst- und Literaturhistoriker Hermann Uhde-Bernays oder der spätere Professor für Ästhetik an der Berliner Universität Max Dessoir, der noch nach dem Zweiten Weltkrieg von einer kurzen Freundschaft mit Przybyszewski aus dem Jahr 1893 berichtete (was der Verfasser der „Totenmesse" nie erwähnt hatte). Dessoir betrachtete den Kontakt offenbar als eine wichtige Episode seines Lebens.[426]

Welches Image Przybyszewskis zeigen die Erinnerungen von Künstlern und Intellektuellen, die im literarischen und kulturellen Leben Deutschlands immerhin eine

---

423 J. Bab, *Die neuromantische Bohème (Dehmel und Przybyszewsky)*, in: Die Berliner Bohème, Berlin 1905, S. 52 (den Beitrag druckte zuerst „Das neue Magazin" 1904, H. 18, S. I–VII).

424 Einige bibliographische Fährten verdanke ich F. W. Neumann, der in einer Studie 22 Erinnerungen und 13 literarische Texte, in denen die Gestalt Przybyszewskis erscheint, kurz charakterisiert hat; vgl. Neumann, *Stanislaw Przybyszewski als Gegenstand literarischer Darstellung in Deutschland*, in: „Die Welt der Slawen" 1974/75.

425 Gemeint ist die Erinnerung von Ludwig Abels an seinen Aufenthalt in Berlin, veröffentlicht in der „Wiener Morgenzeitung" 1903, Nr. 267, wo besonders auf den norwegischen Schriftsteller Gabriel Finne und auf Stanislaw Przybyszewski eingegangen wird.

426 Vgl. H. Schlittgen, *Erinnerungen*, Hamburg-Bergedorf 1947, S. 171–179; H. Uhde-Bernays, *Im Lichte der Freiheit. Erinnerungen aus den Jahren 1880 bis 1914*, München 1963, S. 215f.; M. Dessoir, *Buch der Erinnerung*, Stuttgart 1947, S. 104. Schlittgen beschreibt das berühmte Lokal „Zum Schwarzen Ferkel" und dessen Stammgäste, er erwähnt Przybyszewski zwar nicht namentlich, charakterisiert und bezeichnet ihn jedoch eindeutig als Verehrer Strindbergs. Uhde-Bernays, der sich als Beobachter der Kneipengesellschaft aus Skandinavien und Russen zu erkennen gibt, nennt Przybyszewski unter den Stammgästen.

Rolle spielten? Welche Merkmale seiner Persönlichkeit prägten sich dem individuellen, womöglich sogar dem kulturellen Gedächtnis jener Zeit besonders ein? Welche Teile seines Werks wurden in der Erinnerung bewahrt? Wie wurde der Platz gewertet, den der Pole in der deutschen Literatur einnahm, und was war der wirkliche Grund dafür, daß seine Gestalt an verschiedenen Orten der deutschen literarischen Geographie und zu verschiedenen Zeiten aus dem Nebel des Vergessens emporstieg?

Die kritischen Texte aus jenen Jahren, die meist eine sachliche und relativ objektive Einschätzung von Przybyszewskis Schaffen enthalten, beleuchteten das Verhältnis der Zeitgenossen zum literarischen Erbe des Künstlers in einem Moment, in dem er als „genialer Pole" debütierte. Die eher „privaten" Äußerungen in Form von Memoiren oder Tagebüchern, die es nicht auf Wertung abgesehen hatten, vermitteln meist persönliche Interpretationen, sind oft von Emotionen bestimmt, gelten außerliterarischen Aspekten des Werks, zeigen den Autor innerhalb des damaligen literarischen Milieus, enthüllen verborgene Wahrheiten und Komplexe, ergründen die Persönlichkeit Przybyszewskis und liefern damit zugleich ein zutreffendes Bild von der Rezeption seines Werks und seines Wesens durch die Zeitgenossen. Das Konterfei des Schriftstellers, wie es sich aus den kritisch-historischen Zeugnissen herausschält, wird mit diesen emotionalen und subjektiven Lesarten zweifellos anschaulich ergänzt, denn – wie nach dem Tod Przybyszewskis sein früherer Freund Franz Servaes in der Wiener „Neuen Freien Presse" schrieb – „wer Przybyszewski damals begegnete, war von seiner Persönlichkeit fasziniert".[427]

„Unlöslich verknüpft mit Erinnerungen an diese Zeit chaotischer Gärungen lebt in mir das Bild Przybyszewskis als eines der deutlichsten und schärfstumrissenen"[428], schrieb Julius Hart, der sich dazu bekannte, daß er in den Debatten um das von dem Polen formulierte „Evangelium" vom Verfall der Gehirn-Menschheit und von der Geburt eines neuen, durchgeistigten Menschen Przybyszewski mehrfach sekundiert hatte, weil er in dessen Auffassungen viele Analogien zu seinem eigenen Denken fand. Servaes legte in einer postumen Würdigung Przybyszewskis für die „Kölnische Zeitung" ein sehr persönliches Bekenntnis ab: „Die Gestalt wohl des faszinierendsten Menschen, der jemals mir entgegentrat, löst sich aus dem Nebel der Erinnerung."[429]

Worauf beruhte die Faszination, was fesselte die deutschen Künstler an der Physiognomie, der Person und dem Schaffen des Polen? War es, wie Przybyszewski nach Jahren in seinen Memoiren behauptete, die Neugier auf den aus dem Osten Zugereisten, der durch sein Anderssein auffiel? „Überhaupt erschreckte und erstaunte meine deutschen Schriftstellerbrüder alles an mir: die unerhörten Paradoxa, die ich von mir gab, das ganz à rebours meines Lebens, die Salti mortali, die ich in ihrer Sprache vollführte, die unheimliche Fremdheit all dessen, was ich schrieb, ja selbst die Art, wie ich mit ihnen verkehrte."[430]

---

427 F. Servaes, *Ein Abenteuer des Geistes. Stanislaw Przybyszewski*, in: „Neue Freie Presse" (Morgenblatt) 1927, Nr. 22710, S. 2.
428 J. Hart, *Aus Przybyszewskis Sturm- und Drangjahren*, in: „Pologne Littéraire" 1928, Nr. 20, S. 2.
429 F. Servaes, *Aus der Berliner Bohème der neunziger Jahre. Erinnerungen an Stanislaw Przybyszewski*, in: „Kölnische Zeitung" 1927, Nr. 782.
430 Przybyszewski, *Ferne komm ich her...* op. cit. S. 152.

Das Sonderbare, das die Bewunderer anzog, steckte – wie seine Freunde meinten – schon in Przybyszewskis fremd klingendem Namen, in seinem slawischen Gesichtsschnitt und seinen eigentümlichen Gesten und Bewegungen: „In dem Namen Stachu, den er mitgebracht hatte und der ihm blieb, sammelte sich das werbende, drohende, abgründige Wesen des Polen", schrieb Julius Meier-Graefe. „Sein Gesicht, starke Backenknochen, zurückliegende Augen, flausiger Bart, Kopf eines slawischen Christus, den man sich am Kreuz vorstellen konnte, hatte zugleich Züge eines Berserkers."[431]

Nach Servaes „war Przybyszewski schon damals leidenschaftlicher Pole und von der hohen Kulturmission seines Volkes aufs tiefste durchdrungen (...). Er sprach ein ungewöhnlich fließendes, farbiges, bewegtes Deutsch, wenn auch nicht ohne grammatikalische Entgleisungen und mit einem prononcierten fremdartigen Tonfall."[432] Den slawischen Charakter der Physiognomie vermerkte auch einer der Herausgeber der Zeitschrift „Pan", Harry Graf Keßler (später erster Gesandter der Weimarer Republik in Polen). Für ihn war Przybyszewski „eine echte Slawenerscheinung. Das rötliche Haar fällt wirr auf eine stark zurücktretende Stirn. Das Auge scheint zuerst blöde; aber sein nervöser, leidender Ausdruck paßt zu den weichen, fast verschwommenen slawischen Gesichtszügen."[433] Der Ausdruck des Leidens als ein wesentlicher Zug des „genialen Polen" bildete eine Dominante in den Beschreibungen seines Äußeren. Darauf verwies Strindbergs zweite Frau Frieda Uhl, die in ihren Erinnerungen wie mit dem Pinsel ein Porträt ihres künftigen Gatten und seines damaligen Famulus zeichnete: „Neben ihm (Strindberg – G. M.) sitzt (wie auf frommen Bildern der Lieblingsjünger neben dem Herrn) der hübsche junge Pole Przybyszewski... Er stiert vornübergebeugt ins Glas. Graublaue schmalgeschlitzte Augen, halb geschlossen, graue Gesichtsfarbe, ein kleiner blonder Stutzbart Henri IV.; ein wollüstig schmerzerstarrtes Lächeln um einen blutroten, genußdürstenden, feinen Mund. Jetzt schiebt er sich vor und küßt langsam die beiden Hände August Strindbergs, der sie ihm errötend bestürzt entzieht."[434]

Frieda Uhl skizzierte das berühmte Lokal der Berliner Boheme „Zum Schwarzen Ferkel", das Strindberg im November 1892 entdeckt hatte[435], betrachtete Przybyszewski jedoch nur als einen Schüler Strindbergs. Zugleich beraubte sie ihn jener

---

431 J. Meier-Graefe, *Geschichten neben der Kunst*, Berlin 1933 (3. Aufl.), Kap. *Stachu*, S. 136. Nach einem Studium des Bergbauingenieurwesens in Lüttich verbrachte Meier-Graefe die erste Hälfte der neunziger Jahre in Berlin.
432 F. Servaes, *Vom jungen Przybyszewski*, in: „Pologne Littéraire" 1936, Nr. 112, S. 1. Hinweis auf einen eigentümlichen Patriotismus Przybyszewskis war der geglückte Versuch, Dehmel eine polnische Etymologie seines Namens aufzuschwatzen, der von dem Wort „dom" (Haus) herstammen sollte. Dehmel berichtete darüber 1902 in einem Brief an Julius Bab (vgl. *Ausgewählte Briefe aus den Jahren 1883-1902*, Berlin 1922, S. 422).
433 H. Graf Keßler, *Tagebuch eines Kosmopoliten. Aus unveröffentlichten Aufzeichnungen*. 3: *Begegnungen mit Malern und Dichtern*. Zusammengestellt von B. Zeller (Manuskript des BRD-Rundfunks von 1971). Zit. nach F. W. Neumann, *Stanislaw Przybyszewski als Gegenstand literarischer Darstellung in Deutschland*, op. cit., S. 132.
434 F. Strindberg, *Lieb, Leid und Zeit. Eine unvergeßliche Ehe*, Hamburg, Leipzig 1936, S. 50.
435 Das Haus, in dem sich das Lokal befand (Unter den Linden/Ecke Neue Wilhelmstraße), wurde noch vor 1905 im Zuge einer Straßenverbreiterung abgerissen. Der Eigentümer verlegte das „Schwarze Ferkel" daraufhin in die Dorotheenstraße, wo es erneut zum Künstlertreff wurde.

dämonischen Züge, die nach dem Zeugnis vieler Zeitgenossen ebenfalls zu seinem Äußeren gehörten. Ludwig Lessen, der den Polen bewunderte und ihn zu Beginn der neunziger Jahre bei Dr. Asch traf, gestand nach Jahren, daß er weder damals noch später sich des Eindrucks des Unheimlichen zu erwehren vermochte, das von dem großgewachsenen Mann mit den funkelnden Augen ausging.[436]

Der „Geniemensch von erstaunlicher spinnenartiger Geistlichkeit"[437], wie ihn einer seiner Berliner Freunde, der Arzt Dr. Carl Ludwig Schleich, nennen sollte, konnte sich ganz der ekstatischen Improvisation hingeben, meist unter Alkohol, wobei er in Strindberg und Scheerbart kongeniale Begleiter zu „gemeinsamer geistiger Schwärmerei" fand.[438] Viele Augenzeugen dieser Improvisationen hielten Przybyszewski für einen Poseur. Selbst nach Ansicht des mit ihm befreundeten Schweden Ola Hansson, der in Friedrichshagen wohnte und einen Künstlerkreis um sich geschart hatte, wußte so recht niemand, „wo die Grenze zwischen scheinbarer und wirklicher Trunkenheit verlief".[439] Für andere wiederum war Przybyszewski ein Mystiker, einer der wenigen, die den geheimen Zugang zum Absoluten kannten.

„Wenn das Gespräch auf die Mystiker kommt, so wird es noch leerer und abwesender wie es sonst schon war; der Visionär tritt hervor. Er spricht dann leise, wie träumend, in seiner weichen, gedehnten, ausländischen Weise (...). Wenn man ihn unterbricht, so schweigt er bis man ausgeredet hat und fährt dann genau da fort, wo er aufgehört hatte; er hat den Sinn der Bemerkung gar nicht gehört. Man empfindet gleich, daß er nicht posiert, daß er wirklich ein Mystiker ist."[440]

Nach Edvard Munchs Erinnerungen saß Przybyszewski „dort in der Sofaecke in der kleinen Weinstube in Berlin, zusammengesunken und mit fieberhaften Augen, und sprach heiser, leise, als ob er einen Monolog an sich selbst richtete. So konnte er aber auf einmal in Ekstase aufspringen und zum Klavier hinlaufen und in solcher Eile, als ob er inneren Stimmen folgte, die ihn riefen."[441] Przybyszewskis Fähigkeit, die eigenen Gedanken fesselnd vorzutragen, unterstrich auch Julius Meier-Graefe, der weitere anziehende Eigenschaften vermerkte: Schlagfertigkeit, Humor und Unmittelbarkeit im Umgang mit anderen. Meier-Graefe führte einen amüsanten Vorfall an, der sich während eines größeren Umtrunks im Hause eines Berliner Arztes ereignete, als Przybyszewski in Gegenwart des Anarchisten John Henry Mackay den deutschen Kaiser als einen „wunderbaren Menschen" bezeichnete.

„Es sei unziemlich und taktlos, in Gegenwart eines Anarchisten über einen regierenden Herrscher zu reden", heißt es bei Meier-Graefe. „‚Bruder‘, sagte Przy-

---

436 L. Lessen, *Stanislaw Przybyszewski*, in: „Vorwärts" (Beilage „Unterhaltung und Wissen"), Berlin 1927, XII.
437 C. L. Schleich, *Besonnte Vergangenheit. Lebenserinnerungen*, Berlin 1931, S. 247.
438 Vgl. F. Servaes, *Aus der Berliner Bohème*, op. cit., Nr. 782.
439 O. Hansson, *I pickelhauvans land*, in: *Samlade Skrifter*, Bd. XIV, Stockholm 1922. Zit. nach S. Sawicki, *Ola Hansson o Przybyszewskim* (Ola Hansson über P.), in: „Przegląd Współczesny" 1937, Nr. 177, S. 144.
440 H. Graf Keßler, *Tagebuch eines Kosmopoliten*, op. cit., S. 233.
441 E. Munch, *Mein Freund Przybyszewski. Eine Erinnerung des berühmten Künstlers*, in: „Pologne Littéraire" 1928, Nr. 27, S. 2. Sawicki berichtet in seinem Artikel *Norwegowie o Przybyszewskim* (Die Norweger über P.), „Wiadomosci Literackie" 1934, Nr. 13, von Gesprächen u. a. mit Munch und Vigeland, welche Przybyszewski mit viel Sympathie bedachten.

byszewski, ‚trink, du bist auch wunderbar, prost!' Nicht zu schildern ist, wie er ‚wunderbar' sagte. Ganz Polen lag in dem Ton."[442]

Doch nicht nur mit seiner „sonderbaren" inneren Physiognomie erstaunte und entzückte er die deutschen Freunde. In einer Formulierung Max Dauthendeys, der in seinen Erinnerungen Przybyszewski vielfach erwähnt hat, wird das Wesen des Schriftstellers, der beständig unter der Einwirkung eines Ferments stand, treffend erfaßt: „der unruhige und geistig immer lebendige Pole".[443] „Ich liebe diese Abende bei dem Polen", gestand Masio, wie Przybyszewski den Freund zärtlich nannte. „Es ist etwas Dämonisches, Schwarzes mit gelben Katzenaugen in seiner Atmosphäre. Und wenn man recht warm und glücklich ist, liebt man das kitzelnd Ätzende des Grausens."[444] Einige Jahre später, im Winter 1895/96, als Przybyszewski mit seiner Gattin Dauthendey in Stockholm besuchte, war dessen Enthusiasmus für nächtliche Gespräche und Gelage verflogen. Zigaretten und Alkohol verursachten ihm Schwindel: „Es war mir in jenen Nächten oft, als wären wir alle Spukgestalten geworden."[445]

Gelage, an denen Przybyszewski teilnahm, waren stets mit Diskussionen zu Themen verbunden, für die er sich brennend interessierte. „Ohne Pathos, gelassen öffnete er das gleißende Tor seines Inferno, behielt das pathologische Problem im Auge und sprach, während die Hölle tobte, mit Sachlichkeit. Seine moderne Terminologie, einer mir unbekannten Wissenschaft entnommen und von ihm in die Dichtung eingeführt, erregte noch stärker als der Inhalt, denn sie verlieh verwegenen Phantasien die Stütze kühler Diagnose. Erschauernd erkannten wir im Dunkel leuchtende Umrisse des teuflischen Luders, entnahmen cancanösen Gebärden den infernalischen Segen und wohnten einer schwarzen Messe bei."[446]

Przybyszewskis Dominanz innerhalb des Künstlerkreises, in dem er sich bewegte (vor allem in der stürmischen Berliner Phase 1892/93), wird von vielen Beteiligten bezeugt. Unter den Freunden und Bekannten des jungen Autors waren nicht nur renommierte deutsche Schriftsteller, die er vorrangig durch Ola Hansson und Richard Dehmel kennenlernte (u. a. Johannes Schlaf, die Gebrüder Hart, Max Dauthendey, Julius Meier-Graefe, Bruno Wille, Wilhelm Bölsche, Peter Hille, Paul Scheerbart, Willy Pastor, Franz Servaes, John Henry Mackay), sondern auch skandinavische Künstler wie der schwedische Schriftsteller Adolf Paul, der norwegische Autor Gabriel Finne, der norwegische Dramatiker Gunnar Heiberg, der dänische Lyriker Holger Drachmann, der schwedische Maler Bruno Liljefors oder der finnische Schriftsteller Karl August Tavaststjerna. Das Lokal „Zum Schwarzen Ferkel", ein Zentrum der internationalen künstlerischen Boheme in den neunziger Jahren, hatte zuerst skandi-

---

442 J. Meier-Graefe, *Stanislaus Przybyszewski*, in: „Frankfurter Zeitung" 1927, Nr. 876, S. 1. Einige Jahre später erzählte Meier-Graefe den Vorfall bei Dr. Asch etwas anders: Przybyszewski, der bekanntlich über die Anarchisten spottete, habe mit Mackay auf die Gesundheit Kaiser Wilhelms II. anstoßen wollen. Als Mackay ablehnte, soll der Pole mit Blick auf das Porträt des Kaisers gesagt haben: „Bruder, gib Bombe!", was eine Lachsalve auslöste (vgl. J. Meier-Graefe, *Geschichten neben der Kunst*, op. cit., S. 140).
443 Vgl. M. Dauthendey, *Gedankengut aus meinen Wanderjahren*, München 1913, Bd. 1, S. 237.
444 M. Dauthendey, *Ein Herz im Lärm der Welt. Briefe an Freunde*, München 1933, S. 104.
445 M. Dauthendey, *Gedankengut aus meinen Wanderjahren*, op. cit., Bd. 1, S. 137.
446 J. Meier-Graefe, *Geschichten neben der Kunst*, op. cit., S. 141.

navischen Künstlern und Intellektuellen als Treffpunkt gedient. Bald aber wurde es „Przybyszewskis Reich", wie Julius Bab in seinem Buch berichtete: „Er wurde nicht nur äußerlich das Haupt der Gelage im ‚Schwarzen Ferkel', er erfüllte auch innerlich die ganze Schar in geradezu dämonischer Weise mit seinem Geist - vielleicht der legitimste ‚König der Bohème', den Berlin seit Grabbes Tagen gesehen hat."[447]

Wie stark die Dämonie einst gewirkt haben muß, zeigt eine Bemerkung von Servaes, die dieser 1915 in Wien, als er Przybyszewski nach vielen Jahren wiedertraf, enttäuscht notierte: „Von Dämonie war äußerlich nichts mehr bei Przybyszewski spürbar. Er tat mir eher leid..."[448] Auch Ina Seidel, die vermutlich von seinem diabolisch-verführerischen Reiz gehört hatte, ehe sie den polnischen Satanisten 1912 in Kochel kennenlernte, suchte Dämonie vergebens; auf sie „wirkte er wie ein früh gealterter Mann von müder östlicher Güte".[449]

Die Betonung einiger Charakterzüge (sowie der Physiognomie) des „sonderbaren Polen" schuf ein Bild, auf dem die Diskrepanz zwischen Przybyszewski und seiner Umgebung in den Vordergrund rückte. Exotik, Slawentum, Dämonie, Leidenstrieb - diese Vereinfachungen waren vielsagend. Die Überzeugung von der einmaligen Atmosphäre, die er um sich verbreitete, und von der besonderen Gabe der Einwirkung auf andere wurde von der Ansicht begleitet, daß der Verfasser der „Totenmesse" die Berliner Boheme zweifelsfrei stimuliert hätte.

Die Legenden stiftenden Äußerungen Przybyszewskis, in denen er behauptete, „durch Musik" die deutschen Literaten beeinflußt zu haben - so in seinen „Erinnerungen" -, waren keine Mystifikation. Die meisten Berichte über den Künstler als Klaviervirtuosen sind in dieser Hinsicht eindeutig. Für manche, so für Ida Dehmel, blieb er stets „die Inkarnation der Musik".[450] Johannes Schlaf nannte den Freund einen „genialen Klavierkünstler".[451] Und Julius Bab meinte: „Leute, die Przybyszewski Chopin spielen hörten, zählen das zu den stärksten Kunsteindrücken ihres Lebens."[452] Obgleich seine „fachlichen" Voraussetzungen bezweifelt wurden, war der Tenor übereinstimmend. „Przybyszewski spielte unrein", schrieb Meier-Graefe, „es war trotzdem wunderbar."[453] Er „spielte eine Mazurka von Chopin, so leidenschaftlich und erschütternd und sehnsuchtsvoll, wie nur ein Pole sie spielen kann"[454], erklärte Harry Graf Keßler. Der „geniale Pole" aber verzauberte seine Zuhörer nicht nur mit Chopin. Laut Max Dauthendey interpretierte er einmal eine Suite aus „Peer Gynt" so mitreißend, „als ob ein Orchester rauschte und flutete, so üppig trieb er die Töne an

---

447 J. Bab, *Die Berliner Bohème*, op. cit., S. 54.
448 F. Servaes, *Grüße an Wien*, Berlin, Wien, Leipzig 1948, S. 241. Przybyszewski hielt im März 1915 in Wien mehrere Vorträge, zu einem erschien auch sein früherer Freund. Der Referent übersah Servaes, und dieser meldete sich nicht, weil er meinte: „Man soll, was tot ist, niemals wieder auferwecken, auch nicht eine versunkene Freundschaft." (Ibidem.)
449 I. Seidel, *Lebensbericht 1885-1923*, Stuttgart 1970, S. 241.
450 Vgl. I. Dehmel, *Przybyszewski, wie ich ihn sah*, in: „Pologne Littéraire" 1934, Nr. 96, S. 2.
451 Vgl. J. Schlaf, *Mein persönliches Verhältnis zu Richard Dehmel*, in: „Hellweg" 1922, H. 15, S. 293. Diese Erinnerung entstand auf Bitten der Zeitschrift zwei Jahre nach Dehmels Tod, in ihr wird unter den Freunden auch Przybyszewski erwähnt.
452 J. Bab, *Die Berliner Bohème*, op. cit., S. 54.
453 J. Meier-Grafe, *Stanislaus Przybyszewski*, op. cit.
454 H. Graf Keßler, *Tagebuch eines Kosmopoliten*, op. cit.

und raste in einer fliegenden Leidenschaft".[455] An anderer Stelle beschrieb Dauthendey suggestiv den beinahe hypnotischen Effekt dieses Spiels auf die Zuhörer, die in eine Art Trance versetzt wurden: „Przybyszewski spielte Chopin, wenn er bei Laune war. Das sonst öde Klavier wurde dann zu einer Hölle, die er mit wild tastenden Händen öffnete. Und die Töne fraßen Ordnung und Gesetze und Gedanken blindlings aus den Hirnen aller Zuhörer fort, und Töne, Menschen und Zeiten wurden zum Chaos. Kein Leben behielt mehr seine Form und seinen Sinn. Nur der Einsturz alles Lebens und die Vernichtungsfreude schien in den Tönen zu funkeln wie der glühende Alkohol in den Gläsern. (...) Die Töne klirrten unter den weißen gelenkigen Fingern des Spielenden, und die Herzen klirrten in der Brust der Zuhörer. (...) Des Morgens war mein Herz voll Mattigkeit, und abends sehnte es sich doch wieder nach dem Untertauchen in den Hexensabbat."[456]

Ähnliche Eindrücke schilderte Edvard Munch vom Spiel seines polnischen Freundes: „Und so tief war seine eigene Benommenheit und mit solcher Meisterschaft gab er die wunderschönen Malereien seines großen Landsmannes wieder, daß es uns im atemlosen Lauschen, fasziniert, Zeit und Stelle vergessend hielt, bis der letzte Ton hinstarb."[457]

Die Eindrücke sanken bisweilen ins Unbewußte und wurden zum Anlaß für Halluzinationen, wie Dehmel es in seinem Tagebuch vermerkte: „Es muß Mitte September vorigen Jahres (1893 - G. M.) gewesen sein, als mein Nervensystem durch übermäßige Arbeit und allerlei Skrupel sehr angegriffen war. Ich war gegen neun zu Bett gegangen und glaubte plötzlich nach kurzem Schlaf zu erwachen, indem ich aus dem Nebenzimmer ganz klar und deutlich, als ob beide Türen offen wären, bis auf jeden Ton genau einen Satz von Chopins Fis-Moll-Polonaise hörte. Ich wunderte mich erst, daß Paula so spät abends noch spielte, ohne Rücksicht auf meinen Schlaf, bis mich plötzlich beginnendes Angstgefühl, verbunden mit dem üblichen elektrischen Sausen im Körper, belehrte, daß ich mich in einer Halluzination befand. Zugleich erkannte ich Przybyszewskis Vortragsart und sah, daß meine Stubentür geschlossen war. Und so hörte ich die marternden Verzweiflungstöne klar und deutlich bis ans Ende des Klavierstücks, genauso orgelwuchtig, wie es Przyby immer spielt, nur zum Schlusse hin gedämpfter werdend, aber bis auf jeden Ton genau."[458]

Das Erlebnis jener Konzerte war nicht allein durch die Stimmung geprägt, die bei den „Séancen" des „Königs der Bohème" herrschte und die durch Alkoholgenuß ge-

---

455 M. Dauthendey, *Ein Herz im Lärm der Welt*, op. cit., S. 104.
456 M. Dauthendey, *Gedankengut aus meinen Wanderjahren*, op. cit., Bd. 2, S. 137f.
457 E. Munch, *Mein Freund Przybyszewski*, op. cit., S. 2.
458 R. Dehmel, *Bekenntnisse*, Berlin 1926, S. 54f. (Notiz vom 13. April 1894). Auf Dehmel machte Przybyszewskis Klavierspiel seit Beginn ihrer Bekanntschaft ungeheuren Eindruck. Am 9. August 1892 schrieb er an seine Frau Paula: „Es war zu merkwürdig, wie ich ihm sagte, daß damals bei Schleich sein Spiel mich fast nur physisch erregt hätte, allerdings bis zum Schweiß auf Rücken und Stirn... Nun, Du wirst ihn ja kennenlernen..." (zit. bei F. W. Neumann, *Stanislaw Przybyszewski und Richard Dehmel*, in: *Münchener Beiträge zur Slawenkunde. Festgabe für Paul Diels*. Hg. von E. Koschmieder und A. Schmaus, München 1953, S. 261).

fördert wurde. Noch viele Jahre später machte Przybyszewskis Klavierspiel auf deutsche Zuhörer starken Eindruck.[459]

Es stimmt, daß der Dämon Alkohol das geistige Leben der Bohemiens stimulierte, doch Julius Bab zufolge diente er auch der Befreiung von gesellschaftlichem Druck: „... der Trunk aber, das ist die gewaltsame Steigerung des Ich, der Rausch befreit von den Abhängigkeitsgefühlen."[460] Die Protesthaltung gegen gesellschaftliche Normen und Klischees war am Fin de siècle verknüpft mit einer Bejahung des Rausches nicht nur durch Alkohol. Das Epitheton „extremer Alkoholiker" qualifizierte Przybyszewski also nicht negativ; sein engster Freund Richard Dehmel war, wie Hans von Gumppenberg berichtet hat, gleichfalls starken Getränken zugetan: „Übrigens liebte auch Dehmel damals schwerste Alkoholika, nur daß er sie weit besser vertrug als der Pole. Es ging die Sache, daß beide sich einmal eine Bowle aus purem Spiritus und Zucker gebrannt hätten."[461]

Gumppenberg hatte sein Stück „Der Einzige" Dehmel zur Begutachtung geschickt, worauf dieser ihn einlud, den Text in Przybyszewskis Wohnung seinem Freundeskreis vorzulesen. Die Aufforderung, zwei Flaschen Rum mitzubringen, erfüllte den jungen Mann mit Entsetzen, weil er weder genügend Geld besaß noch an derlei Genüsse gewöhnt war.

Heinrich Hart sah nach eigenem Bekunden den Romantiker und Bohemien Przybyszewski nie anders als im Rausch.[462] Und Julius Meier-Graefe schrieb: „Sein Alkoholismus tat viel für die Entbürgerlichung unserer jungen Seelen, brachte uns Verachtung mancher Bonzen bei, deren Autorität uns bedrohte, lockte uns mit einer Bohème, die vielen von uns die Gelenke löste, brachte uns Begriffe, die in Berlin um keinen Preis zu haben waren."[463]

Man verglich Przybyszewski mit Grabbe, E. T. A. Hoffmann und Poe, weil er wie sie ein Anarchist im Geiste war, der keine gesellschaftlichen Schranken ertrug, dazu ein Dichter von unerhörter Kraft der Phantasie.

Weitere Umschreibungen für den polnischen Künstler mit dem schwer auszusprechenden Namen wurden per Analogie gebildet. Die Periphrase dient fast immer der Interpretation, sie unterwirft ihr Objekt einer subjektiven Metaphorisierung. Daß der Pole als „slawischer Strindberg" bezeichnet wurde[464], zeigte die Perspektive, in die man sein Schaffen gestellt hatte (die Inhalte seiner Werke galten denen Strindbergs als geistig verwandt, wobei das Eigenständige, Slawische betont wurde), und steckte zugleich die Bedeutung ab: der Verfasser von „Fräulein Julie" war hochgeachtet und international anerkannt. Er selbst hatte Przybyszewski „genial" genannt, ihn als seinen

---

459 Vgl. z. B. die Feststellung R. Pipers, Przybyszewskis Spiel (während der Münchener Zeit) hätte ihn gewaltig beeindruckt (*Vormittag. Erinnerungen eines Verlegers*, München 1947, S. 366).
460 J. Bab, *Die Berliner Bohème*, S. 55.
461 H. von Gumppenberg, *Lebenserinnerungen*, Berlin, Zürich 1930, S. 241. Laut Bab hat aus dem Kreis um *Przybyszewski* keiner den Alkoholmißbrauch ohne Schaden an der Gesundheit überstanden (vgl. *Die Berliner Bohème*, S. 55).
462 Vgl. H. Hart, *Literarische Erinnerungen. Aufsätze*, in: *Gesammelte Werke*, Bd. 3, Berlin 1907, S. 91.
463 J. Meier-Graefe, *Stanislaus Przybyszewski*, op. cit., S. 1.
464 Nach Auskunft von Meier-Graefe („Frankfurter Zeitung", op. cit.) ist der Autor der *Vigilien* gerade von jungen Literaten recht häufig so apostrophiert worden.

Lieblingsschüler behandelt und sogar zum künstlerischen und geistigen Erben bestimmt.[465]

Beide Künstler haben sich nach dem Urteil von Franz Servaes ausgezeichnet verstanden: „Beide gingen erst unter der Einwirkung des Alkohols ganz aus sich heraus, erglühten in ekstatischen und genialischen Improvisationen und fanden hierdurch diejenigen Berührungspunkte, die sie auf dem Boden gemeinsamer geistiger Schwärmerei unaufhaltsam zusammenführten."[466] Strindberg verzieh Przybyszewski jedoch nie die Heirat mit Dagny Juel, in die er sich selbst verliebt hatte. Adolf Paul hat über die Affäre exakt Bericht erstattet, wobei er Briefe und Aussagen des Aspasia - wie Dagny gern genannt wurde - verfallenen und von Verfolgungswahn geplagten Dramatikers zitierte, der sich Przybyszewskis Haß selbst einredete: „Daß der Pole mich haßt, weil ich seine Aspasia hatte, ehe er sie kennenlernte, verstehe ich. (...) Der Pole verleidigte sich damit, daß Aspasia in einem Monat vier Nationen gehabt hatte."[467]

Es spricht für sich, daß eben diese Frau, die immerhin mit Marie Daehnhardt (für kurze Zeit die Lebensgefährtin Stirners)[468] verglichen worden ist, unter all ihren namhaften Liebhabern den jungen Polen zum Gatten wählte. Nach Auffassung von Meier-Graefe war Ducha in vollkommenerem Sinne Frau als Przybyszewski Mann, und er „schätzte an ihr die Eigenschaften, die ihm erlaubten, sich als ihr Stallknecht zu fühlen".[469] Wie sehr der Kunsthistoriker selbst in Aspasia verliebt gewesen sein muß, lassen die rhetorischen Floskeln an den Adressaten erkennen, die er mit fast 60 Jahren aussprach: „Sie war der einzig sichtbare Mensch unter uns. Wer sie nicht sah, wußte nichts von ihr. (...) Daß du Ducha nicht gesehen hast, ist der Verlust einer durch nichts zu ersetzenden Erfahrung. (...) Du zuckst ungeduldig, also was! Weil du sie nicht gesehen hast. Mein Lieber, wir haben auch hinreichend ungeduldig gezuckt und des öfteren gefragt: also was! Dabei haben wir sie gesehen und bildeten uns ein, mit ihr in Formen der Freundschaft zu verkehren. Nein, ich habe nichts mit ihr gehabt. (...) Vielleicht hat Munch sie gehabt, ich weiß es nicht. Vielleicht Strindberg, leicht möglich. Wahrscheinlich hat sie viele gehabt. Besessen hat sie keiner."[470]

Adolf Paul hat über das Verhältnis der Männer zu Dagny notiert: „Sie wurde gemalt, sie wurde besungen, verhätschelt und gelästert! Schließlich auch geheiratet! Eins der besten Porträts Munchs verdankt ihr sein Dasein. (...) Lidforss, der sie von früher kannte, wandelte sich nach ihrer Ankunft zum Orakel um, das, schwanger von ihrer Vergangenheit, den Weltuntergang der Zukunft durch sie weissagte! Przybyszewski flößte sie die große Leidenschaft ein, die ihn zu Großtaten des Geistes und gar zur

---

465 Vgl. A. Paul, *Strindberg und Przybyszewski*, in: „Berliner Lokalanzeiger", 27. November 1927.
466 F. Servaes, *Aus der Berliner Bohème*, op. cit., Nr. 782.
467 A. Paul, *Strindberg-Erinnerungen und -Briefe*, München 1924, S. 195f. Strindberg meinte hier außer sich und Przybyszewski noch Munch und Dr. Schleich. In seinen Briefen beschuldigte er Przybyszewski, ein Lügner und Taschendieb zu sein, und kritisierte einen Beitrag in der „Freien Bühne": „Der Pole lobte in der Zeitschrift die Malereien des Freundes Munch in idiotischer Weise." (Es ging um den Artikel *Psychischer Naturalismus*.)
468 Vgl. J. Bab, *Die Berliner Bohème*, op. cit., S. 58.
469 J. Meier-Graefe, *Geschichten neben der Kunst*, op. cit., Kap. *Ducha*, S. 146.
470 Ibidem, S. 150ff.

Arbeit entflammte! Und Strindberg fürchtete sie mehr als ‚Frau Blaubart' und haßte sie wie die Sünde, alldieweil er sie auch lieben mußte!"[471]

Ebensowenig konnte Servaes, als er in seine Memoiren ein Abbild der schönen Norwegerin hineinnahm, das emotionale Engagement verbergen: „Es gehörte zum guten Ton, sich irgendwie in sie zu verlieben und ihr den Hof zu machen."[472] Für Przybyszewski begann an der Seite Dagnys – wie der junge Ehemann in Briefen an die Freunde bekundete – ein neues Leben. Ab September 1893 mietete das Paar ein Zimmer im Parterre des Hauses Luisenstraße 6, das zu einem Treffpunkt der Berliner Boheme wurde. Nach Berichten vieler Zeitzeugen waren die nächtlichen „Künstlerversammlungen" von einer eigenen Atmosphäre geprägt, wofür Dagny und Stachu sorgten. Möbliert war der Raum eher bescheiden.

„In der Mitte ein Tisch mit zwei Stühlen, dahinter nach der Wand zu, verborgen hinter einem verschlissenen Wandschirm, die beiden Betten. Es gab eine Bibliothek mit meist französischen Büchern. Sie bestand aus einem großen viereckigen Loch im Fußboden unter dem Fenster. Wie das Loch dahin kam, weiß ich nicht. Es wirkte chaotisch, zumal die Bücher meist aufgeschlagen auf dem Bauche lagen, so wie man sie von irgendeinem Winkel des Zimmers aus in das Loch gefeuert hatte. An der Türwand stand ein Pianino, ein merkwürdiges Instrument. Man konnte es mit einem Hebel abstellen, so daß es, auch wenn Stachu mit den Fäusten draufschlug, nicht die anderen Insassen des Hauses störte. Er spielte Chopin unrein und mit fabelhaftem Rhythmus. Dieses abgestellte Klavier war gewissermaßen die Seele der Bude."[473]

Nach Auskunft von Julius Bab spielten auf dem Klavier Przybyszewski oder Willy Pastor, und Ducha tanzte mit einer ihrer Verehrer. Gegen Morgen schliefen die Heroen ein, wo sie standen oder lagen.[474] Die engsten Freunde von Stachu und seiner schönen Frau erblickten in der Ehe beider eine tiefe, ungewöhnliche Liaison.

Przybyszewski war eine herausragende Persönlichkeit, seine „sonderbaren" Werke begeisterten viele Zeitgenossen. Servaes hat sein Leseerlebnis im Hinblick auf den Essay „Zur Psychologie des Individuums" so beschrieben: „Ich las und war gepackt. Ein Rhythmus der Sprache schwoll mir entgegen, von überraschender Wortmusikalität, slawisch-fremdartig und doch dem Nietzscheaner nicht unvertraut. Und damit verband sich ein psychologischer Scharf- und Tiefblick, der, stets von physiologischen Betrachtungsweisen ausgehend, zugleich ins Sublimierteste des Geistes und ins Ekstatischste des Gefühls vordrang. Ich fand Erkenntnisse, vielleicht auch bloß Ahnungen formuliert, die in mir selber dunkel wogten und mir, wie von Bruderstimme zugeflüstert, entgegenschwebten."[475]

---

471 A. Paul, *Strindberg-Erinnerungen und -Briefe*, op. cit., S. 112. Bengt Lidforss, ein schwedischer Botaniker, war mit Dagny und Stanislaw befreundet. Er weilte auch des öfteren in der Wohnung von Antoni Przybyszewski, einem Stiefbruder des Schriftstellers, bei dem dieser bis zur Heirat mit Dagny wohnte und wo Marta Foerder mit Przybyszewskis unehelichen Kindern unterkam. In Lidforss' Buch *Utkast och Silhuetter*, 1909 in Malmö erschienen, findet sich eine Reminiszenz an Bruder Antoni.
472 F. Servaes, *Aus der Berliner Bohème*, op. cit., Nr. 786.
473 J. Meier-Graefe, *Munch*, eine Erinnerung aus dem Jahr 1927, enthalten im Buch *Grundstoff der Bilder. Ausgewählte Schriften*. Hg. von C. Linfert, München 1959, S. 177f.
474 Vgl. J. Bab, *Die Berliner Bohème*, op. cit., S. 59.
475 F. Servaes, *Aus der Berliner Bohème*, op. cit., Nr. 782.

Auch für Johannes Schlaf waren Przybyszewskis erste Arbeiten eine Offenbarung: „Ich entsinne mich, welche gewaltige Erschütterung ich durch ‚Totenmesse', ‚Auferstehung', ‚Vigilien', ‚De profundis', ‚Homo sapiens' erfuhr."[476] Fünf Monate vor Przybyszewskis Tod, als der deutsche Dichter den Freund aus vergangenen Tagen wiederzufinden und mit ihm in Kontakt zu treten suchte, vertraute er einem Brief Worte tiefer Verbundenheit und Bewunderung an: „Vielleicht sind wir beide Gegenpole (in gewisser Hinsicht): Aber ich kann Dir heute wie immer und immer sagen, daß ich Deine ‚Totenmesse' liebe und daß ich sie für ein großes Meisterwerk und eine Offenbarung halte."[477]

Hanns Heinz Ewers schrieb im April 1921 an Przybyszewski: „Ich erinnere mich gut, daß Ihr Buch ‚Satans Kinder' auf mich, damals einen jungen Studenten, überaus großen Eindruck machte; ich verschlang damals alles, was ich von Ihren Werken bekommen konnte." Einige Monate danach informierte er Przybyszewski über den Plan einer Neuausgabe: „Unlängst fand ich unter meinen Büchern ‚De profundis', das ich seit zwanzig Jahren nicht mehr in Händen hielt. Das vorzügliche Buch hat mich aufs neue begeistert. Es erschien seinerzeit als Privatdruck, und ich möchte es jetzt dem deutschen Publikum zugänglich machen."[478]

Aus dem zeitlichen Abstand schätzten die deutschen Adressaten insbesondere Przybyszewskis Poeme, die in Berliner Künstlerkreisen als bahnbrechend empfunden worden waren. Diese Meinung vertrat in seinen Erinnerungen Heinrich Hart, und auch sein Bruder Julius rechnete die Poeme später zu den ersten Werken, die konsequent über die damals herrschenden naturalistischen Muster hinausgingen.[479] Vor allem „Vigilien" wurde mehrfach als Sensation im literarischen Leben Berlins beschrieben (während in den Kritiken „Totenmesse" das höchste Lob erfuhr).

Die Neuleistung Przybyszewskis bekräftigten verschiedene Äußerungen, die aus späterer Perspektive den Beitrag des Autors zur deutschen Literatur werteten. Julius Hart betrachtete den Polen als einen Entdecker expressionistischer Kunst, Johannes Schlaf verwies auf die Vorwegnahme Freudscher Theorien, und Ida Dehmel sah in den frühen Arbeiten vor allem den Wunsch erfüllt, „das Niegesagte ans Licht zu ziehen".[480]

Es erhebt sich die Frage, wie Przybyszewskis Platz in der deutschen Literatur von jenen beurteilt wurde, die das intellektuelle und künstlerische Niveau in Deutschland

---

476 J. Schlaf, *In memoriam Stanislaw Przybyszewski*, in: „Pologne Littéraire" 1928, Nr. 20, S. 4. Schlaf meinte vermutlich „Himmelfahrt", denn ein Werk mit dem Titel „Auferstehung" schrieb Przybyszewski nicht.
477 Brief Schlafs an Przybyszewski vom 11. Juni 1927, veröffentlicht in L. Przybyszewskis Artikel *Johannes Schlaf und Stanislaw Przybyszewski*, in: „Posener Tageblatt" 1932, Nr. 202, S. 2. Schlaf knüpfte an die bereits vorher zitierte Äußerung Dehmels an, in der dieser über *Totenmesse* behauptet hatte: „Das ist geradezu die zeitpsychologische Ergänzung zu Schlafs ‚Frühling', der negative Pol derselben Achse." (Dehmel, *Brief an Bierbaum*, in: *Moderner Musen-Almanach auf das Jahr 1894*, München 1894, S. 277.)
478 Beide Stellen nach S. Helsztynski, *Przybyszewski*, op. cit., S. 511f.
479 Vgl. H. Hart, *Literarische Erinnerungen*, op.cit.; J. Hart, *Aus Przybyszewskis Sturm- und Drangjahren*, op. cit.
480 Vgl. J. Hart, *Aus Przybyszewskis Sturm- und Drangjahren*, op. cit.; J. Schlaf, *In memoriam Przybyszewski*, op. cit.; I. Dehmel, *Przybyszewski, wie ich ihn sah*, op. cit., S. 2.

bestimmten. Nach Franz Servaes gelang es ihm schon mit seinen ersten Werken, „schulenbildend aufzutreten und des öfteren die literarische Öffentlichkeit in Atem zu halten"[481]; dabei „empfand man dies sofort als bedeutsamen Gewinn".[482] Aus der Sicht Heinrich Harts war Przybyszewski einer, „der vielleicht berufen war, höchste Aufgaben zu meistern".[483] Sein literarisches Debüt war auf eine günstige Konjunktur getroffen. Die Erwartungshaltung unter jungen Künstlern, hervorgerufen durch die eingehenden Nachrichten von einer literarischen Revolution außerhalb Deutschlands, schuf gute Voraussetzungen für das Aufleuchten eines neuen Sterns am Firmament der deutschen Literatur (den man freilich später nur als Meteor qualifizierte). Verstand es Przybyszewski, seinen Vorteil zu nutzen und die Erwartungen zu befriedigen, die man in ihn gesetzt hatte?

Aus der Mehrzahl der Memoiren spricht die Überzeugung, daß der Pole das kulturelle Leben Berlins befruchtet habe, indem er mit seinem Schaffen einen beträchtlichen Teil der Künstler seiner Zeit beeinflußte. Er wirkte nachhaltiger als andere, was Johannes Schlaf so bezeugt hat: „Stanislaw Przybyszewski steht in unserer Moderne, zur Zeit einer ihrer bedeutsamsten Wenden, als eine bedeutende Persönlichkeit, geprägt wie wenige, da. Die tiefere Fruchtbarkeit, besonders seiner ersten Dichtungen, kann nicht verlorengehen."[484]

Auch Meier-Graefe bekannte, daß gerade Przybyszewski jenen Ton getroffen habe, auf den es ankam: „Wir hatten Ideen, einen alten Hut voll Metaphysik und dreitausend Ideale, nur keinen Ton."[485]

Der Ton, den der „schwarzlockige Pole" anschlug, überraschte, beflügelte aber auch zahlreiche junge Literaten. Seine inspirierende Funktion beschrieb Ida Dehmel, eine Augenzeugin der künstlerischen Umbrüche Mitte der neunziger Jahre (als Gattin des argentinischen Konsuls Auerbach betrieb sie damals in einem westlichen Stadtbezirk Berlins einen exklusiven literarischen Salon): „Sein Einfluß war auf die Generation, die in den neunziger Jahren zur Blüte kam, unbestritten stark. (...) Das war seine Mission, daß er seine Freunde aus der Welt des Sichtbaren, des Greifbaren, des Bewußtbaren hinaufreißen wollte in die Sphären des Unterbewußten, des nur zu Ahnenden. Und die Saaten, die er damit in die Seelen seiner Freunde warf, gingen auf. Vielleicht bei keinem anderen so stark wie bei Dehmel. Ein Werk z. B. wie Dehmels ‚Gottesnacht' wäre wahrscheinlich ohne den starken Einfluß Przybyszewskis niemals entstanden."[486]

Laut Julius Bab blieb das eigentümliche Fluidum, das der Pole um sich schuf, nicht ohne Auswirkung auf das Werk von Schlaf, dessen Romane und Dramen dem Prinzip der „neuen Psychologie" folgten. Sie enthielten „krankhaft wirkende Spuren der wilden phantastischen Gereiztheit, die visionären Ekstasen, wie sie unter den großen Dekadenten des Przybyszewskyschen Kreises gewöhnlich waren".[487] Die erste Frau

---

481 F. Servaes, *Ein Abenteuer des Geistes*, op. cit., S. 3.
482 F. Servaes, *Aus der Berliner Bohème*, op. cit., Nr. 782.
483 H. Hart, *Literarische Erinnerungen*, op. cit., S. 90.
484 J. Schlaf, *In memoriam Przybyszewski*, op. cit., S. 4.
485 J. Meier-Graefe, *Stanislaus Przybyszewski*, op. cit., S. 1.
486 I. Dehmel, *Przybyszewski, wie ich ihn sah*, op. cit., S. 2.
487 J. Bab, *Die Berliner Bohème*, op. cit., S. 56.

Moeller van den Brucks assoziierte diese interessante Phase der literarischen Entwicklung, die dominiert war von „Genialität, Leidenschaft, Lebensrausch und künstlerischer Produktion", mit der Person des „dithyrambischen wilden Polen Przybyszewski".[488]

Nicht alle deutschen Künstler aber goutierten die sexualpathologischen Theorien, die bizarren Werke und den provozierenden Lebensstil des „sonderbaren Polen".[489] Neben Bewunderung weckte Przybyszewski pure Abneigung, und das nicht nur aus dem Grund, „daß er manche unter den jüngeren Artisten geradezu zerdrückte und sich damit erbitterte Feinde schuf".[490] Leute wie Arno Holz oder Otto Erich Hartleben behandelten den „exotischen", „verrückten" Polen von Anfang an als „Fremdkörper im deutschen Blut".[491] Und auch Adolf Paul sah in dem gefeierten Genie nur einen Poseur, einen Dilettanten, einen „Meister, sich selbst interessant zu machen".[492]

Für andere blieb Przybyszewski ein „unerfülltes Versprechen". Sicher wurde von ihm mehr erwartet, als er mit seinem einseitigen Talent zu geben vermochte. Der „geniale Pole" wurde nicht zum Wortführer seiner Generation, wie dies seine Anhänger anfangs erhofft hatten. Was zunächst als Offenbarung galt, wurde bald alltäglich. „Er selbst aber hat sich", schrieb Franz Servaes, „rascher, als wir alle ahnen konnten, verbraucht. Seine ‚Ekstasen' und ‚Orgasmen', die er mit Unermüdlichkeit aus sich herauspumpte und manchmal bis zur Absurdität in sich hochtrieb, wiederholten sich doch gar zu sehr. Und seine Zynismen und Perversitäten, ob er ihnen auch einen tiefsinnigen Anstrich von mystagogenhafter Religiosität zu verleihen wußte, sowie seine Schwelgereien von ‚schwarzer Messe' und ‚Mysterien der Qual', von Herrschaft des Geschlechts über das Gehirn und von der Heiligkeit der Hure und was dergleichen mehr war, erregten allmählich Widerwillen und weckten in uns den gesunden Zweifel und die nüchterne Kritik."[493]

Elemente des Einseitigen im Naturell des „verrückten Polen" erkannte auch Meier-Graefe: „Seine Originalitäten waren neu und reizten uns unbändig, (...) da man nicht sein Leben lang als interessanter Pole herumlaufen kann. Entweder überlebt der Mensch die Originalitäten, wächst über sie hinaus; das kommt vor. Oder die erhöhenden Taten bleiben aus, und dann wächst der Mensch in die Originalitäten hinein und wird Spezialist; der häufigere Fall. Es liegt auf der Hand, daß so reiche Originalitäten

---

488 H. Eulenberg, *Der junge Moeller van den Bruck*, in: „Berliner Tageblatt" 1934, Nr. 441, 1. Beibl. Abend-Ausgabe.
489 Alfred Wysocki, ein ständiger Gast der Przybyszewskis in der Luisenstraße, brachte die Lockerung der Beziehungen zu den Hanssons mit Przybyszewskis Lebensart in Zusammenhang. Er schrieb: „Ich vermute, daß Hanssons Frau Laura Marholm (...) von den ständigen Gelagen und den in Deutschland unüblichen ‚Späßen' erschreckt und abgestoßen wurde, von den durch Przybyszewski initiierten Solotänzen in Kneipen, den gesungenen ‚Polonaisen' und den Streichen auf offener Straße." (A. Wysocki, *Sprzed pół wieku* [Vor einem halben Jahrhundert]. Nachwort T. Weiss, Kraków 1956, S. 34.) Bezeichnenderweise sind auch von Hansson kritische Bemerkungen über den einstigen Freund überliefert: „Der Pole war ein Kind kleiner Leute. (...) Er war aufrichtig aus Berechnung und verschlossen in Pose." (Zit. nach S. Sawicki, *Ola Hansson o Przybyszewskim*, op. cit., S. 2.)
490 I. Dehmel, *Przybyszewski, wie ich ihn sah*, op. cit., S. 2.
491 Vgl. F. Servaes, *Vom jungen Przybyszewski*, op. cit., S. 1.
492 A. Paul, *Von Strindbergs Tafelrunde. Im „Schwarzen Ferkel"*, in: „Berliner Tageblatt" 1929, Nr. 424 (1. Beilage).
493 F. Servaes, *Aus der Berliner Bohème*, op. cit., Nr. 786.

wie die Stachus die Spezialisierung begünstigen, und wären wir damals weniger gute Medien gewesen, so hätten wir diese Wendung vorausgesehen."[494]

„War demnach für die deutsche Literatur und das deutsche Geistesleben Przybyszewski bloß eine Episode?" fragte sich 1936 Franz Servaes. „Vielleicht – aber dann zweifellos eine fruchtbare und unverwischbare. Keiner unter uns deutschen Autoren hat die dichterische Linie Nietzsches mit solch persönlicher Eigenart und vehementer Kraft fortsetzen können wie der ihm im ferneren Grade blutsverwandte junge Pole. Keiner hat, stärker und sieghafter als er, mit verrotteten alten Vorurteilen gebrochen und so eine auch im deutschen Sinne neue Linie inauguriert."[495]

Bei allen Kontroversen in der Einschätzung der Werke und des Autors selbst steht dennoch außer Zweifel, daß Przybyszewski im künstlerischen Berlin der neunziger Jahre ein bekannter Mann war. Sein zweiter Aufenthalt in Deutschland (er lebte 1906 bis 1919 in München) bot indessen kaum Stoff für Legenden. Als gezähmter und gealterter Bohemien, der mit dem Schreiben von Romanen seinen Unterhalt verdiente und unablässig unter Aufsicht seiner zweiten Frau Jadwiga stand, führte er das geordnete Leben jener Philister, die er in seiner stürmischen Jugend bekämpft hatte. Seine Gestalt taucht in manchen Erinnerungen vor allem deshalb auf, weil sein Name noch lange mit der Aura einstiger Triumphe verbunden war. Joachim Ringelnatz, der als Hausdichter im Kabarett „Simplicissimus" auftrat, erwähnte kurz eine Begegnung mit Przybyszewski[496], und der Münchener Verleger Reinhard Piper, der den Polen flüchtig kannte und seine Werke gelesen hatte, berichtete von einem Gespräch über die von ihm edierte Reihe „Moderne Illustratoren", die dem polnischen Autor sehr zugesagt habe.[497]

Erwähnung fand Przybyszewski auch in den Memoiren von Elisabeth Steffen, der Frau des Schweizer Schriftstellers Albert Steffen; sie hatte den Verfasser der „Totenmesse" 1909 in Paris kennengelernt, wohin er, wie sie irrtümlich bemerkte, zusammen mit Daisy, Strindbergs ehemaliger Gemahlin, gekommen wäre.[498] Eines kurzen Zusammentreffens mit Przybyszewski gedachte der österreichische Novellist Max Krell, der den Polen 1916 in München sah und mit ihm einen lebhaften Disput über Strindberg führte.[499]

Die eindrucksvolle künstlerische Persönlichkeit Przybyszewskis und seine „sonderbaren" Werke haben sich dem kulturellen Gedächtnis Deutschlands unauslöschlich eingeprägt. Zwar nicht als Phänomen höchsten Ranges, aber doch bedeutsam im Kontext des damaligen literarischen Umbruchs, der ästhetischen und erkenntnistheoretischen Bemühungen, eines von Pathos geprägten Lebensstils und einer Suche nach dem Geheimnis des Seins in individueller und universeller Dimension.

---

494 J. Meier-Graefe, *Geschichte neben der Kunst*, op. cit., Kap. *Ducha*, S. 146.
495 F. Servaes, *Vom jungen Przybyszewski*, op. cit., S. 1.
496 J. Ringelnatz, *Mein Leben bis zum Kriege*, o. O. 1966, S. 202.
497 Vgl. R. Piper, *Vormittag*, op. cit., S. 366.
498 Vgl. E. Steffen, *Selbstgewähltes Schicksal*, Bd. 1, Dornach 1961, S. 32. Im Mai 1909 hielt Przybyszewski in Paris den Vortrag „Ein Beitrag zur Schaffenspsychologie". Dabei begleitete ihn freilich auch nicht Dagny, sondern Jadwiga, die frühere Frau Kasprowicz.
499 Vgl. M. Krell, *Das alles gab es einmal*, Frankfurt a. M. 1961, S. 64.

4.2 „Das Muster eines Modeschriftstellers". Stanislaw Przybyszewski als Gegenstand literarischer Werke

„Przybyszewski entsprach in vielem dem romanhaft ausgeprägten Typus des Polen, der von ekstatischer Schwärmerei zu uferloser Melancholie taumelt, reich an allen möglichen sinnlichen und geistigen Gaben, aber ohne eigentlich sammelnde Kraft", schrieb Julius Bab.[500] Julius Meier-Graefe erklärte: „Bei den Polen, die in den ‚Karamazov' auftreten und überhaupt bei Dostojewski nicht die beste Rolle spielen, denkt man an ihn."[501] Und nach Meinung von Heinrich Hart war Przybyszewski „ohne Abzug als Romanheld für Bulwers Romanschule verwendbar".[502]

Inspirierte also die für das deutsche Umfeld „exotische" Gestalt Przybyszewskis die Phantasie der Schriftsteller? Diente sie als Prototyp für Romanfiguren? Die Popularität des „genialen Polen" – ob im positiven oder im negativen Sinne – wäre durchaus an der Anzahl der Werke zu messen, in denen er seine Spur hinterlassen hat. Ihrer sind nicht wenige: die Person oder die Schriften Przybyszewskis fanden in fast vierzig unterschiedliche literarische Texte Eingang.[503] Und es ist recht aufschlußreich, wie das fiktive Bild des Polen entstand, welche seiner Eigenheiten sich am ehesten für die künstlerische Darstellung eigneten und welcher Rang dem Künstler in belletristischen Gestaltungen zugestanden wurde.

Das Vorbild ist in der Regel unschwer zu entschlüsseln.[504] Przybyszewski wird in vielen der literarischen Texte eindeutig präsentiert – immer ist er im deutschen Milieu ein Fremder, meist Pole, bisweilen Tscheche (bei Servaes und Dauthendey) oder Russe (bei Strindberg und Paul). Allein die Namen der Figuren, die nach dem Bild Przybyszewskis geschaffen sind, führen auf die richtige Fährte. Einige seien genannt: Taddäus von Styczinski (in „Sozialaristokraten" von Arno Holz), Stanislaus Lopinsky („Die bunte Reihe" von Fritz Mauthner), Slawinski („Der Vater" von Meier-Graefe), Dimitri Teniawsky („Roman aus der Décadence" von Kurt Martens), Kasimir der

---

500 J. Bab, *Richard Dehmel. Die Geschichte eines Lebenswerkes*, Leipzig 1926, S. 96.
501 J. Meier-Graefe, *Stanislaus Przybyszewski*, in: „Frankfurter Zeitung" 1927, Nr. 876, S. 1.
502 H. Hart, *Literarische Erinnerungen. Aufsätze*, in: *Gesammelte Werke*, Bd. 3, Berlin 1907, S. 91.
503 Die in diesem Buch vorgestellte Liste von Werken ist sicherlich nicht vollständig. Einige der hier interpretierten Texte finden sich bereits bei S. Helsztynski im Beitrag *Przybyszewski w Niemczech* (P. in Deutschland), in: „Neofilolog" 1935, H. 2 („Stilpe" von Bierbaum, „Gärungen" von Servaes, „Maja" von Dauthendey, „Das Gefängnis zum Preußischen Adler" von Wille, „Steckbriefe" von Möbius, „Der Zauberberg" von Thomas Mann und „Inferno" von Strindberg) sowie in F. W. Neumanns Studie *Stanislaw Przybyszewski als Gegenstand literarischer Darstellung in Deutschland*, in: „Die Welt der Slawen" 1974/75 („Mit dem falschen und dem ehrlichen Auge" und „Aus der Chronik des ‚Schwarzen Ferkels'" von Adolf Paul, „Sozialaristokraten" von Holz, „Stilpe" und „Prinz Kukkuck" von Bierbaum, „Gärungen" von Servaes, „Das Liebesleben in der Natur" von Bölsche, „Das dritte Reich" von Schlaf, „Wurzellocker" von Polenz, „Maja" von Dauthendey, „Dagne" von Franz Jung, „Das Gefängnis zum Preußischen Adler" von Wille und „Der Zauberberg" von Mann).
504 Weit schwieriger ist es, den Prototyp des Autors von „Confiteor" in polnischen Werken zu bestimmen, wo sich Przybyszewski nicht immer klar von „Przybyszewskitum" trennen läßt. Einige Texte nenne ich in meiner Dissertation: *Dialog miedzy Stanislawem Przybyszewskim a wspólczesnymi (O odbiorze twórczosic autora „Confiteor" w Niemczech i w Polsce)* (Der Dialog zwischen S. P. und seinen Zeitgenossen [Über die Rezeption des Autors von „Confiteor" in Deutschland und in Polen]), Kraków 1986 (Maschinenschrift).

Fugenorgler („Stilpe" von Otto Julius Bierbaum), Popoffsky („Inferno" von Strindberg), Michael Baron Chubsky (in Wilhelm von Polenz' „Wurzellocker"), Goethinsky („Prinz Kuckuck" von Bierbaum), Przscki („Das Gefängnis zum Preußischen Adler" von Bruno Wille), Herr Stachelinsky („Das Liebesleben in der Natur" von Wilhelm Bölsche).

Die Gestalt Przybyszewskis taucht namentlich in Schlüsselromanen auf, die das literarische Berlin in den neunziger Jahren des vorigen Jahrhunderts abbilden und in denen weitere Persönlichkeiten des damaligen kulturellen Lebens vorkommen. Im allgemeinen stammten die Texte von Augenzeugen der Ereignisse, sie stützen sich folglich auf autobiographisches Material (bei Bierbaum, Dauthendey, Meier-Graefe, Holz, Schlaf, Paul, Servaes, Strindberg und Wille). Daher verwundert es nicht, daß die Gestalt des Polen, der mit den Verfassern der verschlüsselten Werke enge Kontakte unterhielt, darin eine gewisse Rolle spielt.

Eine zweite Gruppe bilden jene Texte, in denen weniger die Person Przybyszewskis als vielmehr seine Schriften bzw. seine Ansichten angeführt (das war u. a. bei Schlaf, Landsberger, Hardekopf, Dehmel, Mühsam, Martens und Polenz der Fall) oder eine seiner hervorstechenden Eigenschaften oder eine Episode aus seinem Leben literarisch verarbeitet wurden (so bei Bölsche, Jung, Mann, Mauthner, Möbius).

Beinahe alle Werke, in denen Przybyszewski erscheint, beziehen sich – wenngleich mitunter chiffriert – auf authentische Begebenheiten, an denen sich nicht nur die beteiligten Personen wiedererkennen, sondern auch die Zeitumstände annähernd bestimmen lassen. Den chronologisch frühesten Stoff bietet Franz Servaes' Roman „Gärungen. Aus dem Leben unserer Zeit" (1898), der die Jahre 1891–1893 erfaßt. Thema des autobiographisch angelegten Buches ist das emotionale und intellektuelle Reifen von Horst Herbrand (ein Selbstporträt des Verfassers), der sich von dem übermächtigen Einfluß des tschechischen Stipendiaten Spiridion Krakuschek, vielsagend Spirit genannt, zu befreien sucht. An der Gestalt dieses Genies, Scharlatans und Literaten, der sich mit Eifer der Anatomie des Gehirns widmet, sind leicht die Persönlichkeitsmerkmale Przybyszewskis zu ermitteln. Das im Buch erwähnte Werk Krakuscheks, „Höllenfahrt", ist eine Anspielung auf die 1893 veröffentlichte „Totenmesse" (obgleich der Titel die ein Jahr später publizierte „Himmelfahrt" parodiert), Marta Foerder und ihr kleiner Sohn Boleslaw erscheinen als Eustachia und ihr viermonatiges Kind. Zu der Gesellschaft, die im „Eisernen Drachen" residiert (die Entsprechung zum „Schwarzen Ferkel"), zählen bekannte Mitglieder der Berliner Boheme: Ewald Zur Linden, von dem Spirit mit Vorliebe Geld borgt (Paul Scheerbart), der von Krakuschek bewunderte Maler Siguard Björn (Edvard Munch), der Literat Heilman Scharf (Johannes Schlaf), die reizende Berliot (Dagny Juel) und andere.

Ein zweiter autobiographischer Roman – Bruno Willes „Das Gefängnis zum Preußischen Adler" – mit Erlebnissen eines „Herrn Doktor", der wegen Unterrichtens in einer Freidenkergemeinde in das provisorisch dafür hergerichtete Hotel und Restaurant „Zum Preußischen Adler" in Friedrichshagen, hier ironisch Fritzenwalde, gesperrt wird, enthält ein Bild Przybyszewskis, wiewohl es sich auf eine episodische Funktion beschränkt (Wille wandelte eine Geldstrafe um in Gefängnis, das er als

Abenteuer betrachtete: der Ortsgendarm Bolle erlaubte ihm nicht nur, seine Zelle wohnlich einzurichten, sondern auch Freunde zu empfangen und den „Arrest" mehrfach zu verlassen). Die Handlung ist auf Ende 1892 (die Zeit nach Strindbergs Ankunft in Berlin) zu datieren; Wille hatte Przybyszewski bei Hansson während einer jener „Freigänge" kennengelernt, über die im Roman genau berichtet wird. Przscki wird etwas ironisiert (seine fremdartige Aussprache ist amüsant persifliert), doch im Grunde mit Sympathie gezeichnet: als fröhlicher Kumpan des Friedrichshagener Dichterkreises, der mit Strindberg rasch eine gemeinsame Sprache findet, „weil beide den Russen haßten, der die Finnen wie die Polen tyrannisiert".[505]

Vermutlich gleichfalls im Jahr 1892 spielt Arno Holz' Komödie „Sozialaristokraten" (1896), eine Satire auf den Friedrichshagener Kreis. In einem Brief an Reinhard Piper hat der Autor auf die Prototypen seiner Figuren verwiesen: Gehrke = Bruno Wille, Bellermann = John Mackay, Hahn = Holz selbst, Taddäus von Styczinski = Przybyszewski.[506] Die in diesem naturalistischen Theaterstück dargestellten Ereignisse betreffen Berliner bzw. Friedrichshagener Journalisten und Schriftsteller, die eine von Hahn finanzierte Zeitschrift namens „Der Sozialaristokrat" herausgeben wollen. Der Pole von Styczinski wird zwar stellvertretender Redakteur, ist jedoch an der neuen Aufgabe wenig interessiert, obwohl er gern eigene Werke in der Zeitschrift drucken möchte. In den Gestalten von Bellermann und Styczinski begegnen dem Leser zwei hohle Typen, die das Unternehmen nur befürworten, weil sie sich persönlichen Nutzen versprechen. Die angewandte naturalistische Technik mit der phonetischen Wiedergabe des Berliner Dialekts, der Betonung von Spezifika bei der Aussprache (z. B. Styczinskis fremder Akzent), der genauen Festlegung von Gestik, Mimik usw. zielt auf den zeittypischen „Ausschnitt aus der Wirklichkeit". Die Komödie rief in der Berliner Künstlerwelt Entrüstung hervor[507] und wurde nicht aufgeführt, woraufhin Holz als Dramatiker für zehn Jahre verstummte (dabei plante er einen großen Zyklus „Berlin. Das Ende einer Zeit in Dramen", der aus 25 Stücken bestehen sollte).

Die interessanteste Phase der Berliner Boheme - Frühjahr 1893 - und zugleich eine wichtige Etappe im Leben Stanislaw Przybyszewskis (er feierte erste künstlerische Erfolge, lernte Dagny kennen und warb um sie) wurde Thema gleich mehrerer literarischer Werke. Zwei Erzählungen des schwedischen Schriftstellers Adolf Paul, des engsten Freundes Strindbergs in dieser Zeit - „Mit dem falschen und dem ehrlichen Auge" (1909) sowie „Aus der Chronik des ‚Schwarzen Ferkels' " (1911) -, präsentieren nach Art des Traumspiels die Realien des berühmten Lokals. Die erstere, stilisiert

---

505 B. Wille, *Das Gefängnis zum Preußischen Adler. Eine selbsterlebte Schildbürgerei*, Jena 1914, S. 195.
506 Brief vom 23. August 1897, in: A. Holz, *Briefe. Eine Auswahl*. Hg. v. Anita Holz u. M. Wagner, München 1948, S. 115.
507 Vgl. z. B. die Meinung von A. Moeller-Bruck (*Die moderne Literatur in Gruppen- und Einzeldarstellungen*, Bd. IV: *Die deutsche Nuance*, Berlin, Leipzig 1899, S. 92), Holz habe „jene Modelle aus der Berliner Literatur schämlich mißbraucht und aus allerunwesentlichsten und alleräußerlichsten Äußerlichkeiten Charaktere zu konstruieren unternommen. Polnisch-deutsch Radebrechen, Zigarettenrauchen, Stottern; das sind so ungefähr die einzigen Berührungspunkte, die die Kunst und die Natur in seinem Stücke noch miteinander haben." - A. Soergel (*Dichtung und Dichter der Zeit. Eine Schilderung der deutschen Literatur der letzten Jahrzehnte*, Leipzig 1911, S. 679) urteilte ähnlich: „Weil Gehrke kein Bruno Wille, Bellermann kein Mackay, Styczinski kein Przybyszewski ist, deshalb scheint mir die Komödie trotz einiger humorvoller Einzelheiten kein Ausschnitt aus einem Bilde der Zeit zu sein."

als Manuskript des genialen Poeten Hans (Strindberg), dessen Gehirn ein Professor zwecks Erkenntnis der „Physiologie des Genies" präparieren will, ist das Tagebuch eines unglücklichen, vom Leben betrogenen Künstlers, der die Menschen haßt, weil er weder einen wahren Freund noch die Liebe gefunden hat, die er sein Leben lang suchte: Seine Gefühle werden von jener Frau zurückgewiesen, die dem erträumten Ideal am nächsten kommt. Durch eine verlassene Stadt geleitet von einem Schatten, zugleich Doppelgänger und „Teufel aller Existenz", beobachtet der Held seine Freunde in einem Weinlokal (dem „Schwarzen Ferkel"), wie sie sich über die Frau unterhalten: ein alter chinesischer Philosoph, sein literarischer Bruder, ein Russe, und ein Maler. Die vorzügliche Charakteristik des großen Menschenfeindes, die bereits in der Metapher von „dem falschen und dem ehrlichen Auge" beschlossen liegt, mit welchen er die Welt betrachtet, wird ergänzt durch einige Hauptmerkmale seiner Kumpane (Przybyszewski und Munch, denn der chinesische Philosoph ist eher eine Verkörperung der Ansichten Nietzsches als ein authentisches Porträt). Auch die zweite Erzählung Pauls, die Visionen und Träume als Elemente einer entrealisierten Wirklichkeit benutzt und in deren Mittelpunkt die Gestalt Strindbergs steht (hier als „Meister Unruh"), zitiert die Person Przybyszewskis, obgleich „der musikbeflissene Lillja" nur eine Nebenfigur ist.

Als Russe erscheint Przybyszewski in Strindbergs autobiographischem Roman „Kloster" (geschrieben 1898), in dem der Verfasser seine Erlebnisse von 1893/94, vor allem die Ehe mit Frieda Uhl, verarbeitet hat.[508] Teile des Romans betreffen die Berliner Boheme, die sich um das „Kloster" genannte Lokal geschart hat. An dem Russen fallen zwei wesentliche Züge ins Auge: die Verzauberung der Zuhörer durch Musik und die Neigung zum Alkohol.

Das Trio Przybyszewski-Strindberg-Dagny ist Thema einer Erzählung von Franz Jung, dem um 20 Jahre jüngeren Schriftsteller (er kannte also die verführerische Norwegerin mit Sicherheit nicht persönlich). Jung setzte die weit zurückliegenden Ereignisse – „Dagne" entstand 1913 – nicht nur künstlerisch um, er mythisierte sie gleichzeitig. Der junge Literat lernte Przybyszewski und dessen zweite Frau Jadwiga in München kennen, die Darstellung Dagnys sollte diese zweifellos rehabilitieren: „Man beschmutzt Jahr um Jahr eine Frau, die ihr Blut für uns alle hingegeben hat – Bande."[509] Przybyszewskis Replik auf diesen Text, der die Namen der beiden „großen Künstler", welche um die ungewöhnliche Frau konkurrieren, im übrigen gar nicht erwähnt, wurde zu einer der übelsten Auslassungen des Polen über seine tragisch gestorbene einstige Lebensgefährtin.[510]

---

508 Die Anwesenheit Przybyszewskis in dem Roman registrierte bereits W. Leitgeber (vgl. *Przybyszewski w „Klasztorze"* [P. in „Kloster"], in: „Wiadomosci", London 1969, Nr. 37).
509 F. Jung, *Dagne*, in: „Die Aktion" 1913, Nr. 12, S. 349. Zu Ehren der „befreiten" Norwegerin gab Jung (der die Ansicht vertrat, die Freiheit des Individuums beginne bei der sexuellen Freiheit) seiner drei Jahre darauf geborenen Tochter den Namen Dagny.
510 Vgl. Przybyszewski, *Zu Franz Jungs Skizze „Dagne"*, in: „Die Aktion" 1913, Nr. 15. Jungs Text nennt Przybyszewski „dieses schamlose, von Lügen strotzende Pamphlet"; für ihn ist Dagny „die Heroine eines obskuren Skandals" (gemeint ist der Mord in Tiflis – G. M.), die für einen jungen Mann – nicht aber für Przybyszewski – ein Ideal darstellen könne (S. 406). Alle Argumente des Polen widersprechen jedoch den Tatsachen. So erklärt Przybyszewski, daß er seine Hymnen zwei Jahre vor dem Zeitpunkt verfaßt habe, an dem er seine erste Frau kennenlernte, daß Strindberg, als er Frieda Uhl

Die Geburt der Zeitschrift „Pan" (zeitiges Frühjahr 1894), gedacht als Tribüne für neue Kunst, fand Aufnahme in die Fabel des teilweise autobiographischen Romans „Stilpe" (1897), der außerordentlich populär wurde.[511] Es ist die Geschichte vom intellektuellen Reifen des Willibald Stilpe, der seit früher Jugend literarisches Talent verrät, nach ersten künstlerischen Versuchen in Leipzig (er gründet als Student nach Pariser Vorbild die „Scènes de la vie de Bohème") in Berlin Journalist wird, zusammen mit Freunden das Projekt einer elitären Zeitschrift erwägt und schließlich das Literatur-Varieté „Momus" eröffnet, das von der Polizei wieder geschlossen wird (der Elite war es zu ordinär, dem Bürgertum zu literarisch). Den Schluß bildet die so effektvolle wie ironische Szene von Stilpes Tod vor den Augen des begeisterten Publikums: Der Held erhängt sich, wodurch eine Zirkusnummer tragikomische Realität gewinnt.

Die Romanepisode, in der Przybyszewski auftritt, knüpft an Vorgänge um die Redaktion der Zeitschrift „Pan" an, die hauptsächlich von Bierbaum und Meier-Graefe herausgegeben wurde. Die fünf an der Planung des Vorhabens beteiligten Freunde sind: der Bärenführer (Scheerbart), der Peripatetiker (Peter Hille), der Zungenschnalzer (Dehmel[512]), Kasimir der Fugenorgler (Przybyszewski) und Stilpe (Bierbaum). Soweit bekannt, zählten Hille und Scheerbart nicht zum Redaktionskomitee von „Pan"[513], ihre charakteristischen Gestalten sind jedoch in Bierbaums Roman leicht zu identifizieren.

Auch Julius Meier-Graefes autobiographischer Roman „Der Vater" (1932) handelt vom Projekt einer neuen Zeitschrift, die hier „Tempel" heißt. Der Autor zeichnet den Kreis im Lokal „Zum Schwarzen Ferkel", dessen Protagonisten Bergström (Strindberg), Kram (Munch), Slawinski, genannt Slawo (Przybyszewski), Ducha (Dagny

---

ehelichte, Dagny noch nicht gekannt habe, sie in seinem Leben ohnehin nur eine unbedeutende Episode und ihr Tod in Tiflis nicht herrlich, sondern lächerlich gewesen sei. Er fährt fort: „Für Strindberg war sie kaum von der geringsten Bedeutung, und ich habe ihr, lange vor ihrem Tode, die Tür meines Hauses verschließen müssen." (S. 410) Über Jungs Text sagt er weiter: „Das ist geradezu eine Brutalität gegen meine jetzige Frau Jadwiga, die ich liebe und verehre, und in deren Haus Herr Jung gastfreundlich aufgenommen war." (S. 411) Eine taktvolle Replik des Beschuldigten (vgl. *Die uralte Mär. Eine Antwort an Przybyszewski*, in: „Die Aktion" 1913, Nr. 16), der sich über die Heftigkeit des Angriffs erstaunt zeigte, zumal er Przybyszewskis Person schmeichelhaft dargestellt hatte, enthielt die Zusicherung, er habe nur zu einem besseren Verständnis des Dichters beitragen wollen.

511 Bierbaum unternahm als erster den Versuch, die Berliner Boheme am Pariser Vorbild zu messen, und schuf in seinem Roman vier wirkliche Bohemiens. Laut Selbstzeugnis war der Prototyp für die Hauptgestalt ein Schulkamerad aus Wurzen (vgl. O. J. Bierbaum, *Im Spiegel. Autobiographische Skizzen*, in: „Das literarische Echo" 1906/07, Sp. 1082-1087), Stilpe jedoch trägt unverkennbar Züge des Autors sowie Meier-Graefes.

512 Soergel (*Dichtung und Dichter der Zeit*, op. cit., S. 527) und F. W. Neumann (*Stanislaw Przybyszewski als Gegenstand literarischer Darstellung in Deutschland*, op. cit., S. 239) erblickten in dieser Figur Julius Meier-Graefe, den, neben Bierbaum, zweiten Redakteur des „Pan". Der Zungenschnalzer, im Roman als „Doktor der Erotomanie" apostrophiert, den Kasimir in mystische Bereiche entführt und dem er zugleich die Schuhe küßt, verweist eher auf Dehmel. Dies vermuten auch S. Helsztynski (*Przybyszewski. Opowiesc biograficzna* [P. Eine biographische Erzählung], Warszawa 1973, S. 189) und G. Klim (*Stanislaw Przybyszewski. Leben, Werk und Weltanschauung im Rahmen der deutschen Literatur der Jahrhundertwende. Biographie*, Paderborn 1992, S. 183).

513 Vgl. R. Dehmel, *Bekenntnisse*, Berlin 1926, S. 65f., sowie F. Schlawe, *Literarische Zeitschriften*, Bd. 1: 1885-1910, Stuttgart 1965, S. 52-55.

Przybyszewska) und Karl (Meier-Graefe selbst) sind; er beschreibt die Treffen in Slawinskis und Duchas Wohnung in der Luisenstraße, wo die Idee zu der Zeitschrift geboren wird (deren Namen diesmal die schöne Norwegerin prägt[514]).

Ebenfalls wenig Mühe bereitet es, die Vorbilder für Max Dauthendeys Drama „Maja" (1911) herauszufinden. Die Titelheldin ist einer gewissen Maja Vogt nachempfunden, einer norwegischen Ärztin und Freundin Dagnys (der Przybyszewski 1895 sein „Notturno" widmete).[515] Przybyszewski agiert in der „Bohème-Komödie" als tschechischer Schriftsteller Loge, die alle Männer bezaubernde, tanzwütige Fatinella ist natürlich Dagny, das Vorbild ihres Liebhabers, des norwegischen Malers Yenast, bildet Munch, in der Figur des misogynen Tavelung erkennt man Züge Strindbergs, Astrid-Margot verweist auf Marta Foerder usw. Das Stück spielt vermutlich 1895 im norwegischen Hochland unweit von Kristiania (dem heutigen Oslo) und thematisiert Probleme des tschechischen Literaten, der in Liebesbeziehungen zu drei Frauen verstrickt ist: zur gegenwärtigen (Fatinella) und zur früheren Gemahlin (Astrid) sowie zur Geliebten (Maja). Es obsiegt freilich die dämonische Fatinella, die von Maja im Gespräch mit Tavelung so geschildert wird: „Sie winkte und man folgte ihr. Und ihr Finger wirft jetzt einen Riesenschatten über ein ganzes langes Menschenleben, Tavelung. Einer Frau Finger kann so groß werden wie der Turmbau zu Babel. Und nicht bloß alle Sprachen, auch alle Gedanken überhaupt kann ein Frauenfinger verwirren."[516]

Im Frühjahr 1896 ereignete sich eine Episode aus Strindbergs autobiographischem Roman „Inferno" (1898), welcher als Psychogramm seines an Verfolgungswahn und seelischen Krisen leidenden Autors aufzufassen ist. Przybyszewski tritt hier nicht in persona auf, er wirkt durch Hypnose aus der Ferne. Strindberg erliegt der Täuschung, ständig Schumanns „Aufschwung" in Popoffskys Interpretation zu vernehmen, und ist überzeugt, daß der einstige „Famulus" nach Paris gekommen sei, um ihn zu ermorden. Er begründet Popoffskys angebliche Absicht mit der schicksalhaften Fügung, daß dessen Gattin seine eigene frühere Geliebte gewesen sei.[517] Strindbergs Mißtrauen richtet sich auch gegen einen dänischen Maler, einen engen Freund Popoffskys (tatsächlich weilte Munch zu dieser Zeit in Paris). Wahr ist überdies der Bericht von Przybyszewskis Verhaftung (nach dem – wie es offiziell hieß – Selbstmord Marta Foerders am 9. Juni 1896 notiert Strindberg, Popoffsky habe Frau und Kinder umgebracht) – es ist die einzige freudige Nachricht, die aus der äußeren Realität in die Gedankenwelt des kranken Schriftstellers dringt.

---

514 Nach Auskunft von Servaes wählte in der Tat Dagny den Titel „Pan", und zwar nicht nur zu Ehren des Gottes aus der Mythologie, sondern auch, weil „Pan" in der Muttersprache ihres Gatten „Herr" bedeutete" (vgl. F. Servaes, *Der erste Jahrgang des „PAN"*, in: „Die Zeit" 1896, Nr. 94, S. 43ff.).
515 Maja Vogt, die später eine Zeitlang mit Przybyszewskis Widersacher Oskar Panizza liiert war, heiratete 1904 einen Russen aus Tiflis.
516 M. Dauthendey, *Maja. Skandinavische Bohème-Komödie in drei Akten*, Leipzig 1911, S. 115.
517 A. Strindberg, *Inferno. Autobiographische Schrift*. Übersetzt von Ch. Morgenstern, Berlin 1898, S. 63. Über die Rolle, die Przybyszewski in der „Inferno-Krise" spielte, schreibt M. Herman in der Studie *Przybyszewski et L'Inferno de Strindberg*, in: *Mélanges en l'honneur de Jules Legras. Travaux publiés par l'Institut d'Etudes Slaves*, Paris 1939, S. 85-98.

Und noch ein Werk bezieht sich auf authentische Ereignisse aus Przybyszewskis Biographie, diesmal aus den Jahren 1912/13: Thomas Manns Roman „Der Zauberberg" (1924), in dem ein Streit Przybyszewskis (im Buch Stanislaw von Zutawski) mit Kasimir Japoll als Zwischenspiel zwischen der Auseinandersetzung Wiedemanns mit Sonnenschein und dem Rededuell Naphtas mit Settembrini (im Kapitel „Die große Gereiztheit") plaziert ist. Der Münchener Schriftsteller hatte von der – über die polnische Kolonie hinaus – anrüchigen Affäre gehört, die übrigens im Buch der Ehrenhändel der Münchener Polen festgehalten ist (Przybyszewski hatte einen Freund des Hauses, Michal Japoll-Asanka, für dessen beleidigende Worte über Jadwiga zuerst vor ein Ehrengericht in Lemberg zitiert und dann öffentlich geohrfeigt), und in seinen Roman Protokolle des Vorfalls, das Urteil des Ehrengerichts sowie verschiedene Erklärungen Beteiligter eingefügt, die in großer Zahl vervielfältigt und an alle möglichen Personen verschickt worden waren. Mann führte den Inhalt der Dokumente fast in extenso an (er veränderte nur den Namen Przybyszewskis und die Vornamen einiger Zeugen), denn: „Weit und breit wurde der polnische Ehrenhandel leidenschaftlich studiert und mit zusammengebissenen Zähnen besprochen."[518] Auch Settembrini und Naphta lesen die Protokolle mit großer Bewegung. Der Verfasser nahm die Affäre wegen ihres für Deutsche höchst exotischen Charakters in seinen Roman auf, um „von einem wahren Ehrenhandel zu erzählen, der (...) seinen Namen allerdings, der formalen Feierlichkeit wegen, mit der er gehandhabt wurde, bis zur Lächerlichkeit verdiente".[519]

Die Liste literarischer Texte mit authentischen Ereignissen, an denen Przybyszewski beteiligt war, erfaßt keineswegs sämtliche Werke, in denen die Gestalt des polnischen Autors auftaucht. Er diente einer Reihe weiterer Kunstfiguren als Prototyp. Die Erkennungszeichen, die auf das Modell verweisen, sind meist Besonderheiten im Aussehen und in der Persönlichkeit des „genialen Polen", seine Schriften, konkrete biographische Daten; ja selbst der Nachname tut es.

Aus den belletristischen Überlieferungen zur Person Przybyszewskis tritt uns ein recht kohärentes Bild des Künstlers entgegen, obgleich mitunter widersprüchliche Merkmale hervorgehoben werden. Doch auch diese Polarität ist bezeichnend.

Schon im Äußeren jener literarischen Figuren, die an Przybyszewski erinnern, lassen sich zwei Tendenzen erkennen: Der Held wird entweder als „unordentlich und unausgeschlafen" präsentiert, oder es werden seine „diabolischen" Züge hypertrophiert. Styczinski in Holz' Komödie „Sozialaristokraten" erscheint in einem eleganten, aber etwas schmuddeligen Anzug, übermüdet, sein Gesicht wirkt fahl und wird von einem rötlichblonden Spitzbärtchen geziert.[520] Auch Loge aus Dauthendeys Drama „Maja" hat einen „dünnen, blonden Spitzbart, Mephistoprofil".[521] An der Gestalt des Spiridion Krakuschek (in Servaes'„Gärungen") sind die Züge eines modernen, etwas nachlässigen Mephisto akzentuiert – er ist ein harmonisch gebauter, meist unordentlich gekleideter Mann, der eine Fliege unter dem Kinnbart, ein Monokel im Auge und stets

---

518 Th. Mann, *Der Zauberberg*, Berlin, Weimar 1968, S. 976.
519 Ibidem, S. 972.
520 A. Holz, *Sozialaristokraten. Komödie*, Berlin 1924, S. 5.
521 M. Dauthendey, *Maja*, op. cit., S. 57f.

einen Spazierstock trägt.[522] Bei Bruno Wille („Das Gefängnis zum Preußischen Adler") wird Przscki zu einem „polackischen Byron" und einem „Sohn Apolls" stilisiert: „In den bleichen Zügen des schmalen Blondkopfes verschmolzen slawische Sinnlichkeit und romantische Träumerei mit dem ironischen Aufbegehren eines geknechteten Edelvolkes."[523]

Im Verhalten der Figuren, denen der polnische Schriftsteller Pate stand, werden vor allem die Alkoholexzesse betont. Przscki wird als „Kognakfreund" bezeichnet, der seine innere Trägheit durch geistige Getränke anregt. Er kann Gitarre und Klavier spielen, womit er die Friedrichshagener Boheme unterhält; er bereichert sie zugleich durch seine Fremdheit, wovon Wille mit einem Schuß Humor Kunde gibt: allein am Namen kitzelten ihn „sieben zischende Konsonanten mit dem Fistelgezwitscher des einen (!) Vokals – in echter Aussprache klang es fast wie ‚pschih!'"[524]

Die Schwäche für Alkohol ist das Grundmerkmal zweier weiterer Romanfiguren: Spiridion Krakuscheks und Kasimirs. Spiridions Predigten im „Eisernen Drachen", die mit dem Verbrauch einer Unmenge starker Getränke einhergehen, enden in einer tragikomischen Szene, in der das betrunkene Idol aus dem Lokal geführt wird. Genau da verliert Herbrand jegliche Sympathie für den Freund und begreift, daß dessen Mythos dahin ist.

Alkoholische Ausschweifungen begleiten auch die Diskussionen um die neue Zeitschrift, welche die Helden in Bierbaums Roman „Stilpe" führen, jedoch – dies sei unterstrichen – nehmen sie an den Gelagen alle teil, und nicht Kasimir, sondern Stilpe ist als erster benebelt. Zwar wird Kasimir durch eine närrische Gestik charakterisiert, aber sein Hohn und Spott ist eine Reaktion auf die Dummheit der vorgetragenen Meinungen. Stilpe selbst bezeugt den Possen Ehre: „Er wäre als Gesellschafter unmöglich gewesen, wenn er nicht gleichzeitig ein unübertrefflicher Blagueur, geradezu ein Meister der Blague gewesen wäre. Stilpen, der selber in dieser Kunst viel vermochte, konnte er dadurch manchmal rasend machen."[525]

---

522 F. Servaes, *Gärungen. Aus dem Leben unserer Zeit*, Berlin 1898, S. 183.
523 B. Wille, *Das Gefängnis zum Preußischen Adler*, op. cit., S. 107.
524 Ibidem.
525 O. J. Bierbaum, *Stilpe*, op. cit., S. 334. Helsztynski zitiert einige Auszüge daraus (*Przybyszewski*, op. cit., S. 189) und merkt an, das hier gezeichnete Bild Przybyszewskis zeige „die Gestalt eines verrückten Affenmenschen. Ein fatales Porträt." Freilich wurde der Schriftsteller hier nicht mit großer Sympathie dargestellt (ähnlich wie Hartleben hatte Przybyszewski Bierbaum einen „fetten deutschen Biertrinker" genannt), festzuhalten wäre jedoch, daß Kasimirs Auftritt gewissermaßen eine Reaktion auf die Umgebung ist. Die „zotigen Zeitschriftentitel" – wie Helsztynski nennt die Titel (*Der Hengst des Volkes, Stimmwechsel, Das Nadelör der Welt*) – sind nur die höhnische Antwort auf die Vorschläge der Freunde: Der Bärenführer empfiehlt den Titel „Gesprenkelte Nachtigall" und möchte die Zeitschrift als Rolle herausgeben, mit Buchstaben aus Zinnober auf Büttenpapier und gedruckt von rechts nach links; Stilpe suggeriert den Namen „Der Phalluswald" u. dgl. Helsztynski (der erste und einzige Forscher in Polen, der sich auch für die literarischen Porträts von Przybyszewski interessiert hat) nennt in seinem Buch einige literarische Werke, in denen die Gestalt des Polen auftaucht, und erweist seinem „Protegé" damit einen Bärendienst – denn er festigt die Überzeugung, das deutschsprachige Schaffen Przybyszewskis habe für die deutsche Literatur keinerlei Bedeutung besessen, seine Person aber habe man ironisiert und geringgeschätzt. Die genauere Analyse sowohl der von Helsztynski angeführten Werke als auch vieler weiterer, in Polen bisher unbekannter Texte deutscher Autoren führt hingegen zu einigermaßen anderen Schlüssen.

Kasimir der Fugenorgler spottet Goethes und lacht sein halb ironisches, halb dämonisches „Hehe". Auch Spiridion Krakuschek gibt dieses „Hehe" von sich und verhöhnt die Deutschen. Nicht nur Panizza verdroß also Przybyszewskis berüchtigtes „Hehe". Die gleiche Antwort, die Przybyszewski 1896 seinem Kritiker zuteil werden ließ[526], findet sich in Servaes' Roman. Spirit erklärt Proscke, dem seine Art zu lachen besonders mißfällt: „Du kannst natürlich bloß ‚Haha' lachen, wie alle undifferenzierten Menschen! All diese vandalischen Klötze lachen ‚Haha!' Es gibt aber feiner organisierte Naturen, die können nicht anders, sie müssen leise lachen, innerlich, und dann ‚Hehe!' Es verrät sich gerade darin das Intimste, Unfaßbarste der Seele."[527]

Dauthendeys Drama „Maja" enthält ebenfalls eine Erklärung für dieses Gelächter. Loge sagt: „Ich kann schon nicht mehr anders, als immer lachen"[528], doch der Grund dafür, daß er ein „Clown im Universum" ist, wird präzise benannt: „Fatinella ist nicht *meine* Frau. Fatinella gehört allen."[529] Und als Clown erscheint Loge den Verehrern seiner Frau wirklich: „Häha! Weißt du, so ein Affe mit roter Uniform, der die Leute bis zu Tränen lachen macht und dem ganzen Universum das Zwerchfell erschüttert. Ich liebe jetzt furchtbar, nur fortwährend zu lachen. (...) Dabei, beim Lachen, kann einem niemand in die Augen sehen."[530]

Der labile Charakter und die Schicksalsergebenheit – diese Schwächen Przybyszewskis sind in der Komödie vorzüglich erfaßt und begründen zugleich den Drang des Helden zur Selbstvernichtung, der aus authentischem Leiden erwächst: „Ich war zu unglücklich, rasend unglücklich. Siehst du, Maja, ich sehe nur noch im Satanistischen, in der Selbstzerstörung, im Niedertreten alles dessen, was die Leute gut nennen, hähä, in der Vernichtung aller Überlegung, hähä, ein Heil, Maja."[531]

Loge ist zur Selbstzerstörung prädestiniert. Er leidet, weil er zum Leiden geboren ist. Er bleibt bei der Frau, die ihn nicht liebt. Diese Situation kommentiert seine frühere Frau Astrid, die ihr Kind getötet hat, weil es zu sehr an den Vater erinnerte: „Eine Frau, die dich nicht liebt, ist die beste Frau für dich. Liebende Frauen gehen an dir zugrunde."[532]

Narrheit dominiert auch die Figur des Goethinsky in Bierbaums Roman „Prinz Kuckuck" (1907). Przybyszewski wurde hier zum Vorbild für eine absolute Randfigur, die in einer Szene kurz auftritt. Im Gespräch wird sie vorgestellt als „ein deutsch dichtender Pole, dem man den Spitznamen Goethinsky gegeben hatte, weil der Name des großen Wolfgang sein sarmatisches Blut in Wallung zu bringen pflegte".[533]

Haupheld des grotesken Buches aber ist Felix, genannt Prinz Kuckuck, der von zwei Liebhabern gezeugte Sohn einer schönen Jüdin, die ihn gleich nach der Geburt

---

526 Vgl. J. Saint-Froid [O. Panizza], *Noch einmal „De profundis"*, in: „Die Gesellschaft" 1896, S. 781-786. Przybyszewskis Antwort *Über „He he" und noch einiges* erschien dort noch im gleichen Jahr, S. 1080f.
527 F. Servaes, *Gärungen*, op. cit., S. 255.
528 M. Dauthendey, *Maja*, op. cit., S. 60.
529 Ibidem, S. 58.
530 Ibidem, S. 59.
531 Ibidem, S. 60.
532 Ibidem, S. 71.
533 O. J. Bierbaum, *Prinz Kuckuck. Leben, Taten, Meinungen und Höllenfahrt eines Wollüstlings in einem Zeitroman*, Berlin 1928, S. 445.

zu fremden Leuten gibt und sein Schicksal aus der Ferne verfolgt. Sein Leben ist reich an überraschenden Ereignissen, unglaublichen Situationen, Morden, sexuellen Perversionen, Gelagen, Romanzen, Reisen durch Europa und dergleichen. Das Buch ist eine eigenwillige Mischung aus Schelmen- und Erziehungsroman mit Schlüsselcharakter, in den Episoden erkennt man verschiedene Gestalten aus der damaligen kulturellen und literarischen Szene. Felix wird u. a. zum Herausgeber der Zeitschrift „Der Morgenstern" und erleidet eine kompromittierende Niederlage als Künstler. Goethinsky möchte einen Maskenball bei dem falschen Prinzen besuchen und leiht sich dafür von einem verrückten Doktor und Satanisten die nötige Ausstattung, wobei er erklärt: „Ich will Mazurka tanzen mit dem Schädelchen auf dem Kopfe, angetan mit einem malaiischen Zaubermantel und jetzt entschlossen, eine rothaarige Hexe zu berücken, die ich schon seit einem Vierteljahre vergeblich mit meinem eigenen Gehirnschmalz salbe, wie es bei uns zu Hause die Burschen mit ihren spröden Geliebten tun, nur daß sie dazu Igelfett brauchen."[534]

Die von Goethinsky gewünschte Verkleidung weckt in Doktor del Pas Skepsis und verschafft ihm Gelegenheit, ein paar kritische Bemerkungen anzubringen: „Man sieht dir an, daß dir der Ernst zu einem Maskenball fehlt. Du hast keinen Sinn für tragische Sehnsucht. Du bist eine Figur aus dem Spielkasten der Kunst. Oder, um es anders zu wenden: Du bist ein moderner Künstler. Das Leben ist dir zu groß, zu tief, zu billig. Du machst ein Spiel daraus. Treibst Allotria. Hast Trost nötig – d. h. Lüge – d. h. Kunst. Dieser Kinderschädel, echt und sehr ernst, dient dir dazu, dich aufzudonnern. Du fühlst ihn nicht. Er ist dir ein interessanter Schmuck. Und aller Schmuck ist lächerlich. Wirklich Lebendiges braucht keinen Schmuck. Schon die Haut ist eine Art Lüge, wenn auch leider notwendig als Fassung."[535]

Noch schärferen Spotts bediente sich Bierbaum in seiner Schrift „Steckbriefe" (1900; erschienen unter dem Pseudonym Martin Möbius), die er den damals populären sogenannten Pathographien nachgestaltet hatte. Einer der 30 Steckbriefe ist „Rex Stanislaw dem Besoffenen" gewidmet. Darin werden „ein nach Jodoform riechender Katholizismus" und „eine gewaltig rülpsende Dichtung" verlacht und gerügt, daß sich die Protagonisten nackt zwischen Schnapsfässern wälzen, „auf denen die polnische Messe zelebriert wird". Bierbaum schrieb: „Den Deutschen ist diese Wirtschaft schließlich doch zu polnisch vorgekommen, und Stanislaw, der schon auf dem besten Wege war, eine literarische Sekte (die Glickaisten) zu gründen, entdeckte Rudimente polnischer Sprachkenntnisse in seinem Ingenium und verlegte seine Destillation ins Polnische."[536]

Ein wenig schmeichelhaftes Abbild Przybyszewskis enthält auch Adolf Pauls Erzählung „Mit dem falschen und dem ehrlichen Auge", in welcher der Russe ewig von

---

534 Ibidem, S. 449.
535 Ibidem, S. 452/53.
536 M. Möbius [O. J. Bierbaum], *Steckbriefe, erlassen hinter 30 literarischen Übeltätern gemeingefährlicher Natur*, Berlin, Leipzig 1900, S. 107f. Bierbaum, genannt Ju, war Przybyszewski eine Zeitlang eng verbunden (von Ende 1893 bis Frühjahr 1894); gemeinsam begingen sie bei Dehmel den Silvester 1893 und bei Servaes den darauffolgenden Neujahrstag. Die Beziehung schlug jedoch sehr rasch in beiderseitige Antipathie um. Bezeichnenderweise waren danach der aus Schlesien stammende Bierbaum und der Ostpreuße Holz Przybyszewskis eifrigste Gegenspieler.

Liebesnöten geplagt wird, nach einer theoretisch fundierten freien Liebe verlangt und sich dennoch nicht entschließen kann, die Bande der „heiligen Ehe" zu zerreißen. Einen „armen feigen Weichling" nennt ihn der chinesische Philosoph, der dem Russen seine Lebensphilosophie und seine Theorie über die Frauen hinterläßt, vom Schatten hingegen wird er so charakterisiert: „Er war ein Meister in der Kunst, sich interessant zu machen, ohne es zu sein. Denn auf allen Gebieten war er ein wenig Dilettant. Er machte nicht nur in Literatur, sondern auch in Musik und sogar in Politik. Er hatte etwas von Christus und Charlatan in seinem ganzen Benehmen, war immer von einer Glorie des Hungermärtyrertums und des geheimnisvollsten Verfolgtseins umstrahlt. Er konnte genial auf dem Klavier rasen, ohne sich um Harmonie und Rhythmus zu kümmern. (...) Unter unmusikalischen Leuten konnte er deshalb gut als musikalisches Genie gelten – halbgebildete Enthusiasten und literarisch ehrgeizige Damen konnten ihn ohne weiteres als den neuen Messias der Literatur ausschreien. Und in den nicht politischen Kreisen konnte er sich als ein Märtyrer seines Patriotismus (...) verherrlichen lassen. Er war also das Muster eines Modeschriftstellers..."[537]

Die Schärfe der Kritik Pauls richtet sich jedoch nicht nur gegen Przybyszewski. Auch die Figur, die Strindberg nachgebildet ist (Hans), wird als Typ eines unbehausten Menschen gezeigt, der sich nirgends wohl fühlt, über alles nur oberflächlich Bescheid weiß und sich in ein selbstgeschaffenes Gefängnis zurückzieht.

In Strindbergs autobiographischem Roman „Kloster" indessen ist Przybyszewski kein Dilettant, Poseur oder Scharlatan. In der Gestalt des Russen (Strindberg operiert überwiegend mit Völkernamen: der Schwede ist er selbst, der Däne Munch usw.), einer Episodenfigur, erscheint er als genialer Improvisator: „Da setzte sich der Russe ans Klavier. Er improvisierte nach bekannten Motiven, aber in großem Stil, und er beherrschte seine Zuhörer so, daß jeder Widerstand unmöglich war. Es hörte auf, Musik zu sein, und man vergaß das Klavier; es war ein Sturm, ein Wasserfall, ein Gewitter, das die Seelen aufwühlte und hervorholte, was es noch an Positivem, Fruchtbarem gab. Durch seine Art, die Motive zu vermischen, wurde sein Spiel zu einem großen Konzert, zu dem Beethoven, Mozart, Wagner und Chopin ihre Stimmen gaben. Als er geendet hatte, hallte der Beifall durch das Kloster."[538]

Die Verehrung des Russen für den Schweden – „Du bist mein Vater, denn ich habe alles von dir gelernt"[539] – wird erwidert, weil ihr Objekt „eine aufrichtige, warme Sympathie für den begabten Mann empfand".[540] In diesem Roman deutet noch nichts auf den späteren Haß hin. Strindberg, der sein Zusammenleben mit Frieda Uhl aus-

---

537 A. Paul, *Mit dem falschen und dem ehrlichen Auge*, Berlin 1909, S. 84f.
538 A. Strindberg, *Kloster*, in: *Kloster. Einsam. Zwei autobiographische Romane*. Mit einem Nachwort von W. A. Berendsohn, Hamburg, Düsseldorf 1967, S. 22f. Der Roman, dessen Manuskript in der Königlichen Bibliothek Stockholm aufgefunden wurde, erschien vollständig erst 1965 im Verlag Mercure de France u. d. T. *L'Abbaye* (in der schwedischen Version *Klostret*, Stockholm 1966) und wurde, 50 Jahre nach dem Tod des Verfassers, zu einer Sensation. Früher publiziert wurden lediglich bearbeitete Auszüge (geändert waren darin Figurencharakteristiken, die Handlung war von Österreich nach Dänemark verlegt u. dgl.), die Strindberg 1902 mit dem Titel *Karantänmästarens, Fagervik och Skamsund* (dt. *Die zweite Erzählung des Quarantänmeisters auf Skamsund*) versehen hatte.
539 Ibidem, S. 23. Als Zeichen seiner Gunst gibt ihm der Russe den Schlüssel zur Wohnung, in der seine Frau Maschka schläft.
540 Ibidem, S. 24.

führlich schildert, übergeht seine kurze Beziehung zu Dagny Juel, ja, er stellt die Figur der Lais, eine norwegische Malerin und Freundin des Dänen und die spätere Frau des Russen, als „häßlich und schlecht gekleidet" hin.[541]

Der Haß auf den polnischen Künstler gipfelt im Jahr 1896, und das Syndrom der „Przybyszewskophobie" wird in „Inferno" deutlich. Anfälle von Verfolgungswahn sind an der Melodie von Schumanns „Aufschwung" im voraus zu erkennen: *„Er spielt!* Er, mein russischer Freund, mein Schüler, der mich ‚Vater' nannte, weil er mir seine ganze Bildung verdankte, mein *Famulus,* der mich Meister nannte und mir die Hände küßte, der sein Leben da begann, wo das meine endete. Er ist von Berlin nach Paris gekommen, um mich zugrunde zu richten, wie er mich in Berlin zugrunde gerichtet hat..."[542]

Das ambivalente Verhältnis zu Przybyszewski hat also auch im literarischen Material Ausdruck gefunden. Am stärksten durchdringt diese Ambivalenz freilich das Werk eines Schriftstellers und Kritikers, der dem Polen die größte Anzahl von Texten überhaupt gewidmet, als erster das Augenmerk auf das literarische Talent des Medizinstudenten gerichtet und ihn eine Zeitlang engster Freundschaft für würdig befunden hat: Franz Servaes. Die Gestalt des Spiridion Krakuschek im Roman „Gärungen" hat Servaes mit vielen negativen Merkmalen ausgestattet, er hat sie aber zugleich als ungewöhnliche Persönlichkeit entworfen. „Was diesen Menschen nur so faszinierend machte?" fragt Herbrand, ergriffen von dem tschechischen Stipendiaten. „Und immer wieder glaubte man bei ihm eine besonders feine Empfindung, eine ganz individuelle Zartheit der Sympathie herauszufühlen! Er konnte grob und höhnisch, ja hinterlistig und gemein werden – und eine Viertelstunde später schwor man darauf, daß er der einzige war, der einen verstand, der das Unausgesprochene, Hinauswollende in uns mit seinen Nerven zu fassen und mit schöpferischer Liebe ans Licht zu stellen wußte. In seinen Lügen und Schwindeleien steckte oft mehr wirkliche ‚Ehrlichkeit' als in der plumpen Grobheit der anderen."[543]

Als eine ungewöhnliche, ihre Umgebung beherrschende Gestalt erscheint Przybyszewski im „Roman aus der Décadence" (1898), dem ersten einschlägigen Werk von Kurt Martens, einem damals 28jährigen Doktor der Rechte, der den Polen zweifellos gekannt hat. Die Fabel ist um die Liebesabenteuer der Hauptfigur Just angeordnet, eines Gerichtsbeamten, der Kontakt zu Künstlerkreisen unterhält. Die Hintergrundfigur des Dimitri Teniawsky ist mit großem Respekt gezeichnet. Sein stolzer Gesichtsausdruck, die hellblauen, gutmütigen Augen und die Gabe des Erzählens nehmen die Kaffeehausgesellschaft für ihn ein. In den Disputen spielt er die Rolle eines „Homo eruditus", der Richtung und Ton bestimmt: „Dimitri allein saß schwei-

---

[541] Ibidem, S. 51. Bekanntlich galt Dagny nicht nur als „belle femme", sondern auch als eine Frau, die sich raffiniert kleidete. Strindberg aber charakterisiert die Gestalt der Lais so: „Sie war eine lange, ätherische Blondine, die durch Krankheit abgemagert zu sein schien; sie hatte Kummer und Verzweiflung in ihrer Stimme, einen schleppenden Tonfall und unruhige Augen. Als Künstlerin, aber ohne anerkannten Namen, war sie ‚emanzipiert', wie man es nannte, aber doch nicht frei von jener weiblichen Eitelkeit, immer mit einem Mann im Gefolge aufzutreten, mit dessen Eroberung sie prahlen konnte." (Ibidem.)
[542] A. Strindberg, *Inferno*, op. cit., S. 63.
[543] F. Servaes, *Gärungen*, op. cit., S. 220f.

gend, mit wahrhaft olympischer Ruhe, zwischen den Streiten. (...) Wie ein Feldherr, der seine Truppen mustert, so durchdrang er Mann für Mann mit seinen kleinen, blitzenden Augen oder spottete wohl auch mit dem verkniffenen Lächeln, das einer schmerzlichen Narbe glich. Hin und wieder warf er eine Bemerkung dazwischen, wo ein Begriff unklar oder die Debatte abzuirren schien, oder er sprach selbst das erlösende Wort, das dem Redner nicht gelingen wollte."[544]

Der polnische Schriftsteller diente ferner Fritz Mauthner, einem produktiven Romancier der älteren Generation, als Vorbild für eine Episodenfigur. Sein „Berlin-Roman" „Die bunte Reihe" (1896), eine Satire auf die sogenannte große Kunst, hinter der sich finanzielle Machenschaften verbergen (der Held des Romans, der arme Lehrer Bohrmann, ein debütierender Dramatiker, wird von Mascha Lose, einer polnischen Gräfin aus der künstlerischen Halbwelt, in die intellektuelle Elite Berlins eingeführt, zum Schluß aber betrogen und beinahe in den Selbstmord getrieben), zitiert in der Gestalt des Stanislaw Lopinsky einige Fakten aus dem Leben des Autors der „Totenmesse". Lopinsky wird als Pole bezeichnet, der sich für eine politische Bewegung engagiert: „Er ist ein Mann von viel Geist und noch mehr Phantasie."[545]

Einer der wesentlichen Züge, durch welchen sich die Przybyszewski nachempfundene Figur vielfach von ihrer Umgebung abhebt, ist ihre Andersartigkeit. Sie ergibt sich bereits aus der Fremdheit unter Deutschen (die entsprechende Gestalt ist stets Ausländer), wobei entweder slawische Eigenheiten oder schlicht Germanophobie angeführt werden. Spiridion Krakuschek etwa verspottet die Deutschen, was Proscke (bei Bierbaum) in Wut versetzt: „Liebe ich doch meine guten Deutschen! Sie sind ja so brave Kärrner und Droschkengäule!" – „Die lieben Deutschen sind doch herzensgute Trampeltiere!"[546] Dimitri Teniawsky deklariert sich als Slawen und betont zugleich seine Distanz zur deutschen Kultur: „Ich bin kein Deutscher (...). Dazu war euer Nietzsche, soviel ich ihn verstehe, selbst kein Deutscher, sondern ein Slawe oder zum mindesten ein Europäer. (...) Ich bin ein Slawe und Barbar, und ob ich stark bin, schert mich ebensowenig wie eure Kultur."[547]

Auch Baron Chubsky, eine Nebenfigur in Wilhelm von Polenz' Roman „Wurzellocker" (1898), wirft einen „mitleidigen Seitenblick auf die barbarischen Literatur- und Kunstverhältnisse in Deutschland, denen er glücklich entronnen sei".[548] Der Roman des Berliner Geschichtsdozenten und Prosaautors, der sieben Jahre älter war als Przybyszewski und den sein Weg vom Naturalismus zur „Heimatkunst" führte, erzählt die mißglückte literarische Karriere des Fritz Berting, der sich nach dem Scheitern eines auf eigene Kosten inszenierten Theaterstücks und dem Mißerfolg des „physiologisch-pathologischen" Romans „Das Geschlecht" enttäuscht von der Literatur abwendet, Kritiker wird und die Erziehung seiner unehelichen Tochter übernimmt, deren Mutter verstorben ist. Baron Chubsky, der in Paris weilt und auf der Durchreise nach Krakau ein paar Tage in Berlin Station macht, gilt dem jungen Literaten als

---

544 K. Martens, *Roman aus der Décadence*, Berlin 1898, S. 75f.
545 F. Mauthner, *Die bunte Reihe*, Berlin 1917, S. 79.
546 F. Servaes, *Gärungen*, op. cit., S. 255, 370.
547 K. Martens, *Roman aus der Décadence*, op. cit., S. 35f.
548 W. v. Polenz, *Wurzellocker. Roman in zwei Bänden*, Berlin 1902, Bd. 1, S. 46.

Meister, Präzeptor und geistiger Führer. Er wird dargestellt als ein Europäer, der in drei Sprachen schreibt, obgleich er ein ausgeprägtes Bewußtsein für seine polnische Herkunft verrät. Chubsky sagt zu Berting: „Sie haben mich nur an einen Traum erinnert, den ich auch einmal geträumt habe, den Traum der Selbständigkeit meines Volkes. Aber vielleicht sind wir Polen zu etwas Höherem bestimmt als zur äußeren Macht..."[549]

Goethinsky aus Bierbaums „Prinz Kuckuck" versteigt sich sogar zu der Äußerung, es sei an der Zeit, daß Berlin polnisch werde.

Größenwahn und „Europäertum" Przybyszewskis werden in Holz' Komödie „Sozialaristokraten" karikiert. Taddäus von Styczinski unterstreicht seine Überlegenheit mit den Worten: „Ihr Schmutz trifft mich nicht mehr. Ich stehe zu hoch für Sie. Ich bin Europäer." Und er erhält darauf von Werner die abschätzige Antwort: „Quatsch! Europäer! Mauseratzenfaller sind Sie!"[550]

Als äußeres Kennzeichen für die Figur des polnischen Schriftstellers dient zudem mehrfach seine „Dämonie". Kasimir der Fugenorgler z. B. wird charakterisiert als „ein gar wilder Pole voll von Dämonie und allen Künsten der Blague".[551] In „Gärungen" von Servaes erinnert Krakuschek nicht nur durch sein Äußeres an Mephisto, sondern spielt auch im Ringen Herbrands um Authentizität den Part des Teufels. Strindberg wiederum stattet Popoffsky mit der diabolischen Kraft der Telepathie aus: Der dänische Maler, der sich abfällig über den Russen äußert, wird sofort sonderbar nervös und erbebt wie ein Medium unter dem Einfluß des Hypnotiseurs.[552]

Przybyszewskis Interesse für Satanismus und Okkultismus findet sich in mehreren der erwähnten Figuren wieder. Dimitri Teniawsky erweist sich als Kenner okkultistischer Schriften, den vor allem die Phänomene des geistigen Lebens bewegen. Goethinsky ist Experte für satanische Legenden und diabolische Geschichten; er glaubt nicht nur an den „polnisch-katholischen Teufel", sondern weiß auch bestens über indische und malaiische Dämonen Bescheid, während er in del Pas „eines der höchst seltenen Exemplare aus der fast ausgestorbenen Gattung transsubstanzierter Teufel entdeckt zu haben glaubte, eine lebendige Illustration zu den Satanslegenden und Teufelsgeschichten, die er mit vielem Fleiße und einer sonderbaren Mischung aus Glauben und Spott auf der Bibliothek studierte".[553]

Przybyszewski galt den Deutschen – wie schon gesagt – als „deutscher Sataniker". Er selbst bekannte nach Jahren: „Dieser Satanismus machte meinen Namen überall berühmt oder brachte ihn vielmehr durch unglaubliche Klatschgeschichten in Verruf. Einmal machte man mich zum Hierophanten einer satanistischen oder palladistischen Sekte, ich stand ja angeblich in engen Beziehungen zu Miss Diana Vaughan und Leo Taxil und war natürlich auch Teilnehmer von ‚schwarzen Messen' und gar Baphomets Vertrauter, und in Deutschland fand sich sogar ein, übrigens viel gelesener, Schrift-

---

549 Ibidem, S. 61.
550 A. Holz, *Sozialaristokraten*, op. cit., S. 111.
551 O. J. Bierbaum, *Stilpe*, op. cit., S. 333.
552 Vgl. A. Strindberg, *Inferno*, op. cit., S. 74.
553 O. J. Bierbaum, *Prinz Kuckuck*, op. cit., S. 447. Es handelt sich um eine Anspielung auf die satanologischen Studien, die er 1897 in der Königlichen Bibliothek zu Berlin trieb.

steller namens Landau, der mich in einem Roman als Anführer der Luziferianer verewigte."[554]

Doch nicht Markus Landau, sondern Arthur Landsberger (er studierte in den Jahren von Przybyszewskis größtem Ruhm in Berlin Jura) war der Verfasser des Werks, das hier gemeint ist: „Wie Hilde Simon mit Gott und dem Teufel kämpfte" (1910). Der Roman bietet die Lebensgeschichte eines jungen Mädchens, das die unglückliche Liebe zu einem Pfarrer in den Freitod treibt. Gerade noch gerettet, begegnet sie dem Priester einer Gemeinde von Satanisten, wird in Marseille in die Sekte aufgenommen und empfängt während einer „schwarzen Messe" in Paris unbemerkt ein Kind, das sie nach der Geburt erwürgt. Sie wird zum Tode verurteilt, hält sich selbst aber für heilig und schuldlos.

In dem Roman spielen die Schriften Przybyszewskis eine herausragende Rolle. Der Priester der Marseiller Sekte erklärt Hilde, daß bezüglich satanologischer Schilderungen der Vollkommenste „wohl der Pole Przybyszewski" sei. „Der hat in ‚De profundis' das Äußere und Letzte aus den Tiefen einer Seele offenbart. Huysmans noch, (...) Krains, Maeterlinck – das heißt in früheren Jahren – Karásek – vor allem aber Vigeland... Rops..., das, scheint mir, sind sie aber auch alle."[555]

In einem Vortrag zitiert der französische Satanist Auffassungen Przybyszewskis, führt ganze Passagen aus der „Synagoge des Satans" (mit Quellenangabe) an, beruft sich auf Formulierungen aus „Pro domo mea" usw. Der Name Przybyszewskis erscheint immer dann, wenn eine allgemein anerkannte Autorität benötigt wird. Mehrfach nutzt der Vortragende diese Form des „argumentum ad verecundiam": „Wenn selbst ein fanatischer Diabologe wie Przybyszewski behauptet, das Mittelalter habe in seinem Kampfe gegen Hexen in der Notwehr gehandelt..."[556] Nach dem Vortrag nimmt „Monsieur" Przybyszewski höchstselbst an der Diskussion teil, entwickelt seine Theorien über einen Satanismus als „Religion à rebours, die Religion des Hasses, der Rache und der Unzucht"[557], begründet die Distanz der Satanisten zu religiösen Ketzern und vertritt die These von der inneren Überwindung des Christentums in der Gegenwart, wobei er seine Ansichten mit historischen Beispielen belegt. Nach Meinung Przybyszewskis kann der Satanismus die christliche Religion jedoch nicht ersetzen: „Weil der heutige Satanismus keine Religion der Massen, sondern immer nur die weniger Bevorzugter sein kann. Nicht an der Zahl seiner Anhänger, sondern seiner Opfer ist seine Macht zu messen. Seine Anhänger, das heißt, wir alle hier, sind seine Priester. An der Anerkennung nach außen und einer großen Gefolgschaft liegt uns nichts. Wir wollen die Menschen weder beglücken noch sie erlösen."[558]

---

554 Przybyszewski, *Ferne komm ich her... Erinnerungen an Berlin und Krakau*, Leipzig und Weimar 1985, S. 268.
555 A. Landsberger, *Wie Hilde Simon mit Gott und dem Teufel kämpfte. Der Roman einer Berlinerin*, Berlin 1910, S. 398. Auf dieses Buch verwies W. Hahn in der Studie *Stanislaw Przybyszewski w utworze Arthura Landsbergera* (S. P. in einem Werk Arthur Landsbergers), in: „Neofilolog" 1936, H. 3.
556 Ibidem, S. 429.
557 Ibidem, S. 458.
558 Ibidem, S. 456f.

Zum Opfer wird Hilde Simon, die als zufällige Zeugin des Sabbats, betäubt und willenlos, an den Sexorgien teilnimmt. Die Züge des Sektenführers im Gesicht des neugeborenen Kindes identifiziert sie als Züge Satans. Die Tötung des Kindes bedeutet mithin eine Befreiung aus dessen Macht und zugleich eine Pflichterfüllung gegenüber Gott. Die Schuld am Unglück des Mädchens trägt die Satanssekte, also auch ihr Meister, „Monsieur" Przybyszewski, obwohl er in der Konstruktion des Romans nur eine Nebenrolle spielt. Seine Gestalt ist mit großer Ehrerbietung dargestellt. Seine Bücher gelten nicht nur als interessant, sondern als weltbewegende Ereignisse. „De profundis" wird als *das* Buch der Seele und damit das Buch der Bücher" bezeichnet.[559]

Daß Werke des polnischen Autors oder Hauptmerkmale seines Schaffens in anderen literarischen Texten zitiert werden, ist gewiß ein Zeichen für ihre Funktion in der Lektüre und verweist zugleich auf die Art der Rezeption. In Betracht kommen zwei Möglichkeiten: entweder eine sehr hohe Wertschätzung der Texte oder ihre ironische Travestie. Przybyszewskis literarische Leistung zeigt in den Schöpfungen anderer Schriftsteller ein Janusgesicht – sie wird einerseits zum Gegenstand der Glorifizierung, andererseits zum Objekt der Parodie.

Am schärfsten wird Przybyszewskis Schaffen in Holz' Komödie „Sozialaristokraten" verhöhnt, worauf bereits der Titel von Styczinskis Opus – „Das blutende Lied vom wissenden Gehirn" – sowie sein Essay „Chopin als Urbild des Zentrifugalen" hinweisen; beide sollen in der geplanten Zeitschrift veröffentlicht werden. Glänzend parodiert werden zudem die Ansichten und die Ausdrucksweise des „sonderbaren Polen": „Wir sind alle kranke Sumpfblumen am Jahrhundertende", schwafelt Styczinski. „In unserer Seele singt das Lied von der fliegenden Bakterie. Unserm Blut fehlen die Leukozyten. Auf der Leierkastenwalze unseres Bewußtseins tönt allein die schauerliche Symphonie des Fleisches. Sie objektiviert sich in Chopin. Er allein, der neue Urmensch, schickt unser Gehirn auf die grüne Wiese, er allein denkt in übereuropäischen Dimensionen, er allein baut uns wieder das zertrümmerte Jerusalem unserer Seele. Dies alles, bitte ich Sie, wollen Sie mich niederlegen lassen, verdichtet zu einem Deprofundis?"[560]

Die Wertung Bierbaums ist nicht mehr so eindeutig satirisch. Bei ihm enthält die Charakteristik des Kasimir ambivalente Formulierungen: „Er hatte als Dichter nur ein Thema, Stilpe nannte es die medizinisch-katholische Abgrundweisheit, aber diese beherrschte er mit der Meisterschaft borniert Genies. Sein Dichten war eine Art verzückter Drehkrankheit, und man wußte nicht, ob er sich drehte, um zu dichten, oder ob er dichtete, um sich zu drehen. Doch konnte sich keiner der Macht dieser grandios wirren Eintönigkeit entziehen. Es war schöpferische Besessenheit, die indessen manchmal mehr Beängstigung als künstlerischen Genuß hervorrief."[561]

---

559 Ibidem, S. 443. Okkultistische Kräfte Przybyszewskischer Provenienz werden auch in W. Pastors Roman *Wana* (Leipzig 1897) beschworen, den ich nicht einsehen konnte.
560 A. Holz, *Sozialaristokraten*, op. cit., S. 51. Alle hierin enthaltenen Bilder stammen aus Przybyszewskis Schriften. Walter Beimdick hat in seiner Dissertation einen exakten Vergleich zwischen Äußerungen Styczinskis in Holz' Komödie und Zitaten aus Przybyszewskis Werken vorgenommen (vgl. W. Beimdick, *Arno Holz: „Berlin. Die Wende einer Zeit in Dramen". Untersuchungen zu den Werken des Zyklusfragments*, Münster 1966, S. 74ff.
561 O. J. Bierbaum, *Stilpe*, op. cit., S. 333f.

In seiner Erzählung „Seelenfäden" (1898) parodiert Ernst Schnurr die dekadente Stilistik und das Eintauchen in die eigene Seele, die dem lyrischen Subjekt als „der große, buttergelbe See der Einsamkeit" in „violettem Lichte" erscheint.[562] Zwar erinnern nur einige Passagen an Przybyszewskis Manier, anderes ließe sich auf Dauthendeys Gedichtband „Ultra-Violett" (1893) beziehen, aber eben der „Name" des Polen fällt in diesem Kontext: „Das kann nur der große, der einzige August Przysznubski aus Przemysl gesprochen haben!"[563]

Przybyszewskis Werke erwähnte mehrfach der bekannte Theaterkritiker Ferdinand Hardekopf (der übrigens als literarisches Pseudonym den Namen einer Figur aus „Satans Kinder" wählte: Stefan Wronski). In einem Text für die Münchener „Freistatt" dominieren Motive Przybyszewskis: überempfindliche Nerven, herzerschütterndes Leid, Melancholie und Sehnsucht, Nietzsche als „Philosoph des Kapitalismus", ein Revolver, nach dem der Held greift, und sogar „ein Parfum, das gemischt ist aus White Rose und dem Aroma von polnischem Kirchenaufguß".[564]

Eine andere Erzählung, „Das Theater des Todes", 1907 in der „Schaubühne" publiziert, war eine Persiflage auf den Autor der „Totenmesse", den Hardekopf bewunderte. Inhalt ist ein Gespräch, das Stefan Wronski auf einer Parkbank mit einer gewissen Pola führt. Der lungenkranke, immerfort hustende Wronski meditiert über die „todesschöne Sehnsucht", für ihn ist „alles nur ein Suchen nach jenen letzten, wilden und traurigen Schönheiten, mit denen mein Tod (...) geschmückt sein soll": „Einmal aber, Pola, soll mir das Theater die letzte, große, majestätische Erregung schenken, die Synthese von Sehnsucht und Erfüllung, von Haß und Liebe, von Lust und Ruhe! (...) An diesem Abend aber soll man ein Stück von Stanislaw Przybyszewski spielen. O, ich liebe ihn (ich bin sein Geschöpf), seinen furchtbaren Fatalismus, sein mittelalterliches Flackern, das Pathos seiner Zerstörungssucht und seine Angst, seine urewige, unentrinnbare Lebens- und Todesangst! Die ist der dunkle Grund der Seele, aller Seelen! Und in diesem Stück, das ich mir dunkelbraun, grauenvoll und verzweifelt denke, sollen bleiche Gesichter in die leere Weite starren, mit halben, zersetzten Worten, mit trostlosen Gebärden, in schleichender Verdammnis. (...) O, in dieser Symphonie eines dämonischen Pessimismus soll mir ruhig und leicht werden."[565]

Eine recht deutliche Anspielung auf Przybyszewskis Schaffen findet sich auch in Wilhelm von Polenz' Roman „Wurzellocker" - die Rede ist dort vom gewaltigen Erfolg, den die Schriften des berühmten Polen in Deutschland errangen. Obgleich die angeführten Texte nicht echt sind, verweisen sie durch Stil und Thema unzweideutig auf ihre Vorbilder. In den Bemerkungen des Barons Chubsky sind Ansichten Przybyszewskis unschwer zu erkennen: „Wir stehen in den Anfängen einer Revolution, nicht einer politischen oder sozialen, deren Zeiten sind vorüber - nein, einer Umwertung der Gefühle. Die Morgenröte des ästhetischen Zeitalters steigt herauf, und dieses wird aufgebaut sein auf Nerven. Die Zukunft gehört der Neurose."[566]

---

562 E. Schnurr, *„Seelenfäden". Psycho-polychromes Fragment aus dem Torso: „Ich!"*, in: *Prosa des Jugendstils*. Mit 50 Abbildungen. Hg. v. J. Mathes, Stuttgart 1982, S. 176.
563 Ibidem.
564 F. Hardekopf, *Marasmus. Skizze aus der Décadence*, in: „Freistatt" IV, 1902, H. 49, S. 731.
565 F. Hardekopf, *Das Theater des Todes*, in: „Die Schaubühne" 1907, S. 371f.
566 W. v. Polenz, *Wurzellocker*, op. cit., S. 61.

Auch die Betrachtungen des Helden Fritz Berting, der den Roman „Das Geschlecht" schreibt, erinnern an Theorien Przybyszewskis. Die Auffassung vom Geschlecht als einem ewigen kosmischen Gesetz, die Sinnlichkeit als Inspiration der Kunst, der Sexualismus als Gegenstand künstlerischer Darstellung – dies und weiteres verrät die Herkunft aus frühen Werken des „genialen Polen". Berting meint: „Ich habe etwas Starkes, Neues, Unerhörtes geben wollen. Das Geschlechtsleben in aller beherrschenden herrlichen Kraft und Unbändigkeit habe ich versucht darzustellen. Den Begriff der Unanständigkeit gebe ich in der Kunst nicht zu. Die Natur, deren Jünger wir sind, kennt ihn auch nicht. Wir Jungen haben den Mut, die Kleider abzuwerfen, nackt hinzutreten vor alles Volk. Wir zeigen das Natürliche, wie es ist, und nehmen dadurch der Lüsternheit den geheimen Anreiz. Ich habe zeigen wollen, daß das Geschlecht im Menschen die Zentrale ist, der Urkeim, der Leittrieb, das, wovon sein Leben, unser Denken, Fühlen, Handeln bestimmt wird."[567]

Die beste Beschreibung von Eindrücken nach der Lektüre Przybyszewskis aber bietet Johannes Schlafs Roman „Das dritte Reich" (1900). Der Verfasser gestaltet in diesem teilweise autobiographischen Buch Erlebnisse aus den Jahren 1892-1897. Die Handlung erstreckt sich zwar nur über wenige Monate, doch es werden Tatsachen aus mehreren Jahren angeführt: die Reaktion auf Przybyszewskis 1892 veröffentlichte Broschüre „Zur Psychologie des Individuums", Dispute über die Literatur in einem Lokal namens „Drachenhöhle", Nachklänge auf die Freundschaft mit Holz, der als Jost auftritt, Auskünfte über Momberts Gedichtband „Die Schöpfung" und anderes.

Held des Romans ist ein 28jähriger Doktor der Philosophie, Emmanuel Liesegang, der an einer Monographie über Fichte schreibt. Die Geschichte steckt voller Visionen und Halluzinationen des Helden, den eine psychische Erkrankung heimsucht und der sich schließlich im Wahn erschießt.[568] Von empfindsamer Natur, reagiert Liesegang höchst emotional auf einen bestimmten Literaturtyp, etwa auf Maupassants „Le Horla". Nachdem er einen Auszug aus Przybyszewskis Essay „Chopin und Nietzsche" gelesen hat (zitiert wird der Passus von Chopins Sehnsucht), schiebt Liesegang „fast heftig" die Broschüre beiseite. „Er hatte sich entfärbt, seine Hände zitterten und es überlief ihn eine fliegende Angst."[569]

Schlafs Held ist einer jener „Certains", die Przybyszewski in der Einleitung zur „Totenmesse" erwähnt hat. Sein Traum vom „dritten Reiche", das die Geburt des Individualismus bewirke, entstammt weniger den Schriften Nietzsches als denen Przybyszewskis. Die Gedankenwelt des letzteren durchzieht verschiedene Schichten von Schlafs Werk, die Figurenkonstruktion ebenso wie den Ideengehalt. Gotthard, Liesegangs Freund, der ihm „Zur Psychologie des Individuums" beschafft hat, spricht im Stil Przybyszewskis über Psychosen und Neurosen als Quellen einer neuen Kultur: „Wir hörten seine Klage und Sehnsucht und seinen neuen – Willen! Die neue, werdende Seele! Die neuen Nerven! Und – der werdende, neue Körper? Der neue, große Kollektivkörper einer neuen Kultur und der neue – Individuelle? Der werdende

---
567 Ibidem, S. 263.
568 Schlaf durchlebte zu dieser Zeit eine schwere Nervenkrise, er wurde mehrfach in Heilanstalten eingewiesen.
569 J. Schlaf, *Das dritte Reich. Ein Berliner Roman*, Berlin 1900, S. 63.

Neue?"[570] In Liesegangs Antwort schwingt das Echo von Przybyszewskis Theorien mit: „Aller Übergang ist Leiden und aller Offenbarungen und Rätsel trächtig."[571]

Erkennungsmerkmal für den polnischen Autor war den Zeitgenossen jedoch vor allem seine These vom allgegenwärtigen Geschlecht (polnisch „chuc"), denn Przybyszewski maß als erster in der deutschen Literatur diesem Problembereich eine so große, metaphysische Bedeutung bei. Wilhelm Bölsche, der Friedrichshagener Bekannte, schreibt in seiner umfangreichen naturwissenschaftlichen Abhandlung „Das Liebesleben in der Natur" (1909) dem Stichling (einem Fisch, den er gleich vielen anderen Tieren in dem Buch wissenschaftlich observiert) Eigenschaften oder vielmehr Ansichten des Polen zu. „Herr Stachelinsky", wie Bölsche sein schuppiges Untersuchungsobjekt nennt, neigt zur Polygamie, fühlt sich überlegen und betont stets den Unterschied der Geschlechter.[572]

Przybyszewskis Ideen sind auch in Servaes' Roman „Gärungen" zu entdecken, obwohl sie dort Elemente bilden, die es zu überwinden gilt. Die infernalische Gestalt des Spiridion Krakuschek verkündet Theorien über „das stupide Gehirn", „die Kraft der Instinkte", „das Evangelium der Erlösung", über das Genie, die Ekstase, den Wahn, das Fieber usw. Der tschechische Schriftsteller, in dem der Instinkt der Vernichtung schlummert, erkennt in der Frau vornehmlich das Weibchen, die Poesie aber kommentiert er so: „All dieser berückende Zauber ist nichts anderes als dumpfes Kreisen des Geschlechtswillens in uns, vom Gehirn falsch interpretiert und dadurch sublimiert."[573]

Krakuschek wird „Lockspitzel der Moderne" geheißen, sein Evangelium des Chaos, welches die Erlösung bringen soll, wird abgelehnt: „Die Menschheit muß wieder zum Chaos zurück. Alles aus dem Urschleim aufs neue gebären! Das Gehirn hat uns überall in die Sümpfe gelockt. Wir kranken an Hypertrophie des Bewußtseins. Nur das Unbewußte, das Unterbewußte kann uns retten. ‚Rückenmark wider Gehirn' – he, he, das sei unser Schlachtruf! Und unser Mittel – der Rausch!"[574] Herbrand, der die geistige Auseinandersetzung schon hinter sich hat, beurteilt die Vorschläge seines dämonischen Freundes so: „Das alles war das ‚Chaos'? Chaos – wohl! Aber keines, das fruchtbar zu werden vermochte! Keines, das einen ‚tanzenden Stern' noch gebären konnte!!"[575]

Krakuschek freilich wird als herausragende Individualität beschrieben. Er ist ein intellektueller Widerpart, der seinem Gegner Achtung abnötigt. „Ein Kerl", sagt Proscke zu Herbrand, „der alles umschmeißt: Ästhetik, Wissenschaft, Gesellschaft und Tod und Teufel!"[576] Schon zu Beginn des Romans wird er als ungewöhnliche Erschei-

---

570 Ibidem, S. 66.
571 Ibidem.
572 W. Bölsche, *Das Liebesleben in der Natur. Eine Entwicklungsgeschichte der Liebe*, Bd. 1, Jena 1924, S. 370-389 (Kap. *Herr Stachelinsky*).
573 F. Servaes, *Gärungen*, op. cit., S. 202. Ein weiteres Werk von Servaes – der Roman *Todesreif*, der nie erschienen ist – entstand sichtlich unter Przybyszewskis Einfluß. Nach Meinung des Polen hat Servaes darin die *Totenmesse* plagiiert (vgl. Brief an Servaes von Ende Dezember 1893 in *Listy* [Briefe], Bd. 1, S. 101).
574 Ibidem, S. 186.
575 Ibidem, S. 372.
576 Ibidem, S. 54.

nung apostrophiert: „Hast du 'ne Ahnung, wer ‚Spiridion Krakuschek' ist? Nicht? Dacht' ich mir schon! Die neue Sensationsnummer des geistigen Berlin ist ihm einfach völlig unbekannt geblieben! Spiridion Krakuschek (...) ist also zur Zeit der Abgott der Tafelrunde zum ‚Eisernen Drachen'! - und da sitzen bekanntlich die geistreichsten Leute von Ganz-Berlin! Wer er nun ist? Ein Böhme! (...) Halb Musikant, halb Gelehrter!"[577]

Spiridion, „ein Genie slawischer Rasse", beeinflußt seine Umgebung enorm. Die Berliner Künstler erliegen dem Reiz seiner einnehmenden Art, seine Ansichten werden als Offenbarungen gehandelt. Das Bild Przybyszewskis, gezeichnet von einem einstigen Freund, enthüllt das Ringen um Befreiung von der Dominanz dieses Mannes und die letztliche Enttäuschung über die „sonderbare" Persönlichkeit; es zeigt eine ganze Skala ambivalenter Gefühle, doch bei alledem ist es faszinierend.

Als Idol der Jugend erscheint Przybyszewski übrigens auch in Polenz' Roman „Wurzellocker": „Michael Baron Chubsky gehörte, wenn auch nicht zu den führenden Geistern, so doch zu den Wetterpropheten und Zeichendeutern der Moderne."[578] Der „berühmte Pole" zählt Oscar Wilde ebenso zu seinen Bekannten wie Strindberg, Hansson oder Bahr, und „Verkehr haben mit einem Menschen wie Michael Chubsky hieß: in Verbindung stehen mit allen Richtungen und Schulen, mit allen Künstlern und Gelehrten, die augenblicklich den Ton angaben im literarischen Weltorchester."[579]

Zwei bedeutende deutsche Dichter haben Przybyszewskis Namen in ihrem poetischen Werk verewigt. Alfred Mombert richtete in seinem Band „Die Schöpfung" das 26. Gedicht „An Stanislaw Przybyszewski, den Lieben und Guten".[580] Und Richard Dehmel erkannte dem Polen in seinem Gedicht „Venus sapiens" aus dem Band „Aber die Liebe" (1893) die Rolle des biblischen Jonathan zu, indem er schrieb:

„Jonathan, hier steh ich nackt;
du mein Bruder, Freund, Berater."[581]

Als er nach Jahren zu den Erinnerungen seiner Jugend zurückkehrte, beschwor er im Gedicht „Venus metaphysica" (1907) auch die Gestalt des polnischen Freundes:

„Strindberg, herrlichster der Hasser,
Scheerbart, heiliges Riesenkänguruh,

---

577 Ibidem, S. 52f.
578 W. v. Polenz, *Wurzellocker*, op. cit., S. 49.
579 Ibidem, S. 50.
580 A. Mombert, *Die Schöpfung*, Leipzig 1897. In späteren Ausgaben fehlt die Widmung.
581 R. Dehmel, *Aber die Liebe*, München 1893, S. 225. In dem drei Jahre später herausgegebenen Band findet sich auch ein Gedicht an Dagny, *Unsre Stunde*, das wegen seines leicht zweideutigen Inhalts hier angeführt sei: „Denn sieh: Linien deiner Hand, / sieh, sind den meinen viel zu gleich. / Du scheinst mir plötzlich so verwandt, / so vorbekannt, / vielleicht aus einem andern Reich. // Ich hatte Schwester, die ist tot. / Sei nicht so stumm, als wärst du taub! / Die Abendwolke dampft so rot / durchs junge Laub, / als ob sie uns Blutschande droht. // Horch! Ja, so wild und unverwandt, / wie jetzt die Nachtigall da schlug, / zittert dein Herz in meiner Hand. / Wir wissen es; das ist genug / für uns." (R. Dehmel, *Lebensblätter. Gedichte und anderes*, Berlin 1895; das Bändchen verlegte die Zeitschrift „Pan" in 1050 Exemplaren.)

> und vor allen du, mein blasser,
> vampyrblasser Stachu, du,
>
> der mit mir durch manche Hölle
> bis vor manchen Himmel kroch,
> Cancan tanzend auf der schwindelnden Schwelle –
> Przybyszewski, weißt du noch:
>
> wie wir, spielend mit der blöden
> Sucht nach unserm Seelenheile,
> angestachelt von der öden
> Wüstenluft der Langeweile
>
> und der Glut der Toddydünste,
> unser Meisterstück begingen
> in der schwierigsten der Künste:
> über unsern Schatten zu springen?!
>
> Wie wir jedes Weib verpönten,
> das nicht männlich mit uns tollte;
> wie wir selbst auf Nietzsche höhnten,
> der noch ‚Werte' predigen wollte!
>
> Denn auch wir, wir waren jeder
> mehr als weiland Faust verschrieen.
> Darum schrieb ich auf meinem Dichterkatheder:
> Doctor sämtlicher Philosophien!
>
> Und da sah ich endlich sie erscheinen,
> die noch niemals jemand sah,
> sie, die Schöpferin des All-Einen,
> sie, des Satans Großmama:
>   VENUS METAPHYSICA."[582]

Przybyszewski hatte sich zweifellos tief in Gedächtnis und im Unbewußten Dehmels eingegraben. Nicht nur das „dämonische" Spiel des polnischen Freundes, sondern auch einige seiner äußerst treffenden Beobachtungen vermochten in dem deutschen Dichter eine Kette von Assoziationen, mitunter gar Obsessionen zu wecken, die den neurotischen Mann dann monatelang beschäftigten. Anschaulich illustriert wird dieser Sachverhalt in der Erzählung „Die Rute", in der leitmotivisch eine Formel wiederkehrt, mit der Przybyszewski Dehmel einst charakterisiert hatte: „Hahnrei seines Bewußtseins". Der Held, Ehemann und Vater einer dreijährigen Tochter, ist von dem Wahn besessen, die Metapher des polnischen Freundes habe bewirkt, daß

---

582 R. Dehmel, *Die Verwandlungen der Venus. Erotische Rhapsodie*, Berlin 1922, S. 87f.

Frau und Tochter ihn nun ganz anders wahrnähmen. Er hält die einsetzenden Wutanfälle für Anzeichen innerer Erregung: „Das Wort des Polen war ihm doch wohl tiefer gegangen, als er damals dachte", und „Hahnrei des Bewußtseins! schoß ihm das Blut in die Schläfen; verdammt ja, wie eine Ohrfeige."[583]

Mit seiner Formulierung hatte Przybyszewski Dehmel die Gefahr des „Bewußtseinsüberhangs" verdeutlicht. Dehmel hingegen, der Przybyszewski einen „Jeremias der entartenden Instinkte" genannt hatte, attackierte die Überbewertung des Unbewußten. Begreiflich daher, daß die Begegnung eines Menschen von Instinkt, Gefühl und Unbewußtem mit einem „bewußten" Menschen, einem Intellektuellen, so leidenschaftlich und zugleich von kurzer Dauer war. Es war eine Begegnung zweier ungewöhnlicher künstlerischer Persönlichkeiten, die im Schaffen beider tiefe Spuren hinterlassen mußte. Die Einflüsse Przybyszewskis – von ihnen war bereits die Rede – bemerkten auch die Zeitgenossen. Nach Meinung von Dehmels zweiter Frau Ida wäre seine Novelle „Die Gottesnacht. Ein Erlebnis in Träumen" ohne die Inspiration Przybyszewskis vermutlich nie entstanden.[584]

Das aus fünf Träumen komponierte Prosawerk erinnert nur zu einem gewissen Grade an Texte des „sonderbaren Polen". Surrealistische und expressionistische Darstellung, das Spiel mit grellen Farben, die Polarisierung der Bilder, der Gebrauch von Metaphern wie Strudel, Trichter, Spaltung des Ichs etc. verraten zwar einige Berührungspunkte (vielleicht hat erst der Pole Dehmel auf die Rolle von Träumen, Visionen und Halluzinationen aufmerksam gemacht), doch identisch mit den poetischen Verfahren Przybyszewskis sind sie nicht. Die Stimmung der Novelle, die von innerer Unruhe, Hohn und Gewissensqualen geprägt ist, erinnert in manchem an Przybyszewski[585], obwohl seine Inspiration hier weit weniger ins Auge fällt als etwa in den Werken von Johannes Schlaf.

„Sommertod" (1897) von Schlaf, der zweite Text in dem gleichnamigen Novellenband, ähnelt in seiner Atmosphäre „Vigilien" und „De profundis". Ein fiebernder Held, erfüllt von innerer Unruhe, besessen von krankhaften Phantasien, Halluzinationen und der Sehnsucht nach einer Geliebten, nach jener Einzigen, die er in unterschiedlichen Frauen wähnt, findet Erlösung und Liebeserfüllung im Freitod. Die Suche nach Vollkommenheit und Einheit in der Liebe, die androgyne Vereinigung, deren Evangelium Przybyszewski verkündet hatte – beides zusammen wird zum Grundgedanken im Werk des deutschen Freundes: „Aber immer Ich und Du! Das ist alles! So unaussprechlich schlicht und einfach ist dieses Evangelium. Ich und Du! Gott, Diesseits und Jenseits, Welt, Leben und Tod, Geburt und Wiedergeburt, Himmel und Hölle, Endlichkeit und Ewigkeit: alles, alles ist darin!"[586]

---

583 R. Dehmel, *Die Rute. Eine bedenkliche Geschichte*, in: *Lebensblätter. Novellen in Prosa*, Berlin 1923, S. 110, 117.
584 Vgl. I. Dehmel, *Przybyszewski, wie ich ihn sah*, in: „Pologne Littéraire" 1934, Nr. 96. Auch die Ballade *Die Tochter der Sonne*, die Polen gewidmet war (erwähnt werden darin u. a. Maria Lubomirska, Potocka, Franciszka Krasinska), geht sicherlich auf eine Anregung des polnischen Freundes zurück.
585 Vgl. R. Dehmel, *Die Gottesnacht. Ein Erlebnis in Träumen*, in: *Lebensblätter. Novellen in Prosa*, op. cit.
586 J. Schlaf, *Sommertod*, in: *Sommertod*, Leipzig 1897, S. 87.

Wie schon die Figuren Przybyszewskis, erlebt Schlafs Held das Hochgefühl nicht frei von Zweifeln. Die Wonnen der Liebe, bei denen es zur Weihe des Objekts erotischer Begierde kommt, werden begleitet von Ekel und Abscheu gegenüber der Körperlichkeit, vom Verlangen nach mystischer Einheit, die nur in der Sphäre der Transzendenz, also in der Stunde des Todes, zu erreichen ist.

Ein weiteres Werk Schlafs, das Drama „Die Feindlichen" (1899), ist von der „Atmosphäre Przybyszewskis" erfüllt. Das Kammerspiel (der Buchausgabe fügte der Verfasser den Essay „Vom intimen Drama" hinzu) handelt in Berlin zur Weihnachtszeit, im Haus eines jungen Ehepaares, dessen Harmonie von einem leicht dämonischen Freund und Künstler gestört wird, welcher in der Gattin – wie sie glaubt – dank seiner unwiderstehlichen Suggestivkraft eine unerklärliche Neurose erzeugt, die der Liebe gleicht. Die Frau Asta von Heinrich überreichten Zeichnungen à la Munch, die einen starken slawischen Akzent aufweisen, scheinen das Unbewußte der Dame zu beeinflussen, indem sie ein durch Abneigung und Furcht verdrängtes Gefühl zutage befördern. Heinrich, „der tragikomischste Grandseigneur von der Welt"[587], wie er sich im Gespräch mit Asta nennt, empfiehlt als Weg zur Befreiung beider aus dem hypnotischen Zustand – den Selbstmord.

Ida Dehmel hatte in ihrer Erinnerung an Przybyszewski vermerkt, daß sein Einfluß auf die damalige Generation junger Künstler gewaltig war.[588] Die Spuren jenes geistigen und künstlerischen Ferments, dessen vollkommene Inkarnation Przybyszewski anscheinend gewesen ist, haben sich in zahlreichen literarischen Texten der Epoche erhalten.[589] Ferdinand Hardekopf begründete gar einen Mythos von der „Zeit Przybyszewskis", als er 1914 in der Zeitschrift „Die Aktion" folgende Strophe veröffentlichte:

> „Aus der Zeit Przybyszewskis sind wir hinterblieben:
> Gespenster, die Lautrec und Verzweiflung lieben.
> Wir haben nichts mehr, was einst wir besessen,
> In Cinémas versuchen wir Grauen zu fressen."[590]

Das literarische Image des „genialen Polen", wie es uns aus den mannigfaltigen Texten entgegentritt, scheint zu bezeugen, daß Przybyszewski unabhängig davon, wie er in deutschen Künstlerkreisen aufgenommen wurde – spöttisch-ironisch oder mit

---

587 J. Schlaf, *Die Feindlichen. Drama in vier Aufzügen*, Minden 1899, S. 88.
588 Vgl. I. Dehmel, *Przybyszewski, wie ich ihn sah*, op. cit., S. 2.
589 Dies wäre zweifellos ein Thema für sich. Die Schriften und Theorien Przybyszewskis haben in vielen Werken der deutschen Literatur Niederschlag gefunden, z. B. in dem bereits erwähnten Roman *Wana* von Willy Pastor oder in Gedichten von Erich Mühsam, von denen eines wiedergegeben sei: „Meine Seele ist so rein – / keine Scham ist ihr zu eigen. – / Nackend steht sie, ohne Hemd / abseits euerm Lebensreigen." (E. Mühsam, *Die Wüste*, Berlin 1904, S. 38.) Przybyszewski wirkte zudem stark auf die deutschsprachigen Schriftsteller der Prager Moderne, etwa auf Paul Leppin, dessen Debüt *Die Türen des Lebens* von der Atmosphäre seiner Romane durchdrungen ist. (Darauf hat B. Koseková hingewiesen in dem Beitrag *Ein Rückblick auf Paul Leppin*, in: *Weltfreunde. Konferenz über die Prager deutsche Literatur*, Prag 1967, S. 225f.)
590 F. Hardekopf, *Wir Gespenster (Leichtes Extravagantenlied)*, in: „Die Aktion" 1914, Nr. 4, Sp. 80.

ehrerbietiger Bewunderung –, das Ferment für mancherlei Gärung, ja vielleicht die Inspiration für ästhetische Innovationen lieferte.

5 IN DEN ARCHIVEN DER LITERATUR. DEUTSCHE FORSCHER ÜBER DAS SCHAFFEN STANISLAW PRZYBYSZEWSKIS (1928-1992)

5.1 Der vergessene Priester des Absoluten? (1928-1970)

Stanislaw Przybyszewskis Schriften hatten ihre deutschen Leser bereits lange vor dem Tod des Verfassers verloren. Rasch waren sie auf den verstaubten Regalen der Bibliotheken gelandet, noch zu Lebzeiten des Autors begrub man sie in „Literaturarchiven". Die Explosion der Gefühle und das breite emotionale Spektrum, die ekstatisch-visionäre Erfahrung einer unbewußten Realität, die eigentümliche Verknüpfung von Seelenmystik und körperlichem Vitalismus – alles das, was die Rezipienten des Fin de siècle fasziniert hatte, entbehrte für die nachfolgenden Generationen jener einzigartigen Spannung, die im Akt der Lektüre unerhört starke emotionale, intellektuelle und paramystische Empfindungen geweckt hatte.

Waren Przybyszewskis Werke damit unwiderruflich in ihrer „Papiergruft" begraben? War der Schriftsteller ein für allemal aus dem Blickfeld deutscher Leser verschwunden, insbesondere jener elitären Zirkel, an die er sich vornehmlich gewandt hatte?

Die Jahre zwischen den Weltkriegen brachten kein größeres Interesse für das Schaffen des „genialen Polen" der Jahrhundertwende. Man griff sporadisch nach seinen Büchern, meist in Zusammenhang mit Forschungen zu Richard Dehmel, gelegentlich für Synthesen und Interpretationen zur Epoche der Moderne. Um so überraschender – aber in gewissem Sinne bezeichnend, denn es handelt sich um die chronologisch erste Äußerung in der deutschen Presse und damit um den Beginn einer neuen Rezeptionsphase – klingt in diesem Kontext eine Notiz, die 1929 unter der vielsagenden Überschrift „Bücher, die lebendig geblieben sind" in der Zeitschrift „Die literarische Welt" auftauchte.[591] Max Hermann zählte einige Titel Przybyszewskis auf und verwies auf den antizipatorischen Charakter dieser „prägnanten, geschlossenen Werke".[592] Die ekstatischen Poeme des Polen vom Ende des 19. Jahrhunderts hatten nach Meinung des Kritikers das Programm der Expressionisten vorweggenommen, die zentralen Themen dieser Literatur – „die Schicksalstragödie des Geschlechts" und „das Kräftespiel der politischen Revolution" – aber waren unterdessen ins Zentrum der Aufmerksamkeit gerückt. Vor allem der Roman „Satans Kinder" wirkte aus der Sicht der Gegenwart ungewöhnlich aktuell, denn in Rußland hatte sich ein bolschewistischer Umsturz ereignet. Der Verfasser des Artikels zeigte sich verwundert, daß das scharfsinnige Buch, das sich durch eine spannende Handlung und eine hohe Situati-

---

591 Vgl. M. Hermann, *Bücher, die lebendig geblieben sind*, in: „Die literarische Welt" 1929, Nr. 17, S. 6.
592 Ibidem.

onsdramatik auszeichnete, nicht zum Bestseller geworden war. Mit seiner Bewunderung für die Werke des einstmals berühmten „deutschen Satanikers" stand Max Hermann jedoch allein. Das Schaffen Przybyszewskis wurde in den meisten Synthesen zum Fin de siècle ignoriert.[593] Der Name des „genialen Polen" wurde von Zeit zu Zeit als Exempel für extreme Dekadenz und Satanismus angeführt, etwa in einer Monographie von Elisabeth Darge, die in dem polnisch-deutschen Künstler einen neurotischen Décadent erblickte, denn er „zeigt nichts anderes als den ins Satanistische gesteigerten Typ des neuromantisch-dekadenten Lovell".[594]

W. G. Wille, der Verfasser einer Dissertation mit dem Titel „Studien zur Dekadenz in Romanen um die Jahrhundertwende", erörterte ausführlich den Roman „Satans Kinder", in dem sich der modernistische Autor eindeutig als „Jeremias der entarteten Instinkte" entlarvt habe.[595] Er habe darin den Typ des dekadenten Anarchisten geschaffen, die „reine nackte Individualität" ohne Verbindung zur Außenwelt. Mit diesem Konzept der „Individualität", das schon in den frühen Werken Przybyszewskis präsent sei, habe er eine expressionistische Richtung eingeschlagen.

Eine Information zu Przybyszewski enthielt auch die Monographie Alexander von Guttrys, die Charakteristiken polnischer Autoren für deutsche Rezipienten offerierte. Der Pole erschien darin zwar als Vorbote einer neuen Kunst, als Erneuerer und Meister der Sprache, die Informationen strotzten jedoch von Fehlern (das betraf insbesondere die Erscheinungsdaten der einzelnen Werke), und der polnische Literaturkritiker gelangte über stereotype Wertungen zu Werk und Wirkung Przybyszewskis innerhalb zweier nationaler Literaturen nicht hinaus.[596]

Der Name des Verfassers der „Totenmesse" fiel in mehreren Arbeiten zum Schaffen Richard Dehmels, weil nach Auffassung der Forschung Przybyszewski einen wesentlichen, wenngleich in manchen Aspekten flüchtigen Einfluß auf den deutschen Dichter ausgeübt hatte. Harry Slochower entdeckte diesen Einfluß vor allem in der Übernahme sexueller Motive und in der Verklärung des Unbewußten, was Dehmel zweifellos seinem polnischen Freund verdanke.[597] Auch nach Meinung Fritz Horns hatte Dehmel von Przybyszewski (Horn schrieb: Prybyzewski) die Konzeption des Kampfes zwischen Gehirn und Geschlecht sowie die Manier übernommen, erotische Fragen halb wissenschaftlich und halb mystisch zu diskutieren. Das Eintauchen ins Unbewußte bildete allerdings für den deutschen Dichter eine gewisse Gefahr, und die

---

593 Przybyszewski wurde nicht einmal in Büchern erwähnt, die offenkundig an seine Konzepte anknüpften; so geschehen z. B. bei Ludwig Klages, der sich – allem Anschein nach – auf die Sexualtheorie des Polen beruft, ohne dessen Namen zu nennen (vgl. L. Klages, *Der Geist als Widersacher der Seele*, Bd. 1: *Leben und Denkvermögen*, Leipzig 1929, S. 7).
594 Vgl. E. Darge, *Lebensbejahung in der deutschen Dichtung um 1900*, Breslau 1934, S. 246. Das Urteil bezieht sich insbesondere auf „Totenmesse", welche für die Verfasserin „eine brutal-hysterische Schilderung des vergeblichen Ringens des Degenerierten um Befriedigung des natürlichen Triebes" ist (ibidem).
595 W. G. Wille, *Stanislaw Przybyszewski: „Satanskinder". 1905*, in: *Studien zur Dekadenz in Romanen um die Jahrhundertwende*, Diss., Greifswald 1930, S. 105 (Wille schreibt die Äußerung fälschlich Schlaf zu; er verwechselt dabei das Erscheinungsjahr des Romans).
596 Vgl. A. v. Guttry, *Unbekannte Literatur. Charakteristik polnischer Dichter*, Paris 1931, S. 29-35.
597 Vgl. H. Slochower, *Richard Dehmel. Der Mensch und der Denker. Eine Biographie seines Geistes im Spiegelbild der Zeit*, Dresden 1928, S. 22.

monistische Weltanschauung, deren Achse das Geschlecht war, wurde von ihm bald durch einen Dualismus aus Trieb und Geist, aus sinnlicher und idealer Sphäre ersetzt. Für Przybyszewski blieb die Frau die Verkörperung der Sinnlichkeit, der Fortpflanzung, der Materie – so Horn –, während Dehmel in „Die Verwandlungen der Venus" alle denkbaren Phasen des Übergangs vom reinen Trieb über die Sinnenfreude bis zur höchsten Geistigkeit beschrieb.[598]

Festzuhalten wäre, daß der sonderbare Künstler der Jahrhundertwende während der Zwischenkriegszeit in Vergessenheit geriet, zumal das Interesse für vergangene Literatur damals ohnehin nicht groß war, auch in Polen nicht. Hinweise auf Przybyszewski begegneten sporadisch und besaßen nur geringen literaturgeschichtlichen Wert. Hermann Sternbach veröffentlichte in der „Zeitschrift für slawische Philologie" eine Rezension zum zweiten Band der Przybyszewskischen Erinnerungen[599], der Journalist Leon Przybyszewski, ein jüngerer Bruder des Schriftstellers, schrieb anläßlich des in Berlin begangenen 70. Geburtstages von Johannes Schlaf im „Posener Tageblatt" über die Freundschaft der beiden Männer und die Bedeutung Przybyszewskis für die deutsche Literatur[600], Hans Braun schließlich druckte in der gleichen deutschsprachigen Zeitung zwei publizistische Beiträge über die Schulzeit und den künstlerischen Werdegang des Satanisten vom Goplo-See.[601]

Die erste fundierte Studie über Stanislaw Przybyszewski in deutscher Sprache wurde erst nach dem Zweiten Weltkrieg und in Polen verfaßt. 1948 erschien an der Universität Lódz als Doktorarbeit Emilia Szarlitts anregende Monographie „Das deutsche Werk von Stanislaw Przybyszewski", die freilich ungedruckt blieb.[602] Die Arbeit war lange vor Helsztynskis monumentaler Biographie „Przybyszewski. Opowiesc biograficzna" entstanden, die Verfasserin konnte jedoch auf einige Vorstudien des verdienstvollsten Przybyszewski-Forschers sowie auf den ersten Band der Briefausgabe zurückgreifen. Die eher schmale Arbeit bietet eine Charakteristik der Berliner Schaffensphase Przybyszewskis, seiner deutschen Verbindungen und seiner Rolle innerhalb der damaligen künstlerischen Boheme, die Autorin analysiert die Bezüge zur deutschen und zur französischen Literatur (im Kapitel „Stanislaw Przybyszewski in Berlin") und versucht eine Interpretation seiner Werke aus dieser Zeit. Sie widmet sich darüber hinaus der Organisation des literarischen Materials (in Romanen, Dramen und Rhapsodien) und der Deskription der wesentlichen Motive, zu denen sie Kunst, Musik, Sehnsucht, Liebe, Leiden, Vaterland, Natur, Meer, Angst, Politik und Religion zählt (im Kapitel „Das deutsche Werk von Stanislaw Przybyszewski"). Obgleich die Arbeit im Grunde nicht über frühere Befunde polnischer Literaturforscher (sowie

---

598 Vgl. F. Horn, *Das Liebesproblem in Richard Dehmels Werken*, Berlin 1932, S. 9-13.
599 Vgl. H. Sternbach, *Stanislaw Przybyszewski. „Moi wspólczesni. Wsród swoich"*, in: „Zeitschrift für slawische Philologie" 1931, S. 503ff.
600 Vgl. L. Przybyszewski, *Johannes Schlaf und Stanislaw Przybyszewski*, in: „Posener Tageblatt" 1932, Nr. 202, S. 2 (die polnische Version, unterschrieben *Noel*, veröffentlichte der „Dziennik Poznanski" 1932, Nr. 162).
601 Vgl. H. Braun, *Aus Przybyszewskis Gymnasialzeit*, in: „Posener Tageblatt" 1934, Nr. 210, S. 5, sowie *Przybyszewski und seine Landsleute*, in: „Posener Tageblatt" 1936, Nr. 65, S. 3.
602 Vgl. E. Szarlitt, *Das deutsche Werk von Stanislaw Przybyszewski*, Lódz 1948 (die Maschinenschrift wird in der dortigen Universitätsbibliothek aufbewahrt).

des Franzosen Maxime Herman, dessen Buch von 1939 mehrfach zitiert wird[603]) hinausgeht, kommt ihr unstreitig das Verdienst zu, das deutschsprachige Schaffen Przybyszewskis synthetisch betrachtet und Probleme, mit denen sich erst die Nachfolger auseinandersetzten, sortiert zu haben.

Nach dem Zweiten Weltkrieg verstärkte sich Przybyszewskis Präsenz in deutschen literaturgeschichtlichen Synthesen. Eine interessante, wenn auch sehr knappe Interpretation seines künstlerischen Werks lieferte die umfangreiche, über 900 Seiten zählende Monographie von Ernst Alker aus dem Jahr 1949. Przybyszewski wurde dort als exzentrischer Autor dargestellt, dessen Schriften, verstanden als Dokumente der Dekadenz bzw. des psychologischen Symbolismus, die Zeitgenossen zweifellos beeinflußten. Nach Ansicht des deutschen Literaturhistorikers war der Schriftsteller seiner Epoche weit voraus, wirkte als Wegbereiter des Surrealismus und vertrat in seinen Essays eine Theorie, die eine spätere Auffassung vom Poem des 20. Jahrhunderts vorwegnahm.[604]

Auch Paul Fechter erklärte in seinem bekannten Buch „Das europäische Drama", daß Przybyszewski, wiewohl er mit seinem Schaffen noch ins 19. Jahrhundert gehöre, eine zarte Brücke zum religiösen Poem des Westens geschlagen habe, insbesondere zu Claudel.[605] Seine Dramatik, erwachsen aus der Strindbergschen Atmosphäre von Geschlechterkampf, Liebesqual und Lebensüberdruß, nehme eine Sonderstellung zwischen dem Werk des Schweden und den Dramen Max Halbes ein.[606] Von allen Stücken Przybyszewskis, die der Theaterhistoriker untersuchte, schätzte er „Die Mutter" am höchsten, weil er darin – und das ist bemerkenswert – die Projektion einer universellen, hamletschen Situation erblickte.

In der renommierten Monographie „Impressionismus" der beiden Autoren Richard Hamann und Jost Hermand aus dem Jahr 1960 wurde Przybyszewski, u. a. als einer der Lieblingsautoren von Debussy, des öfteren erwähnt.[607] Um Przybyszewski und Hille habe sich im „Schwarzen Ferkel" die künstlerische Boheme im Berlin der neunziger Jahre versammelt, berichteten die Verfasser. Die frühen Werke des Polen bildeten interessante Beispiele für eine dekadente Form der Erotik, seine Texte seien von neoromantischer Stimmung erfüllt, die Studien und Essays enthüllten Entstehungsmechanismen einer subtilen Kunst der Anspielung. Hamann und Hermand versicherten sogar, Paul Bekkers Buch „Beethoven" von 1911, das voller impressionistischer An-

---

603 Es handelt sich um das Buch *Un Sataniste Polonais. Stanislaw; Przybyszewski (de 1868 à;1900)*, Paris 1939. Ähnlich wie Maxime Herman interpretiert die Verfasserin etwa den Satanismus Przybyszewskis – zu Unrecht – als Spielart des Prometheismus. E. Szarlitt bestätigt überdies die These Boy-Zelenskis (enthalten in dem Artikel *Francja w „Mlodej Polsce"* [Frankreich im „Jungen Polen"], in: „Wiadomosci Literackie" 1935, Nr. 22) vom Einfluß der französischen Literatur auf Przybyszewskis Schaffen, wozu sich dieser in seinen Erinnerungen freimütig bekannt hat.
604 Vgl. E. Alker, *Die deutsche Literatur im 19. Jahrhundert (1832-1914)*, Stuttgart 1969, S. 855f. (die erste Auflage des Buchs erschien 1949/50).
605 Vgl. P. Fechter, *Das europäische Drama. Geist und Kultur im Spiegel des Theaters*, Bd. 3: *Vom Expressionismus zur Gegenwart*, Mannheim 1958, S. 433.
606 Fechter konstatierte z. B. eine Verwandtschaft zwischen Przybyszewskis *Schnee* und Max Halbes Drama *Mutter Erde*.
607 Vgl. R. Hamann, J. Hermand, *Deutsche Kunst und Kultur von der Gründerzeit bis zum Expressionismus*, Bd. 3: *Impressionismus*, Berlin 1960, passim.

schauung sei, namentlich aber die psychologische Deutung der „Sonate op. 27 Nr. 1", erinnere an die dekadent gefärbte Interpretation Chopins durch Przybyszewski.[608]

Nach Ansicht von Wolfdietrich Rasch, einem vorzüglichen Kenner der modernistischen und expressionistischen Literatur, fand Przybyszewski bereits in „Vigilien", jenem frühen expressionistischen Poem, Ausdrucksformen für ekstatisch-visionäre Inhalte.[609]

Die Informationen zu Przybyszewskis Werk in den führenden literaturgeschichtlichen Synthesen, die eine teilweise Wertung der künstlerischen Leistung des Schriftstellers enthielten, besitzen für unsere Betrachtungen eher eine Randbedeutung. Die erste deutsche Studie zu Stanislaw Przybyszewski nach dem Krieg erschien 1953. Ihr Verfasser war der Slawist und Germanist Friedrich Wilhelm Neumann.[610] Den Literaturforscher, der die kräftige, wenngleich kurzzeitige Wirkung des Polen auf die deutsche Literatur unterstrich, interessierten vor allem die persönlichen und künstlerischen Beziehungen Przybyszewskis zu Richard Dehmel. Neumann beschrieb die Voraussetzungen für das „geistig-seelische Gesamtgefüge Przybyszewskis und Dehmels", wobei er selbst auf Ähnlichkeiten im „Landschaftsgefühl" beider Autoren verwies, welche unter bescheidenen Verhältnissen in ländlicher Umgebung aufgewachsen waren. Sowohl Przybyszewski als auch Dehmel besaßen laut Neumann eine „Form gesteigerten Lebensgefühls schlechthin", „seelische Rauschzustände waren dem Freundespaar vertraut".[611] Der Pole habe sich ihnen jedoch mit stärkerer Intensität hingegeben. Die größte Nähe sei mit den Büchern „Aber die Liebe" und „Totenmesse" erreicht worden, und wenn sich in den Werken aus den neunziger Jahren Parallelen feststellen ließen, so sei doch der emotionale Gehalt gewöhnlich Przybyszewski, der formale Ausdruck meist Dehmel zu verdanken gewesen.[612]

Przybyszewski half Dehmel, das Reich des Unbewußten, die Bedeutung der Träume, Visionen und Halluzinationen zu entdecken. Mit Hilfe der Theorie der „nackten Seele", zu der laut Neumann das Konzept der Wiedergeburt und die Nietzschesche Idee der ewigen Wiederkehr gehörten, konnte Dehmel sein System der intuitiven Erkenntnis ausbauen. Eine Zeitlang teilte er sogar Przybyszewskis Auffassung vom Kampf des Gehirns gegen das Geschlecht und sah in der sexuellen Sphäre die Basis für die Einheit des Universums. Nie jedoch akzeptierte Dehmel den Solipsismus Stirnerscher Provenienz, und Przybyszewskis dekadenter Formel „Ich bin Ich" setzte er mit seinem „Ich und die Zukunft" die Öffnung zur Welt und zu den anderen entgegen.[613] Gemeinsame Züge im Schaffen beider waren nach Meinung des Interpreten Unruhe, Gärung, Instinkt, Spannung zwischen Gefühl und Verstand, die Darstellung

---

608 Ibidem, S. 103.
609 Vgl. W. Rasch, *Was ist Expressionismus*, in: *Zur deutschen Literatur seit der Jahrhundertwende. Gesammelte Aufsätze*, Stuttgart 1962, S. 226.
610 Vgl. F. W. Neumann, *Stanislaw Przybyszewski und Richard Dehmel*, in: *Münchener Beiträge zur Slawenkunde. Festgabe für Paul Diels*. Hg. von E. Koschmieder und A. Schmaus, München 1953, S. 259-284.
611 Ibidem, S. 264.
612 Neumann vermerkt den Einfluß Przybyszewskis auf Dehmels Erzählung *Die Gottesnacht*, er registriert im Schaffen des deutschen Dichters zahlreiche Polonismen, u. a. den Gebrauch des Adjektivs „paradoxal" anstelle von „paradox" (S. 274).
613 Vgl. F. W. Neumann, *Stanislaw Przybyszewski und Richard Dehmel*, op. cit., S. 267.

feinster Regungen der Seele, der Rückgriff auf Träume, Visionen und sonderbare Bilder, die Hypertrophie des Ausdrucks sowie ein Synkretismus des Stils.

Neumanns aufschlußreiche Studie, die sich auf reiches Archivmaterial stützte – im Anhang ist ein Briefwechsel zwischen Dehmel und Przybyszewski aus dem Dehmel-Archiv in Hamburg abgedruckt, darunter Briefe, die der Przybyszewski-Forschung bis dahin unbekannt waren –, wurde von polnischen Literaturhistorikern nicht sofort zur Kenntnis genommen. Roman Taborski, ein ausgewiesener Kenner des Przybyszewskischen Œuvres, veröffentlichte 1965 in der Ost-Berliner „Zeitschrift für Slawistik" einen Beitrag über die Beziehungen Przybyszewskis zur deutschen Literatur. Darin empfahl er, die literarischen Querverbindungen zwischen dem polnischen Autor und seinen engsten deutschen Freunden eingehender zu untersuchen.[614] Taborski benannte die wesentlichen Aspekte der Kontakte Przybyszewskis zu deutschen Künstlern, er charakterisierte u. a. die Freundschaften zu Dehmel, Schlaf, Mombert, Servaes und publizierte einige unbekannte Briefe und Postkarten an Przybyszewski.

Wenig später druckte Taborski einen zweiten Aufsatz über Przybyszewski; Gegenstand waren diesmal die Beziehungen des Schriftstellers zu Wien[615], wo er zwar nicht die gleiche Rolle wie in Berlin gespielt, aber dennoch interessante Kontakte geknüpft hatte. Taborski führte die Korrespondenz mit Hermann Bahr an, der den Berliner Debütanten sehr geschätzt hatte, und besprach mehrere Artikel zu Przybyszewskis Werk aus der Wiener Presse (z. B. von Alfred Neumann und Tadeusz Rittner, dazu Theaterrezensionen zu Inszenierungen des Stücks „Das goldene Vlies" sowie Nekrologe). Der Verfasser merkte an, Przybyszewskis Dramen, die in slawischen Ländern Furore gemacht hätten, seien fast unbeachtet über die Bühnen des deutschsprachigen Raums gegangen.

1965 – beinahe ein halbes Jahrhundert nach der letzten Ausgabe von Werken Przybyszewskis im Münchener Verlag Georg Müller – erschienen auf dem deutschen Buchmarkt die „Erinnerungen an das literarische Berlin", Klaus Staemmlers westdeutsche Übersetzung des ersten Teils der Memoiren, versehen mit einem Geleitwort von Willy Haas.[616] In der Einleitung wurde Przybyszewski als der konsequenteste Vertreter

---

614 Vgl. R. Taborski, *Aus Stanislaw Przybyszewskis Beziehungen zu deutschen Freunden*, in: „Zeitschrift für Slawistik" 1965, H. 3, S. 413. In seinem Beitrag *Richard Dehmel i Stanislaw Przybyszewski*, der einige Jahre später in dem Buch *Europejskie zwiazki literatury polskiej* (Europäische Bezüge der polnischen Literatur) in Warschau erschien, bezog sich Taborski bereits auf Neumanns Text und beanstandete beiläufig, daß der deutsche Slawist die beiden ersten Briefbände Przybyszewskis nicht zur Kenntnis genommen und fünf Briefe als Entdeckung präsentiert hatte, die von Helsztynski bereits publiziert worden waren.
615 Vgl. R. Taborski, *Stanislaw Przybyszewski und Wien*, in: „Österreichische Osthefte" 1967, H. 2, S. 130-137; die polnische Version des Artikels fand Aufnahme in Taborskis Buch *Wsród wiedenskich poloników* (Aus Wiener Polonica), Kraków 1974.
616 Przybyszewski, *Erinnerungen an das literarische Berlin*. Aus dem Polnischen von K. D. Staemmler. Mit einem Geleitwort von W. Haas, München 1965. Dem Haupttext ist ein Brief Przybyszewskis an Dehmel aus dem Jahr 1906 vorangestellt. Bei der Edition handelt es sich um den ersten Teil der Memoiren *Wsród obcych* (Unter Fremden). Die Übersetzung überspringt einige wesentliche Abschnitte (aus Kap. VII die esoterischen Reflexionen zur Gotik, die okkultistischen Passagen aus Kap. XIII, die Kap. XXII und XXIII über Magie und Hexerei – insgesamt rund 30 Seiten). Wie Staemmler im *Nachwort des Übersetzers* erläutert, erfolgten die Kürzungen auf Wunsch des Verlags. Einzelne Passagen aus den Erinnerungen waren gleich nach dem Tod des Schriftstellers auf deutsch erschienen,

der modernistischen Strömung in Deutschland und Polen angekündigt, seine Erinnerungen wurden als literarisches Dokument erster Güte gekennzeichnet.[617] Nach Ansicht von Haas lieferte das Buch aber keine verläßlichen Informationen, denn der Verfasser habe sich in der Wertung literarischer Erscheinungen häufig geirrt, obwohl er mitunter zum hellsichtigen Mahner würde, aber gerade die subjektive und hochemotionale Haltung bilde den Hauptvorzug der Edition.

Przybyszewskis Erinnerungen provozierten einen beträchtlichen Widerhall in der deutschen Presse. Josef Mühlberger etwa betrachtete das Buch als eines der literarischen Ereignisse des Jahres, weil es eine außergewöhnlich farbige und empfindsame Beschreibung einer wichtigen Phase der Entwicklung deutscher Literatur böte.[618] Er erinnerte an die Worte Soergels, der in seiner Monographie den starken Einfluß des inzwischen vergessenen Autors auf die geistigen Strömungen des Jahrhundertendes in Deutschland und Österreich konstatiert hatte. In einer anderen Rezension wertete Walburg Friedenberg die Memoiren des „genialen Polen" als Beweis tiefer Freundschaft und Dankbarkeit gegenüber den Deutschen und ihrer Literatur. Das Buch sei geeignet, viele Leser zu gewinnen und zu fesseln.[619]

Einigermaßen überraschen mußte die Meinung von Wolfgang Schimmig, wonach die Erinnerungen des „seltsamen Jünglings mit seiner Haßliebe zu Deutschland" Künstler betrafen, die in der Geschichte der deutschen Literatur nichts mehr galten – und dies wäre tragisch.[620] Für die Rezensentin der „Frankfurter Allgemeinen Zeitung" war Przybyszewski bei aller Faszination „ein Romantiker und Schwarmgeist (...), ein ekstatischer Chopin-Spieler, leidenschaftlich Liebender und Hassender, Okkultist und Re-Inkarnist". Aus der umfassenden, subjektiven Rückschau wählte sie eine belanglose Kindheitserinnerung (an das Dienstmädchen Ulicha, das als „notorische Hexe" galt) und schloß ihre Erwägungen mit dem gänzlich unbegründeten, antipolnischen Diktum: „Unser unbekanntes Nachbarland, in dem unter den zivilisatorisch-aufgeklärten Strukturen der Moderne und dem Gegeneinander von Katholizismus und Kommunismus uralte Träume noch am Leben sind."[621]

Die gründlichste und sachlichste Besprechung erschien – unter dem bezeichnenden Titel „Der verrückte Pole" – in der Zeitschrift „Der Monat", wo Heiko Uecker ein Porträt des polnischen Schriftstellers zeichnete, seine Bedeutung für das einstige künstlerische Berlin, die Freundschaften mit Dehmel und Munch sowie die große

---

wovon weiter vorn die Rede war; hinzu kam ein Auszug in dem Buch *Strindberg im Zeugnis der Zeitgenossen*. Mit einer Einleitung von W. Haas, Bremen 1963 (S. 193f.; der entsprechende Abschnitt heißt *Über den „Meister"*).

617 Vgl. W. Haas, *Geleitwort*, op. cit., S. 8.
618 Vgl. J. Mühlberger, *Das literarische Berlin um die Jahrhundertwende*, in: „Welt und Wort" (Tübingen) 1966, H. 8, S. 265.
619 Vgl. W. Friedenberg, *S. Przybyszewski, Erinnerungen*, in: „Begegnungen mit Polen" 1966, Nr. 12, S. 303f.
620 W. Schimmig, *Historischer Wirrkopf aus Polen*, in: „Rheinische Post" (Düsseldorf) 1965, Nr. 220.
621 M. Boveri, *Ein Pole in Berlin. Stanislaw Przybyszewskis „Erinnerungen an das literarische Berlin"*, in: „Frankfurter Allgemeine Zeitung" 1965, Nr. 284.

Liebe zu Dagny schilderte.[622] Przybyszewski wurde hier als ein glänzender Kenner der französischen und der skandinavischen Literatur, als Inspirator des geistigen Lebens im Berlin seiner Zeit, als entschiedener Gegner des Naturalismus und noch entschiedenerer Repräsentant der Dekadenzdichtung vorgestellt. Seine literarischen Werke mit ihren pathetischen Titeln konnten – so scheint der Rezensent zu unterstellen – die zeitgenössischen Rezipienten nicht mehr erreichen, weshalb der Autor zu Recht vergessen war.

Auch den Rezensenten der „Stuttgarter Zeitung" dünkte Przybyszewskis Buch interessant, zugleich freilich höchst exzentrisch, da es einen „genialen Diabologen" und „burlesken Satansfarbtupfen" zeige, der sich selbst für ein „androgynes Welt-Ei" hielt und den Dehmel einst treffend als „Jeremias der entartenden Instinkte" charakterisiert hatte.[623] „In seinen Erinnerungen", so schrieb der Kritiker in satirisch-ironischem Ton, „ist er ein hybrider Augenzeuge, der nie anders als mit Ekel, Inbrunst, Leidenschaft oder Haß erzählen kann, ein ekstatisch querulantischer oder verhimmelnder Zerrspiegelmensch, ein mit slawischen Rätselhaftigkeiten kokettierender Besenreiter."[624]

Przybyszewskis „Erinnerungen" riefen der literarischen Öffentlichkeit in Deutschland einen eigenwilligen Schriftsteller des Fin de siècle aufs neue ins Bewußtsein. Sein Name sollte von nun an immer häufiger in Publikationen auftauchen, die sich der modernistischen Literatur (etwa zu Momberts Todestag) widmeten.[625] Das Interesse an der Jahrhundertwende stieg augenscheinlich. In seiner Monographie „Literarischer Jugendstil" von 1969 befaßte sich Dominik Jost zwar nicht mit Przybyszewskis Werk, erwähnte den Polen aber unter jenen Schriftstellern, die er aus Raummangel nicht profund berücksichtigen konnte.[626] Im gleichen Jahr erschien ein äußerst anregender und höchst umstrittener Beitrag zu Przybyszewskis Schaffen, auf den sich danach fast alle Erforscher seines Erbes bezogen. „Nihilismus als Stil" lautete die These des namhaften Germanisten Klaus Günther Just, der die Urteile Soergels revidieren und den Platz des Polen in der Literatur neu bestimmen wollte. Just interpretierte die frühe Prosa, die in den neunziger Jahren immensen Widerhall gefunden hatte, später aber in Vergessenheit geriet, und suchte nachzuweisen, daß Przybyszewskis Satanismus nur eine Spielart des Nihilismus und ein Versuch gewesen sei, geistige Leere figurativ zu füllen.[627]

---

622 Vgl. H. Uecker, *Der verrückte Pole*, in: „Der Monat" 1966, H. 214, S. 84-87. Der Rezensent vermeldet auch eine Reihe unwahrer Informationen über Przybyszewskis Leben, z. B. über zwei uneheliche Kinder mit einem deutschen Mädchen.

623 Vgl. E. Skasa-Weiß, *Satans alter Hut. Erinnerungen an das literarische Berlin*, in: „Stuttgarter Zeitung" 1965, Nr. 241, S. 84. Dehmels Äußerung wurde offenbar zur beliebtesten Umschreibung des Schriftstellers, bei den Zeitgenossen ebenso wie bei späteren Generationen von Lesern.

624 Ibidem.

625 Vgl. *Alfred Mombert. Ausstellung zum 25. Todestag, 10. April bis 8. Juli 1967.* Hg. von E. Weber, Karlsruhe 1967, passim. Erwähnt wird hier u. a. eine Besprechung Przybyszewskis zu dem Gedichtband *Der Glühende*, welchen er „als erster eingehend würdigte" (S. 25).

626 Vgl. D. Jost, *Literarischer Jugendstil*, Stuttgart 1969. Darunter befinden sich auch Dauthendey, Julius Hart, Arno Holz, Else Lasker-Schüler, Heinrich Mann, Mombert, Liliencron und andere.

627 K. G. Just, *Nihilismus als Stil. Zur Prosa von Stanislaw Przybyszewski*, in: *Wissenschaft als Dialog. Studien zur Literatur und Kunst seit der Jahrhundertwende (Wolfdietrich Rasch zum 65. Geburtstag).*

Przybyszewskis Satanismus betrachtete Just einerseits als Mittel, den Leser zu schockieren, andererseits als stilistische Ornamentik, die das nihilistische Vakuum der Weltanschauung gewissermaßen ausfüllen sollte. Zweifellos aber war der Satanismus bei Przybyszewski mehr als dies. Er erwuchs direkt aus den ontologischen und epistemologischen Konzeptionen des Schriftstellers. Die entsprechende Selbstinterpretation deutete Just als eine erzwungene Position, die sich aus der Akzeptanz bestimmter philosophisch-psychologischer Prämissen ergab. Indem Przybyszewski in seinen Essays zwischen Individualität und Persönlichkeit unterschied, habe er zugleich suggeriert, daß sich die Epoche allein durch Individualität (verstanden als Ebene des Unbewußten) synthetisch fassen lasse. Der Einblick in das Individuum und die Erkundung der Tiefenschichten der Psyche setzten innere Zerfallsprozesse in Gang. Das Ich werde in einzelne psychische Aspekte gespalten, zwischen denen es keine Verbindung gebe, die Atomisierung reiße den einzelnen aus dem sozialen Geflecht, und eben dies sei eine typisch nihilistische Aneignung der Wirklichkeit. Przybyszewskis Satanist (wie Gordon aus „Satans Kinder"), der Gesellschaft vollkommen entfremdet, sei nur ein spezieller Typ des Nihilisten. Die Auflösung der Realität als eines literarischen Raumes, die weitreichende Entwertung der Handlung, die Reduktion der Figuren auf die Stufe des Unbewußten, die totale Zerstörung der erzählerischen Substanz und die Auffüllung der geistigen Leere durch figurativ-dekorative Mittel bildeten für den deutschen Forscher unverkennbare Symptome des Nihilismus.[628]

Der Nihilismus als Stil habe seine eigenen Bilder hervorgebracht, bemerkte Just. Dies seien Strudel, Sog, Mahlstrom. Denn je mehr leeren Raum die Argumentation eröffne, desto stärker müsse dieser Raum mit Bildern gefüllt werden. Przybyszewski habe der geschlossenen literarischen Fiktion nicht vertrauen können und seine Entwürfe daher mit autobiographischem Stoff – häufig in entfremdeter und unvollendeter Gestalt – auffüllen müssen, weshalb Hybridbildungen entstanden, die im übrigen für das Ende des 19. Jahrhunderts typisch seien.[629]

Die Frühwerke Przybyszewskis ließen sich nach Meinung des Interpreten keiner der drei Kayserschen Romankategorien zuordnen – sie seien weder Geschehnis- noch Figuren- noch Raumromane. Die Reduktion des einen Elements werde nicht durch die Hypertrophierung eines anderen ausgeglichen. Gesprengt würden vielmehr alle denkbaren Kategorien, und als Basis der „neuen" Prosa fungiere die „Atmosphäre". Przybyszewski habe eine so radikale Verknappung des Stoffs vorgenommen, daß die Beziehungen zur Literatur seiner Zeit völlig gekappt wurden. Sein Stil füge sich dem Kontext der deutschen Literatur der Moderne nicht ein. Przybyszewski beanspruche einen eigenen Platz und stehe außerhalb seiner Epoche. Allerdings sei er bei der Negation verharrt, er habe keinen neuen Prosatyp geschaffen, der die „negative" Mischform überwunden hätte. Deshalb seien seine Frühwerke auch bloß ein Entwurf, welcher der modernen Literatur vorauseilte, doch ohne Zweifel müßten sie als Präfigura-

---

Hg. von R. Heydebrand und K. G. Just, Stuttgart 1969, S. 112-133. Der Beitrag wurde später unter dem Titel *Nihilismus als Stil. Die frühe Prosa von Stanislaw Przybyszewski* in Justs Buch *Marginalien. Probleme und Gestalten der Literatur*, München 1976, S. 193-211, nachgedruckt.
628 Vgl. die Ausführungen Justs in *Marginalien*, op. cit., S. 198f., 209ff.
629 Vgl. K. G. Just, *Nihilismus als Stil*, op. cit., S. 206.

tionen einer neuen Prosa gelten, obwohl sich der Autor selbst - wie Just wohl zu Unrecht mutmaßt - dessen nicht restlos bewußt war.[630] Die sehr interessante, aber kontroverse Studie wurde zum Ansatzpunkt für viele deutschen Literaturhistoriker, die sich in der Folgezeit mit Przybyszewskis Werk beschäftigten.

Noch 1969 erschien ein weiterer Beitrag zu Przybyszewskis Stil. Annemarie Slupski veröffentlichte ihn in der F. W. Neumann gewidmeten Nummer der Zeitschrift „Die Welt der Slawen".[631] Sie analysierte darin einige polnische Texte (freilich ohne sie mit den deutschen Originalen zu vergleichen) unter sprachlichem Aspekt und suchte zu ergründen, welcher stilistischen Mittel sich der Schriftsteller vornehmlich bedient hatte. Aus einer recht oberflächlichen Betrachtung der Wiederholungen, Wendungen und Sprichwörter zog die Verfasserin den Schluß, die von Przybyszewski gewählten stilistischen Mittel hätten in der polnischen Literatur keinen Neuwert besessen.

Etwa zur selben Zeit, als Klaus Günther Just das Augenmerk deutscher Germanisten auf das Schaffen des beeindruckenden, aber vergessenen dekadenten Schriftstellers lenken wollte, entstanden in Deutschland und in Australien die ersten beiden Dissertationen zum Werk des Stanislaw Przybyszewski. Urheber waren zum einen der Germanist Manfred Schluchter, der des Polnischen nicht mächtig war, seine Arbeit aber 1969 zu Ende brachte und in Stuttgart publizierte, zum anderen der Germanist George Klim, ein Australier polnischer Herkunft, der seine Schrift 1970 an der Universität von Canberra verteidigte; letztere wurde erst gut zwanzig Jahre später dank der Initiative des Verlegers Michael M. Schardt in einer Überarbeitung des Verfassers, der unterdessen als Diplomat tätig ist, gedruckt.[632]

Beide Arbeiten waren im Grunde einer ähnlichen Thematik gewidmet, nämlich dem deutschsprachigen Schaffen Przybyszewskis, sie unterschieden sich jedoch in der Methode und in der Schreibweise: Schluchters Buch ist wissenschaftlicher und von literaturtheoretischer Terminologie geprägt, die Arbeit von Klim, der polnische Forschungen zum Gegenstand einbezieht und sich mehrfach auf polnische Vorläufer, insbesondere auf Helsztynski, beruft, ist methodischer angelegt, ordnet die biographischen und literarischen Fakten, präsentiert Przybyszewskis Werdegang sehr übersichtlich und beschreibt die wichtigsten Themen und Motive seines Schaffens.

Schluchter bemerkt in der Einleitung, daß Przybyszewski trotz der Publikationen von Neumann und Taborski ein vergessener Autor sei, dabei sei er eine faszinierende, rätselhafte Persönlichkeit und ein Verfechter vieler künstlerischer Neuerungen gewesen. Der Literaturhistoriker sucht die zentralen Motive des Werks und die Bindungen an die Epoche herauszuarbeiten, die bislang eigentlich nicht recht erforscht seien. Er konzentriert sich auf zwei Forschungsebenen: auf Przybyszewskis literaturtheoreti-

---

630 Ibidem, S. 211.
631 A. Slupski, *Einige Stilmittel bei Stanislaw Przybyszewski*, in: „Die Welt der Slawen" 1969, H. 4 (Festgabe für F. W. Neumann), S. 354-377.
632 M. Schluchter, *Stanislaw Przybyszewski und seine deutschsprachigen Prosawerke 1892-1899*, Diss., Stuttgart 1969; G. Klim, *Stanislaw Przybyszewski. Leben, Werk und Weltanschauung im Rahmen der deutschen Literatur der Jahrhundertwende. Biographie*, Paderborn 1992. Die Abhandlung kursierte zuvor in einigen Exemplaren, sie war Przybyszewski-Forschern zugänglich. Vor etlichen Jahren erhielt ich aufgrund der Bemühungen von Prof. Lukas Richter in Berlin eine Kopie.

sches Bewußtsein und dessen literarische Umsetzung. Am Beispiel der essayistischen Texte sucht er zu rekonstruieren, wie der Autor der Schrift „Zur Psychologie des Individuums" die postulierte „neue" Kunst aufgefaßt habe; dabei verweist Schluchter auf eine Evolution der Ansichten, die er mit wechselnder Faszination für verschiedene „Meister" erklärt. Zu Beginn seien es Chopin und Nietzsche gewesen, die den jungen Schriftsteller zu einer eigenen Konzeption des Individuums inspirierten, begriffen als extrem verfeinertes und darum der Gesellschaft entfremdetes schöpferisches Subjekt, das durch ein instabiles Nervensystem und ein daraus resultierendes ambivalentes Innenleben, durch Intensität des Schmerzempfindens, ein Gefühl von Einsamkeit und Vergänglichkeit sowie die Sehnsucht nach Überwindung dieses Zustands gekennzeichnet war.

Die Bekanntschaft mit Ola Hansson habe Przybyszewski, so die Meinung Schluchters, auf eine symbolische Kunst orientiert. Im Essay „Ola Hansson" unterschied der Pole zwischen Individualität und Persönlichkeit und behauptete, die Verschmelzung dieser beiden Schichten der Psyche werde möglich dank einem „Knotenpunkt aller Sinne", den herausragende Schöpfer besäßen und der sich in symbolischer Kunst äußere. Der Weg vom Symbolismus zum psychischen Naturalismus entspreche dem Weg von Hansson zu Munch.[633] Das Konzept des psychischen Naturalismus, das sich im Winter 1893/94 kristallisiert habe, bedeute indessen keine Kehrtwendung, sondern eine Radikalisierung der Anschauungen. Im Essay über Munch formulierte Przybyszewski laut Schluchter die Kategorie der Individualität neu, indem er sie eindeutiger mit der Psyche identifizierte und ihre Bindungen an die sexuelle Sphäre stärker hervorhob.

Diese „neue Kunst" Przybyszewskis sei eine Variante der psychophysiologischen Kunst der Jahrhundertwende, erinnere aber nur von fern an die französische „Nervenkunst". Das Verständnis der Psyche als eines transzendenten Subjekts verbinde die Theorie des polnischen Künstlers mit Maeterlinck, die „nackte Seele" Przybyszewskis freilich, die direkt auf das Geschlecht als die Grundsubstanz des Lebens und dessen schöpferische Kraft abziele, unterscheide sich klar vom Konzept des belgischen Symbolisten. Przybyszewski bleibe gleichsam ein „Naturalist wider Willen", der am Darwinschen Evolutionismus festhält und klinische Beschreibungen sowie mikroskopische Darstellungen subjektiven Erlebens liefert.[634]

Als zentrale Themen in Przybyszewskis Schaffen betrachtet Schluchter Liebe, Sehnsucht und Satanismus. Die Liebe habe der polnische Schriftsteller gleichgesetzt mit einer Erfahrung des eigenen Ichs, die Frau war demzufolge Teil der inneren Wirklichkeit des Mannes. Die Liebe sei eine Erscheinungsform des Geschlechts, weshalb der Mann zu ihr gezwungen werde, die Begierde aber verwandle sich in Leiden und führe zum Zerfall der Persönlichkeit. Das Liebeserleben bedeute für Przybyszewskis Figuren in der Regel eine negative Erfahrung, der Geschlechtsakt sei voller ambivalenter Empfindungen. Laut Schluchter seien Abscheu und Zweifel als Reaktionen auf den Liebeszwang in der Literatur der Jahrhundertwende häufig, sie wür-

---

633 M. Schluchter, *Stanislaw Przybyszewski und seine deutschsprachigen Prosawerke*, op. cit., S. 39.
634 Vgl. ibidem, S. 44. Schluchter beruft sich hier auf Erkenntnisse M. Hermans aus dessen Buch *Un Sataniste polonais*, op. cit.

den aber nur selten so konsequent auf eine Ursache zurückgeführt wie bei Przybyszewski.[635]

Sehr bedenkenswerte Überlegungen gibt der deutsche Forscher hinsichtlich des Themas Sehnsucht, in dem er etwas Metaphysisches erkennt, weil die Sehnsucht der einzelnen nur ein Ausdruck für die Sehnsucht des Geschlechts nach Verkörperung in immer neuer Gestalt sei. Die Sehnsucht des Geschlechts begreife Przybyszewski als Lebensenergie, als Schaffensimpuls, weshalb sie bei ihm meist eine zweckfreie Sehnsucht sei. In ihr zeige sich am deutlichsten die Ambivalenz des Seins, die Begehren und Leiden in sich vereine.[636]

Przybyszewskis Satanismus bezeichnet Schluchter nicht nur als ein Hauptthema des Schriftstellers, sondern überdies als ein kohärentes und fest mit anderen verknüpftes Element seiner Weltsicht. Den mittelalterlichen Satanismus habe Przybyszewski zu Recht nicht bloß als Resultat der Entwicklung im christlichen Abendland interpretiert, sondern er habe auch seinen universellen Charakter erkannt und in ihm die höchste, ursprüngliche Seinserfahrung, eine „Ekstase der Instinkte" gesehen, welche eine Antwort auf das Erschrecken am Leben und auf das Leiden am Dasein gewesen sei.

Schluchter gelangt zu dem Fazit, daß Przybyszewskis Werk insgesamt jenem „Lebenspathos" nahestehe, in dem Wolfdietrich Rasch eine Dominante der modernistischen Epoche erblickt hat. Hinsichtlich Sprache und Typ seiner Metaphorik freilich nähere er sich dem Funktionalismus, wie ihn Wilhelm Emrich beschrieben habe, die frühen Poeme Przybyszewskis nähmen daher in gewissem Sinne das moderne Poem des 20. Jahrhunderts vorweg.[637] Schluchter scheint andeuten zu wollen, daß die begrenzte Popularität Przybyszewskis vor allem mit der Reduktion der Außenwelt zusammenhängt, die subjektiv-visionäre Gestaltung schränke den Rezipientenkreis und die potentielle Wirkung drastisch ein.

Hingegen legen die Schlußfolgerungen aus der Studie Georg Klims, die ein Jahr später abgeschlossen wurde, die Diagnose nahe, daß Przybyszewskis Bedeutung für die deutsche Literatur größer war, als bisher angenommen wurde, obwohl der Verfasser seine Erkenntnisse vom innovativen Charakter dieses Werks und von dessen Einfluß auf die Zeitgenossen zurückhaltend formuliert. Die umfangreiche Arbeit des australischen Germanisten (sie zählt über 370 Seiten und verfügt über ein äußerst exaktes Personenregister) gliedert sich in drei Teile. Im ersten Abschnitt, der dem Leben und Werk Przybyszewskis von 1889 bis 1898 gewidmet ist (gleichsam außerhalb dieser Vorgabe wird die Tätigkeit des Schriftstellers in Polen und in München kurz geschildert), stellt Klim biographische Details vor und erörtert sämtliche Texte Przybyszewskis, wobei er mehrfach hochinteressante Interpretationen anbietet. Auch er

---

635 Ibidem, S. 54. Schluchter, der die späteren, polnischen Werke Przybyszewskis nicht kannte, erklärt, daß selbst die geschlechtliche Vereinigung keine Rückkehr zur Ur-Einheit ermögliche.
636 Vgl. ibidem, S. 63f. Schluchter stellt hier die umstrittene These auf, nicht der Androgynismus – wie der Schriftsteller glaubte –, sondern eine nicht näher bezeichnete Sehnsucht sei die Grundlage aller Werke Przybyszewskis (ibidem, S. 68).
637 Gemeint sind der Beitrag von W. Rasch *Aspekte der deutschen Literatur*, nachgedruckt in dessen Buch *Zur deutschen Literatur seit der Jahrhundertwende*, Stuttgart 1967, sowie W. Emrichs Buch *Protest und Verheißung. Studien zur klassischen und modernen Dichtung*, Frankfurt a. M., Bonn 1960.

verweist unter anderem auf die schon in „Totenmesse" sichtbare expressionistische Metaphorik, die den literarischen Versuchen Gottfried Benns vorausging.

Der zweite Teil, der kurz gehalten ist, betrifft Przybyszewskis Verhältnis zu seinen deutschen Freunden, zu Dehmel, Servaes, Schlaf, Meier-Graefe, Mombert, Bodenhausen, Bierbaum und weiteren. Diese Freundschaften werden im einzelnen nachvollzogen, wechselseitige künstlerische Anregungen und individuelle Positionen zu Przybyszewskis satanistischem Weltverständnis, das für den Polen – wie der australische Forscher bemerkt – eine tiefe Lebenswahrheit, für die Deutschen hingegen eine Absonderlichkeit war, werden kommentiert.[638] Klim, in der Berufung auf vielfältige Quellen stets präzise, führt ein gutes Dutzend literarischer Texte bzw. Memoiren an, die Przybyszewski betreffen, zitiert eine Vielzahl von Briefen aus dem Dehmel-Archiv in Hamburg, dem Schiller-Nationalmuseum in Marbach, dem Munch-Museum in Oslo, aus Archiven in Kopenhagen, Thorn etc.

Gegenstand der Untersuchungen im dritten Teil ist die Weltanschauung des Verfassers von „Confiteor". Klim verweist auf den Einfluß bestimmter Philosophen (Stirner, Schopenhauer, Nietzsche) sowie auf Inspirationen aus der Literatur der europäischen Moderne (vor allem Huysmans). Er stellt sich nicht die Aufgabe, die ästhetischen und formalen Aspekte im Schaffen Przybyszewskis zu analysieren, weil dieser Fragenkreis von der polnischen Literaturwissenschaft weitgehend erforscht sei. Dafür interessieren ihn weltanschauliche Details wie das Verhältnis von Transzendenz und Immanenz, von Seele und Körper, Gott und Satan, die Polarität des Geschlechts, Androgynie, Katholizismus, Magie, Mystik und Okkultismus – um nur einige der behandelten Probleme zu nennen.

Klim interpretiert in seiner Dissertation alle diskursiven Texte des „genialen Polen", um anschließend danach zu fragen, wie die Weltanschauung des Theoretikers und Denkers Przybyszewski in den literarischen Werken verbalisiert wurde, denn nach Meinung des Forschers konstruierte der polnische Schriftsteller ein makrokosmisches System und realisierte es in einer mikrokosmischen Dimension.[639] Die Technik, in der er das menschliche Innenleben ergründete, wo die „nackte Wahrheit" des Seins wohnt, sei der psychische Naturalismus, dessen Entdecker und einziger konsequenter Vertreter er in Deutschland war.[640]

Die beiden besprochenen Arbeiten bildeten eine Wende in der Forschung zum Erbe Przybyszewskis. Sie bestätigten die These Justs, daß das literarische Werk des Polen mehr als die gelegentliche Erwähnung am Rande von Analysen und Interpretationen zur Epoche des Fin de siècle in Deutschland verdiene. Schluchters Untersuchung war auf deutschem Boden die erste Monographie, die zur Gänze Przybyszewski gewidmet war. Ihr Erscheinen sowie die Herausgabe der „Erinnerungen an das literarische Ber-

---

638 Vgl. G. Klim, *Stanislaw Przybyszewski*, op. cit., S. 218. Laut Klim bestand Przybyszewskis Einfluß auf die Deutschen eben in der weltanschaulichen Wirkung, obwohl der Autor der *Synagoge des Satans* nur in Hanns Heinz Ewers einen Nachahmer fand.
639 Vgl. ibidem, S. 302.
640 Vgl. ibidem, S. 251. Klim definiert hier den psychischen Naturalismus Przybyszewskis recht ungenau als die Verbindung von naturalistischer, neoromantischer, symbolischer und expressionistischer Wortkunst, der Begriffe und der Technik mit mystisch-wissenschaftlich gehandhabter Psychologie.

lin" lenkten zweifellos die Aufmerksamkeit der Literaturhistoriker auf den schon beinahe vergessenen Künstler.

5.2 „Die faszinierendste Figur des deutschen Fin de siècle"? (1971-1992)

Das Interesse an Przybyszewski, das sich in den letzten zwanzig Jahren in Deutschland zeigte, ging einher mit einer allgemeinen Hinwendung zur Kunst und Kultur der Jahrhundertwende, mit einer Neuentdeckung der Dekadenzdichtung, der verworfenen Ausdrucksformen und verschmähten Themen modernistischen Weltempfindens, die in neuen Spielarten und gewandelten Gestalten an der Schwelle eines neuen Fin de siècle allmählich wiederkehrten.

Die Behauptung, der „geniale Pole" habe nach einhundert Jahren das Augenmerk der deutschen Leser erneut auf sich gezogen, wäre arg übertrieben. Der Versuch, seine Werke wieder ins öffentliche Bewußtsein zu rufen, wurde aber unternommen, und zwar in weit größerem Ausmaß, als dies zum Beispiel in Polen der Fall war. Seit 1979, als die westdeutsche Ausgabe der „Synagoge des Satans" erschien, wurden mindestens neun Bände mit Texten des eigenwilligen Autors publiziert, der von der polnischen Forschung noch immer nicht ganz ernst genommen wird, und für die kommenden Jahre ist eine Gesamtausgabe geplant.[641] Przybyszewskis Werke fanden Aufnahme in fast alle bedeutenden Anthologien zur Epoche, von denen drei in der populären Stuttgarter Reclam Bibliothek erschienen.[642] Analysen und Interpretationen seines Schaffens enthielt die Mehrzahl der in den letzten Jahren herausgegebenen Monographien und Synthesen zur Literatur der Jahrhundertwende. Für manche deutsche Literaturhistoriker ist Przybyszewski „die wohl faszinierendste Figur des deutschen Fin de siècle".[643] Kann die bisherige Forschungsbilanz diese Auffassung Jens Malte Fischers wenigstens teilweise stützen?

---

[641] *Die Synagoge des Satans*, Verlag Clemens Zerling, Berlin 1979; 1984 erschienen der dritte und vierte Teil des Buches im gleichen Verlag. 1985 wurde in Ostdeutschland eine Neuübersetzung der Memoiren veröffentlicht (*Ferne komm ich her... Erinnerungen an Berlin und Krakau*, übertragen von Roswitha Matwin-Buschmann). 1986 erschien die West-Berliner Ausgabe des Romans *Der Schrei* im Zerling Verlag, ein Jahr später folgte die ostdeutsche Ausgabe, die durch *Die Synagoge des Satans* sowie Auszüge aus *Totenmesse*, *De profundis* und *Confiteor* ergänzt wurde. 1990 eröffnete Michael M. Schardt im Paderborner Igel Verlag Przybyszewskis *Studienausgabe. Werke, Aufzeichnungen und ausgewählte Briefe in acht Bänden und mit einem Kommentarband.* Bis 1995 lagen sieben Bände vor. Nach der Edition der deutschsprachigen Texte Przybyszewskis plant der Igel Verlag die Herausgabe sämtlicher polnischsprachiger Schriften in deutscher Übersetzung.

[642] Vgl. *Prosa des Naturalismus*. Hg. v. G. Schulz, Reclam Bibliothek, Stuttgart 1973; *Nietzsche und die deutsche Literatur*, Bd. 1: *Texte zur Nietzsche-Rezeption 1873-1963*. Hg. v. G. Wunberg. Mit einer Einführung von B. Hillebrand, Tübingen 1978; *Prosa des Jugendstils*. Hg. v. J. Mathes, Reclam Bibliothek, Stuttgart 1982; *Die Berliner Moderne. 1885-1914*. Hg. v. J. Schutte u. P. Sprengel, Reclam Bibliothek, Stuttgart 1987; *Das magische Dreieck. Polnisch-deutsche Aspekte zur österreichischen und deutschen Literatur des 19. und 20. Jahrhunderts*. Hg. v. H.-U. Lindken, Frankfurt a. M., Bern, New York, Paris 1992. Außerdem wurden Texte Przybyszewskis in Anthologien zur polnischen Literatur aufgenommen; vgl. *Jahrhundertwende. Die Literatur des Jungen Polen 1890-1918*. Hg. von M. Podraza-Kwiatkowska, Leipzig und Weimar 1979, oder *Das Junge Polen. Literatur der Jahrhundertwende*. Ein Lesebuch v. K. Dedecius, Frankfurt a. M. 1982.

[643] J. M. Fischer, *Stanislaw Przybyszewski: Androgyne (1906)*, in: Fin de siècle. Kommentar zu einer Epoche, München 1978, S. 220.

Der Interessenbereich der deutschen Literaturhistoriker umfaßt einige zentrale Probleme, das heißt, innerhalb von rund einhundert Jahren seit Przybyszewskis Debüt haben meist die gleichen Fragestellungen und Themen, die in wechselnder Perspektive untersucht wurden, Leser und Deuter seines Werks beschäftigt. Naturalismus, Dekadenz, Satanismus, Expressionismus, Autobiographie sowie die von Przybyszewski postulierte und praktizierte künstlerische Technik eröffneten den literaturgeschichtlichen und -theoretischen Analysen immer neue Felder. Alle diese Gegenstände wurden in den letzten Jahren nochmals wissenschaftlich überprüft.

In einer Monographie Helmut Kreuzers, in der künstlerische und intellektuelle Subkulturen des 19. und 20. Jahrhunderts analysiert werden, taucht der Wortführer der Berliner Boheme mehrfach auf.[644] Eingehend widmet sich der Verfasser dem Roman „Homo sapiens", einem einzigartigen Dokument zur Boheme der neunziger Jahre des vorigen Jahrhunderts. Die Schlußfolgerung überrascht nicht: „Alle Anschauungen aller Personen", schreibt Kreuzer, „sind nur die fixierten Spuren der unendlichen ‚Gedankenflucht' des Autors, der durch die gänzlich unplastischen Figuren hindurchspricht."[645]

Der Literaturhistoriker erkennt zwar, daß Przybyszewski in seinen Werken einen neuen Stil kreiert, doch er bezeichnet ihn als Stil von Fieber und Erregung, welcher Monotonie und Apathie nur kaschiere. Nach Meinung Kreuzers kann das Verständnis von Kunst als einer Eruption der in der „Seele" verborgenen Inhalte zu Extremismus und ermüdender Monotonie führen – was bei Przybyszewski häufig zutreffe.[646] Kreuzer vermerkt den geringen Kontrast zwischen Erzählen und Überzeugen, erblickt darin aber – anders als etwa Just – keine innovatorische Technik.

Klaus Günther Just verweist in seiner umfangreichen Literaturgeschichte „Von der Gründerzeit bis zur Gegenwart" (1973) auf die neue Erzähltechnik Przybyszewskis, die zu jener weitreichenden Reduktion der Realität geführt hatte und bereits die Zeitgenossen faszinierte.[647] Die Werke des Polen seien eine eigentümliche Projektion seines eigenen Ichs, verteilt auf einzelne Stimmen, eine – beinahe expressionistische – Expression des künstlerischen Subjekts. Bei Przybyszewski offenbare sich zwar der für die Jahrhundertwende typische, von Nietzsche hergeleitete „neue Mensch", doch sei er keineswegs eindeutig auf die Dekadenz bezogen.[648] Als wohl einziger deutscher Forscher unterstreicht Just das ambivalente Verhältnis von Przybyszewskis Helden zur Dekadenz, zutreffend diagnostiziert er in einigen Werken gar „die Selbstaufhebung der Dekadenz".[649]

---

644 Vgl. H. Kreuzer, *Die Bohème. Analyse und Dokumentation der intellektuellen Subkultur vom 19. Jahrhundert bis zur Gegenwart*, Stuttgart 1971, passim.
645 Ibidem, S. 124.
646 Ibidem, S. 125.
647 Vgl. K. G. Just, *Von der Gründerzeit bis zur Gegenwart. Geschichte der deutschen Literatur seit 1871*, Bern, München 1973, S. 177. Just vermerkt, daß Przybyszewski seiner Umgebung teils als messianische, teils als satanische Gestalt erschien. Er wiederholt hier eine Reihe Thesen zum Schaffen des Polen, die schon in seiner Studie *Nihilismus als Stil* enthalten sind.
648 Vgl. ibidem, S. 178.
649 Just polemisiert damit gegen eine Feststellung Soergels, die von zahlreichen Interpreten übernommen worden war und nach der Przybyszewski die Dekadenz gefestigt habe, anstatt sie zu überwinden.

Völlig anders beurteilt Erwin Koppen Przybyszewskis Bezüge zur Dekadenz. In seinem aufschlußreichen Buch „Dekadenter Wagnerismus", das alle Anzeichen der Dekadenz in der deutschen Literatur und deren europäischem Kontext aufspürt, wählt Koppen als Beispiel für dekadenten Sexualismus Przybyszewskis „Androgyne" und stellt dazu fest: „Aber nirgends findet man eine so totale (und freilich auch so geschmacklose) Einbeziehung dieses Requisits in andere dekadente Motivkreise wie hier bei Przybyszewski, für den Juwelen nicht mehr Symbole esoterischer Kostbarkeit sind, sondern unappetitlicher Sexualität und klinischer Krankheitsbilder."[650]

Danach verleihe nicht die Androgynie diesem Werk dekadente Züge, weil es Przybyszewski nicht um eine sexuelle Anomalie ging, sondern um die platonische Idee der mystischen Vereinigung. Dekadente Motive fänden sich hingegen auf der Ebene der Abbildung, die erotische Perversionen, Satanismus und Todesvisionen einbeziehe, womit sie gleichsam eine Monographie des Italieners Mario Praz illustriere.[651]

Die These vom dekadenten Charakter des Przybyszewskischen Werks hinderte freilich deutsche Germanisten nicht daran, eine der Schriften („Totenmesse") in eine Prosaanthologie des deutschen Naturalismus aufzunehmen, die in Reclams Universal-Bibliothek erschienen ist.[652] Wie Gerhard Schulz in seiner Einleitung schreibt, ist der Auszug aus dem frühen Werk aus einem konkreten Grund berücksichtigt worden: „Was Szenen dieser ‚Totenmesse‘ interessant macht, ist weniger Przybyszewskis fragwürdige Philosophie, als vielmehr die Fülle von Themen und Motiven, die er hier aus Literatur des Naturalismus und der europäischen Dekadenz zusammengetragen hat und für die es sonst in der deutschen Literatur kein Beispiel gibt."[653] Der Herausgeber bemerkt, daß Przybyszewskis Verhältnis zu Neurose und Psychose unstreitig naturalistisch geprägt sei. Die sachliche Objektivität des medizinisch geschulten Beobachters verbinde sich mit der hysterischen Beschwörung des Unbewußten, satanistische Orgien und psychodelische Visionen vermengten sich mit prosaischem Kaffeehausgeplauder. Schulz glaubt nicht, daß Przybyszewski tatsächlich ein „Naturalist geistiger Phänomene" gewesen sei, er neigt eher dem Schluß zu, „daß Impotenz nicht nur ein *thematisches* Leitmotiv der ‚Totenmesse‘ ist".[654]

Jener „psychische Naturalismus" Przybyszewskis, den Schulz lediglich als theoretisches Postulat des Schriftstellers betrachtet, hat bei Sachkennern stets größtes Interesse hervorgerufen – in den neunziger Jahren des vorigen Jahrhunderts ebenso wie späterhin, als der Essay über Munch wie eine eindeutige Vorwegnahme des Expressionismus wirkte. Eine solche Bewertung erfährt die Theorie des psychischen Naturalismus beispielsweise in dem Sammelband „Edvard Munch. Probleme – Forschungen

---

650 E. Koppen, *Dekadenter Wagnerismus. Studien zur europäischen Literatur des Fin de siècle*, Berlin 1973, S. 112 (die deutschsprachige Version von *Androgyne* erschien erst 1906). Nach Meinung Koppens handelt es sich bei der Kreuzigung der Geliebten um ein typisch dekadentes Sexualsyndrom, bei dem es zu einer Verbindung von Begierde, Gotteslästerung und Goldschmiedesymbolik kommt.
651 Gemeint ist das Buch *Liebe, Tod und Teufel. Die schwarze Romantik* (im Original 1930).
652 Vgl. *Prosa des Naturalismus*. Hg. von G. Schulz, Philipp Reclam jun., Stuttgart 1973, S. 37. Darin wird ein Abschnitt aus *Totenmesse* zitiert von „Auf dem Grunde meiner Seele liegt ein finsteres, schauerliches Geheimnis" bis „Bewußtlos flog ich weit weg." Es geht dabei um den Verkehr mit einer Frauenleiche. Das Werk ist mit einer biographischen Notiz versehen.
653 G. Schulz, *Einleitung* zu: *Prosa des Naturalismus*, op. cit., S. 37.
654 Ibidem, S. 38.

– Thesen", in dem der „geniale" Essay Przybyszewskis von 1894 („Psychischer Naturalismus") vielfach erwähnt wird. Wladyslawa Jaworska erläutert in ihrer Studie „Munch und Przybyszewski" detailliert das philosophische Programm des polnischen Künstlers, sie verweist auf die Rolle der Intuition bei der Erkenntnis des Unbewußten in allen seinen Schichten und Labyrinthen. Wenn die Wirklichkeit nur als Lüge und Schein wahrgenommen werde, wenn Verstand und Sinne als Mittel der Welterkenntnis negiert werden, dann bleibe als einziger Wert die irrationale, unkontrollierbare Intuition, und genau sie werde zur Grundlage von Przybyszewskis expressionistischer Ästhetik.[655]

Nach Meinung Jaworskas hat Przybyszewski Munchs Bilder großartig interpretiert, indem er darin einen neuen Typ synthetischer, imaginativer Malerei erblickte, „Ideenmalerei", aber nicht empirische Realität. Erstaunlich zuverlässig sei insbesondere sein Farbempfinden, das eine expressionistische Farbsymbolik formuliere. Ähnliche Theorien zur Suggestivität der Farben seien im Umkreis von Toulouse-Lautrec und Emile Bernard sowie in Briefen van Goghs zu finden. Jaworska weist auf eine gewisse Parallele zwischen der Studie „Psychischer Naturalismus" und dem ein Jahr früher im „Mercure de France" publizierten Artikel von Gustave Aurier über Gauguin hin. Der französische Kunsttheoretiker habe Gauguin als Symbolisten identifiziert, während Przybyszewski Munch als expressionistischen Maler präsentierte. Jaworska schreibt: „Der eine wie der andere Artikel hat Merkmale eines Manifestes. Eine Brücke zwischen Literatur und Malerei schlagend rufen sie zur Integration der Künste auf."[656]

Przybyszewskis Interpretation der Bilder Munchs kommentiert auch Wolfdietrich Rasch, nach dessen Dafürhalten der Pole das Wesen von Munchs Kunst richtig erkannt und zugleich die Prinzipien seines eigenen Schaffens dargelegt hat.[657] Henning Bock bezeichnet Przybyszewskis Darstellung, die die expressionistischen Züge in der Malerei des Norwegers verdeutliche, als „genial".[658] Johannes Dobai erinnert daran, daß Przybyszewski als erster die Feststellung gewagt habe, Munch sei kein Symbolist.[659] Göste Svenaeus erblickt ein Manifest der neuen Kunst schon in Przybyszewskis Broschüre „Zur Psychologie des Individuums", die noch vor der Bekanntschaft mit Munch entstanden war.[660]

Zu Beginn der siebziger Jahre erschienen also – vom Standpunkt der Przybyszewski-Rezeption – mehrere wichtige Publikationen, die das Werk des polnischen Schriftstellers in den Kontext der dominanten künstlerischen Tendenzen der Jahrhundertwende einordneten. 1975 folgte eine weitere anregende Arbeit, die gleichfalls neue

---

655 Vgl. W. Jaworska, *Munch und Przybyszewski*, in: *Edvard Munch. Probleme – Forschungen – Thesen*, Hg. v. H. Bock u. G. Busch, München 1973, S. 48.
656 Ibidem, S. 51.
657 Vgl. W. Rasch. *Edvard Munch und das literarische Berlin der neunziger Jahre*, in: *Edvard Munch*, op. cit., S. 20.
658 Vgl. H. Bock. *Farbe als Ausdruck: Zur Deutung von Bildern Edvard Munchs*, in: *Edvard Munch*, op. cit., S. 72.
659 Vgl. J. Dobai, *Randbemerkungen zum Thema der Erotik bei Munch und einigen Zeitgenossen*, in: *Edvard Munch*, op. cit., S. 93.
660 Vgl. G. Svenaeus, *Der heilige Weg. Nietzsche-Fermente in der Kunst Edvard Munchs*, in: *Edvard Munch*, op. cit., S. 28.

Forschungshorizonte eröffnete, diesmal der Belletristik und der Biographie: Friedrich Wilhelm Neumanns umfangreiche Abhandlung über literarische Texte und Erinnerungen, in denen die Gestalt des Polen aufgerufen wurde.[661] Der Mainzer Slawist untersuchte eine Reihe literarischer Werke (insgesamt 13) und zahlreiche autobiographische Äußerungen (22), um nachzuweisen, daß sich Przybyszewski auf Dauer in der deutschen Literatur etabliert hatte.[662]

Neumann behandelt die einzelnen Texte in chronologischer Abfolge: die Erinnerungen nach dem Gang der Ereignisse, welche sie betreffen, die literarischen Werke entsprechend ihrer Entstehungszeit. In seiner Zusammenfassung verweist der Forscher auf charakteristische Merkmale des „genialen Polen", die in vielen Berichten von Zeitzeugen wiederkehren. Neumann stellt allerdings fest, daß die meisten Aussagen einen gewissen Schematismus verraten: der Verfasser der „Totenmesse" wird durch das Prisma des Polen-Klischees gesehen. Er wird als Katholik und Megalomane, der an die Erlöserrolle seines Volkes glaubt, gleichzeitig aber sein Europäertum und seinen Kosmopolitismus herausstreicht, dargestellt. Im Gedächtnis der Zeitgenossen bewahrt blieben Eigenschaften wie Dämonie, die Neigung zu Alkoholexzessen und die Verzauberung der Zuhörer durch sein Klavierspiel, der Hang zur Mystik und zur Verkündung eigener Theorien, insbesondere auf sexuellem Gebiet, ein programmatischer Antiintellektualismus und eine Abneigung gegen die Deutschen.[663] Am Schluß seiner Ausführungen erklärt der Interpret: „Nicht Przybyszewskis Schriften, die nur vorübergehend Aufsehen erregt und seine Berliner Jahre kaum überdauert haben, sind hauptsächlicher Gegenstand literarischer Darstellung, vielmehr ist es seine einprägsame Persönlichkeit und sein eigenwilliges Weltbild, die im Gedächtnis der Zeitgenossen noch jahrzehntelang lebendig blieben."[664]

Neumanns Befund trifft jedoch nur zum Teil zu[665], obwohl nicht zu leugnen ist, daß Przybyszewskis Persönlichkeit primär die Aufmerksamkeit seiner Schriftstellerkollegen reizte. Die biographische Legende hat – anders als in Polen, wo die Mythisierung des „Lebens" über Jahre die literarhistorische Forschung klar beherrschte – die künstlerische Leistung indessen nur zu einem gewissen Grade verdecken können. In der Tat fand auch in Deutschland in den siebziger und achtziger Jahren Przybyszewskis Biographie Anklang. In den zurückliegenden beiden Jahrzehnten erschien eine Anzahl von Pressebeiträgen, die sich bestimmten Sachverhalten aus dem ungewöhnlichen Leben des polnischen Künstlers zuwandten.

1976 druckte die ostdeutsche Zeitschrift „Der Wegweiser" einen Przybyszewski-Artikel von Joachim Georg Görlich. Der typisch publizistische Text enthält eine Reihe

---

661 Vgl. F. W. Neumann, *Stanislaw Przybyszewski als Gegenstand literarischer Darstellung in Deutschland*, in: „Die Welt der Slawen" 1974/75, S. 219-265.
662 Über einige der angeführten Texte hat bereits Helsztynski geschrieben, wovon im Kapitel 4.2 die Rede war. Neumann erörtert hier die Erinnerungen von Schleich, Heinrich Hart, Servaes, Gumppenberg, Paul, Dauthendey, Dessoir, Schlittgen, Frieda Strindberg, Meier-Graefe, Uhde-Bernays, Keßler, Ida Dehmel, Bierbaum, Piper, Elisabeth Steffen, Ina Seidel, Schlaf, Polenz, Jung, Wille und Thomas Mann.
663 Vgl. ibidem, S. 258ff.
664 Ibidem, S. 263.
665 Zu etwas anderen Ergebnissen ist die Verfasserin dieses Buches gelangt, der eine größere Anzahl von Texten zur Verfügung stand.

von Fehlern und Ungenauigkeiten, er beweist aber zugleich, daß man Przybyszewski als Person den Zeitschriftenlesern nahebringen wollte.[666] Der Verfasser konzentriert sich auf die „sozialistische Episode" im Leben des Berliner Studenten, der anfangs Redakteur einer polnischen Arbeiterzeitung gewesen war. Dabei beruft er sich auf Erkenntnisse, die Franciszek Hawranek damals in der polnischen Wochenschrift „Opole" publiziert hatte, nachdem er in einem Potsdamer Archiv fündig geworden war.[667] Dennoch erspart Görlich seinen Lesern auch die spektakulären Ereignisse um Przybyszewskis Beziehungen zu Dagny Juel und Marta Foerder nicht.

Przybyszewskis politische Betätigung fesselte vier Jahre später auch den West-Berliner Publizisten Jürgen Vietig, der in der Zeitschrift des Vereins für die Geschichte Berlins (unter einem sehr ähnlichen Titel wie sein Ost-Berliner Kollege) die erweiterte Fassung einer RIAS-Sendung veröffentlichte.[668] Der Berliner Historiker schildert Przybyszewski als einen antiklerikalen, in sexueller Beziehung bis hin zur Nekrophilie toleranten Experten für schwarze Magie und Satanskult, als einen einfallsreichen Alkoholiker und Narkomanen, der seine Geliebte in den Selbstmord trieb und seine Kinder ins Heim gab.[669]

Innerhalb der Berliner Lebensphase Przybyszewskis hebt Vietig vor allem die Tätigkeit für die „Gazeta Robotnicza" und die Sitzungen im „Schwarzen Ferkel" hervor. Er gelangt zu dem kaum haltbaren Schluß, daß Przybyszewski, ein in Deutschland völlig vergessener Schriftsteller sei und ohne die Affäre mit Dagny und seiner Anwesenheit in dem berühmten Künstlerlokal nicht einmal in der Geschichte Berlins einen Platz gefunden hätte, und zwar vor allem infolge seines krankhaften Hasses auf alles, was preußisch war.[670] Der einzige Grund, heute noch an den Polen zu erinnern, besteht laut Vietig in seiner authentischen politischen Tätigkeit, die nur auf preußischem Boden möglich gewesen sei.[671]

---

666 Vgl. J. G. Görlich, *Stanislaw Przybyszewski – ein polnischer Dichter in Berlin*, in: „Der Wegweiser" 1976, Nr. 1-2, S. 28. Dort heißt es u. a., Przybyszewski habe Dagny durch Frieda Uhl kennengelernt, und der Name des berühmten Lokals wird zu „Unterm Schwarzen Ferkel" entstellt.
667 Es geht um den Artikel von F. Hawranek, *Satanista i „socjalista" podejrzany o morderstwo* (Mordverdächtiger Satanist und „Sozialist"), in: „Opole" 1975, Nr. 6, S. 14f., 23. Görlich gibt Hawraneks Informationen zur Entstehung polnischer proletarischer und sozialistischer Organisationen in Berlin, zur Gründung der Zeitung „Gazeta Robotnicza", deren Redakteur Przybyszewski eine Zeitlang war, und zu den Kontakten des Schriftstellers zu Sozialisten gekürzt wieder. Er erklärt jedoch weder die Umstände, unter denen Przybyszewski die „Gazeta" verließ (darüber schrieb zehn Jahre später W. Niemirowski, worauf später noch eingegangen wird), noch erwähnt er die in Hawraneks Artikel enthaltenen Informationen zum Tod Marta Foerders.
668 Vgl. J. Vietig, *Stanislaw Przybyszewski – Ein Pole in Berlin*, in: „Mitteilungen des Vereins für die Geschichte Berlins" 1980, H. 4, S. 222-229. Auf dem Umschlag der Zeitschrift findet sich die Reproduktion eines Przybyszewski-Porträts von A. Broniewski (fälschlich wird angegeben, es handle sich um das Titelfoto eines Przybyszewski-Buches von K. Kolinska aus dem Jahr 1978).
669 Ibidem, S. 222.
670 Vgl. ibidem, S. 227.
671 Ibidem, S. 228. Hierzu sei angemerkt, daß Przybyszewskis Name zuvor in mehreren Berlin-Publikationen auftauchte, darunter in zwei Büchern ostdeutscher Autoren: A. Lange, *Berlin zur Zeit Bebels und Bismarcks*, Berlin 1976, S. 699, 743, wo der Pole als Stammgast des „Schwarzen Ferkels" und als eines der Vorbilder für Holz' Komödien genannt wird, sowie W. Schneider, *Berlin. Eine Kulturgeschichte in Bildern und Dokumenten*, Leipzig 1980, S. 350, wo er zur jungen Schriftstellergeneration der neunziger Jahre gezählt wird.

Die Frage nach Przybyszewskis politischer Betätigung und seiner Rolle in Berlin wurde ein weiteres Mal in der zweiten Hälfte der achtziger Jahre gestellt, als das beiderseits der Mauer aufwendig begangene 750jährige Stadtjubiläum die Gelegenheit zur Revision alter Lehrsätze und zu neuen Verallgemeinerungen bot, worauf in diesem Abschnitt noch eingegangen wird. In den siebziger Jahren hingegen tauchte in der Przybyszewski-Forschung ein weiteres Thema auf, das bis dahin unbeachtet geblieben war: die Übersetzung von Werken durch den Autor selbst, ein interessanter Gegenstand im Falle Przybyszewskis, der in zwei Sprachen schrieb und in zwei Kulturen wirkte. 1976 nämlich wurde abermals eine deutschsprachige Dissertation abgeschlossen, diesmal an der Universität Freiburg im Breisgau, ihr Gegenstand war eines der literarischen Werke des „genialen Polen".[672]

Maria F. Büchi untersucht am Beispiel der Trilogie „Homo sapiens" die Eigenübersetzung des Verfassers. Sie konzentriert sich auf die Zweisprachigkeit und deren Ausdruck auf der linguistischen Ebene des Textes. Die stilistische Analyse beider Romanversionen, des deutschen Originals und der polnischen Übersetzung, bestätigt die Hypothese von der Veränderung der Stilebene durch Przybyszewski selbst. Aus einer statistischen Gegenüberstellung resultiert, daß lediglich 0,8 % des deutschen Textes originalgetreu übertragen wurden, 50 % des polnischen Textes weisen stilistische Änderungen auf, die als Verstärkung der Expressivität zu werten sind, in 32 % der Fälle ist eine Reduktion bestimmter Elemente zu verzeichnen, und bei 10 % kommt es zu Abwandlungen anderer Art (semantische Veränderungen, Auslassungen u. dgl.).[673]

Der Vergleich führt die Verfasserin zu dem Schluß, daß die polnische Version keine verläßliche Übersetzung, sondern eine stilistische Neufassung sei, eine Art „Neugestaltung des Werks".[674] Diese Schlußfolgerung überrascht nicht. Die Erkenntnis, der Autor habe sich keinerlei Beschränkungen unterworfen, wie sie den Übersetzer gewöhnlich binden, bekräftigt im Grunde die Ahnungen des Lesers, der Przybyszewskis polnisches und deutsches Schaffen kennt, sie entspricht zudem der alten Wahrheit, daß eine Selbstübertragung häufig Übersetzung und Originalfassung zugleich sein möchte und daß zweisprachige Schriftsteller meist zwei Autorversionen vorlegen.

Das Buch von Maria Büchi war vermutlich der erste Versuch, gleichzeitig auf beide sprachliche Versionen von Werken Przybyszewskis hinzuweisen, der schließlich in zwei Nationalsprachen und zwei Kulturtraditionen agierte. Es war zwar noch keine komparatistische Erkundung des künstlerischen Œuvres dieses Mannes – solche Forschungen wurden bis heute weder in der polnischen noch in der deutschen Literaturwissenschaft unternommen, obgleich die entsprechenden Ergebnisse nicht nur für Przybyszewski relevant wären –, es erinnerte jedoch daran, daß sein Schaffen zwei

---

672 Vgl. M. F. Büchi, *Problematik der Autorübersetzung am Beispiel des „Homo sapiens" von S. Przybyszewski*, Freiburg i. Br. 1976 (Diss.).
673 Die Berechnung gilt für den ersten Teil der Trilogie *Über Bord*; ähnliche Veränderungen waren auch an der Übersetzung des zweiten Teils, *Unterwegs*, zu beobachten. Beim dritten Teil, *Im Malstrøm*, kam es noch zu zusätzlichen Abweichungen, die sich u. a. aus der Streichung zweier Kapitel ergaben.
674 Vgl. ibidem, S. 204.

Literaturen zugehört und die Texte des einstmals so umstrittenen Schriftstellers stets in diesem doppelten Horizont analysiert werden sollten.

Zwei Jahre darauf erweiterte Jens Malte Fischer, Erforscher der deutschen Literatur des Fin de siècle, in dessen Arbeiten der Name Przybyszewskis öfter wiederkehrt, den Kontext, indem er das Schaffen des „genialen Polen" in die Perspektive der europäischen Moderne rückte.[675] Seine Studie über „Androgyne" – jenes Werk, das fünf Jahre zuvor von Erwin Koppen negativ gewertet worden war – ist die interessanteste und in dieser Art überhaupt erste Interpretation eines Przybyszewskischen Textes. Der Verfasser ist überzeugt, daß der Pole während seiner sechs Berliner Jahre die faszinierendste Gestalt des deutschen Fin de siècle war und daß die jüngste Vergangenheit eine Neubewertung seines Schaffens mit sich brachte, speziell das Prosapoem „Androgyne" suche in der deutschen Literatur seinesgleichen.[676]

Das scheinbar chaotische Werk, dem es an Handlung im traditionellen Sinne mangele und in dem Wachträume, Assoziationsketten und Wortkaskaden einander überlagern, trage indessen – nach Meinung des Interpreten – Anzeichen einer inneren Ordnung. Der Verfasser der Studie präpariert diese Ordnung heraus, indem er die Struktur der einzelnen Träume untersucht, die mit steigender Intensität aufeinanderfolgen und ihren Abschluß finden durch die Beschwörung des Mythos von der Androgynie, also das Bild von der Vereinigung der beiden getrennten Geschlechter zu einem Ich.

Fischer interpretiert die poetischen Visionen in einem weiten Epochenkontext, was es ihm erlaubt, sowohl die Bezüge zur europäischen Moderne als auch die originären Elemente zu erkennen, die der polnische Schriftsteller in die deutsche Literatur eingebracht hat. Der erste Wachtraum weckt bei dem Forscher Assoziationen zu Gustav Mahlers zweiter Symphonie (1895) und der damals allgemein üblichen erotischen Betrachtung der Blumen, wie sie etwa aus dem achten Kapitel von Huysmans' Roman „Gegen den Strich" bekannt ist. Laut Fischer aber war Przybyszewski, der den Kuß als apokalyptisches Ereignis beschreibt, die Kälte des französischen Erzählers fremd.[677]

Im zweiten Wachtraum begegnen Symbole der Kunstfertigkeit, wie sie von Stefan George her geläufig sind, doch dem Autor gelingt hier eine Steigerung der Phantasie, die an ein imaginäres „Privattheater" erinnert – worüber Sigmund Freud viele Jahre später nachdachte –, die unbefriedigten erotischen und ambitiösen Begierden werden zu Triebkräften der Phantasie, und die Bilder der Allmacht bilden nach Fischers Ansicht ein massives Gegengewicht zum weltanschaulichen und stilistischen Nihilismus.

Der Inhalt des dritten Wachtraums bescherte Przybyszewski den Ruf eines Satanisten, doch laut Fischer sind diese satanistischen Szenen im Grunde ein „Extrakt" aus

---

675 Vgl. J. M. Fischer, *Stanislaw Przybyszewski: Androgyne (1906)*, op. cit. Fischer erwähnt Przybyszewski auch in seiner Epochensynthese *Deutsche Literatur zwischen Jahrhundertwende und Erstem Weltkrieg*, in: *Neues Handbuch der Literaturwissenschaft*, Bd. 19: *Jahrhundertende – Jahrhundertwende II*. Hg. von H. Hinterhäuser, Wiesbaden 1976, passim. Über den polnischen Autor schreibt er in einer weiteren wichtigen Gesamtdarstellung (vgl. *Décadence*, in: *Propyläen- Geschichte der Literatur*, Bd. 5: *Das Bürgerliche Zeitalter 1830-1914*, Berlin 1984), wo er alle wesentlichen Aussagen zum Schaffen nach dem hier zitierten Aufsatz wiederholt.
676 Vgl. J. M. Fischer, *Stanislaw Przybyszewski: Androgyne*, op. cit., S. 223.
677 Vgl. ibidem, S. 223f.

Huysmans' Anleitung, vermischt mit dem „pornographischen Odeur" der Zeichnungen von Rops.[678] Fischer wendet sich gegen Just, der den Satanismus des Polen als eine erzwungene Haltung ansah, und versteht ihn als einen von A bis Z durchdachten Anarchoindividualismus vom Schlage Stirners.[679]

Der letzte Wachtraum bringt die Vision der androgynischen Erfüllung. Sein Konzept der Androgynie hielt Przybyszewski für das tiefgründigste Konzept des menschlichen Geistes, und tatsächlich - so erklärt der Forscher - war er als Androgynist und Satanist eine Ausnahme unter den Künstlern des deutschen Fin de siècle. Fischer merkt an, daß allein Przybyszewski Inhalte und Formen der französischen Dekadenz selbständig weiterentwickelt habe, die sich deutlich von der Stilisierung des Jungen Wien unterschieden, die Berliner Boheme aber sei der günstigste Nährboden für sein Talent gewesen, das sich in dieser Richtung beispielsweise in Wien nicht hätte entfalten können. Der Verfasser pflichtet Justs These bei, daß Przybyszewski außerhalb seiner Zeit gestanden habe, jedoch nur in bezug auf die deutsche Literatur, denn im europäischen Kontext seien Beziehungen und Abhängigkeiten unverkennbar.[680]

Das Jahr 1978 bedeutete mithin eine greifbare Wende in der Przybyszewski-Forschung, die Schriften des polnischen Autors wurden einmal mehr dem literarischen Abfall entrissen. Im gleichen Jahr erschien eine weitere anregende Abhandlung, die sich Przybyszewskis ersten Essay zum Gegenstand erkor; ihr Verfasser war kein Literaturhistoriker, sondern der Musikwissenschaftler Lukas Richter.[681]

„Zur Psychologie des Individuums. Chopin und Nietzsche" - diese erste Broschüre von 1892, die sogleich ein breites Interesse auf den jungen Autor gelenkt hatte, galt bei „Kennern" stets als Geheimtip. Diesmal zog sie das Augenmerk eines Musikexperten auf sich, der freilich in seinen Betrachtungen weit über das eigentliche Thema, wie er es im Titel seines Aufsatzes für eine musikwissenschaftliche Fachzeitschrift formuliert hatte, hinausgeht. Der Ost-Berliner Forscher befaßte sich nämlich mit Przybyszewskis ästhetischen Anschauungen, spürte ihren Bezügen zu den philosophischen Erfahrungen der Epoche nach und deckte ihre potentielle Vorreiterfunktion auf.

Nach Erkenntnissen Richters verband Przybyszewski positivistisches Ideengut (Fechners Psychophysik, die physiologische Psychologie von Wundt und Ziehen, Ribots Psychologie der Gefühle, den Evolutionismus von Darwin und Spencer, die französische Psychopathologie u. a.) in origineller Weise mit der subjektiven Intuition, weshalb er das Fundament für eine Ästhetik zu legen vermochte, die den Expressionismus vorwegnahm.[682] Die von dem Polen eingeführte Unterscheidung zwischen Individualität (das reflexiv reagierende Unbewußte) und Persönlichkeit (Assoziationsketten, die das Gehirn steuern) kamen den Hypothesen über verschiedene geistige Schichten von Psychologen wie F. Kraus oder Ph. Lersch zuvor.

---

678 Vgl. ibidem, S. 228.
679 Vgl. S. 230. Gemeint ist Justs Studie *Nihilismus als Stil*, die im vorigen Kapitel vorgestellt wurde.
680 Vgl. S. 232.
681 Vgl. L. Richter, *Zur Musikanschauung von Stanislaw Przybyszewski*, in: „Deutsches Jahrbuch der Musikwissenschaft 1973-1977", 1978, S. 59-79. Ein Jahr darauf wurde in Warschau eine polnische Übersetzung des Beitrags veröffentlicht.
682 Vgl. ibidem, S. 61.

Besonders reizvoll waren für Richter Przybyszewskis Überlegungen zur Musik, die auf einer psychophysischen Erklärung ihrer Genese beruhten. Entgegen Darwins Auffassung von Musik als einer Nachahmung von Stimmen aus der Natur konstruierte Przybyszewski – nach Wundt – eine Theorie über die Umwandlung des „Gefühlstons" in Schall[683], wodurch er sich in seinen Ansichten dem biologisch untermauerten Konzept Friedrich von Hauseggers (1885) annäherte, nach dem sich Muskelkrämpfe in Töne verwandelten. Przybyszewski geht aber noch über Hausegger hinaus. Er begreift Musik als den unmittelbaren Ausdruck alles dessen, was sich durch Worte und Begriffe nicht mitteilen läßt, als Ausdruck unbewußter Inhalte; mit dieser Überzeugung ist er ein Erbe Schopenhauers und ein Vorläufer Bergsons.

Richter verweist auf eine Entdeckung bezüglich des Komponierens, die vermutlich durch Ernst Machs assoziative Psychologie inspiriert und in Przybyszewskis Aufsätzen über Conrad Ansorge enthalten war.[684] Die Tonsetzkunst faßte der polnische Künstler dort in psychophysiologischen Kategorien. Er beschrieb, wie das Kunstwerk aus dem Unbewußten emporsteigt, wenn sich scheinbar unzusammenhängende Erlebnisse nach assoziativen Prinzipien treffen und zum Engpaß des Bewußtseins hinausgelangen. Dem fehlenden Gefühlsstrom sollte die neue Kompositionstechnik entsprechen, die Ansorge anwandte. Przybyszewski verharrte jedoch nicht bei der Psychologie, er betonte Richter zufolge die metaphysische Seite der Musik, ihre Verbindung zur Sphäre des Absoluten, zur platonischen Idee des Seins.[685]

Der Berliner Musikologe, von den innovativen Auffassungen des „genialen Polen" der Jahrhundertwende überzeugt, schloß seine Ausführungen mit dem Satz: „So hatte Przybyszewski mit antizipatorischer Phantasie Wege erspürt, die erst nach Jahrzehnten wirksam beschritten wurden."[686] Dabei dachte Richter an die Kunst des Expressionismus, an die abstrakte Malerei Wassily Kandinskys, die atonale Musik Arnold Schönbergs und die filmischen Experimente von Clavier Lumière.

Im gleichen Jahr, in dem Fischer Przybyszewskis Einmaligkeit im Kontext der deutschen Dekadenzdichtung des Fin de siècle begründete und Lukas Richter den Polen als scharfsinnigen Musikästhetiker und Vorläufer mehrerer künstlerischer Phänomene des 20. Jahrhunderts beschrieb, wurde der Autor der „Totenmesse" auch als maßgeblicher Nietzsche-Interpret entdeckt. Wie Rudolf Walter bereits ein Jahr zuvor konstatierte, hatte Przybyszewski „Ambivalenzen bei Nietzsche als Übergangs- und Krisensymptom, als Identitätskrise verstehbar und damit als Identifikationsfigur für

---

683 Wundt unterschied neben der Intensität und der Qualität der Gefühle auch ihren „Ton".
684 Gemeint sind die Artikel *Conrad Ansorge*, in: „Die Kritik" 1897, Nr. 124, und *Conrad Ansorges Liederdichtungen*, in: „Pan" 1897, H. 1. Außerdem interpretierte Richter in Polen entstandene und später ins Deutsche übertragene Texte wie *Szopen. Impromptu* (Chopin. Impromptu), aus: „Zycie" 1899, Nr. 19/20, oder *Szopen a naród* (Chopin und die Nation), Krakau 1910. Am Rande sei vermerkt, daß Przybyszewskis Arbeiten über Ansorge in Deutschland auf Interesse trafen. Davon zeugt, daß *Conrad Ansorges Liederdichtungen* in den Katalog *Berlin um 1900* (eine Ausstellung der Berlinischen Galerie in Verbindung mit der Akademie der Künste zu den Berliner Festwochen 1984, Berlin 1984) aufgenommen wurde. S. 287.
685 Vgl. L. Richter, *Zur Musikanschauung...*, op. cit., S. 70.
686 Ibidem, S. 75.

den zeitgenössischen Intellektuellen kommensurabel gemacht".[687] In die Anthologie „Nietzsche und die deutsche Literatur", die 1978 herauskam, wurden gleich zwei Auszüge aus Przybyszewskis Schriften aufgenommen: eine längere Passage aus der Broschüre „Zur Psychologie des Individuums" und ein Abschnitt aus dem ersten Teil der „Erinnerungen", der Nietzsches Sprache würdigt.[688]

Przybyszewskis Werke fanden also immer öfter den Weg hinaus aus den Archiven, weil man sie entweder neu interpretieren oder in Anthologien nachdrucken wollte. 1979 erschien – vierzehn Jahre nach der deutschen Übersetzung der „Erinnerungen an das literarische Berlin" – eine weitere Edition: „Die Synagoge des Satans".[689] In einer ausführlichen Einleitung befaßte sich Josef Dvorak allerdings nicht mit dem Schaffen des „sentimentalen Katholiken Przybyszewski"[690], sondern mit einem weit verstandenen Satanismus – angefangen bei Nietzsche, der das Ende des Christentums verkündete und eine Verschwörung gegen die Kirche plante, über Otto Groß, den Psychoanalytiker und Anarchisten, der den Kult um die babylonische Kriegsgöttin Astarte wiederzubeleben suchte, über Satansjünger wie Crowley oder Jim-Jim bis hin zum Holocaust, zur Baader-Meinhof-Gruppe oder den Anhängern von Kenneth Grant.

Daß gerade eine Schrift Przybyszewskis die Reihe „Esoterik und Schwärmerei" eröffnen durfte, zeugt gewiß von der Kompetenz des einstigen „deutschen Satanikers", zumindest aber von der Eignung seines Essays, das Interesse der Leser nach so langer Zeit erneut zu wecken. Daß „Die Synagoge des Satans" nach mehr als achtzig Jahren wieder verlegt wurde, aktivierte überdies die Forschungen zum Satanismus, war aber zugleich – das muß hier vermerkt werden – eine Antwort auf die bestehende Nachfrage. Denn im selben Jahr, in dem der West-Berliner Verlag Przybyszewskis Buch herausgab, führte Rita Thiele in einem Kapitel ihrer Dissertation zum Satanismus bei Huysmans einen sorgfältigen Vergleich des Satanismus bei dem Polen und dem Franzosen durch.[691]

Die Literaturwissenschaftlerin erkennt in Przybyszewski einen typischen Vertreter des europäischen Satanismus, betont jedoch, der „deutsche Sataniker" unterscheide sich merklich von Huysmans, als dessen Fortsetzer er gelten könne. Nach Rita Thiele

---

687 R. Walter, *Nietzsche – Jugendstil – Heinrich Mann. Zur geistigen Situation der Jahrhundertwende*, München 1977, S. 20.
688 Vgl. *Nietzsche und die deutsche Literatur*, op. cit., S. 82ff., 223. Aus dem Essay *Zur Psychologie des Individuums* wurde hier der Abschnitt V gewählt. P. Drews verweist in seinem Buch *Die slawische Avantgarde und der Westen. Die Programme der russischen, polnischen und tschechischen literarischen Avantgarde und ihr europäischer Kontext* (München 1983) auf Przybyszewskis Verdienste um die Propagierung von Nietzsches Philosophie in Polen (bes. S. 110ff.).
689 Przybyszewski, *Die Synagoge des Satans. Entstehung und Kult des Hexensabbats, des Satanismus und der Schwarzen Messe*. Mit einem Vorwort von J. Dvorak, Verlag Clemens Zerling, Berlin 1979. 1984 folgte, als erster Band der Reihe *Esoterik und Schwärmerei. Materialien zur Häresie, Ketzerei und Hexerei*, eine Neuauflage der Broschüre, die vom Verlag mit einem veränderten Titel versehen worden war: *Die Gnosis des Bösen. Entstehung und Kult des Hexensabbats, des Satanismus und der Schwarzen Messe*. (Band zwei der Reihe enthielt *Die Bekenntnisse der Madeleine Bavent*, Band drei *Die Geschichte der Teufel von Loudun* von Nicolas Aubin.)
690 J. Dvorak, *Vorwort* in: Przybyszewski, *Die Gnosis des Bösen*, op. cit., S. 22.
691 Vgl. R. Thiele, *Satanismus als Zeitkritik bei Joris-Karl Huysmans*, Frankfurt a. M. 1979 (Kap. *Vergleich zwischen der künstlerischen Verarbeitung des Satanismus bei Huysmans und Przybyszewski*, S. 138-158).

ist der Satanismus beider Schriftsteller als eine Form der Kulturkritik am Fin de siècle zu betrachten, nur wären die Schlüsse, zu denen sie gelangen, und die Antworten, die sie auf dieselben Epochenfragen geben, verschieden. Einige Gedankengänge der Autorin seien hier dargelegt.

Für Huysmans habe der Satanismus eine dionysische Freisetzung emotionaler Tiefenschichten bedeutet, wodurch nihilistischer Lebensüberdruß überwunden wurde. Bei Przybyszewski hingegen werde der Satanismus zur luziferischen Inkarnation einer Spaltung der Psyche und der Existenz überhaupt, zur Vergegenständlichung innerer Widersprüche und zur Erfahrung des Lebens als Leiden. Huysmans habe dem Satanismus eine positive Bedeutung verliehen, indem er darin ein Instrument geistiger Regeneration sah. Przybyszewski habe aus der Zerrissenheit des Zeitgenossen ein Grundprinzip gemacht und die Auffassung von der satanischen Struktur des Seins vertreten. Der französische Autor erkannte zwei Sphären zur Steuerung des Individuums, die einander diametral gegenüberstanden – Sexualität und Religiosität; in ihrer Integration gewahrte er die Chance zur geistigen Einheit. Nach Ansicht des Polen war die innere Einheit ein Wunschtraum, weil sich die Lebenssubstanz, dominiert vom Geschlecht, unaufhörlich zersetzte. Dem einzelnen blieb nur die Wahl zwischen Resignation und Rebellion.

Wie Rita Thiele feststellt, faszinierte Przybyszewski die Schriftsteller des Fin de siècle in Deutschland durch seine scharfe Kritik an der bürgerlichen Kultur, doch konnte seine Theorie von der Zerrissenheit des Seins kein ausreichendes und für die Zeitgenossen annehmbares Gegengewicht dazu bilden.[692]

Das Problem des Satanismus bei Przybyszewski brachte auf eine sehr interessante Weise Ralph Tegtmeier zur Sprache, der sich mit den Beziehungen zwischen Erotik und Okkultismus in der Literatur der Jahrhundertwende beschäftigte und dabei Texte von Crowley, Lawrence, Thomas Mann, Przybyszewski und Yeats exemplarisch heranzog. Zu Recht vermerkt der Verfasser in seiner Studie, daß die erotischen Motive bei dem Polen weniger mit einem „dekadenten Sexualismus" als mit Okkultismus, Neoplatonismus und Hermetismus zusammenhängen. Bemerkenswert ist die Erkenntnis, daß einige Visionen in „Androgyne" an magische Rituale erinnerten (eine Art „Astralwallen" oder „Astralwandern"). Erotik sei für Przybyszewski wohl eine Erfahrung der Transzendenz gewesen, der Schriftsteller sei selbst von „professionellen" Sexmagiern ernst genommen worden.[693]

Das Schaffen des „genialen Polen" fand nun auch im engeren Kontext der deutschen Slawistik Beachtung, obwohl – und das gibt zu denken – Przybyszewski sich bei Slawisten insgesamt geringerer Popularität erfreute als bei Germanisten. Sein Name begegnet en passant in einigen grundlegenden Studien, so bei Aleksandar Flaker, der in seinem Handbuch-Beitrag zum Modernismus in den slawischen Literaturen erklärt, Przybyszewski belege als Verfasser der „Totenmesse" und des Romans „Satans Kinder" dank der subtilen Verbindung von Katholizismus, Satanismus und körperlichem

---

692 Ibidem, S. 155.
693 Vgl. R. Tegtmeier, *Okkultismus und Erotik in der Literatur des Fin de siècle*, Königswinter 1983, S. 45-50; über Przybyszewski auch S. 77-85. In Tegtmeiers Verlag erschien 1982 innerhalb der Reihe „Edition Magus" der Roman *Androgyne* in 100 Exemplaren.

Begehren einen besonderen Platz, wiewohl er in dieser Hinsicht nicht mit Huysmans konkurrieren könne.[694] Sigrid Nolda, die sich mit dem russischen Symbolismus befaßt, vergleicht in ihrem Buch die Figuren eines Gedichts von Brjusov („V restorane") mit „Satans Kindern".[695] Auch die Arbeit von Peter Drews, die die Programme der russischen, polnischen und tschechischen Avantgarde darbietet, enthält eine Information über Przybyszewski als den Verfasser der Broschüre „Zur Psychologie des Individuums", als Nietzsche-Förderer in Polen und Schöpfer des expressionistischen Programms der Zeitschrift „Zdrój".[696]

Przybyszewskis Werke wurden gemeinhin in Anthologien polnischer Literatur berücksichtigt, die in Deutschland erschienen. Maria Podraza-Kwiatkowska nahm in die von ihr herausgegebene Auswahl „Jahrhundertwende. Die Literatur des Jungen Polen 1890–1918" eine Übersetzung von „Confiteor" sowie Auszüge aus „Vigilien", „Totenmesse", „De profundis" und dem Essay „Gustav Vigeland" auf.[697] Auch in der einige Jahre später verlegten Anthologie „Das Junge Polen. Literatur der Jahrhundertwende" von Karl Dedecius ist Przybyszewski vertreten.[698]

Die slawistischen Forschungen waren im übrigen nicht mit den Analysen zum deutschsprachigen Schaffen Przybyszewskis koordiniert. Ebensowenig existierte ein Austausch von Informationen über den jeweiligen Forschungsstand in Polen und in Deutschland. Die einzelnen Werke wurden nicht zum Gegenstand komparatistischer Interpretationen, die das Schaffen des zweisprachigen Autors in beiden kulturellen Perspektiven erfaßt hätten. Das zeigte sich vor allem in Polen, wo die deutschen Veröffentlichungen zu Przybyszewski völlig übergangen wurden. In Polen glaubte man nämlich, der Schriftsteller sei in der deutschen Literatur eine absolute Randerscheinung gewesen, so daß den dortigen Geisteswissenschaftlern sein Werk verborgen blieb. Besonders deutlich ist dieser Standpunkt in den deutschsprachigen Aufsätzen polnischer Przybyszewski-Forscher, in denen der Verfasser der „Totenmesse" als ein vergessener oder beinahe unbekannter Schriftsteller dargestellt wird, weshalb Auskünfte, die den deutschen Kollegen längst geläufig waren, viel Raum einnehmen.

Dies betrifft auch polnischsprachige Publikationen, die - gering an Zahl - Przybyszewskis Position innerhalb der deutschen Literatur behandeln. So schrieb Zdzislaw Zygulski in einer polnischen germanistischen Zeitschrift unter dem vielversprechenden Titel „Stanislaw Przybyszewski jako pisarz modernizmu niemieckiego" (S. P. als

---

694 Vgl. A. Flaker, *Die slawischen Literaturen zur Zeit des Modernismus*, in: *Neues Handbuch der Literaturwissenschaft*, Bd. 19: *Jahrhundertende - Jahrhundertwende II*, op. cit., S. 255.
695 Vgl. S. Nolda, *Symbolistischer Urbanismus. Zum Thema der Großstadt im russischen Symbolismus*, Gießen 1980, S. 141. Der Vergleich erfolgt in einer Anmerkung.
696 Vgl. P. Drews, *Die slawische Avantgarde und der Westen*, op. cit., S. 55f., 110ff., 195f.
697 Die Anthologie erschien 1979 beim Kiepenheuer Verlag, Leipzig und Weimar. *Confiteor* wurde von Marga Erb ins Deutsche übersetzt. Der Kiepenheuer Verlag förderte weitere Literatur des Fin de siècle, einige Jahre später gab er zwei Werke Przybyszewskis heraus.
698 Aus unbekannten Gründen nahm Dedecius keine Texte auf, die ursprünglich auf deutsch erschienen waren, sondern übersetzte alles aus dem Polnischen; daher lautet z. B. der Anfang der *Totenmesse* hier „Im Anfang war der Urtrieb". Die angegebenen Entstehungsdaten der Werke folgen ebenfalls nicht den deutschen Erstausgaben, sondern den polnischen Fassungen. Einige Auskünfte zu Przybyszewskis Rolle innerhalb der Berliner Boheme enthält Dedecius' Beitrag *Botschaft der Bücher* in: „Polnische Perspektiven" 1971, Nr. 7-8, S. 34f.

Schriftsteller des deutschen Modernismus), ohne die Erkenntnisse deutscher Forscher zu beachten.[699]

Obwohl Przybyszewski in Polen nicht ernsthaft als ein Künstler gewürdigt wurde, der in der deutschen oder gar der europäischen Literatur seinen Rang hatte, war er ein gefragtes Objekt, an dem sich auf Fachkongressen das „europäische Niveau" der polnischen Literatur demonstrieren ließ. Halina Janaszek-Ivanièková hielt 1976 auf einer Konferenz zu Fragen der literarischen Komparatistik ein Referat über Przybyszewski als Vertreter der internationalen Boheme vom Ende des 19. Jahrhunderts[700], wobei sie sich auf die persönlichen Merkmale des „genialen Polen", auf seine Provokation der bürgerlichen Gesellschaft durch kühne ästhetische Konzepte und unkonventionelles Verhalten sowie auf die Romane „Homo sapiens" und „Satans Kinder" konzentrierte, in denen der Themenkreis Boheme, Anarchie und Satanismus bekanntlich grell beleuchtet wird. Die Literaturwissenschaftlerin vermerkte, daß Przybyszewski nach seiner Rückkehr nach Polen dem satanistischen Weltbild abschwor und die Lebensform des Bohemien in „Erdensöhne" und „Mocny czlowiek" (Der starke Mensch) einer Kritik unterzog.[701]

Maria Podraza-Kwiatkowska teilte in ihrem Vortrag „Stanislaw Przybyszewski zur deutschen Literatur", den sie 1979 während einer Konferenz an der Universität Regensburg hielt, zwar die Meinung polnischer Forscher über die Absenz des Schriftstellers in der deutschen Literaturwissenschaft, ihre Studie vermittelt jedoch einige - für deutsche Rezipienten - aufschlußreiche Kenntnisse darüber, wie der „geniale Pole" in seiner Heimat die deutsche Literatur, insbesondere die von ihm geschätzten Autoren, propagiert hat.[702] Die Verfasserin unterstreicht die Bedeutung von Przybyszewskis Postulat einer neuen Kunst und weist darauf hin, daß etliche Jahre später Benedetto Croce seine Ästhetik nach ähnlichen Grundsätzen entwickelt habe.

In der ersten Hälfte der achtziger Jahre erschienen zwei polnische Literaturgeschichten, in denen die Gestalt des Wortführers der Moderne selbstredend präsent ist. In der auch auf deutsch edierten „Geschichte der Polnischen Literatur" von Czeslaw Milosz wird Przybyszewski als ein Schöpfer von faszinierender Persönlichkeit und intellektuellem Wagemut bezeichnet, der in Berlin im Ruf eines Genies stand.[703] In Polen wurde er zum Führer der Moderne, schreibt der Nobelpreisträger, weil er mit

---

699 „Acta Universitatis Wratislaviensis. Germanica Wratislaviensia" XXV, Wroclaw 1976, S. 71-86.
700 H. Janaszek-Ivanièková, Stanislaw Przybyszewski et la bohème internationale de café de la fin du XIXe siècle. Die Konferenz fand in Budapest statt, ihre Ergebnisse wurden in Stuttgart publiziert, weshalb das Referat, das sich auch an deutsche Interessenten wandte, in das Buch aufgenommen wurde; vgl. Acte du VIIIe Congrès de l'Association Internationale de Littérature Comparée. Hg. von B. Köpeczi und G. M. Vajda, Stuttgart 1976, S. 803-809. Die Verfasserin berücksichtigt keine früheren Forschungen, selbst Kreuzers Arbeit nicht, die ähnliche Fragen berührt.
701 Vgl. ibidem, S. 809.
702 Vgl. M. Podraza-Kwiatkowska, *Stanislaw Przybyszewski zur deutschen Literatur*, in: *Gebrauchsliteratur/Interferenz - Kontrastivität. Beiträge zur polnischen und deutschen Literatur- und Sprachwissenschaft*. Hg. v. B. Gajek und E. Wedel, Frankfurt a. M.,-Bern 1982.
703 Vgl. Cz. Milosz, *Geschichte der Polnischen Literatur*. Aus dem Englischen und Polnischen von A. Mandel, Köln 1981, S. 267-271. Der Übersetzer hat die deutschen Originaltitel nicht übernommen, was Verwirrung stiftet (anstelle *Das große Glück* heißt das Drama hier *Um des Glückes willen*, die bekannte Einleitung der *Totenmesse* lautet abweichend „Am Anfang war die Begierde" etc.).

seiner Dynamik sofort alle Strömungen vereinte, sein Manifest „Confiteor" und die von ihm redigierte Zeitschrift „Zycie" (Das Leben) spielten eine enorme Rolle für das Junge Polen. Aus heutiger Sicht verkörpere er „eher den Medizinmann der Moderne als den Autor künstlerisch bedeutsamer Prosadichtungen, Romane und Theaterstükke".[704] Seinen Romanen fehle ein einheitlicher Stil, sie interessierten eher vom philosophischen als vom literarischen Standort, die Dramen, deren Helden sich in den Fängen des Schicksals (der Libido) verstrickten, wirkten mit ihren Selbstmorden und Verbrechen oft wie gewollte Parodien, und so seien sie in den zwanziger Jahren z. B. von Witkacy tatsächlich aufgeführt worden.

Eine Verbindung zu Witkiewicz wird auch in der anderen deutschsprachigen Geschichte der polnischen Literatur hergestellt. Bonifacy Miazek, Verfasser der 1984 in Wien publizierten Synthese „Polnische Literatur 1863-1914", behauptet sogar, die besten Dramen Przybyszewskis realisierten eine in Polen bis dahin unbekannte „reine Form", die erst Witkiewicz vervollkommnet habe.[705] Miazek schildert Przybyszewskis Lebenslauf und die wesentlichen Züge seines Werks, wobei er auf die Funktion hinweist, die der Schriftsteller über Polen hinaus, in Rußland, der Tschechoslowakei, Deutschland und Skandinavien erfüllt hat. Der Literaturhistoriker teilt die Auffassungen Milosz' (sowie anderer polnischer Forscher, auf die er sich in seiner Darstellung beruft, darunter Krzyzanowski, Helsztynski, Taborski, aber wiederum keine deutschen Namen) hinsichtlich der Romane, die in einem naturalistisch-expressionistischen Stil gehalten seien und eher dokumentarischen als künstlerischen Wert besäßen.

Etwa um dieselbe Zeit wurde dem deutschen Leser ein Roman des „genialen Polen" präsentiert, zuvor aber tauchte Przybyszewski noch zweimal anderweitig auf dem Buchmarkt auf. In die Anthologie „Prosa des Jugendstils", erschienen bei Reclam-West, wurde ein kurzes Werk des Schriftstellers - und diesmal zur Gänze - übernommen, und zwar das Prosapoem „Sonnenopfer".[706] Im Nachwort wird Przybyszewski als der einzige konsequente Vertreter der europäischen Dekadenz innerhalb der deutschen Literatur apostrophiert, dem es gelungen sei, eine interessante Variante des Jugendstils zu begründen.[707] Seine Poeme werden als „explosive Rhapsodien" charakterisiert, die sich einer „explosiven Sprache" bedienen, um Angst und Sehnsucht, pathologische Genußsucht, exzentrische und sadistische Empfindungen auszudrücken.[708]

1985 erschien in der DDR - wo Przybyszewskis Schaffen, wie die Epoche des Fin de siècle überhaupt, ansonsten kaum Resonanz unter den Literaturhistorikern fand[709] -

---

704 Ibidem, S. 270.
705 Vgl. B. Miazek, *Polnische Literatur 1863-1914. Darstellung und Analyse*, Wien 1984, S. 155.
706 Vgl. *Prosa des Jugendstils*, op. cit., S. 144-158. Eingeordnet wurde das Poem zwischen Schlafs Novelle *Sommertod* und Rilkes Skizze *Heiliger Frühling*. Die Auswahl enthält auch eine biographische Notiz.
707 Vgl. ibidem, S. 346.
708 Ibidem.
709 Lukas Richters Studie bildete hier eine rühmliche Ausnahme. Die ostdeutschen Literaturgeschichten erwähnen Przybyszewski nicht oder beschränken sich auf die Nennung des Namens, so die von K. Böttcher herausgegebene *Kurze Geschichte der deutschen Literatur* (Berlin 1981) oder die elfbändige *Geschichte der deutschen Literatur*, die der Berliner Verlag Volk und Wissen zwischen 1975 und 1985 herausgab.

der Memoirenband „Ferne komm ich her... Erinnerungen an Berlin und Krakau", eine Neuübersetzung der Autobiographie „Moi współczesni" von Roswitha Matwin-Buschmann, die diesmal beide Teile erfaßte.[710]

Diese Ausgabe wurde von der ostdeutschen Presse sehr wohlwollend quittiert. In der christlich-demokratischen Tageszeitung „Neue Zeit" erschien eine knappe Rezension, die den Reiz eines Buches rühmte, dessen Autor Zeuge und Mitgestalter seiner Epoche gewesen war und mit den herausragenden Künstlern jener Zeit verkehrt hatte.[711] Im Zentralorgan der National-Demokratischen Partei kommentierte Thomas Thadea kurz das Werk des Schriftstellers, der einst als „genialer Pole" gegolten hatte.[712] Andreas Sommer wertete in der FDJ-Zeitung „Junge Welt" die Memoiren Przybyszewskis als verblüffendes Dokument und als erste Publikation dieser Art, welche authentische Kenntnisse über die beschriebene Zeit bot.[713] Den Enthusiasmus des Rezensenten weckten insbesondere Przybyszewskis Ausführungen zum Geheimnis des Schreibens, die großartigen Beschreibungen der kujawischen Landschaft und die trefflich skizzierten Porträts befreundeter Künstler. Sommer beschloß seine Besprechung – vier Jahre vor dem Fall der Mauer und dem Beginn der großen politischen und psychologischen Wende – mit dem bedeutsamen Befund, die Jahrhundertwende sei ein immenser sozialer und geistiger Umbruch gewesen.

Bald nach der Neuausgabe der Erinnerungen erhielten die deutschen Leser Zugang zu einem der unverwechselbaren Romane Przybyszewskis – „Der Schrei" –, den zwei Verlage unabhängig voneinander herausgaben: der West-Berliner Zerling Verlag und der Kiepenheuer Verlag Leipzig und Weimar.[714] Beide Ausgaben waren Nachdrucke der Münchener Fassung von 1918. Den Umschlag der Berliner Edition zierte eine Reproduktion von Munchs Graphik „Der Schrei", dem Roman beigegeben war ein Abschnitt aus dem ersten Teil der Memoiren, der mit den prophetischen Worten endet: „Und ich kehre wieder, ich kehre wieder!"[715] Die ostdeutsche Version enthielt außer dem Romantext den Essay „Die Synagoge des Satans" (der in Westdeutschland schon zweimal verlegt worden war), Auszüge aus „Totenmesse", „De profundis", „Ferne komm ich her..." und „Confiteor", dazu das biographische Feuilleton „Der traurige Satan" von Tadeusz Boy-Zelenski.[716] Es ist schwer zu sagen, wie der Roman jeweils aufgenommen wurde, die Neuausgaben zeitigten keinerlei Rezensionen.

---

710 Przybyszewski, *Ferne komm ich her... Erinnerungen an Berlin und Krakau*. Aus dem Polnischen übertragen von R. Matwin-Buschmann, Kiepenheuer Verlag Leipzig und Weimar 1985. Grundlage für die Übersetzung war die polnische Fassung von 1959, freilich um einige Passagen gekürzt, so daß auch diese zweite deutsche Ausgabe der Memoiren nicht vollständig ist (im ersten Buch fehlen die Kapitel IV und XIII, gekürzt wurden die Kapitel VI, VII, XXII und XXIII). Der Titel stammt von Mombert.
711 Vgl. H. U., *Entweder der Lorbeer oder die Sinnenlust*, in: „Neue Zeit" 1986, Nr. 105, S. 4.
712 Th. Thadea, *Im „Friedrichshagener Kreis". Stanislaw Przybyszewski: „Ferne komm ich her... Erinnerungen an Berlin und Krakau"*, in: „National-Zeitung" 1986, Nr. 140, S. 7.
713 Vgl. A. Sommer, *Freunde in Berlin. Przybyszewskis Erinnerungen – ein anregendes Dokument*, in: „Junge Welt" 1986, Nr. 105, S. 9.
714 Der für Bücher aus dem Westen hermetisch verschlossene DDR-Markt wurde durch die eigenen Verlage versorgt, selbst wenn literarische Werke dafür nochmals ediert werden mußten.
715 Vgl. Przybyszewski, *Der Schrei. Roman*, Berlin: Zerling 1986.
716 Vgl. Przybyszewski, *Der Schrei. Roman*, Gustav Kiepenheuer Verlag Leipzig, Weimar 1987. *Confiteor* wurde aus der von M. Podraza-Kwiatkowska herausgegebenen Anthologie *Jahrhundertwende* über-

Im Jahr 1987 erfolgte eine Renaissance für Przybyszewskis Schaffen, denn es brachte – neben der Zweitauflage des „Schrei" – fünf höchst wichtige und aufschlußreiche Beiträge zum Werk, überdies wurde der Platz des Polen in der Literatur der deutschen Moderne einmal mehr durch eine Reclam-Anthologie bestätigt.

In der von Jürgen Schutte und Peter Sprengel in Stuttgart herausgegebenen Auswahl „Die Berliner Moderne" ist Przybyszewskis Name mehrfach präsent. Aufgenommen wurde nicht nur ein Ausschnitt aus „Totenmesse", sondern auch die Rezension Ferdinand Hardekopfs zu einer Aufführung des Dramas „Das goldene Vlies" (von 1911) sowie Julius Babs Aufsatz „Die neuromantische Bohème (Dehmel und Przybyszewski)" von 1904.[717] In der Einleitung zur Anthologie wird Przybyszewski als eine zentrale Gestalt der Berliner Boheme vorgeführt, die viele Prominente aus der damaligen intellektuellen Subkultur um sich geschart hatte. Seine Prosa – so schreiben die Herausgeber – war „vielleicht das einzige vollwertige Beispiel einer genuinen Fin-de-siècle-Dichtung im reichsdeutschen Raum".[718] Bezeichnenderweise wird darauf verwiesen, daß die Protagonisten aus dem „Schwarzen Ferkel", in gewisser Weise Vorläufer des Expressionismus, sich unweit der Stelle trafen, an der sich später die jungen Expressionisten zu versammeln pflegten: im Café Größenwahn am Kurfürstendamm, wohin sie aus dem Café des Westens überwechselten.

Im gleichen Jahr erschien der Sammelband „Dekadenz in Deutschland", herausgegeben von dem renommierten Erforscher der Literatur der Jahrhundertwende Dieter Kafitz. Darin sind zwei Studien Przybyszewski gewidmet.[719] Eine stammt von Jörg Marx und Gaby von Rauner, die sich mit den philosophischen und ästhetischen Konzepten des „genialen Polen" befassen. Wie die Mehrheit der Przybyszewski-Interpreten weisen sie nach, daß der Schriftsteller ein schöpferischer, in manchem sogar konträrer Erbe der Naturalisten und Nietzsches sowie ein Vorläufer Freuds und der Expressionisten gewesen sei. Bereits in seiner ersten, von wissenschaftlichen Theorien untermauerten Broschüre erkennen sie weniger eine Wendung gegen den Naturalismus als solchen als vielmehr eine Abkehr von den „objektiven Naturalisten".[720]

Przybyszewski repräsentiere eine ahistorisch-ontologische Denkweise, politische und soziale Kontexte berücksichtige er nicht, das Individuum sei für ihn keine soziologische Größe. Den Sataniker fasziniere Nietzsches dionysischer Mensch. Nach Meinung der beiden Forscher stand Przybyszewski dem jungen Nietzsche weit näher als dem Ideal des Übermenschen. Im Gegensatz zu dem Deutschen, der das Wesen der

---

nommen, op. cit., der Essay *Der traurige Satan* stammte aus dem Band T. Boy-Zelenski, *Erinnerungen an das Labyrinth*. Krakau um die Jahrhundertwende, Leipzig, Weimar 1979, S. 220-226.
717 *Die Berliner Moderne. 1885-1914*, op. cit. Von beiden Texten war in den vorhergehenden Kapiteln die Rede. Der Ausschnitt aus *Totenmesse* reichte von „Ich bin ganz ruhig – und sehr, sehr müde..." bis zu „Ophelia, geh ins Kloster."
718 Ibidem, S. 77.
719 Vgl. J. Marx und G. v. Rauner, *Zur Weltanschauung und Kunstauffassung Stanislaw Przybyszewskis*, sowie M. Bauer und G. v. Rauner, *Stanislaw Przybyszewskis Roman „Satans Kinder""* (1897). Anarchismus und Satanismus in einem Werk des Fin de siècle, in: *Dekadenz in Deutschland. Beiträge zur Erforschung der Romanliteratur um die Jahrhundertwende*. Hg. von D. Kafitz, Frankfurt a. M., Bern, New York 1987 (S. 73-96, 97-124).
720 J. Marx, G. v. Rauner, *Zur Weltanschauung...*, op. cit., S. 74.

Kunst in einer Symbiose aus dionysischem und apollinischem Prinzip erblickte, glaubte Przybyszewski an eine Kunst des unmittelbaren Gefühlsausdrucks, an die reine Vitalität des Dionysischen, womit er der Ästhetik des Expressionismus vorgriff.[721]
    Jene Vitalität, Dynamik und Potenz des Lebens verkörpere in seiner Konzeption das Geschlecht. Die androgynische Geschlechtsphilosophie ähnele nachweislich der Schopenhauerschen Metaphysik des Willens. Die Spaltung des Ichs, ein Resultat des Kampfes zwischen Gehirn und Geschlecht, erinnere an Freuds Erklärungen in „Das Ich und das Es".[722] Die beiden Verfasser gehen auch dem zweiten zentralen Themenkreis Przybyszewskis nach, dem Satanismus, und erkennen eine Einheit der Konzeptionen. Aus der Analyse der Werke schlußfolgern sie, in dem Décadent Przybyszewski schlummerten starke Rudimente des Vitalismus, die sich insbesondere in der ekstatischen Sprache seiner frühen lyrischen Prosa kundtaten.[723]
    Gegenstand der zweiten Studie ist Przybyszewskis Roman „Satans Kinder". Matthias Bauer und Gaby von Rauner bieten eine kluge Analyse des Werks, bei der sie zu einigen interessanten Thesen gelangen. Wie einst Julius Bab sehen sie in den Romanfiguren nicht nur Antisozialisten und Anarchisten, sondern vor allem Bohemiens, die Boheme des Fin de siècle besaß schließlich eine innere Disposition zur Anarchie.[724]
    Die Figur des Gordon wird erklärt aus dem Nietzscheschen „Willen zur Macht", zugleich aber als Stirnerscher „Einziger", der die unbegrenzte Macht über andere erstrebt. Anders als Stirners erhabener „Einziger" besitze Przybyszewskis Held jedoch keinen freien Willen, alle seine Taten seien einer fremden Kraft unterworfen – dem Satan.[725] Die Romanfigur bekräftige in gewissem Sinne Stirners Konzept, nach dem innere Hemmungen zur Ursache für Verbrechen werden, der Terror sei folglich eine Sublimation der unerfüllten Liebe Gordons (worauf schon Manfred Schluchter verwiesen hatte). Die Forderung nach Jungfernschaft erinnere an Stirners Auffassung, nach der die Frau nur Gegenstand und Besitzobjekt des Mannes sei. Die Störung des inneren Gleichgewichts, die von der unerfüllten Liebe zu Hela ausgelöst wird, interpretieren die beiden Forscher als eine Form der Eigenliebe, über die Otto Rank geschrieben hat.[726] Da der narzißtische Held daran gehindert werde, die Defloration vorzunehmen, entstehe in ihm ein Vernichtungsdrang, der ebenso unersättlich sei wie das Verlangen nach Vereinigung der Seelen. Ersatz für den Traum von der androgynen Verbindung sei das Feuer, das in Przybyszewskis Roman die Funktion der Katharsis erfülle.[727]
    Nach Ansicht der Interpreten war der Roman „Satans Kinder" Ausdruck des Protests gegen eine Mißachtung des Übersinnlichen durch den Positivismus. Den Konflikt zwischen Seele und Vernunft, über den Przybyszewski wiederholt geschrieben habe,

---

721 Ibidem, S. 75.
722 Vgl. ibidem, S. 81.
723 Vgl. ibidem, S. 96.
724 Vgl. M. Bauer, G. v. Rauner, *Stanislaw Przybyszewskis Roman...*, op. cit., S. 101. Bezug genommen wird hier auf das bereits mehrfach erwähnte Buch *Die Berliner Bohème* von Julius Bab.
725 Vgl. ibidem, S. 105.
726 Vgl. ibidem, S. 111. Gemeint ist O. Ranks Studie *Der Doppelgänger*, in: *Psychoanalytische Literaturinterpretation*. Hg. v. J. M. Fischer, Tübingen 1980.
727 Vgl. ibidem, S. 119.

reproduziere er hier in Form einer anarchistischen und satanistischen Meuterei. Der Anarchismus werde im Roman nicht als soziale und politische Erscheinung gezeigt, sondern als Krankheit. Daher könne das Buch als Exempel für ein dekadentes Verständnis von Anarchismus und Satanismus stehen. Unter künstlerischen Gesichtspunkten – so resümieren die Verfasser, die Justs These von einem weitgehenden Nihilismus der Form in Przybyszewskis Werken aufgreifen – sei der Roman jedoch mißlungen.[728]

1987 erschien ein weiterer Text, der sich mit Anarchismus und Satanismus bei Przybyszewski beschäftigte. Walter Fähnders widmete dem polnischen Autor in seinem Buch „Anarchismus und Literatur" zwei Unterkapitel.[729] Wie er einleitend bemerkt, will er weder die von Just erhobene Frage lösen, ob Przybyszewskis Prosa wirklich die Ankündigung einer modernen Literatur war, noch Fischers Annahme prüfen, nach der Przybyszewski der einzige deutsche Nachahmer der französischen Dekadenz gewesen sei. Fähnders interessieren vor allem die Bezüge zwischen Satanismus und Anarchismus, in letzterem erblickt er einen in die politische Sphäre übertragenen Satanismus. Satan sei schließlich – wie Przybyszewski in „Die Synagoge des Satans" schrieb – der erste Rebell und Anarchist gewesen. Der Forscher analysiert Przybyszewskis entsprechende Äußerungen und verweist darauf, daß der Pole im Satan-Mythos die Merkmale von Degeneration und Verbrechen, die Dialektik von Schaffen und Zerstören gebündelt sah. Der Satanist Przybyszewski sei in der deutschen Literatur fraglos eine Ausnahme gewesen, erklärt Fähnders, wobei es allerdings in Deutschland an einer „satanistischen" Tradition mangele, wie sie etwa in der französischen Literatur existiert.[730]

Franz Mennemeier interpretierte ein Jahr darauf im Hochschullehrbuch „Literatur der Jahrhundertwende" mit Hilfe von Przybyszewskis Werken den Satanismus in der Literatur des deutschen Fin de siècle.[731] Er teilt die Auffassung, in Deutschland habe es – mit Ausnahme Przybyszewskis – im Grunde keine Dekadenzdichtung gegeben, weil es wegen der Bemühungen des siegreichen Preußen um ein stabiles Staatswesen hier am sozialen und politischen Nährboden gefehlt habe. Die Deutschen hätten wenig von der Dekadenz begriffen, sonst hätte Nietzsche Wagner nicht als einen Décadent par excellence apostrophieren können.[732] Mennemeier ist jedoch nicht der Ansicht, in Deutschland habe es keine Voraussetzungen für Dekadenz gegeben, er führt eine Reihe literarischer Beispiele aus der Romantik an, die das Thema psychischer Deformationen und Obsessionen durchaus gekannt und sich den Schattenseiten des Lebens zugewandt habe.[733]

---

728 Vgl. ibidem, S. 124.
729 Vgl. W. Fähnders, *Anarchismus und Literatur. Ein vergessenes Kapitel deutscher Literaturgeschichte zwischen 1890 und 1910*, Stuttgart 1987 (Kap. *Anarchismus und Satanismus bei Stanislaw Przybyszewski*, S. 138-160, sowie *„Satans Kinder"*, S. 160-170).
730 Vgl. ibidem, S. 160.
731 Vgl. F. N. Mennemeier, *Satanismus im deutschen Fin de siècle (Stanislaw Przybyszewski)*, in: *Literatur der Jahrhundertwende II. Europäisch-deutsche Literaturtendenzen 1870-1910*, Bern, Frankfurt a. M., New York, Paris 1988, S. 45-53.
732 Vgl. ibidem, S. 45.
733 Vgl. ibidem, S. 46. Mennemeier führt hier Werke an wie *William Lovell* von Ludwig Tieck, *Die Elixiere des Teufels* von E. T. A. Hoffmann oder Achim von Arnims *Nachtwachen des Bonaventura*.

Laut Mennemeier habe sich Przybyszewski, wie Huysmans, mit Satanismus, Dämonologie und Okkultismus befaßt, doch habe der „deutsche Sataniker" diesen Themen eine andere ästhetische Gestalt verliehen. Diese Überlegungen bestätigen die Auffassung von Rita Thiele, die gleichfalls die Differenz im ästhetischen Herangehen beider dekadenter „Satanisten" betont. Auch Mennemeier vermerkt, daß es Przybyszewski an der inneren Dialektik Huysmans' fehle, an der klaren Distanz zu Dekadenz und Satanismus, und daß er im Spiritualismus kein positives Element erblicken mochte.

Auf überraschende, bis dahin ungekannte Art interpretiert Mennemeier Przybyszewskis dramatisches Werk. Er sieht in den Stücken Vorwegnahmen des deutschen Expressionismus, bewertet sie aber zurückhaltend, denn „Przybyszewski war ein monologisches Genie bzw. sich selbst darstellendes forciertes Talent".[734] Aus literarhistorischer Sicht trage namentlich die Prosa interessante Züge, allerdings dünkt Mennemeier Justs These von der fehlenden Verbindung Przybyszewskis zu seiner Epoche stark übertrieben. Er stimmt eher Milosz zu, der Przybyszewskis Anschauungen mit der katastrophistischen Strömung der polnischen Moderne assoziiert hat. Nach Mennemeier erinnert Przybyszewskis „Androgyne" an Witkacys Roman „Unersättlichkeit", seine Haltung zur Autonomie der Kunst an dessen Theorie der „reinen Form" im Theater.[735]

Der Verfasser des Lehrbuchs polemisiert auch mit Justs Urteil über Przybyszewskis Satanismus, welchen dieser – in „Nihilismus als Stil" – als stilistische Ornamentik charakterisiert hatte. Mennemeier betrachtet dagegen den Satanismus als weltanschauliches Programm. Danach erweist sich die Zerstörung im Konzept des polnischen Schriftstellers als universelles Prinzip des Geschichtsprozesses. Historischer Wandel sei zwar unvermeidlich, er führe aber zu immer neuem Leiden. Daher – so Mennemeier – nehme das Element anarchistischer, satanistischer Rebellion, das sich bei den Franzosen nur in der Fabel äußere, bei Przybyszewski dogmatische Gestalt an.[736] Der Roman „Satans Kinder" lasse sich aber auch psychoanalytisch deuten: als für die damalige Zeit typischer Ausbruch gestauter Aggression sowie als modernistische Vorwegnahme des – wie der Interpret scharfsinnig schließt – surrealistischen „acte gratuit".[737]

Der Satanismus und der satanistische Roman Przybyszewskis zogen Ende der achtziger Jahre die Aufmerksamkeit vieler deutscher Literaturhistoriker auf sich, obwohl „Satans Kinder" keineswegs ein herausragendes Werk ist. Mennemeier spricht sogar von einem „provinziellen Buch", wozu ihn die auffälligen Relikte einer bürgerlich-patriarchalischen Tradition und die flüchtige Figurengestaltung veranlassen.[738]

---

734 Vgl. ibidem, S. 48. Expressionistische Elemente wurden vorwiegend in Przybyszewskis frühen Prosapoemen geortet.
735 Vgl. ibidem, S. 49.
736 Vgl. ibidem.
737 Vgl. ibidem, S. 50.
738 Vgl. ibidem, S. 51. Mennemeier spielt hier an auf die recht anachronistische Darstellung der Geschlechterbeziehungen – Gordon leidet bekanntlich darunter, daß die Geliebte ihre Unschuld verlor; auch im Figurenaufbau gelangte Przybyszewski im Grunde nicht über „kleine Neurosen" hinaus, als „Terrorist" und „Satanist" ist er eher ein „verkleideter Kleinbürger".

Hingegen wurden andere, bessere Werke des „genialen Polen" selten zum Gegenstand literaturwissenschaftlicher Interpretation (ausgenommen „Androgyne" und „Homo sapiens", denen man sich häufiger widmete). Einer der gelungeneren Texte, „De profundis", wurde zwar nicht zum Objekt eingehender Analysen, aber doch von einem holländischen Germanisten bedacht, der sich das Inzestmotiv in der Literatur der Jahrhundertwende vornahm.[739]

Die Ergebnisse der eher oberflächlichen Studie überraschen nicht. Nach Meinung des Forschers war der Inzest in der Moderne eine Form extremen Individualismus und perverser Sexualität.[740] Den ineinander verliebten Geschwisterpaaren schreibt der Verfasser Narzißmus, Egozentrismus und Behandlung des Partners als das andere Ich zu.[741] Bergevoet unterstreicht, daß in allen untersuchten Werken – mit Ausnahme von „De profundis", in dem körperliche Leidenschaft dominiere – die geistige Beziehung wichtiger sei als die erotische. Von Przybyszewskis Roman ist nur stellenweise die Rede, wirklich analysiert wird er nicht, obgleich gerade dieses Werk tief in die metaphysischen Urgründe der Liebe hineinreicht.

Aus dem Jahr 1987 stammt eine weitere interessante Veröffentlichung, die sich auf die Prüfung und Ergänzung der bis dahin bekannten biographischen Tatsachen konzentriert: Wienczyslaw Niemirowskis umfangreiche Studie „Stanislaw Przybyszewski in Berlin", abgedruckt in einem Sammelband zum literarischen Leben in der deutschen Hauptstadt vor 1933.[742] Der polnische Forscher plante – wie er in der Einleitung klarlegt – keine Werkinterpretationen, sondern eine detaillierte Darstellung von Przybyszewskis Aufenthalt in Berlin von 1889 bis 1898. Niemirowski, der sich auf Vorarbeiten von Helsztynski, Klim und vielen deutschen Autoren sowie auf Archivmaterial gestützt hat (es stammt in der Hauptsache aus dem Staatsarchiv Potsdam, wo sich u. a. die Polizeiberichte zu Przybyszewski befinden), rekonstruiert eine Vielzahl von Einzelheiten. Die Studie liefert eine Reihe neuer Erkenntnisse, u. a. über die Verbindungen Przybyszewskis zu Sozialisten und Vertretern des literarischen Lebens sowie über das Verhältnis zu Marta Foerder, dazu eine vollständige Liste von Przybyszewskis Berliner Adressen (womit George Klims Aufstellung ergänzt wird).

Besonders aufschlußreich sind die Auskünfte über Przybyszewskis Bindungen zur Sozialdemokratie. Wie Niemirowski herausfand, gehörte der Redakteur der „Gazeta Robotnicza" im September 1892 auch zu den Begründern des sozialdemokratischen

---

739 Vgl. L. Bergevoet, *Geschwisterinzest in der Literatur der Jahrhundertwende*, in: „Zeit-Schrift" 1987, H. 3, S. 9-29. Der Autor stützt sich bei der Analyse auf fünf Werke: Adolf Wilbrandts *Untrennbar* (1885), Przybyszewskis *De profundis* (1895), Thomas Manns *Wälsungenblut* (1905), Bierbaums *Prinz Kuckuck* (1907) und Herbert Eulenbergs *Auf halbem Wege* (1922).
740 Vgl. ibidem, S. 28.
741 Vgl. ibidem, S. 21.
742 Vgl. W. A. Niemirowski, *Stanislaw Przybyszewski in Berlin (1889-1898)*, in: *Literarisches Leben in Berlin (1871-1933)*, Bd. 1. Hg. v. P. Wruck, Berlin 1987, S. 254-298. Ein Jahr später erschien eine weitere Publikation zu Przybyszewskis Biographie, nämlich Michael Rohrwassers Studie über Dagny, die allerdings nicht frei von Fehlern und Irrtümern war. Erinnert wurde an Przybyszewskis Polemik gegen Franz Jungs Erzählung *Dagne* (vgl. Anm. 511 im Abschn. 4.2.) und an verschiedene Äußerungen über die Norwegerin aus Briefen, Memoiren und literarischen Texten; vgl. M. Rohrwasser, *Dagny Juel. Collage mit Rahmen*, in: *Der Torpedokäfer. Hommage à Franz Jung*. Hg. v. Lutz Schulenburg, Hamburg 1988, S. 57-67.

Debattierklubs „Jaroslaw Dabrowski", im September 1893 wurde er bei der Gründungsversammlung der Polnischen Sozialistischen Partei in das fünfköpfige Parteipräsidium gewählt. Bald jedoch fiel auf ihn der Verdacht, Gelder aus dem Propagandafonds veruntreut zu haben, er besuchte daraufhin keine Versammlungen mehr und wurde im Oktober des gleichen Jahres aus dem Präsidium ausgeschlossen.[743] Der „geniale Pole" knüpfte später nie wieder Kontakte zu Sozialdemokraten.

Niemirowski dementiert überdies die allgemein anerkannte Version vom Selbstmord der Marta Foerder - was Franciszek Hawranek schon 1976 in der Zeitschrift „Opole" angedeutet hatte - und bringt Beweise dafür, daß Przybyszewskis Geliebte an einer Infektion infolge illegalen Schwangerschaftsabbruchs gestorben war, zu dem sie Dagnys Gatte gedrängt hatte.[744] Der umfangreiche Beitrag enthält aber nicht nur sensationelle Nachrichten vom „König der Berliner Boheme", es ist ein sachlich und kompetent geschriebener Text, der Przybyszewskis Beziehungen zur künstlerischen Szene im Berlin der neunziger Jahre des vorigen Jahrhunderts offenlegt, ein Text, der die deutschen Leser allseitig über die Berliner Schaffensphase des polnischen Schriftstellers unterrichtet.

Der Anlaß für die Publikation war im übrigen bemerkenswert; auf das Jahr 1987 fiel das 750jährige Gründungsjubiläum der Stadt Berlin, welches beiderseits der Mauer festlich begangen wurde. In dem Zusammenhang fand eine Anzahl wissenschaftlicher Symposien, Vorlesungen und Vorträge statt, die zum Teil polnische Künstler in ihrer Beziehung zur Stadt würdigten. Die Nachlese dieser Veranstaltungen boten verschiedene Veröffentlichungen, in denen auch die Person Przybyszewskis nicht fehlte.

1989 erschien eine Teamarbeit über das literarische Leben Berlins, zu der Raymond Furness eine anregende Studie über den polnischen Vorläufer des Expressionismus beisteuerte.[745] Der Forscher sucht zu zeigen, daß die neurotischen Künstler im Umkreis des „Schwarzen Ferkels", insbesondere die beiden interessantesten: Przybyszewski und Scheerbart, noch schwankend zwischen Symbolismus und Naturalismus, als Vorboten des Expressionismus gelten können. Furness untersucht minutiös den Essay „Zur Psychologie des Individuums" und leitet aus dem Debüt des jungen Autors eine entschiedene Abkehr vom Naturalismus her. Indem Przybyszewski in seinem Frühwerk - was bereits in „Totenmesse" sichtbar sei - extreme psychische Situationen darstellte, wobei er die kreativen Funktionen der Phantasie unterstrich und eine Technik des Bewußtseinsstroms anwandte, habe er sich Verfahren der Expressionisten genähert.[746] Nach Meinung des Forschers ist es ein oberflächliches Herangehen, das Berlin der neunziger Jahre ausschließlich mit dem Naturalismus zu assoziieren, denn schon damals hätten sich deutlich antinaturalistische Tendenzen angemeldet,

---

743 Vgl. ibidem, S. 258f.
744 Vgl. ibidem, S. 280f. Auf diesen Verlauf der Ereignisse deuten eine Meldung im „Vorwärts" vom 12. Juni 1896 und ein ärztlicher Untersuchungsbericht im Staatsarchiv Potsdam hin.
745 Vgl. R. Furness, *Black Piglet and Megalomania. Some Berlin Precursors of Expressionism*, in: *Berlin. Literary Images of a City. Eine Großstadt im Spiegel der Literatur*. Hg. v. D. Glass, D. Rösler u. J. J. Shite, Berlin 1989, S. 70-82. Den englischsprachigen Text gebe ich an, weil er in einer deutschen Publikation abgedruckt und vornehmlich an deutsche Leser gerichtet ist.
746 Vgl. ibidem, S. 74, 76.

die von Przybyszewski, dem Theoretiker der „nackten Seele", am repräsentativsten verkörpert worden seien.

Zu den Nachwirkungen des Stadtjubiläums zählten ein Beitrag der Verfasserin dieses Buches, der dem Bild des „genialen Polen" in den Erinnerungen deutscher Schriftsteller gewidmet war und 1989 erschien[747], sowie der Aufsatz eines polnischen Germanisten, der seit längerem eine deutschsprachige Edition von Przybyszewskis Briefen vorbereitete und nun über den polnischen Autor als Mittler der europäischen Moderne schrieb.[748] Der Poznaner Jan Papiór erkannte Przybyszewskis immense Bedeutung als „Mediator" zwischen Ost und West – worüber man übrigens streiten könnte – in der Tatsache, daß er Kreisen der Berliner Dekadenz „die universelle Tiefe des polnischen Katholizismus" nahegebracht und in Polen äußerst konsequent die Philosophie Nietzsches verbreitet habe, womit er angeblich zur Entfaltung modernistischer Philosophie im Lande beitrug.[749]

Die Welle steigenden Interesses für das Schaffen des „sonderbaren Polen" kulminierte wohl in den literaturgeschichtlichen Forschungen der Jahre 1989 und 1990, in denen zwei Monographien zum Werk des Schriftstellers auf dem deutschen Buchmarkt erschienen.

1989 gab der in Marburg tätige Slawist Ulrich Steltner seine Habilitationsschrift heraus, in der er Przybyszewskis Romantrilogie „Homo sapiens" zur Exemplifikation seiner theoretischen Erwägungen über „Literarität" und Textkohärenz sowie über die Grenze zwischen Literatur und Leben nutzte.[750] Die Ergebnisse dieser hochinteressanten, von den vorhergehenden Untersuchungen völlig abweichenden Textanalyse bestätigten im Prinzip frühere Bestimmungen polnischer und deutscher Literaturwissenschaftler.[751]

Auf den Spuren polnischer Forschungen zur „Przybyszewski-Legende" verweist Steltner darauf, daß der Schriftsteller in eigentümlicher Weise Literatur und Privatleben verquickt habe, und leitet daraus den Schluß ab, daß er damit zu einem frühen Vertreter der literarischen Performance geworden sei.[752] Die Aufnahme eigener Erfahrungen ins Werk habe des weiteren bewirkt, daß die literarischen Texte eine besonde-

---

747 Vgl. G. Matuszek, *Unser Stachu*". Przybyszewski in den Erinnerungen deutscher Freunde. Aus dem Polnischen v. D. Scholze, in: „Zeitschrift für slawische Philologie", Heidelberg 1989, Bd. IL, H. 1, S. 51-70. Der Beitrag ist die Erstfassung eines Kapitels für das vorliegende Buch; als Vortrag wurde er 1987 in Ost-Berlin auf einer Tagung publik, die berühmten Polen in der Geschichte Berlins gewidmet war.
748 Vgl. J. Papiór, *Stanislaw Przybyszewski – Vermittler europäischer Moderne zwischen Ost und West*, in: „Arcadia. Zeitschrift für vergleichende Literaturwissenschaft", Bd. 24, 1989, H. 1, S. 271-283; es handelt sich hier um die erweiterte Fassung eines 1987 in Berlin gehaltenen Vortrags.
749 Vgl. ibidem, S. 274, 276. Papiór wiederholt auch die schon zweimal widerlegte Auffassung vom Selbstmord Marta Foerders.
750 Vgl. U. Steltner, *Überlegungen zur Literarität am Beispiel von Stanislaw Przybyszewskis Romantrilogie „Homo sapiens"*, Gießen 1989. Dies war bereits die zweite Qualifikationsschrift zur Trilogie Homo sapiens (dreizehn Jahre zuvor hatte Maria F. Büchi über den Roman promoviert).
751 Steltner wendet in seiner Analyse unterschiedliche literaturwissenschaftliche Verfahren an: die Rezeptionstheorie, intertextuelle Methoden, die immanente Interpretation u. a. Es handelt sich um eine literaturtheoretische Abhandlung, womöglich hat sie gerade deshalb auch das Augenmerk deutscher Literaturtheoretiker auf Przybyszewskis Werk gelenkt.
752 Vgl. ibidem, S. 261.

re Spannung erhielten, welche die Leser zur Jahrhundertwende faszinierte. Jene innere Spannung sei durch eine Inkohärenz des Textes verstärkt worden, die Steltner auf mehreren Ebenen der Trilogie „Homo sapiens" gewahrt. Die Dominanz der Narration durch die erlebte Rede habe zu einer Vermischung von subjektivem Erleben und objektivem Bericht geführt. Einen amorphen Charakter gebe dem Werk der Bau der Romanwelt, der nicht an der äußeren Realität orientiert sei, sondern auf symbolische Verallgemeinerungen beruhe.

Steltner nimmt Justs These wieder auf, nach der Przybyszewski eine „negative Mischform" kreiert habe, als er das fiktive Schema mit autobiographischem Stoff auffüllte. Diese Vermischung von Kunst und Leben sei im übrigen eine Differentia specifica der Epoche gewesen, deren extremer Repräsentant Przybyszewski war. Der Verfasser des „Homo sapiens" habe für die polnische und die russische Literatur (mehr noch als für die deutsche) eine enorme Rolle gespielt; indem er ein bekanntes Thema auf originelle Weise verarbeitet habe, konnte er das direkte Verhältnis zwischen Ethik und Ästhetik beglaubigen. Die Überschreitung ethischer Normen (speziell hinsichtlich des kulturell sanktionierten Sexualverhaltens) habe hier ästhetischen Zwecken gedient.

Laut Steltner bestand Przybyszewskis Wirkung auf die Zeitgenossen vor allem in „Chaos" und „Protest", die in seine Werke eingeschrieben waren. Heute wirke er nicht mehr innovativ, weil sich die „äußere Norm" der Gattung verändert habe, seit der Jahrhundertwende habe es keine Situation mehr gegeben, in der die individuelle „innere Norm" der Trilogie hätte ästhetisch aktualisiert werden können.[753]

Das andere Buch über den Schriftsteller, das 1990 unter dem präzisen Titel „Lebenspathos und ‚Seelenkunst' bei Stanislaw Przybyszewski" erschien, war ebenfalls eine akademische Qualifikationsschrift.[754] Verfasser dieser bisher besten einschlägigen Arbeit ist der junge Germanist Jörg Marx. In der Studie schildert er die Biographie Przybyszewskis und dessen Kontakte zum künstlerischen Berlin, er analysiert die ästhetischen und weltanschaulichen Konzeptionen des Polen und liefert eine überzeugende Interpretation seiner Werke – der poetischen Prosa, der Romane und der Dramen.

Nach Marx ließ Przybyszewski seine Epoche weit hinter sich, weshalb sein Schaffen unzweifelhaft eine kritische Wertung verdiene. Przybyszewskis Theorie der „großen geistigen Kunst" habe vieles gemeinsam mit dem für die Jahrhundertwende typischen pathetischen Lebensempfinden.[755] Der Autor der „Totenmesse" habe, so der Forscher, von Nietzsche die Kategorien des Dionysischen und der Daseinslust übernommen, letztere aber anders aufgefaßt als die Schöpfer der Wiener Moderne – nicht

---

753 Vgl. ibidem, S. 260.
754 Vgl. J. Marx, *Lebenspathos und „Seelenkunst" bei Stanislaw Przybyszewski. Interpretation des Gesamtwerkes unter besonderer Berücksichtigung der weltanschaulichen und kunsttheoretischen Positionen sowie der Poetik*, Frankfurt a. M. 1990. Es handelt sich um eine Dissertationsschrift, die 1989 an der Universität Mainz verteidigt wurde. Vgl. dazu die Rezension von Michael M. Schardt, in: „Zeitschrift für deutsche Philologie", Bd. 110, 1991, H. 4, S. 621ff.
755 Marx verwendet eine Definition von W. Rasch, enthalten in der Studie *Aspekte der deutschen Literatur um 1900* aus Raschs Buch *Zur deutschen Literatur seit der Jahrhundertwende. Gesammelte Aufsätze*, Stuttgart 1967.

als raffinierten Nervenkitzel, sondern gebunden an ein vitalistisches Empfinden, an eine intensive Lebenserfahrung[756], das Dionysische aber habe er zur Metaphysik des Geschlechts umgeformt.

Przybyszewski verknüpfte laut Marx Rausch und Leiden zu einer seinerzeit beispiellosen Metaphysik des Geschlechts. In seinem ersten literarischen Werk, „Totenmesse", komme es zu einer Symbiose vitalistischer und dekadenter Elemente, später aber – und mit dieser Auffassung steht der Forscher in Deutschland ziemlich allein – habe sich Przybyszewski zunehmend von der Dekadenz distanziert, so daß er nicht als ihr wichtigster deutscher Vertreter gelten könne.[757]

Der Mainzer Germanist stellt weiter fest, Przybyszewski habe sich unter dem Einfluß von Maeterlinck und der Lektüre von Carl du Prel von der „nackten Individualität" ab- und der „nackten Seele" zugewandt, seine Theorie indessen sei eine spezifische Verknüpfung von Mystik und Vitalismus. Biologismus und Mystik widersprächen einander in dem Falle nicht, sie seien zwei Ausdrucksformen ein und desselben „Lebenspathos". In Przybyszewskis „nackter Seele" regten sich auch sexuelle Assoziationen.[758] Marx erblickt in der Metaphysik des Geschlechts ohnehin eine zentrale Größe der Weltanschauung Przybyszewskis. Er vermutet sogar – auch dagegen ließe sich zweifellos polemisieren –, daß der Schriftsteller seine Metaphysik des Geschlechts auf den Satanismus übertragen habe, der die Funktion eines Mediums für die Geschlechtsphilosophie erfülle.[759] Im Anarchismus hingegen erkennt der Forscher – wohl zu Recht – eine Ausdrucksform des Satanismus.

Marx unterwirft anschließend die ästhetischen Konzeptionen des Polen einer detaillierten Analyse, wobei er auf ihre Bezüge zum Naturalismus, zum Symbolismus und zum Expressionismus hinweist. Ähnlich wie Schluchter glaubt auch Marx, daß Przybyszewskis Kunsttheorie aus dem Naturalismus erwuchs, dem er den Biologismus und die Evolutionstheorie entnahm. Dem Symbolismus entlieh er demnach die synästhetische Metaphorik und die Korrespondenztheorie. Przybyszewski habe jedoch – anders als die französischen Symbolisten – freie Assoziationen aus dem Unbewußten hergeleitet. Um 1900 ersetzte er den Begriff des Symbols durch ein „Metawort", das er nach dem Vorbild Nietzsches in Kategorien des Mythos begriff. Und eben die Theorie des Metawortes als eines Mediums der Seele habe den Expressionismus antizipiert.[760]

Marx sucht dann eine wesentliche Frage zu beantworten, die von der Forschung noch nicht gestellt worden war: Welche poetologischen Konsequenzen ergaben sich aus Przybyszewskis ästhetischen Konzeptionen? Das expressionistisch-vitalistische Kunstverständnis verlangte neue Ausdrucksformen, und diese Formen wollte der Künstler schaffen. Am radikalsten verfuhr er mit seiner lyrisch-assoziativen Prosa, die – so der Forscher – traditionelle Sprach- und Erzählformen sprengte.[761] In den Roma-

---

756 Vgl. ibidem, S. 74f. Marx beruft sich hier auf Maxime Hermans Feststellung, daß der Essay *Zur Psychologie des Individuums* an Nietzsches *Geburt der Tragödie* erinnere.
757 Vgl. ibidem, S. 83f.
758 Vgl. ibidem, S. 96ff.
759 Vgl. ibidem, S. 101.
760 Vgl. ibidem, S. 129.
761 Vgl. ibidem, S. 154.

nen hingegen übertrug er das naturalistische Modell auf den Bereich der „nackten Seele", was ihn zur Technik des Bewußtseinsstroms führte.[762] Am wenigsten innovativ gestalteten sich die Bühnenexperimente, die im Rahmen des „intimen Theaters" der Jahrhundertwende verharrten.[763]

Viel Raum mißt Marx in seinem Buch der Interpretation einzelner Werke zu. Auf der Grundlage von Analysen zu „Totenmesse", „Vigilien" und „Androgyne" zieht er Schlüsse über Przybyszewskis lyrisch-assoziative Prosa. Im Blick auf die Motive, die Erzähltechnik und die Sprache werde die frühe Prosa des polnisch-deutschen Autors von „Lebenspathos" beherrscht. Die Erzähltechnik beschränke sich in diesen „explosiven Rhapsodien" konsequent auf das Bewußtsein des Erzählers, die assoziative Gewinnung von Inhalten aus dem Unbewußten künde die Techniken des inneren Monologs und des Bewußtseinsstroms an. Przybyszewski habe auf eine architektonische Verbindung des poetischen Materials verzichtet. Seine Prosa sei rhapsodisch und fragmentarisch, aber gerade deshalb faszinierend, ungeachtet einer Vielzahl weltanschaulicher und sprachlicher Stereotype.[764]

In der Romanpoetik konstatiert Marx – nachdem er die Trilogie „Homo sapiens" und die Romane „Satans Kinder", „Erdensöhne" und „Der Schrei" analysiert hat – einen eklatanten Widerspruch zwischen dem Streben nach einer pluralen Erzählperspektive und dem Bewußtsein des Protagonisten, der sein metaphysisch vorbestimmtes Schicksal akzeptiert. Charakteristisch für die Romane sei die dominante Position des Helden, der im Besitz der „geschlechtsmetaphysischen" Wahrheit sei.[765] Handlung, Figurenkonstellationen sowie Zeit- und Raumgestaltung der Ereignisse seien funktional verknüpft mit dem metaphysischen Bewußtsein des Protagonisten, hinter dem sich der Autor verberge. Das – von Przybyszewski angekündigte – Verschwinden des auktorialen Erzählers finde nicht statt. Die Figuren seien nicht autonom, ihr gesamtes Handeln bleibe ohne Sinn, weil alles einer metaphysischen Prädestination unterworfen sei.[766] Przybyszewski müsse zum Opfer der eigenen Anschauungen werden, weil das Unbewußte, dessen „nackte Wahrheit" er wiedergeben wollte, gleichfalls durch feste Regeln und nicht nur durch „künstlerischen Rausch" gesteuert werde. Przybyszewski wirkte in einer Zeit des Umbruchs, seine radikale Kunsttheorie forderte eine realistisch-plastische Umsetzung – so der Mainzer Germanist –, er aber produzierte eine Ansammlung von fieberhaften Ekstasen und Wahnvorstellungen. Dem Intellekt ließ er keinen Freiraum.[767]

Die Dramen des Polen seien demgegenüber keine „absoluten Gefühlskorrelate", keine Kunst des Rauschs nach Art der frühen Poeme. In ihnen gebe es kein ekstatisch-visionäres Erleben einer tieferen Realität. Przybyszewskis Stücke seien, nach dem Vorbild Maeterlincks, „intimes Theater", die Bühne werde zum psychischen Lebensraum der Figuren. Die totale Vorherbestimmung verleihe den Stücken den Charakter

---

762 Vgl. ibidem, S. 159.
763 Vgl. ibidem, S. 169.
764 Vgl. ibidem, S. 212f.
765 Vgl. ibidem, S. 253.
766 Vgl. ibidem.
767 Vgl. ibidem, S. 256f.

von Parabeln.[768] Dieses intime Drama mit seinem monistischen Menschenbild könne man als ersten Schritt in Richtung auf das antiillusionistische Zeichentheater Max Reinhardts betrachten, während Artauds „Körpersprache" an die frühe Prosa Przybyszewskis erinnere.[769]

Die ausgezeichneten Analysen und Interpretationen zu Przybyszewskis künstlerischem Werk, die auch viele „Mängel" aufzeigen, krönt jedoch keine klare Schlußfolgerung über den Platz des Polen in der Literaturgeschichte. In seiner Zusammenfassung führt Marx eine Reihe ästhetischer Konzepte und Phänomene des 20. Jahrhunderts an, deren Wegbereiter Przybyszewski war, er vermeidet jedoch eine eindeutige Aussage zum Rang eines Schriftstellers, der stets umstritten gewesen ist.[770]

Im selben Jahr, in dem in Frankfurt am Main diese wichtige Monographie zu Przybyszewskis Werk verlegt wurde, begann der Igel Verlag in Paderborn seine große Przybyszewski-Edition (darauf wird später noch eingegangen), wohingegen in Polen (in Inowroclaw) eine Publikation erschien, die den Wortführer der polnischen Moderne in der Perspektive beider Literaturen zeigte. Der siebte Band des „Kasprowicz-Jahrbuchs", denn um dieses handelt es sich, enthielt die Ergebnisse einer internationalen Konferenz, die sich mit Przybyszewskis kultureller Vermittlerfunktion innerhalb der europäischen Moderne befaßt hatte. Dazu zählten vier deutschsprachige Texte, die an dieser Stelle kommentiert werden sollen.[771]

Manfred Schluchter, Verfasser der ersten deutschen Monographie zu Przybyszewskis Schaffen, resümiert in seinem Beitrag die Przybyszewski-Forschung der letzten Jahre.[772] Er hatte vorrangig Studien deutscher Kollegen gewählt, in denen Werke des „genialen Polen" interpretiert wurden, also etwa Justs Aufsatz über den Nihilismus, Fischers Neubewertung von „Androgyne", die Analysen zu „Satans Kinder" von Matthias Bauer und Gaby von Rauner bzw. von Walter Fähnders.[773] Alle diese Arbeiten werden sorgfältig und kritisch referiert.

Schluchter widerspricht energisch den Thesen von Just und wirft diesem vor, einen ganzen Komplex von grundsätzlichen Fragestellungen auf ein Motiv reduziert zu haben. Wer das Odium des Satanisten von Przybyszewski nehme und ihm die Kategorie des Nihilismus zuordne, verwische die Grenze zwischen Text und Autor.[774] Just habe

---

768 Vgl. ibidem, S. 281.
769 Vgl. ibidem, S. 290, 292.
770 Vgl. ibidem, S. 295-298.
771 Es handelt sich um die Nachlese einer Konferenz, die 1988 in Inowroclaw stattfand. Der Band enthält auch eine von Jan Papiór zusammengestellte Bibliographie der deutschsprachigen Schriften Przybyszewskis sowie eine Bibliographie von Arbeiten über den Schriftsteller. (Papiór übergeht hier sowohl die Dissertation der Verfasserin, die die Rezeption Przybyszewskis im deutschen und im polnischen Sprachraum erstmals komplex untersucht hat, als auch ihren schon im ihr 1986 erstellten bibliographischen Nachweis, obwohl dieser dem Bearbeiter auf dessen eigenen Wunsch übergeben worden war.) Die erwähnte Aufstellung ist unvollständig und weist in den bibliographischen Adressen eine ganze Reihe von Fehlern und Ungenauigkeiten auf (vgl. J. Papiór, *Materialien zur bibliographischen Erfassung deutschsprachiger Werke von Stanislaw Przybyszewski und der Sekundärliteratur*, in: „Rocznik Kasprowiczowski" VII, Inowroclaw 1990).
772 M. Schluchter, *Przybyszewski als literarischer Gegenstand. Einige Bemerkungen*, in „Rocznik Kasprowiczowski", op. cit., S, 35-64.
773 Schluchter, Przybyszewski ..., op.cit.
774 Vgl. ibidem, S. 43f.

„Die Synagoge des Satans" außer acht gelassen – darin sieht Schluchter den größten Fehler –, die schließlich das theoretische Fundament der literarischen Werke bilde. Anders hätten sich Bauer und Rauner zu dieser Publikation verhalten, in der sie Przybyszewskis wichtigste Äußerung zum Thema Satanismus erblickten. Zu ihrer beider Analyse des Romans „Satans Kinder" erhebt der Verfasser der Studie die wenigsten Einwände.

Auch Jens Malte Fischer, der sich laut Schluchter zwar von der These einer „Zwangshaltung" Przybyszewskis distanziert und dessen Satanismus ernst genommen habe, sei in manchem Just gefolgt. In Fischers Studie gewahrt Schluchter zahlreiche gedankliche Widersprüche, übrigens auch bei Fähnders, der seines Erachtens nicht nachwies, in welchem Verhältnis Anarchismus und Satanismus zueinander stehen, und anscheinend auch die letzten Worte aus der „Synagoge des Satans" nicht begriff.[775] Immerhin habe Fähnders auf die Beziehung von Przybyszewskis Text zu anderen Hervorbringungen des Fin de siècle verwiesen, und in seiner Forderung, das Schaffen des „deutschen Satanikers" auf den Horizont der Epoche zu beziehen, erblickt Schluchter ein verbindliches Forschungsdesiderat.

Der zweite Konferenzbeitrag, vorgelegt von Markus Fischer, war ein interessanter und origineller Versuch, Przybyszewskis psychischen Naturalismus zu interpretieren, dessen Wesen bereits in der Titelmetapher von „Augenblick und Seele" angesprochen wird.[776] Der junge Heidelberger Germanist sucht zu belegen, daß Przybyszewskis Theorie der Seele eine Theorie des „Augenblicks" implizierte und der psychische Naturalismus im Unterschied zum naturalistischen „Sekundenstil" den „Augenblicksstil" einführte.[777]

Den Begriff des psychischen Naturalismus hatte Przybyszewski zunächst im Kontext anderer Künste entwickelt und auch nicht sofort sprachliche Äquivalente zum Ausdruck von Seelenzuständen entdeckt. Die Theorie von der inneren Synästhesie, vom „Knotenpunkt aller Sinne", habe ihm die Transposition der psychischen Empfindungen zu ästhetischen Produkten ermöglicht. Jener „Augenblicksstil", so Markus Fischer, beruhte auf der Artikulation einzelner Phasen der Gefühle und Eindrücke.[778] Denn das Ich war für Przybyszewski keine stabile Einheit, sein Zerfall erfolgte augenblicklich, die „nackte Individualität" offenbarte sich in zeitweiligen Eingebungen der Seele.

Fischer widerspricht der Erklärung Justs, welcher den Fluß der Bilder in Przybyszewskis Werken, der Resultat eines anhaltenden Zerfallsprozesses war, als Ausdruck stilistischen Nihilismus, den Satanismus aber als verbale Ornamentik gewertet hatte. Przybyszewskis Ich, betont der junge Forscher, bilde eine Ganzheit nur im Augenblick des Zerfalls, der Spaltung, denn dann zeige sich die Welt in ihrer höchsten

---

775 Vgl. ibidem, S. 40.
776 Vgl. M. Fischer, *Augenblick und Seele. Stanislaw Przybyszewskis psychischer Naturalismus*, ibidem, S. 65-80.
777 Vgl. ibidem, S. 71.
778 Vgl. ibidem. Fischer erklärt, Broder Christiansen habe 1909 in seiner *Philosophie der Kunst* ähnlich über die „sekundären Impressionen" geurteilt, die eine Verbindung zwischen dem sinnlichen Eindruck und dem daraus erwachsenden literarischen Produkt herstellen.

Potenz, und Satan, als „Genius der Zerstörung", werde zum Symbol des Seins, das sich in Auflösung befinde.[779]

Das Jahrbuch-Band enthielt weiterhin ein Referat von Lukas Richter, das den Musikauffassungen Przybyszewskis gewidmet und gegenüber dem Beitrag von 1978 leicht modifiziert war[780], sowie einen Text von Roman Taborski, der das zweisprachige Schaffen Stanislaw Przybyszewskis und Tadeusz Rittners betrachtete und hier ebenfalls auf deutsch publiziert wurde.[781] Der Warschauer Polonist neigt darin den Auffassungen Boys und Krzysztof Luczynskis zu, die die deutschen Werke Przybyszewskis den polnischen vorzogen.[782] Da sich Przybyszewski eine universelle moralische und psychologische Thematik erkoren habe, konnten die Texte nach geringen Korrekturen (bezüglich der Namen von Personen und Ortschaften) in beiden Nationalliteraturen funktionieren.

Die Studie von Jan Papiór unter dem vielversprechenden Titel „Stanislaw Przybyszewskis Deutsch (Urteile, Selbsteinschätzungen, Determinanten, Kontexte)" wiederholt bereits bekannte und oft zitierte Annahmen.[783] Die entscheidenden Faktoren für Przybyszewskis Deutsch erblickt der Forscher im Einfluß von Chopins Musik und Nietzsches Philosophie, als charakteristische Merkmale der Sprachverwendung vermerkt er eine Häufung von Interpunktionszeichen, von stilistischen (Auslassungen und Inversionen innerhalb der Sätze), grammatischen (Verzicht auf Artikel, vermehrte Großschreibung und Anwendung des Konditional) und „antiepischen" Eigenheiten, wie Papiór die Textanordnung nennt, bei der jeder Satz einen eigenen Absatz darstellt.

Mit Przybyszewskis Sprache beschäftigte sich etwa zur gleichen Zeit die junge Polonistin Christine Wimmer aus Greifswald, woraus ihr kurzer Beitrag „Wie gut schrieb Stanislaw Przybyszewski deutsch?" hervorging, den die Berliner „Zeitschrift für Slawistik" druckte. Auf der Basis von 46 deutschsprachigen Briefen Przybyszewskis (sie befinden sich im Poznaner Archiv der Polnischen Akademie der Wissenschaften) sucht die Verfasserin die Frage zu beantworten, welche Fehler der Schriftsteller am häufigsten begangen habe. Es handelt sich dabei sowohl um grammatische, stilistische und syntaktische Verstöße als auch um sprachliche Interferenzen, die der slawischen Herkunft des „deutschen Satanikers" geschuldet sind.[784]

---

779 Vgl. ibidem, S. 78.
780 Vgl. L. Richter, *Chopinisieren. Zur Musikanschauung von Stanislaw Przybyszewski*, ibidem, S. 201-216.
781 Vgl. R. Taborski, *Problem pisarstwa dwujęzycznego na przykładzie twórczosci Stanislawa Przybyszewskiego i Tadeusza Rittnera* (Das Problem des zweisprachigen Schaffens am Beispiel von S. P. und Tadeusz Rittner), ibidem, sowie *Zweisprachige polnisch-deutsche Schriftsteller: Stanislaw Przybyszewski und Tadeusz Rittner*, in: *Sprachen und Kulturen. Vorträge zur Woche der polnischen Kultur und Wissenschaft in der Bundesrepublik Deutschland*. Hg. v. H. Matuschek u. B. Schultze, Mainz 1991.
782 Enthalten in dem Beitrag von T. Boy-Zelenski *Blaski i nedze mowy polskiej* (Glanz und Elend der polnischen Sprache), in: „Wiadomosci Literackie" 1928, Nr. 30, sowie in dem Buch von K. Luczynski *Dwujęzyczna twórczosc Stanislawa Przybyszewskiego (1892-1900)* (Das zweisprachige Schaffen von S. P. [1892-1900]), Kielce 1982.
783 Vgl. J. Papiór, *Stanislaw Przybyszewskis Deutsch (Urteile, Selbsteinschätzungen, Determinanten, Kontexte)*, ibidem, S. 115-132.
784 Vgl. Ch. Wimmer, *Wie gut schrieb Stanislaw Przybyszewski deutsch? Einige Bemerkungen zu deutschsprachigen Briefen Przybyszewskis*, in: „Zeitschrift für Slawistik" 1991, H. 1, S. 90-93.

Christine Wimmer gehörte zu den wenigen deutschen Slawisten, die sich mit Przybyszewskis Schaffen auseinandersetzten. In Deutschland wurde für den Autor ansonsten hauptsächlich von Germanisten geworben, mitunter auch von polnischen Forschern. Zu diesem Kreis zählt übrigens die Verfasserin der vorliegenden Arbeit, die neben dem schon erwähnten Beitrag von 1989 zwei weitere Texte erarbeitete, die auf deutsch publiziert wurden. Der eine erschien 1992 in der „Zeitschrift für Slawistik" und war die Erstversion eines Kapitels aus diesem Buch[785]; der andere galt der Rolle des Slawentums bei der Rezeption im Deutschland der Jahrhundertwende.[786] Darin sollte gezeigt werden, wie die Deutschen auf jenes Slawentum reagierten, das das „Genie slawischer Rasse", der „Repräsentant des extremen Slawen" – wie man ihn in Berlin genannt hatte – vorstellte, es sollte auf die besondere Rezeptionsweise verwiesen werden, denn die Epoche des Fin de siècle, die ein Mißtrauen in die materielle Welt, den Widerstand gegen die Fesseln des Individuums und eine Überschätzung nichtverbaler Gefühlsäußerungen mit sich brachte, beförderte die Hinwendung zu jener verlockenden Alternative, welche die geheimnisvolle und träumerische „slawische Seele" versprach, die voller emotionaler Spannungen und irrationaler Eigenschaften zu sein schien.

Trotz seines „Europäertums" hat Przybyszewski nie aufgehört, die Deutschen mit seinen polnischen Komplexen zu behelligen, insbesondere mit nationalem Größenwahn und Sendungsbewußtsein, was seine deutschen Bekannten am meisten irritierte. Der Autor der „Totenmesse" teilte die Überzeugung, daß man als Pole der europäischen Lebensart entfremdet sei, sein Polentum äußerte er jedoch auf merkwürdige Art. An die Stelle nationaler, patriotischer Gesten traten Faxen und Prahlerei als eigenwilliger Ausdruck eines den Polen eigenen Hangs zur Übertreibung. An die Stelle romantischer Verschwörung und positivistischer Tat setzte er die zu schmerzlichem Lachen verzogene Grimasse eines Narren. Das Exzentrische und Exotische aber sollte einer Intensivierung des „polnischen Zaubers" dienen, mit dem Przybyszewski seine Umgebung zu bannen suchte. Doch sein polnischer Narzißmus erzeugte bei den Deutschen ambivalente Reaktionen: sowohl Faszination als auch Ressentiment. Es besteht jedoch kein Zweifel, daß der „geniale Pole" eine eigenartige Offenbarung der „slawischen Seele" bot, daß er nach Dostojewskij eine weitere Variante des „Slawentums" aufzeigte, die für das deutsche Fin de siècle Attraktivität besaß.[787]

Die heutige Aufgeschlossenheit für Przybyszewski beruht sicherlich auf anderen Grundlagen, obwohl nicht auszuschließen ist, daß dieser „gute Europäer" in einem neuen Fin de siècle, in dem die Bestrebungen zur Einigung Europas überwiegen, eine gewisse Rolle spielen, zum Exempel für die Durchdringung der Kulturen Ost- und Westeuropas, für gegenseitiges Interesse und Faszination werden und an Möglichkei-

---

785 Vgl. G. Matuszek, „Das Muster eines Modeschriftstellers". Stanislaw Przybyszewski in den Werken deutscher Autoren. Aus dem Polnischen v. D. Scholze, in: „Zeitschrift für Slawistik" 1992, H. 3, S. 343-359.
786 Vgl. G. Matuszek, Die Rolle des Slawentums bei der Rezeption der Deutschen um die Jahrhundertwende XIX/XX (Stanislaw Przybyszewski als eine „echte slawische Erscheinung"), in: The Slavs in the Eyes of the Occident, the Occident in the Eyes of the Slavs, ed. by M. Ciesla-Korytowska, Universitas Cracow 1992, S. 103-115.
787 Vgl. ibidem, S. 680.

ten zur Koexistenz unterschiedlicher Formen und Tendenzen gemahnen könnte, die über Kultur und Kunst hinausreichen.

Deshalb ist die Bergung der Schriften Przybyszewskis aus den „Archiven der Literatur", ihre Weiterverbreitung an der Schwelle grundlegender sozialer, aber auch kultureller Wandlungen in Europa zweifellos ein Ereignis von Rang, womöglich von größerem Gewicht, als die Verleger selbst geglaubt haben. Ein diesbezügliches Vorhaben – das in Polen seinesgleichen sucht – ist nicht von einem großen, finanziell unabhängigen Verlagshaus auf den Weg gebracht worden, sondern von dem ambitionierten Igel Verlag in Paderborn, den der junge Germanist Michael M. Schardt leitet, der 1990 die Edition einer achtbändigen Studienausgabe der Werke Przybyszewskis initiiert hat.[788]

Im selben Jahr erschien in einer Wochenschrift ein umfangreicher, leicht skandalumwitterter Beitrag über die inzestuöse Verbindung zwischen Przybyszewski und seiner Tochter Stanislawa, der – ein gewiß zufälliges Zusammentreffen – als Begleittext zur Studienausgabe gelten und das Augenmerk weiter Kreise auf den deutsch-polnischen Schriftsteller lenken konnte.[789] Der Verfasser skizziert sehr sachlich und kompetent einzelne Abschnitte aus den Lebensläufen von Vater und Tochter – Przybyszewskis Verhältnis zu der jungen Malerin Aniela Pajakówna, die Umstände der Geburt Stanislawas, ihre Kindheit zunächst bei der Mutter und nach deren Tod bei Verwandten und Bekannten, die Kontaktaufnahme zu dem berühmten Vater und die große gegenseitige Zuneigung beider, die von Haß und Verfolgung seitens Przybyszewskis zweiter Frau Jadwiga überschattet war. Besonders anrührend werden die letzten Lebensjahre der Schriftstellerin geschildert, die einsam und in bitterer Not an ihren Dramen über die Französische Revolution schrieb. Eines davon – so der anonyme Autor des Beitrags – wurde von Andrzej Wajda verfilmt, die Hauptrolle spielte Gérard Départdieu. Nicht ausgeschlossen sei, daß die Autorin in der Figur des Danton ihr ambivalentes Verhältnis zum Vater verarbeitet habe.[790]

Und es ist womöglich signifikant, daß die Tochter Przybyszewskis eine symbolische Brücke zwischen dem modernistischen Schriftsteller und der Gegenwart schlug.

Als erster Band der deutschsprachigen Studienausgabe aus dem Igel Verlag erschien ein „Pentateuch" – fünf Prosapoeme: „Totenmesse", „Vigilien", „Epipsychidion", „Androgyne" und „De profundis".[791] Damit wurde gewissermaßen ein Plan des Autors realisiert, der diese Werke als Einheit betrachtete und sie gemeinsam publizieren wollte. Nach Meinung der Herausgeber handelt es sich um Przybyszewskis interessanteste Schriften und wesentliche literarische Zeugnisse der europäischen Moder-

---

788 Przybyszewski, *Studienausgabe. Werke, Aufzeichnungen und ausgewählte Briefe*, in acht Bänden und einem Kommentarband. Hg. v. M. M. Schardt, Igel Verlag, Paderborn.
789 Vgl. *Zum Glück schenkte ich Dir ein Kind. Stanislaw Przybyszewski und Stanislawa. Eine Liebesgeschichte*, in: „FAZ-Magazin" vom 1. 6. 1990. Der anonyme Verfasser bezog seine Informationen wahrscheinlich aus der in London publizierten Stanislawa-Przybyszewska-Biographie (vgl. J. Kosicka, D. Gerould, *A life of solitude. Stanislawa Przybyszewska: a biographical study with selected letters*, London 1986).
790 Vgl. ibidem, S. 30.
791 Przybyszewski, *Studienausgabe. Werke, Aufzeichnungen und ausgewählte Briefe*, Bd. 1: *De profundis und andere Erzählungen*. Hg. v. M. M. Schardt u. H. Vollmer. Mit einer Nachbemerkung von J. Papiór, Paderborn 1990, S. 202.

ne.[792] Stanislaw Przybyszewski wird auf dem Buchumschlag angekündigt als „Nietzsche- und Chopindeuter, schockierte die literarische Welt der 1890er Jahre mit extrem antibürgerlicher Haltung. In seinen Werken behandelt er seelische Randzustände, huldigt einem orgiastisch-mystischen Pansexualismus und betreibt den Kampf der Geschlechter."[793]

Im Jahr 1991 folgte, herausgegeben von Walter Fähnders, der zweite Band der Edition, der Przybyszewskis frühe Essays „Zur Psychologie des Individuums. I. Chopin und Nietzsche. II. Ola Hansson" sowie kleinere Prosaarbeiten enthielt.[794] Das Jahr 1992 brachte zwei weitere Bände – den vierten und den sechsten. Der vierte Band, herausgegeben von Walter Olma und Michael M. Schardt, umfaßte die beiden ersten Teile der Trilogie „Erdensöhne" („Erdensöhne" und „Das Gericht") und den Roman „Der Schrei".[795] Der sechste Band, den Jörg Marx verantwortete, versammelte die kritischen und essayistischen Schriften Przybyszewskis, geordnet zu vier thematischen Abteilungen, welche Aussagen zur Weltanschauung, zur Kunsttheorie, zur Politik sowie zur eigenen Biographie zusammenfassen.[796] 1993 erschienen zwei weitere Bände: der dritte Band mit der Trilogie „Homo sapiens" und dem Roman „Satans Kinder" herausgegeben von Hans-Ulrich Lindken, sowie der fünfte Band, welcher Dramen aufnahm („Das große Glück", „Das goldene Vlies", „Die Gäste", „Die Mutter", „Schnee", „Gelübde", „Untiefen").[797] 1994 wurde der siebte Band der Ausgabe vorgelegt, nämlich die deutsche Version von Przybyszewskis Erinnerungen in der Übersetzung von Roswitha Matwin-Buschmann.[798]

Der Beginn der Przybyszewski-Edition wurde in der Presse annonciert. Im „ekz-Informationsdienst" notierte Martha Höhl anläßlich des ersten Bandes, der Verfasser gelte „als einer der wichtigen Autoren der Dekadenz und des Fin de siècle", dessen kräftige, faszinierende Bilder aus einer „satanistischen" Epoche noch heute literatur-

---

792 Vgl. ibidem.
793 Ibidem.
794 Przybyszewski, *Studienausgabe*, op. cit., Bd. 2: *Zur Psychologie des Individuums. Erzählungen und Essays*. Hg. und mit einer Nachbemerkung v. W. Fähnders, Paderborn 1991, S. 149. Aufgenommen wurden folgende Werke: *Himmelfahrt, Notturno, In hac lacrymarum valle, Hymne der Glückseligkeit, Auf Kains Pfaden* und *Heimkehr*.
795 Przybyszewski, *Studienausgabe*, op. cit., Bd. 4: *Erdensöhne. Das Gericht. Der Schrei*. Hg. u. mit einer Nachbemerkung v. W. Olma u. M. M. Schardt, Paderborn 1992. Der dritte Teil der Trilogie, *Zmierzch* (Dämmerung), ist bisher nicht ins Deutsche übersetzt. Der Verlag hat ihn für die ins Auge gefaßte polnische Ausgabe der Werke Przybyszewskis vorgesehen.
796 Przybyszewski, *Studienausgabe*, op. cit., Bd. 6: *Kritische und essayistische Schriften*. Hg. u. mit einer Nachbemerkung v. J. Marx, Paderborn 1992. Der Band enthält 21 Aufsätze, Essays und Artikel Przybyszewskis sowie dessen von Wyspianski gezeichnetes Porträt.
797 Przybyszewski, *Studienausgabe*, op. cit., Bd. 3: *Homo sapiens (Über Bord. Unterwegs. Im Malstrøm). Satans Kinder. Romane*. Unter Mitarbeit v. N. Arnold herausgegeben u. mit einer Nachbemerkung von H.-U. Lindken, Paderborn 1993; Bd. 5: *Schnee und andere Dramen*. Herausgegeben u. mit einer Nachbemerkung v. N. O. Eke, Paderborn 1993.
798 Przybyszewski, *Studienausgabe*, op. cit., Bd. 7: *Ferne komm ich her... Erinnerungen an Berlin und Krakau*. Aus dem Polnischen übersetzt von R. Matwin-Buschmann. Herausgegeben und mit einer Nachbemerkung von O. Stümann, Paderborn 1994. Dieser Band bietet erstmals eine komplette deutsche Fassung beider Teile der Przybyszewskischen Memoiren. Die in der Ausgabe von 1985 fehlenden Passagen wurden von der Übersetzerin ergänzt (insgesamt ca. 60 Seiten; vgl. Anm. 711 in diesem Kap.).

geschichtliches Interesse hervorrufen könnten.[799] Kurze Informationen fanden sich jeweils im „Main Echo", in der „Heilbronner Stimme" und der „Südwest Presse".[800]

Einen ausführlicheren Artikel veröffentlichte die „Neue Zürcher Zeitung", in der Karl-Markus Gauss Przybyszewski als einen Autor charakterisiert, der um die Jahrhundertwende eine europäische Berühmtheit war.[801] Sein skandalträchtiges Schaffen habe einige Widersprüche aufgewiesen: den Übermenschen und den Sozialismus, Ausschweifung und katholischen Sentimentalismus, Kränklichkeit und Pathos, den Drang nach Zerstörung und nach Erlösung der Welt. Er sei ein Prophet der Dekadenz gewesen, merkt der Kritiker an, habe jedoch das Müde und Melancholische an der Dekadenz durch aktivistische Momente ersetzt. Sein Werk bilde einen explosiven Stoff, der die bürgerliche Moral sprengte. Gauss begrüßt die Werkausgabe allerdings mit gemischten Gefühlen: „Dazu gehört nicht nur viel verlegerische Kühnheit, die unsere Bewunderung, sondern auch einiger ästhetischer Masochismus, der unser Mitgefühl verdient."[802]

Eine Notiz von Peter Langemeyer zeigte im Referateorgan „Germanistik" die ersten beiden Bände der Studienausgabe an. Langemeyer vermerkt, daß Przybyszewskis Werke ihre Zeit nicht überdauert hätten, nun aber von dem steigenden Interesse für die Kultur des Fin de siècle profitierten, obgleich sie bisher schwer zugänglich waren. Der Nutzen der Edition werde sich letztlich mit dem Kommentarband entscheiden, weil – nach Meinung des Rezensenten – ohne dessen Hilfe die Texte einer Mehrheit von Lesern teilweise unverständlich blieben.[803]

Eine aufschlußreiche Vorstellung des ersten Bandes unternahm 1992 in der „Süddeutschen Zeitung" Matthias Bauer, der die wesentlichen Schaffenskomponenten des polnisch-deutschen Autors enthüllt.[804] Przybyszewski habe – so Bauer – im kaiserlichen Berlin „seine katholische Seele in kunstvolle Dekadenz" zersplittert und wurde daraufhin „zur Inkarnation des Berliner Bohemiens". Er sei ein typischer Dekadenzkünstler gewesen, obwohl ihn – wie zwanzig Jahre später den „Dr. Rönne" Gottfried Benn – die rätselhaften, geheimnisvollen Äußerungen der Seele gereizt hätten. Den Schlüssel zum Werk erblickt der Kritiker im Katholizismus und in der Psychopathologie, „De profundis" erklärt er zum Boheme-Poem par excellence.

Informationen über die Paderborner Edition fanden sich sogar in der amerikanischen Zeitschrift „Michigan Germanic Studies"; darin besprach Wolfgang Paulsen die ersten beiden Bände der Studienausgabe sowie Klims Monographie (die er vermutlich

---

799 M. Höhl, *Przybyszewski Stanislaw: Werke, Aufzeichnungen und ausgewählte Briefe*, in: „ekz-Informationsdienst" 1990, ID 29/90.
800 Vgl. „Main Echo" vom 4. 9. 1990 (Nr. 230), „Heilbronner Stimme" vom 8. 9. 1990 (Nr. 208), „Südwest Presse" vom 17. 10. 1990.
801 Vgl. K.-M. Gauss, *Verfall und Welterlösung. Stanislaw Przybyszewskis „Pentateuch"*, in: „Neue Zürcher Zeitung", Fernausgabe, 18./19. 11. 1990.
802 Ibidem.
803 Vgl. P. Langemeyer, *Stanislaw Przybyszewski: Werke, Aufzeichnungen und ausgewählte Briefe*, in: „Germanistik. Internationales Referateorgan mit bibliographischen Hinweisen" 1991, H. 3/4, S. 988f.
804 Vgl. M. Bauer, *Der Berliner Bohèmien aus Polen. Eine Studienausgabe zu Stanislaw Przybyszewski*, in: „Süddeutsche Zeitung" vom 27./28. 5. 1992.

im Manuskript kannte, denn die Rezension erschien früher als das Buch).[805] Paulsen unterstrich das Verdienst des Verlags, der sich „literarischen Ausgrabungen" aus der Zeit der Jahrhundertwende widme, und verwies auf Przybyszewski als einen Wegbereiter der Freudschen Psychologie, der sich einer Sprache bedient hatte, die an den jungen Rilke erinnere.

Im Juli 1992 strahlte der Österreichische Rundfunk ORF eine Sendung aus, die Przybyszewski und den beiden ersten Bänden der Paderborner Ausgabe gewidmet war.[806] Manfred Chobot präsentierte den Schriftsteller darin als bedeutendsten Vertreter der polnischen und der deutschen Dekadenzdichtung. „Przybyszewski ist gleichermaßen ein Nachfahre E. T. A. Hoffmanns wie ein Ahne des Expressionismus, ein Vetter von Franz Kafka und Paul Leppin."[807] Der Rundfunkjournalist äußerte die Überzeugung, Przybyszewskis Einfluß auf die Literatur sei größer als seine Bekanntheit, und seine Prosa habe, hauptsächlich wegen ihrer Radikalität, von ihrer Aktualität nichts verloren.

Gleichfalls 1992 veröffentlichte Walter Fähnders einen neuen Beitrag über Przybyszewskis Verhältnis zur Dekadenz und zum Anarchismus. Seines Erachtens hatte der polnische Schriftsteller Dekadenz und Anarchismus originell verknüpft, indem er der anarchistischen Utopie von einer besseren Welt die „action directe" und eine permanente, immerwährende Destruktion entgegensetzte.[808] Schon in Przybyszewskis Werk deute sich jene Verbindung von Anarchismus und Literatur an, die im Schaffen der nachfolgenden Generation (der Dadaisten und Surrealisten) offen zutage trat. Fähnders wies zugleich darauf hin, daß manche Passagen in dem 30 Jahre später geschriebenen Roman „Moravagnie" („Moloch") von Blaise Cendrars an „Satans Kinder" anklingen.

Schließlich erschien 1992 ein weiteres Buch über Przybyszewski – das dritte innerhalb von drei Jahren –, nämlich die erwähnte Dissertation des australischen Germanisten George Klim über Leben, Werk und Weltanschauung des polnischen Autors, die der Igel Verlag als ersten Band einer Reihe von Arbeiten publizierte, welche die Studienausgabe begleiten.[809]

Eine Besprechung zu den beiden ersten Bänden der Studienausgabe veröffentlichte auch Rüdiger Völkers, der die Wiederentdeckung des vergessenen Autors vorbehaltlos begrüßte und zugleich die Frage zu beantworten suchte: „Was hat uns dieser Mann zu sagen?" Die Lektüre von „Vigilien" bewog den Rezensenten zu dieser Warnung: „Wie in den anderen Erzählungen hat man hier den Eindruck, nein, nicht einen Verrückten, aber einem profund Verwirrten gegenüberzustehen, der sich an ein Spiel

---

805 W. Paulsen, *Przybyszewski Stanislaus, Werke. Studienausgabe... (Bd. 1, 2), Klim George, Stanislaw Przybyszewski. Leben, Werk und Weltanschauung...*, in: „Michigan Germanic Studies" 1991, Nr. 2, S. 173-176.
806 M. Chobot, *Stanislaw Przybyszewski: „De profundis und andere Erzählungen". „Zur Psychologie des Individuums. Erzählungen und Essays*, Österreichischer Rundfunk ORF, 9. 7. 1992, Maschinenschrift.
807 Ibidem, S. 3.
808 W. Fähnders, *Stanislaw Przybyszewski und die Decadence*, in: „TRAFIK. Internationales Journal zur libertären Kultur und Politik" 1992, H. 11, S. 65, 70.
809 Vgl. G. Klim, *Stanislaw Przybyszewski. Leben, Werk und Weltanschauung im Rahmen der deutschen Literatur der Jahrhundertwende. Biographie*, Paderborn 1992. Diese Arbeit wurde im vorigen Kapitel erörtert. Es ist bereits das fünfte Buch über Przybyszewski, das in Deutschland verlegt wurde.

gewagt hat, das ein paar Nummern zu groß für ihn war. Es ist nicht zu leugnen, daß Przybyszewskis Sprache mitunter Größe und rauschhafte Schönheit erreicht, aber die vom Autor erstrebte Wirkung kann sie nur dann erzielen, wenn man bereit ist, sich dem Erzähler ganz anzuvertrauen. Und eben davor sei gewarnt.[810] Przybyszewski habe die Stimmungen seiner Epoche adäquat wiedergegeben. Vielleicht sei er für die Zeitgenossen ein genialer Pole gewesen, heute indes könne man ihn füglich nicht einen „Hermann Hesse der zweiten Hippiegeneration" nennen.

Die Gesamtausgabe der Przybyszewskischen Werke – einhundert Jahre nach dem Debüt des Verfassers – eröffnet zweifellos ein neues Kapitel in der Rezeption des „genialen Polen".[811] Seine Werke werden vielleicht kein Massenpublikum finden, denn sie transportieren einen Ballast ästhetischer und existentieller Erfahrungen, die dem heutigen Leser allzu fremd sind. Die Edition bestimmt jedoch den literaturgeschichtlichen Platz eines Schriftstellers neu, der zwei Literaturen und Kulturen angehört, und sie ehrt einen Mann, der – ohne seine polnische Herkunft zu verleugnen – schon vor hundert Jahren eine „grenzenlose" Kunst forderte und ein Prophet des „gemeinsamen Europas" der Künstler war.

---

810 R. Völkers, *Die Rückkehr des „genialen Polen"? Stanislaw Przybyszewskis Werke in neuer Ausgabe*, in: „Juni" 6 (1992), Nr. 1, S. 129-132.
811 In Vorbereitung sind folgende Bände: als Bd. 8 *Briefe an bedeutende Europäer*, als Bd. 9 der Kommentarband. Darüber hinaus plant der Igel Verlag eine mehrbändige Ausgabe von Werken Przybyszewskis, die bisher nicht in einer deutschen Fassung vorliegen.

6 SCHLUSS

Jeder Autor und jedes Werk leben in einer „großen Zeit", wie Michail Bachtin gesagt hat. Sie leben nicht nur in der Vergangenheit, sondern auch in der Gegenwart. Im individuellen Gedächtnis der Leser und im kollektiven Gedächtnis der Nationalkultur. Ziel dieses Buches war es, das bislang unbekannte „deutsche Leben" der Werke eines Schriftstellers zu ergründen, der in der polnischen Literatur ein Inspirator des modernistischen Umbruchs war.

Vielleicht war der „geniale Pole" nicht der bedeutendste Künstler seiner Zeit, sicher aber bildete er in der deutschen Literatur des Fin de siècle eine Ausnahmeerscheinung. Darauf verweist allein die Liste von Umschreibungen, mit denen die Deutschen seinen schwer auszusprechenden Namen umgingen. Przybyszewski wurde von seinen deutschen Freunden und Bekannten empfunden als „der unruhige und geistig immer lebendige Pole" (Meier-Graefe), als „Geniemensch von erstaunlicher spinnenartiger Geistlichkeit" (Schleich), als „einer von jenen heiligen Agni-Priestern" (Donath). An der Tagesordnung war die Charakteristik durch pathologische und satanische Merkmale: „der blutige Physiologe" (Schleich), „Jeremias der entarteten Instinkte" (Dehmel), „psycho-physiologischer Analytiker" (Moeller-Bruck), „psychologischer Experimentator" (Pauli), „deutscher Sataniker" (Kolokol, Soergel); daneben wurden die slawischen Momente in seinem Wesen und seinem Schaffen unterstrichen: „ein mystisch-ekstatischer Slawe" (Bab), „eine echte Slawenerscheinung" (Keßler), „ein Genie slawischer Rasse" (Servaes), „ein Repräsentant des extremen Slawen" (A. Neumann), „der berühmte Pole" (von Polenz), „der interessante Pole" („Freie Bühne"), „der sonderbare Pole" (Dehmel), „der leidenschaftliche Pole" (Servaes), „der neurasthenische Pole" (A. Neumann), „der närrische Pole" (Pache). Przybyszewski wurde einerseits zum Hauptvertreter der künstlerischen Boheme im Berlin der Jahrhundertwende stilisiert – „Romantiker und Bohemien comme il faut" (Heinrich Hart), „König der Boheme" (Bab), „Muster eines Modeschriftstellers" (Paul) bzw. „unser Stachu" (Julius Hart) –, andererseits wurde seine Person herabgesetzt: „ein extremer Alkoholiker" (Bab), „Rex Stanislaw der Besoffene" (Möbius). Auch als interessanter Erneuerer und Wortführer der modernistischen Bewegung war er anerkannt: als „der Lockspitzel der Moderne" (Servaes), „der einzige, unersetzliche Künstler" (A. Neumann), „Dämon der jüngsten Literatur" (Ströbel) oder „neuer Messias der Literatur" (Paul).

Von den Zeitgenossen wurde er den „Dichter der Seele" zugerechnet. Man sah in ihm einen Entdecker unbekannter innerer Sphären. Sein Schaffen galt als anregende Spielart der „neuen Psychologie". Besondere Aufmerksamkeit weckte der psychologische Scharfblick des Künstlers, seine Fähigkeit, zu teils bewußten, teils unbewußten Empfindungen vorzudringen. Originalität erblickte man vor allem in der sprachlichen Gestalt seiner Werke, in der Anwendung naturwissenschaftlicher und medizinischer Terminologie zur Darstellung psychischer und metaphysischer Sachverhalte.

In Przybyszewskis Œuvre wurden zwei grundlegende Themenkomplexe geortet: Erotik und Satanismus. Sie schienen aus dem Streben des Schriftstellers zu erwachsen, alles Unbekannte und Geheimnisvolle, damit oft auch das Verbotene und Perverse, zu erkunden. Die Zeitgenossen gewahrten überdies, daß Przybyszewski in seinen Werken die neue Eigenschaft seiner Epoche festhalten und die Wahrheit über seine Zeit enthüllen wollte. Sie sprachen seinen Schriften einen intellektuell-diskursiven Charakter zu. Großes Interesse riefen seine kühnen psychologisch-ästhetischen Theorien hervor, namentlich die Konzeption der „nackten Individualität" und die Theorie des „psychischen Naturalismus".

Przybyszewski wurde von Anfang an der dekadenten Strömung in der zeitgenössischen Kunst zugeschlagen und als konsequentester Repräsentant dieser Richtung in der deutschen Literatur sowie als einziger Vertreter des literarischen Satanismus begriffen. Diese Bewertung leitete man aus der Tatsache ab, daß sich in seinem Schaffen sexuelle und satanistische Motive fanden, daß er das Leiden als unvermeidlichen Bestandteil des Lebens und Rausch und Ekstase als die einzigen Mittel zur zeitweiligen Linderung des Schmerzes betrachtete. Die Verherrlichung des Leidens und die dekadenten Elemente in seinem Weltbild führte man im übrigen auf Przybyszewskis slawische Herkunft zurück. In seinen Schriften bemerkte man die starke Präsenz slawischer Gefühlsbetontheit (u. a. eine Neigung zu Ekstase und Melancholie) und eines festgefügten katholischen Wertsystems.

Die zeitgenössischen Rezipienten Przybyszewskis überraschte die Form seiner Werke. Sie stellten fest, daß die Absichten des polnischen Künstlers den vorhandenen Regeln der Gattungen und Genres nicht entsprachen. Registriert wurde eine totale Destruktion des Poems, wie sie in der deutschen (ja selbst in der europäischen) Literatur nicht ihresgleichen hatte, und die Zerschlagung des traditionellen Romanmusters, die eine Konsequenz der Handlungsverlagerung ins Reich der Psyche (der Seele) war.

In Synthesen und Monographien zur Epoche wird Przybyszewski als einer der ersten Autoren bezeichnet, die naturalistische Konventionen entschieden hinter sich ließen. Anerkannt wird er als Anführer der psychopathologischen und der erotischen Richtung in der Literatur. Betont wird, daß er eine neue Art des Gefühlsausdrucks – extreme, ekstatische, hysterische, visionäre Zustände – lanciert hat. Seine künstlerischen Konzeptionen werden mit anderen Experimenten in der europäischen Literatur verglichen, und man vermerkt, daß die Kunst des Polen, die eine Expression unbewußter psychischer Vorgänge erlaubt, ganz neue Entwicklungsrichtungen abgesteckt hat.

Dieselben Elemente jedoch, die die Zeitgenossen begeisterten, lösten auch Ressentiments und berechtigte Kritik aus. Vorgeworfen wurde Przybyszewski „sexuelle Psychose", das Beharren auf erotischer Terminologie und Metaphorik, ein Übermaß an sexualpathologischen Theorien und das Spicken der Werke mit allen nur denkbaren psychischen Krankheitssyndromen. Leidensphilosophie, Pessimismus und Weltekel weckten den Protest eines Teils der deutschen Leser. Die Hingabe an die Leidenschaft und die Befreiung der im Menschen schlummernden Bestie, die Entfesselung von Instinkten der Destruktion und Zerstörung, die Bestimmung des Leidens als Grundlage der Welt und des Daseins erschreckten viele von denen, die das Schaffen des

„dämonischen Polen" verfolgten. Man nannte es eine „kranke Kunst", die alle Bande zur äußeren Realität gekappt habe. Der Eskapismus des Autors, die Hypertrophie des Ausdrucks, die Wiederholung der immer gleichen stilistischen und fabularen Schemata, mit einem Wort: die „Stillosigkeit" der Werke war die Ursache dafür, daß das Schaffen des „genialen Polen" von den Rezipienten des neuen Jahrhunderts rundweg abgelehnt wurde.

Die letzten Jahre aber brachten ein wachsendes Interesse für die Schriften des „sonderbaren" Autors der Jahrhundertwende. Von deutschen Forschern wurde Przybyszewski als einziger Vertreter der Dekadenz in Deutschland und als ein Schriftsteller anerkannt, der europäische Themen und Motive in die deutsche Literatur eingeführt hatte. Nach Meinung heutiger Interpreten besetzt der Verfasser von „Homo sapiens" in der Literatur der Jahrhundertwende einen eigenständigen Platz. Als Androgynist und Satanist war er ein Außenseiter unter den Künstlern des Fin de siècle. Die Anwendung einer neuen Erzähltechnik und die radikale Reduktion des Romanstoffs bewirkten, daß die Bindungen an die Literatur der Zeit rissen und die frühen Werke Przybyszewskis als Vorgriffe auf das Poem des 20. Jahrhunderts und auf die moderne Prosa anzusehen sind. Der Schriftsteller schuf außerdem Grundlagen für die expressionistische Ästhetik und ersann Ausdrucksformen für ekstatisch-visionäre Inhalte.

Przybyszewskis Pionierrolle zeigte sich nicht nur in der Vorwegnahme des Expressionismus und der psychoanalytischen Theorien Freuds (worauf bereits die Zeitgenossen verwiesen). Die Zerschlagung der Gattungsnormen, insbesondere die Aufwertung der Kategorie Raum zu einem Bestandteil der Werkstruktur, verband dieses Schaffen mit späteren Experimenten von Döblin, Joyce oder Dos Passos, wie Jörg Marx festgestellt hat. Przybyszewskis Dramentheorie tendierte zu einem semiotischen Theater, sein intimes Theater war nach Marx der erste Schritt zum antiillusionistischen Zeichentheater Max Reinhardts, und seine Kunsttheorie nahm laut Lukas Richter die Konzeption der abstrakten Malerei eines Wassily Kandinsky vorweg. Nach Auffassung von Franz Mennemeier erinnert seine frühe Prosa an die „Körpersprache" Artauds, die satanistische Rebellion seiner Helden aber könne als modernistische Antizipation des surrealistischen „acte gratuit" gelten. Ulrich Steltner zufolge war Przybyszewski der erste Performance-Künstler. Seine Konzeption des Metaklangs bietet laut Marx Parallelen zur poststrukturalistischen Sprachphilosophie von Jacques Derrida, und die in den frühen Essays vorgenommene Unterscheidung zwischen Individualität (dem reflexiv reagierenden Unbewußten) und Persönlichkeit (der vom Gehirn gesteuerten Schicht der Psyche) ging nach Meinung Richters den Hypothesen über verschiedene geistige Schichten bei F. Kraus oder Ph. Lersch voraus.

Przybyszewski war mithin keine belanglose Episode in der deutschen Literatur, wie in Polen allgemein vermutet wird. Sein Werk bildete eine wesentliche Komponente der modernistischen Kulturformation und ein wichtiges Element im Entfaltungsprozeß der deutschen Literatur. Seinen Schriften wurden mehrere Dutzend Studien und Rezensionen gewidmet, Informationen über sein Schaffen beggnen in zahlreichen Handbüchern und Literaturgeschichten, mehr als dreißig gedruckte Erinnerungen und rund vierzig literarische Werke beziehen sich auf seine Publikationen oder seine Person. In Deutschland scheint das Interesse an der künstlerischen Leistung Przybyszewskis, zumindest in den letzten Jahren, größer zu sein als in Polen. Auf deutsch erschienen fünf Bücher mit Analysen und Interpretationen seines Werks, es wurden sämtliche deutschsprachigen Werke herausgegeben, einige sogar mehrfach.

Betrachtet man Stanislaw Przybyszewski und sein Werk aus der polnischen oder aus der deutschen Perspektive, so sollte man nicht vergessen, daß er in zwei Sprachen und zwei Kulturen gelebt und sein literarisches Erbe sich zwei Nationalliteraturen eingeprägt hat.[812] Vielleicht führt der Blick hinter die Trennwand, die bisher die Forschungen zu Przybyszewski in Deutschland und in Polen geteilt hat, zu neuen Aktivitäten, neuen literaturgeschichtlichen Erkenntnissen und eröffnet neue Perspektiven für den komparatistischen Vergleich.

---

812 Przybyszewski war auch ein europäischer Künstler, sein Werk sollte daher in diesen Kontext gerückt werden. Wie Forschungen etwa in Frankreich, Italien oder Amerika belegen (die nicht Gegenstand dieser Abhandlung waren, aber eine weitere Verbreitung verdient hätten), wird Przybyszewskis Schaffen als aufschlußreiche Variante der europäischen Moderne gewertet; vgl. z. B. J. Weichsel, *Stanislaw Przybyszewski: His Life and Writing*, New York 1915; L. Cini, *L'umanita nell'opera di Stanislao Przybyszewski*, Rom 1936; M. Herman, *Un sataniste Polonais. Stanislas Przybyszewski (de 1868 à 1900)*, Paris 1939; I. Szwede, *The Works of Stanislaw Przybyszewski and their Reception in Russia at the Beginning of the XX. Century*, Diss., Stanford 1970; H. A. Zolman, *Stanislaw Przybyszewski and his lyrical Universe*, Diss., Los Angeles 1980.

Bibliographie der deutschsprachigen Arbeiten über Przybyszewski

Abels, Ludwig, Erinnerungen aus Berlin, „Wiener Morgenzeitung" 1903, Nr. 267 (Information in: Roth, Willy, Auszüge, „Das literarische Echo" 1903, Sp. 181)
Ad. D., Stanislaw Przybyszewski. Im Malstrøm, „Die Zeit" 1896, Nr. 93, S. 29
Adelt, Leonhard, Das goldene Vließ, „Die Zeit" 1905, Nr. 1168
Adelt, Leonhard, Das große Glück, Die Mutter, „Die Zeit" 1905, Nr. 943, S. 3
Ahlström, S., Strindbergs deutsche Freunde, in: Strindberg und die deutschsprachigen Länder. Internationale Beiträge zum Tübinger Strindberg-Symposium 1977, hg. v. Wilhelm Friese, Basel-Stuttgart 1979, S. 45-51, auch in: Deutsche Literatur der Jahrhundertwende, hg. v. Viktor Zmegac, Königstein 1981, S. 50
Alfred Mombert, Ausstellung zum 25. Todestag, 10. April bis 8. Juni 1967, hg. von Ulrich Weber, Karlsruhe 1967
Alker, Ernst, Die deutsche Literatur im 19. Jahrhundert (1832-1914), Stuttgart 1969, S. 855f., 880
Altkirch, Ernst, Das Werk des Edvard Munch, hg. v. Stanislaw Przybyszewski, in: „Der Zuschauer" 2 (1894), S. 227
Andro, L., Der Schrei. Roman von Stanislaus Przybyszewski, „Der Merker" 11 (1920), S. 456
Anonym, August Strindberg und Stanislaus Przybyszewski, „Über den Wassern" 1913, Nr. 5, S. 309f.
Anonym, Decadencehelden, „Grenzboten" 1896, Nr. 32, S. 280ff. (Im Malstrøm)
Anonym, Der Tod des 'Satanisten', Stanislaw Przybyszewski gestorben, „Vorwärts" 1927, Nr. 555/A 282, S. 3
Anonym, Lesebücher zum Suhrkamp-Jubiläum, „Südwest Presse" 17.10.1990
Anonym, Nachrichten, „Die Literatur" 1927/1928, S. 247 (Nekrolog)
Anonym, [Nekrolog], „Neues Wiener Journal", 24. November 1927
Anonym, [Nekrolog], „Neue Freie Presse", 24. November 1927
Anonym, Polen und der heilige Krieg, „Polen" 1916, Nr. 50, S. 337f.
Anonym, Polen, „Das literarische Echo" 1900, Sp. 10776 (Übersicht der polnischen Presse)
Anonym, Przybyszewski S.: Im Malstrøm, „Österreichisches Literaturblatt" 1897, Nr. 21, Sp. 665
Anonym, Przybyszewski Stanislaw, Von Polens Seele, „Literarisches Centralblatt" 1917, Nr. 19, S. 480
Anonym, Przybyszewski Stanislaw: Von Polens Seele, „Jahrbuch deutscher Bibliophilen für 1918", Wien 1918, S. 126
Anonym, [Przybyszewski-Vortrag], „Neue Freie Presse" 1909, Nr. 15962, S. 12
Anonym, Stanislaw Przybyszewski, „Münchener Neueste Nachrichten" 1927, Nr. 321, S. 2
Anonym, Stanislaw Przybyszewski. Von Polens Seele, „Polen" 1917, Nr. 124, S. 140
Anonym, Stanislaw Przybyszewksi-Abend, „Neue Freie Presse" 1915, Nr. 18183
Anonym, Stanislaw Przybyszewski: Studienausgabe, „Main Echo" 1990, Nr. 203, 4. September 1990, S. 6
Anonym, Stanislaw Przybyszewski: Studienausgabe, „Heilbronner Stimme, Zeitung für die Region Franken" 1990, Nr. 208, 8. September 1990
Anonym, Vom Büchertisch. 'Polska i swieta wojna', „Polnische Blätter" 1916, Bd. II, Heft 17, S. 255f.
Anonym, Zum Tode des polnischen Dichters Stanislaw Przybyszewski, „Die literarische Welt" 1927, Nr. 49, S. 1
Anonym, „Neue Freie Presse" 1904, Nr. 14408, S. 8 (Das große Glück)
Ardeschah, J. P. von, Eine polnische Dichterstimme. Randbemerkungen zu Stanislaw Przybyszewskis 'Polen und der heilige Krieg', „Polnische Blätter" 1916, Bd. 2, Heft 17, S. 237-241
Arnold, Robert Franz, Das deutsche Drama, München 1925, S. 756
B., Von Polens Seele, „Neuphilologische Blätter" 1917/1918, S. 190f.
Bab, Julius, Der größenwahnsinnige Przybyszewski, „Der Tag", 10. Februar 1926
Bab, Julius, Die neuromantische Bohème (Dehmel und Przybyszewski), „Das neue Magazin" 1904, Heft 18, S. I-VIII, auch in: Die Berliner Bohème, Berlin 1905, S. 51-60, auch in: Die Berliner Moderne 1885-1914, hg. v. Jürgen Schutte u. Peter Sprengel, Stuttgart 1987, S. 630-634
Bab, Julius, Richard Dehmel. Die Geschichte eines Lebenswerkes, Leipzig 1926
Bab, Julius, Zur Psychologie des Individuums, „Freie Bühne" 1892, S. 668ff.

Bahr, Hermann, Das große Glück, „Neues Wiener Tageblatt" 1904, Nr. 275, auch in: Glossen zum Wiener Theater (1903-1906), Berlin 1907, S. 422-430

Bauer, Michael, Der Berliner Bohemien aus Polen. Eine Studienausgabe zu Stanislaw Przybyszewski, „Süddeutsche Zeitung" 27./28. Mai 1992 (De profundis und andere Erzählungen)

Bauer, Matthias, Rauner, Gaby von, Stanislaw Przybyszewskis Roman 'Satans Kinder' (1987). Anarchismus und Satanismus in einem Werk des Fin de siècle, in: Dekadenz in Deutschland. Beiträge zur Erforschung der Romanliteratur um die Jahrhundertwende, hg. v. Dieter Kafitz, Frankfurt a. M., Bern, New York 1987, S. 97-124

Bayerdörfer, Hans-Peter, Eindringlinge, Marionetten, Automaten. Symbolistische Dramatik und die Anfänge des modernen Theaters. In: Deutsche Literatur der Jahrhundertwende, hg. v. Viktor Zmegac, Königstein 1981

Beimdick, Walter, Arno Holz, 'Berlin. Die Wende einer Zeit in Dramen'. Untersuchungen zu den Werken des Zyklusfragments, Diss., München 1966, S. 55ff., 74ff.

Berg, Leo, Der Übermensch in der modernen Literatur. Ein Kapitel zur Geistesgeschichte des 19. Jahrhunderts, München, Leipzig, Paris 1897, S. 224-231

Berg, Leo, Vigilien, „Die Zeit" 1895, Heft 33, S. 105

Berges, Ph., Stanislaw Przybyszewski, Totentanz der Liebe, „Fremdenblatt" (Hamburg) 1903, Nr. 2

Bergevoet, Loes, Geschwisterinzest in der Literatur der Jahrhundertwende, „Zeit-Schrift" 1987, S. 9-29 (De profundis)

Berlin um 1900. Ausstellung der Berlinischen Galerie in Verbindung mit der Akademie der Künste zu den Berliner Festwochen 1984, Berlin 1984

Bierbaum, Otto Julius, Prinz Kuckuck. Leben, Taten, Meinungen und Höllenfahrt eines Wollüstlings in einem Zeitroman (1907-1908), Berlin 1928, S. 445-456

Bierbaum, Otto Julius, Stilpe. Ein Roman aus der Froschperspektive, Berlin 1897, S. 330-376

Bierbaum, Otto Julius (Möbius, Martin), Steckbriefe, erlassen hinter 30 literarischen Übeltätern gemeingefährlicher Natur, Berlin und Leipzig 1900 (Stanislaw Przybyszewski, S. 107f.)

Bleibtreu, Karl, Geschichte der Deutschen National-Literatur von Goethes Tode bis zur Gegenwart, hg. v. Georg Gellert, Berlin 1912, Bd. 2, S. 85

Bock, Henning, Farbe als Ausdruck: Zur Deutung von Bildern Edvard Munchs, in: Edvard Munch. Probleme - Forschungen - Thesen, hg. v. Henning Bock u. Günther Busch, München 1973, S. 72, 93

Böckel, Fritz, Novellen und Skizzen, „Das literarische Echo" 1907, Heft 15, Sp. 1011f. (Androgyne)

Bölsche, Wilhelm, Das Liebesleben in der Natur. Eine Entwicklungsgeschichte der Liebe, Bd. 1-3 (1898-1902), Bd. 1, Jena 1924 (Kapitel Herr Stachelinsky, S. 370-389)

Boveri, M., Ein Pole in Berlin, „Frankfurter Allgemeine Zeitung" 1965, Nr. 284, S. 7 (Erinnerungen)

Braun, Hans, Aus Przybyszewskis Gymnasialzeit, „Posener Tageblatt" 1934, Nr. 210, S. 5

Braun, Hans, Przybyszewski und seine Landsleute, „Posener Tageblatt" 1936, Nr. 65, S. 3

Briefwechsel zwischen George und Hofmannsthal, hg. von R. Boeninger, München u. Düsseldorf 1953, S. 33f.

Brückner, Aleksander, Geschichte der polnischen Literatur, Leipzig 1901, S. 603-605

Brümmer, Franz, Lexikon der deutschen Dichter und Prosaisten des neunzehnten Jahrhunderts, Leipzig 1913, Bd. 3, S. 260

Bruns, Max, Dekadents (Ernst Schur und Alfred Mombert), „Die Gesellschaft" 1898, Heft 6, S. 368-376

Brupbacher, Fritz, Die Psychologie des Dekadenten, Zürich, Rüschlikon 1904, S. 14

Brupbacher, Fritz, 60 Jahre Ketzer. Selbstbiographie (1935). Neudruck, Zürich 1973, S. 102

Büchi, Maria F., Problematik der Autorübersetzung am Beispiel des „Homo sapiens" von St. Przybyszewski, Freiburg im Br. 1976 (Diss.)

Chobot, Manfred, Stanislaw Przybyszewski, De profundis und andere Erzählungen, Manuskript des Österreichischen Rundfunks CRF I., 9. Juli 1992

Conrad, Michael Georg, Zur Psychologie der Moderne, „Die Gesellschaft" 1900, Bd. II, S. 1-3

Credner, Carl ‚Leander', Kritik, „Die Gesellschaft" 1896, S. 687f. (Im Malstrom)

Darge, Elisabeth, Lebensbejahung in der deutschen Dichtung um 1900, Breslau 1934

Dauthendey, Max, Ein Herz im Lärm der Welt. Briefe an Freunde, München 1933

Dauthendey, Max, Gedankengut aus meinen Wanderjahren, Bd. 1-2, München 1913

Dauthendey, Max, Maja. Skandinavische Bohème-Komödie in drei Akten, Leipzig 1911

Dedecius, Karl, Botschaft der Bücher, „Polnische Perspektiven" 1978, Heft 7-8, S. 34f.
Dehmel, Ida, Przybyszewski wie ich ihn sah, „Pologne Littéraire" 1934, Nr. 96, S. 2
Dehmel, Ida, Über Richard Dehmel und seine Zeitgenossen (1930), in: Richard Dehmel. Dichtungen. Briefe. Dokumente, hg. v. P. J. Schindler, Hamburg 1963
Dehmel, Richard, Ausgewählte Briefe aus den Jahren 1883 bis 1902, Bd. 1-2, Berlin 1923
Dehmel, Richard, Bekenntnisse, Berlin ^{3}1926
Dehmel, Richard, Brief an Bierbaum, in: Moderner Musen-Almanach auf das Jahr 1894, hg. v. O. J. Bierbaum, München 1894, S. 277f. (Totenmesse)
Dehmel, Richard, Die Rute. Eine bedenkliche Geschichte, in: Lebensblätter. Novellen in Prosa, Berlin 1923, S. 96-117
Dehmel, Richard, Erklärung, „Die Gesellschaft" 1892, S. 1474 (Zur Psychologie des Individuums)
Dehmel, Richard, Kunst und Persönlichkeit, „PAN" 1899, Heft 1, S. 25f.
Dehmel, Richard, Tagebuch 1893-1894. Als Handschrift gedruckt, hg. v. G. Kirsten u.a., Leipzig 1921
Dehmel, Richard, Venus Metaphysica, in: Die Verwandlungen der Venus. Erotische Rhapsodie, Berlin 1907, S. 86ff.
Dehmel, Richard, Venus Sapiens, in: Aber die Liebe. Ein Ehemanns- und Menschenbuch (1893), München 1898, S. 225f.
Der andere Strindberg. Materialien zu Malerei, Photographie und Theaterpraxis, hg. v. Angelika Gundlach, Frankfurt a. M. 1981
Dessoir, Max, Buch der Erinnerung, Stuttgart ^{2}1947, S. 104
Die Berliner Moderne 1885-1914, hg. v. Jürgen Schutte u. Peter Sprengel, Stuttgart 1987 (Totenmesse, S. 347-352, auch in: Einleitung, S. 75-79)
Dobai, Johannes, Randbemerkungen zum Thema der Erotik bei Munch und einigen Zeitgenossen, in: Edvard Munch. Probleme - Forschungen - Thesen, hg. v. Henning Bock u. Günter Busch, München 1973, S. 93
Dominik, Jost, Literarischer Jugendstil, Stuttgart 1969, S. 46, 60
Donath, Adolf, Stanislaw Przybyszewski. Auf den Wegen der Seele, „Die Gesellschaft" 1897, S. 137
Drews, Peter, Die slawische Avantgarde und der Westen. Die Programme der russischen, polnischen und tschechischen literarischen Avantgarde und ihr europäischer Kontext, München 1983
Dühring, Literatur über den gegenwärtigen Krieg, „Vergangenheit und Gegenwart" 1916, S. 301
Dvorak, Jozef, Vorwort zu: St. Przybyszewski, Die Gnosis des Bösen. Entstehung und Kult des Hexensabbats, des Satanismus und der Schwarzen Messe, Berlin-West 1979, ^{2}1984
-è, Der Schrei. Roman von St. Przybyszewski, „Donauland" 1919, Heft 3, S. 312
Edvard Munch (Katalog), Nationalgalerie Berlin 1971, S. 56
Effenberger, Hans von, Stanislaw Przybyszewski, Erdensöhne, in: „Wir" 1906, Heft 2, S. 24
Erdmann, Gustav Adolf, Stanislaw Przybyszewski, Epipsychidion, „Internationale Literaturberichte" 1900, S. 279
Esswein, H., Stanislaw Przybyszewski, In diesem Erdenthal der Thränen, „Revue franco-allemande" (München) 1900, S. 92f.
Eulenberg, Hans, Der junge Moeller van den Bruck, „Berliner Tageblatt" 1934, Nr. 441, Beibl. Abend-Ausgabe (18. September)
Fähnders, Walter, Anarchismus und Literatur. Ein vergessenes Kapitel deutscher Literaturgeschichte zwischen 1890 und 1910, Stuttgart 1987, S. 152-168
Fähnders, Walter, Stanislaw Przybyszewski und die Decadence, „TRAFIK. Internationales Journal zur libertären Kultur und Politik" 1992, Heft 11, S. 65-74
Fechter, Paul, Das europäische Drama. Geist und Kultur im Spiegel des Theaters, Bd. III. Vom Expressionismus zur Gegenwart, Mannheim 1958, S. 433-436
Feldman, Wilhelm, Die polnische Literatur der Gegenwart, Berlin 1916, S. 10f.
Fischer, Jens Malte, Décadence, in: Propyläen. Geschichte der Literatur, Bd. 5. Das Bürgerliche Zeitalter 1830-1914, Berlin 1984
Fischer, Jens Malte, Deutsche Literatur zwischen Jahrhundertwende und Erstem Weltkrieg, in: Jahrhundertende - Jahrhundertwende II, hg. v. Hans Hinterhäuser, Wiesbaden 1976
Fischer, Jens Malte, Stanislaw Przybyszewski: Androgyne (1906), in: Fin de siècle. Kommentar zu einer Epoche, München 1978, S. 220-232

Fischer, Markus, Augenblick und Seele. Stanislaw Przybyszewskis Psychischer Naturalismus, „Rocznik Kasprowiczowski" VII, 1990, S. 65-79
    Flach, Jozef, Polnischer Brief, „Das literarische Echo" 1901, Heft 15, Sp. 1139 (Das goldene Vlies)
    Flach, Jozef, Polnischer Brief, „Das literarische Echo" 1902/1903, Sp. 1276
    Flach, Jozef, Polnischer Brief, „Das literarische Echo" 1903, Sp. 56 (Die Synagoge des Satans)
    Flach, Jozef, Polnischer Brief, „Das literarische Echo" 1903, Sp. 338 (Die Mutter)
    Flach, Jozef, Polnischer Brief, „Das literarische Echo" 1904, Heft 3, Sp. 213 (Erdensöhne)
    Flach, Jozef, Polnischer Brief, „Das literarische Echo" 1904, Heft 17, Sp. 1293 (Schnee)
    Flach, Jozef, Polnischer Brief, „Das literarische Echo" 1906, Heft 6, Sp. 224 (Das ewige Märchen)
    Flach, Jozef, Polnischer Brief, „Das literarische Echo" 1911, Heft 1, Sp. 61 (Erdensöhne)
    Flach, Jozef, Polnischer Brief, „Das literarische Echo" 1913, Heft 11, Sp. 860 (Starker Mensch)
    Flaker, Aleksandar, Die slawischen Literaturen zur Zeit des Modernismus, in: Jahrhundertwende - Jahrhundertwende I, hg. v. Helmut Kreuzer, Wiesbaden 1976
    Flaßenberg-Hildar, H., Aus der Glanzzeit der Berliner Bohème, Przybyszewskis Erinnerungen, „Kölnische Zeitung" 1927, Nr. 731 (Erinnerungen)
    Forst-Battaglia, Otto, Die polnische Literatur der Gegenwart, „Euphorion" 1926, S. 534-550
    Forst-Battaglia, Otto, Polnisches Schrifttum, „Literarisches Zentralblatt für Deutschland" 1926, Nr. 18, S. 1489f. (Erinnerungen)
    Forst-Battaglia, Otto, Stanislaw Przybyszewski, „Pologne Littéraire" 1928, Nr. 20, S. 1
    Friedenberg, Walburg, St. Przybyszewski, Erinnerungen, „Begegnungen mit Polen" 1966, Nr. 12, S. 303f.
    Friedrich, Richard, Lyrisches und Episches, „Blätter für literarische Unterhaltung" 1894, Nr. 26, S. 410f. (Totenmesse)
    Fritz, Horst, Die Dämonisierung des Erotischen in der Literatur des Fin de siècles, in: Fin de siècle. Zur Literatur und Kunst der Jahrhundertwende, hg. von Roger Bauer u.a., Frankfurt a. M. 1977, S. 451
    Fritz, Horst, Literarischer Jugendstil und Expressionismus. Zur Kunsttheorie, Dichtung und Wirkung Richard Dehmels, Stuttgart 1969
    Funkenstein, Klemens, Zur Geschichte der modernen Literatur in Polen, „Die Zeit" 1904, Nr. 516, S. 90ff.
    Fürst, Rudolf, Epos des 18./19. Jahrhunderts, „Jahresberichte für neuere Literaturgeschichte" 1896, IV 3: 404f.
    G., Theater und Musik, „Münchener Neueste Nachrichten" 1911, Nr. 300 (Das große Glück)
    Gaehde, Christian, Dramatisches, „Das literarische Echo" 1909, Heft 8, Sp. 601 (Gelübde)
    Gauss, Karl-Markus, Verfall und Welterlösung. Stanislaw Przybyszewskis „Pentateuch", „Neue Zürcher Zeitung", Fernausgabe, 18./19.November 1990
    Geiger, Willi, Das gemeinsame Ziel und anderes. Ein Zyklus erotischer Zeichnungen mit einleitenden Worten aus der „Totenmesse" von Stanislaw Przybyszewski, Wien 1907
    Goldmann, Nachum, Polen und der heilige Krieg, „Das literarische Echo" 1916, Sp. 1156
    Goldscheider, Eduard, Stanislaw Przybyszewski - ein polnischer Dichter in Berlin, „Der Wegweiser" 1976, Nr. 1-2, S. 28
    Gumppenberg, Hanns von, Lebenserinnerungen, Berlin, Zürich 1929
    Guttry, Aleksander von, Stanislaw Przybyszewski, in: Unbekannte Literatur. Charakteristiken polnischer Dichter, Paris 1931, S. 29-35
    H. H., Franz Flaum. Fünf Essays von Stanislaw Przybyszewski, Rudolf v. Delius, S. Lublinski, Dr. Emil Geyer, Cesary Jellenta, „Die Zeit" 1904, Nr. 498, S. 34
    H. U., Entweder der Lorbeer oder die Sinnenlust, „Neue Zeit" 1986, Nr. 105, S. 4 (Ferne komm ich her...)
    Haas, Willy, Geleitwort zu: St. Przybyszewski, Erinnerungen an das literarische Berlin, übertragen von Klaus Staemmler, München 1965, S. 5-12
    Hagemann, Carl, Moderne Dramen, „Das literarische Echo" 1904, Heft 17, Sp. 1205 (Schnee)
    Hagenauer, Arnold, Stanislaw Przybyszewski. In diesem Erdenthal der Thränen, „Der Kyffhäuser" (Linz) 1900, Heft 2, S. 48
    Hamann, Richard, Hermand Jost, Deutsche Kultur und Literatur von der Gründerzeit bis zum Expressionismus, Bd. 3. Impressionismus, Berlin 1960
    Hansson, Ola, Eine moderne Todtenmesse, „Die Nation" 1893/1894, Nr. 1, S. 14ff.

Hardekopf, Ferdinand, Marasmus. Skizze aus der Décadence, „Freistatt" (München) IV, 1902, Heft 49, S. 731
Hardekopf, Ferdinand, Das Theater des Todes, „Die Schaubühne" 1907, S. 371f.
Hardekopf, Ferdinand, Der Tod und Stefan Wronski, „Die Aktion" 1911, Sp. 786f.
Hardekopf, Ferdinand, Stanislaw Przybyszewski: Das goldene Vlies, „Die Aktion" 1912, Sp. 367f.; Nachdruck in: Die Berliner Moderne 1885-1914. Mit 60 Abbildungen, hg. v. Jürgen Schutte u. Peter Sprengel, Stuttgart 1987, S. 467ff.
Hardekopf, Ferdinand, Wir Gespenster (Leichtes Extravagantenlied), „Die Aktion" 1914, Nr. 4, Sp. 80
Hart, Heinrich, Literarische Erinnerungen. Aufsätze, Berlin 1907, S. 90-96
Hart, Heinrich, Neues vom Büchertisch, „Velhagen und Klasings Monatshefte" 1897/1898, S. 697f. (Über Bord)
Hart, Heinrich, Neues vom Büchertisch, „Velhagen und Klasings Monatshefte" 1899/1900, Bd. II, S. 569 (Epipsychidion)
Hart, Julius, Aus Przybyszewskis Sturm- und Drangjahren, „Pologne Littéraire" 1928, Nr. 20, S. 2
Hart, Julius, Stanislaw Przybyszewski, Totentanz der Liebe, „Der Tag" 1903, Nr. 537, S. 4
Henrichs, Helmut, Unbekannte Briefe Richard Dehmels, „Euphorion" 1927, S. 470-484
Henze, Gisela, Der PAN. Geschichte und Profil einer Zeitschrift der Jahrhundertwende, Freiburg im Br. 1974, Diss.
Hermann, Max, Bücher, die lebendig geblieben sind (Przybyszewskis ekstatische Dichtungen), „Die literarische Welt" 1929, Nr. 17, S. 6
Hoechstetter, S., Schnee, „Magazin für Literatur" 1904, Nr. 7, S. 210
Höhl, Martha, Przybyszewski Stanislaw: Werke, Aufzeichnungen und ausgewählte Briefe, „ekz-Informationsdienst" 1990, ID 28/90
Holz, Arno, Briefe. Eine Auswahl, hg. v. Anita Holz u. Max Wagner, München 1948
Holz, Arno, Sozialaristokraten. Komödie (1896), Berlin 1924
Horn, Fritz, Das Liebesproblem in Richard Dehmels Werken, Berlin 1932
Horowitz, S., Jung-Polen, „Das Magazin für Literatur" 1901, Nr. 5, S. 118ff.
Huebner, Friedrich Markus, Totentmesse, „Die Schaubühne" 1916, Heft 2, S. 150f.
Hurwicz, Elias, Przybyszewski Stanislaw: Von Polens Seele, „Schmollers Jahrbuch für Gesetzgebung, Verwaltung und Volkswirtschaft" 1917, Heft 3, S. 469ff.
Hurwicz, Elias, Strindberg und Przybyszewski, „Kölnische Zeitung" 1927, Nr. 644 (Erinnerungen)
J. W., Stanislaw Przybyszewski, Rückkehr, „Polen" 1916, Nr. 94, S. 51f.
Jacobowski, L., Neue Humoristen, „Blätter für literarische Unterhaltung" 1896, Nr. 19, S. 300f. (Im Malstrøm, De profundis)
Jahrhundertwende. Die Literatur des Jungen Polen 1890-1918, hg. v. Maria Podraza-Kwiatkowska, Leipzig 1977
Jaworska, Wladyslawa, Munch und Przybyszewski, in: Edvard Munch. Probleme - Forschungen - Thesen, hg. v. Henning Bock und Günter Busch, München 1973, S. 47-68
Jung, Franz, Dagne, „Die Aktion" 1913, Nr. 12, Sp. 348f.
Jung, Franz, Die uralte Mär. Eine Antwort an Przybyszewsky, „Die Aktion" 1913, Nr. 16, Sp. 428
Just, Klaus Günther, Nihilismus als Stil. Zur Prosa von Stanislaw Przybyszewski, in: Wissenschaft als Dialog. Studien zur Literatur und Kunst seit der Jahrhundertwende (Wolfdietrich Rasch zum 65. Geburtstag), hg. v. Renate Heydebrand u. Klaus Günther Just, Stuttgart 1969, S. 112-133; Wiederabdruck: Nihilismus als Stil. Die frühe Prosa von Stanislaw Przybyszewski, in: Marginalien. Probleme und Gestalten der Literatur, München 1976, S. 193-211
Just, Klaus Günther, Von der Gründerzeit bis zur Gegenwart. Geschichte der deutschen Literatur seit 1871, Bern, München 1973
Klages, Ludwig, Der Geist als Widersacher der Seele. Bd. 1. Leben und Denkvermögen, Leipzig 1929, S. VII
Klim, George, Stanislaw Przybyszewski. Leben, Werk und Weltanschauung im Rahmen der deutschen Literatur der Jahrhundertwende. Biographie, Paderborn 1992
Kolokol, Ein deutscher Sataniker, „Freie Bühne für die Entwicklung der Zeit" 1893, Heft XII, S. 1363-1369
Koppen, Erwin, Dekadenter Wagnerismus. Studien zur europäischen Literatur des Fin de siècle, Berlin - New York 1973, S. 111-115

Koseková, Bozena, Ein Rückblick auf Paul Leppin, in: Weltfreunde. Konferenz über Prager deutsche Literatur, Prag 1967, S. 225f.
Krejcí, Karel, Geschichte der polnischen Literatur, Halle (Saale) 1958, S. 391
Krell, Max, Das alles gab es einmal, Frankfurt a. M. 1961, S. 64
Kreuzer, Helmut, Die Bohème. Analyse und Dokumentation der intellektuellen Subkultur vom 19. Jahrhundert bis zur Gegenwart, Stuttgart 1971, S. 122-125
Kühl, Gustav, Lyrische Vorträge (Dehmel über „Vigilien"), „Die Zeit" 1899, Nr. 236, S. 26f.
Kummer, Friedrich, Deutsche Literaturgeschichte des neunzehnten Jahrhunderts, Dresden 1909
Kurze Geschichte der deutschen Literatur, Leitung und Gesamtbearbeitung von Kurt Böttcher und Hans-Jürgen Geerdts, Berlin-Ost 1981, S. 490
Landsberger, Arthur, Wie Hilde Simon mit Gott und dem Teufel kämpfte. Der Roman einer Berlinerin, Berlin 1910, S. 396-461
Lange, Annemarie, Berlin zur Zeit Bebels und Bismarcks. Zwischen Reichsgründung und Jahrhundertwende, Berlin 1984, S. 699, 743
Langemeyer, Peter, Przybyszewski Stanislaw, Werke, Aufzeichnungen und ausgewählte Briefe, „Germanistik" 32. Jg. 1991, Heft 3/4, S. 988f.
Leander siehe: Credner, Carl
Lessen, Ludwig, Stanislaw Przybyszewski, „Vorwärts" (Beilage „Unterhaltung und Wissen"), Berlin 1927, S. XII
Lessing, Theodor, Przybyszewski. In diesem Erdenthal der Thränen, „Die Gesellschaft" 1900, Bd. 1, S. 57f.
Lier, Leonhard, Neue Erzählungen und Romane, „Blätter für literarische Unterhaltung" 1897, Nr. 8, S. 122 (Auf den Wegen der Seele)
Lier, Leonhard, Neue Romane und Novellen, „Blätter für literarische Unterhaltung" 1895, Nr. 27, S. 430f. (Unterwegs)
Linse, Ulrich, Individualanarchisten, Syndikalisten, Bohèmiens, in: Berlin um 1900. Ausstellung der Berlinischen Galerie in Verbindung mit der Akademie der Künste zu den Berliner Festwochen 1984, Berlin 1984, S. 439-446
Lothar, Rudolph, Neue Dramen (Bernhard Shaw und Stanislaw Przybyszewski), „Neue Freie Presse" 1903, Nr. 13785 (Das goldene Vlies, Die Mutter)
Lublinski, Samuel, Bilanz der Moderne, Berlin 1904, S. 233
Lucianus, Erotik der Keuschheit, „Die Fackel" 1906, Nr. 192, S. 8-14 (Die Synagoge des Satan)
Luczak-Wild, Jeannine, Die Zeitschrift „Chimera" und die Literatur des polnischen Modernismus, Diss., Luzern, Frankfurt a. M. 1969, S. 126f.
Ludwig, Emil, Richard Dehmel, Berlin 1913, S. 128
Luther, Arthur, Der Schrei. Roman von Stanislaw Przybyszewski, „Das literarische Echo" 1919, Heft 14, Sp. 883ff.
Luther, Arthur, Russischer Brief, „Das literarische Echo" 1902, Sp. 1276
Luther, Arthur, Russischer Brief, „Das literarische Echo" 1903/1904, Sp. 1144
Luther, Arthur, Russischer Brief, „Das literarische Echo" 1905, Heft 4, Sp. 283 (Das ewige Märchen)
Luther, Arthur, Von Polens Seele. Ein Versuch von Stanislaw Przybyszewski, „Zeitschrift für Bücherfreunde" 1917, Sp. 112
Luther, Arthur, Von Polens Seele. Ein Versuch von Stanislaw Przybyszewski, „Das literarische Echo" 1917, Heft 18, Sp. 1159f.
M. M. (esser), Stanislaw Przybyszewski: In diesem Erdenthal der Thränen, „Die Zeit" 1900, Nr. 285, S. 173
Mann, Thomas, Der Zauberberg (1924), Bd. 2, Berlin 1925 (Die große Gereiztheit)
Maresch-Jezewicz, Maria, Literarischer Satanismus. Ein Beitrag zur Psychologie der Moderne, „Hochland" 1914, Heft 10, S. 439ff.
Martens, Kurt, Literatur in Deutschland. Studien und Eindrücke, Berlin 1910, S. 13f., 165
Martens, Kurt, Roman aus der Décadence, Berlin 1898
Marx, Jörg, Lebenspathos und „Seelenkunst" bei Stanislaw Przybyszewski. Interpretation des Gesamtwerkes unter besonderer Berücksichtigung der weltanschaulichen und kunsttheoretischen Positionen sowie Poetik, Frankfurt a. M., Bern, New York, Paris 1990

Marx, Jörg, Rauner, Gaby von, Zur Weltanschauung und Kunstauffassung Stanislaw Przybyszewskis, in: Dekadenz in Deutschland. Beiträge zur Erforschung der Romanliteratur um die Jahrhundertwende, hg. v. Dieter Kafitz, Frankfurt a. M., Bern, New York 1987, S. 73-96

Matuszek, Gabriela, „Das Muster eines Modeschriftstellers". Stanislaw Przybyszewski in den Werken deutscher Autoren, aus dem Polnischen v. Dietrich Scholze, „Zeitschrift für Slawistik" 1992, Heft 3, S. 357-373

Matuszek, Gabriela, Die Rolle des Slawentums bei der Rezeption der Deutschen um die Jahrhundertwende XIX/XX (Stanislaw Przybyszewski als eine „echte slawische Erscheinung"), in: The Slavs in the Eyes of the Occident, the Occident in the Eyes of the Slavs, ed. by Maria Ciesla-Korytowska, Krakau 1992, S. 103-115

Matuszek, Gabriela, „Unser Stachu". Przybyszewski in den Erinnerungen deutscher Freunde, aus dem Polnischen v. Dietrich Scholze, „Zeitschrift für slawische Philologie" 1989, Bd. IL, Heft 1, S. 51-70

Mauthner, Fritz, Die Bunte Reihe. Roman (1896), Berlin 1917, S. 58-85

Maynck, H., Romantik vor hundert Jahren und heute, „Vossische Zeitung" 1900, Nr. 9

Meier-Graefe, Julius, Der Vater. Roman, Berlin 1932, S. 281-303

Meier-Graefe, Julius, Munch, in: Grundstoff der Bilder. Ausgewählte Schriften, hg. v. Carl Linfert, München 1959, S. 177-183

Meier-Graefe, Julius, Stachu, in: Geschichten neben der Kunst, Berlin 1933, S. 136-145

Meier-Graefe, Julius, Stanislaus Przybyszewski, „Frankfurter Zeitung" 1927, Nr. 876, S. 1

Meier-Graefe, Julius, Stanislaus Przybyszewski, „Die Gesellschaft" 1895, S. 1040-1045

Mennemeier, Franz Norbert, Satanismus im deutschen Fin de Siècle (Stanislaw Przybyszewski), in: Literatur der Jahrhundertwende II. Europäisch-deutsche Literaturtendenzen 1870-1910, Bern, Frankfurt a. M., New York, Paris 1988, S. 45-53

Merwin, Boleslaw, Polen und der heilige Krieg, „Österreichische Rundschau" 1917, Nr. 51, S. 44

Meyer, Richard M., Didaktik des 18./19. Jahrhunderts, „Jahresberichte für neuere Literaturgeschichte" 1892, S. IV, 5-8 (Zur Psychologie des Individuums)

Meyer, Richard M., Die deutsche Literatur des neunzehnten Jahrhunderts, Berlin 1900, S. 750, 816

Meyer, Theo, Nachwort zu: A. Holz, Sozialaristokraten. Komödie, Stuttgart 1980, S. 170

Meyerhold, Tadeusz, Przybyszewski: Das Problem der Frau, „Wirtschaftskorrespondenz für Polen", 1927, Heft 30f., Beilage „Buch- und Kunstrevue", S. 3

Miazek, Bonifacy, Polnische Literatur 1863-1914. Darstellung und Analyse, Wien 1984, S. 151-156

Milosz, Czeslaw, Geschichte der polnischen Literatur, aus dem Englischen und Polnischen von Arthur Mandel, Köln 1981, S. 267-271

Möbius, Martin, siehe: Bierbaum, Otto Julius

Moeller-Bruck, Arthur, De profundis, „Die Gesellschaft" 1896, S. 664-669

Moeller-Bruck, Arthur, Die deutsche Nuance (Die moderne Literatur. In Gruppen- und Einzeldarstellungen, Bd. IV), Berlin, Leipzig 1899

Moeller-Bruck, Arthur, Mysterien (Die moderne Literatur in Gruppen- und Einzeldarstellungen, Bd. V), Berlin, Leipzig 1899, S. 24-47

Moeller-Bruck, Arthur, Richard Dehmel (Die moderne Literatur. In Gruppen- und Einzeldarstellungen, Bd. VI), Berlin, Leipzig 1900

Moeller-Bruck, Arthur, Unser Aller Heimat (Die moderne Literatur. In Gruppen- und Einzeldarstellungen, Bd. VII), Berlin, Leipzig 1900, passim

Mombert, Alfred, Briefe an Richard und Ida Dehmel, ausgewählt und eingeleitet v. Hans Wolffheim, „Akademie der Wissenschaft und der Literatur" 1955, Nr. 5, S. 259, 262

Morgenstern, G., Stanislaus Przybyszewski: Vigilien, „Die Gesellschaft" 1895, S. 116f.

Mühlberger, Josef, Das literarische Berlin um die Jahrhundertwende, „Welt und Wort" 1966, Heft 8, S. 265 (Erinnnerungen)

Mühsam, Erich, Die Wüste, in: Gedichte, Berlin 1904, S. 38

Mühsam, Erich, Stanislaw Przybyszewski, in: Führer durch die moderne Literatur. 300 Würdigungen der hervorragendsten Schriftsteller unserer Zeit, hg. v. Hanns Heinz Ewers, Berlin 1906, S. 143

Mühsam, Erich, Terror, „Polis" 1907, Heft 10, S. 160-163, auch in: „Der freie Arbeiter" 1907, Nr. 36, Beiblatt

Mühsam, Erich, Unpolitische Erinnerungen, Berlin 1958

Müller-Waldenburg, Walther, Dramatisches, „Internationale Literatur- und Musikberichte" 1905, Nr. 8, S. 58 (Schnee)

Munch, Edvard, Mein Freund Przybyszewski, „Pologne Littéraire" 1928, Nr. 27, S. 2

Neubaur, Przybyszewski Stanislaw. Von Polens Seele, in: „Archiv für Rassen- und Gesellschaftsbiologie" 1918, S. 120

Neumann, Alfred, Der deutsche Roman und Stanislaus Przybyszewski (Ein Beitrag zur Geschichte des Snobismus), „Monatsschrift für neue Literatur und Kunst" 1898, S. 457-464

Neumann, Alfred, Kritik, „Wiener Rundschau" 1897, S. 399f. (Satans Kinder)

Neumann, Alfred, Stanislaw Przybyszewski, Satans Kinder, „Neuland" 1897, S. 59f.

Neumann, Alfred, Zur Charakteristik Stanislaw Przybyszewskis, „Wiener Rundschau" 1897, Bd. II, S. 665-671

Neumann, Friedrich Wilhelm, Die polnische Literatur im XX. Jahrhundert, in: Osteuropa-Handbuch. Polen. Namen der Arbeitsgemeinschaft für Osteuropaforschung, hg. v. Werner Markert, Köln, Graz 1959, S. 579f.

Neumann, Friedrich Wilhelm, Stanislaw Przybyszewski und Richard Dehmel, in: Münchener Beiträge zur Slawenkunde, hg. v. E. Koschmieder u. A. Schmaus, München 1953, S. 259-284

Neumann, Friedrich Wilhelm, Stanislaw Przybyszewski als Gegenstand literarischer Darstellung in Deutschland, „Die Welt der Slawen" 1974/1975, S. 219-265

Niemirowski, Wienczyslaw A., Stanislaw Przybyszewski in Berlin (1889-1898), in: Literarisches Leben in Berlin, Bd. 1. 1871-1933, hg. v. Peter Wruck, Berlin 1987, S. 254-298

Nietzsche und die deutsche Literatur, hg. v. Gotthart Wunberg, mit einer Einführung von Bruno Hillebrand, Bd. 1: Texte zur Nietzsche-Rezeption 1873-1963, Tübingen 1978 (Zur Psychologie des Individuums, S. 82ff.; Erinnerungen an das literarische Berlin, S. 223)

Nolda, Sigrid, Symbolistischer Urbanismus. Zum Thema der Großstadt im russischen Symbolismus. Gießen 1980, S. 141

O. F., Vorwort (zu Schnee), „Das neue Magazin" 1904, Heft 23

Oberlaender, L. G., Przybyszewski Stanislaus, Schnee. Drama in vier Akten, „Die schöne Literatur" 1917, S. 312

Oppeln-Bronikowski, Fr. von, Stanislaw Przybyszewski, Epipsychidion. In diesem Erdenthal der Thränen. „Das literarische Echo" 1899/1900, Sp. 1443ff.

Pache, Aleksander, Übersetzungen, „Literarisches Centralblatt für Deutschland (Die schöne Literatur)" 1921, Heft 16, S. 204f. (Der Schrei)

Papiór, Jan, Stanislaw Przybyszewski - Vermittler europäischer Moderne zwischen Ost und West, „arcadia. Zeitschrift für vergleichende Literaturwissenschaft" 1989, Heft 1, S. 271-283

Papiór, Jan, Stanislaw Przybyszewskis Deutsch (Urteile, Selbsteinschätzungen, Determinanten, Kontexte), „Rocznik Kasprowiczowski" VII, 1990, S. 116-133

Papiór, Jan, Materialien zur bibliographischen Erfassung deutschsprachiger Werke von Stanislaw Przybyszewski und der Sekundärliteratur, „Rocznik Kasprowiczowski" VII, 1990, S. 225-260

Pastor, Willi, Wana, Leipzig 1897

Paul, Adolf, Aus der Chronik des „Schwarzen Ferkel". Phantastische Erzählung, München 1921, S. 17

Paul, Adolf, Mit dem falschen und dem ehrlichen Auge (1894), Berlin 1909, S. 65-86

Paul, Adolf, Strindberg und Przybyszewski, „Berliner Lokalanzeiger" 1927, 27. November

Paul, Adolf, Strindberg-Erinnerungen und -Briefe, München 1924

Paul, Adolf, Von Strindbergs Tafelrunde. Im „Schwarzen Ferkel", „Berliner Tageblatt" 1929, Nr. 424, Beiblatt

Paul, Adolf, Zum schwarzen Ferkel, in: Der Bär von Berlin (Berlin-West, Bonn), 28. Folge, 1979, S. 97ff.

Pauli, Hans, Die Überwindung des Katholizismus, „Neue Deutsche Rundschau (Freie Bühne)" 1895, S. 658-664 (Unterwegs)

Paulsen, Wolfgang, Przybyszewski Stanislaus, Werke. Studienausgabe... (Bd. 1, 2); Klim George, Stanislaw Przybyszewski. Leben, Werk und Weltanschauung..., in: „Michigan Germanic Studies" 1991, Nr. 2, S. 173-176

Piper, Reinhard, Vormittag. Erinnerungen eines Verlegers, München 1947, S. 366

Podraza-Kwiatkowska, Maria, Das junge Polen, Einleitung zur Anthologie Jahrhundertwende. Die Literatur des Jungen Polen 1890-1918, Leipzig, Weimar 1977, S. 9f.

Podraza-Kwiatkowska, Maria, Stanislaw Przybyszewski zur deutschen Literatur, in: Gebrauchsliteratur. Interferenz, Kontrastivität. Beiträge zur polnischen und deutschen Literatur- und Sprachwissenschaft, hg. v. Bernhard Gajek u. Erwin Wedel, Frankfurt a. M. 1982, S. 89-98
Polenz, Wilhelm von, Wurzellocker. Roman in zwei Bänden, Berlin 1902
Prosa des Jugendstils, hg. v. Jürg Mathes, Stuttgart 1982 (Sonnenopfer), S. 144-158, auch in: Nachwort, S. 346f.
Prosa des Naturalismus, hg. v. Gerhard Schulz, Stuttgart 1973 (fragm. Totenmesse, S. 214-224, auch in: Einleitung, S. 36ff.)
Przybyszewski, Leon, Johannes Schlaf und Stanislaw Przybyszewski, „Posener Tageblatt" 1932, Nr. 202, S. 2
Rasch, Wolfdietrich, Edvard Munch und das literarische Berlin der neunziger Jahre, in: Edvard Munch. Probleme - Forschungen - Thesen, hg. v. Henning Bock u. Günter Busch, München 1973, S. 14, 18, 20
Rasch, Wolfdietrich, Was ist Expressionismus? in: Zur deutschen Literatur seit der Jahrhundertwende. Gesammelte Aufsätze, Stuttgart 1962, S. 226
Richter, Lukas, Chopinisieren. Zur Musikanschauung von Stanislaw Przybyszewski, „Rocznik Kasprowiczowski" VII, 1990, S. 201-217
Richter, Lukas, Zur Musikanschauung von Stanislaw Przybyszewski, „Deutsches Jahrbuch der Musikwissenschaft" 1973-1977, 1978, S. 59-79
Ringelnatz, Joachim, Mein Leben bis zum Kriege, ohne Ort 1966, S. 202
Rittner, Tadeusz, Stanislaw Przybyszewski, „Wiener Abendpost", 1902 Nr. 170
Rohrwasser, Michael, Dagny Juel. Collage mit Rahmen, in: Der Torpedokäfer. Hommage à Franz Jung, hg. v. Lutz Schulenburg, Hamburg 1988, S. 57-67
Rosenbaum, Richard, Epos des 18./19. Jahrhunderts, „Jahresberichte für neuere Literaturgeschichte" 1895, IV 3:468f.
Roth, Wilhelm, Auszüge, „Das literarische Echo" 1903, Sp. 181
Runkel, F., Der Übermensch im erotischen Roman, „Der Zeitgeist. Sonntagsbeilage Berliner Tageblatt" 1895, Nr. 17
Ruschkewitz, Erich, Stunden mit Przybyszewski, „Pologne Littéraire" 1928, Nr. 20, S. 4
Rutra, Arthur Ernst, Stanislaw Przybyszewski, Schrei, „Die neue Bücherschau" 1919, Heft 2, S. 18
Rutra, Arthur Ernst, Thomas Mann über seine Reise nach Warschau, „Pologne Littéraire" 1927, Nr. 7
Saint-Froid, Jules [Oskar Panizza], Noch einmal „De profundis", „Die Gesellschaft" 1896, S. 781-786
Sakheim, A., Androgyne, „Die Nation" 1905/1906, Nr. 45, S. 720
Sakheim, A., Erdensöhne, „Die Nation" 1905/1906, Nr. 27, S. 432
Salzmann, Karl H., „PAN". Geschichte einer Zeitschrift, „Imprimatur. Ein Jahrbuch für Bücherfreunde" 1950/1951, S. 165-185 auch in: Jugendstil, hg. v. Jost Hermand, Darmstadt 1971
Sawicki, Stanislaw, Stanislaw Przybyszewski und Norwegen, „Edda" 1934, Heft 1, S. 1-19
Schardt, Michael M., Rez. von Jörg Marx, Lebenspathos und „Seelenkunst" bei Stanislaw Przybyszewski..., „Zeitschrift für deutsche Philologie", 110. Band 1991, Heft 4, S. 621ff.
Scharlitt, Boleslaw, Stanislaw Przybyszewski (Zu seinem Vortrage am 27. Jänner), „Polnische Post" 1909 Nr. 5, S. 5f.
Schaukal, Richard, Stanislaw Przybyszewski. Über Bord, „Wiener Rundschau" 1898, Nr. 4, S. 159
Scheller, W., In memoriam St. Przybyszewski, „Kasseler Post" 1927/1928, Nr. 326
Schimming, Wolfgang, Historischer Wirrkopf aus Polen, „Rheinische Post" 1965, Nr. 270
Schlaf, Johannes, Das Dritte Reich. Ein Berliner Roman, Berlin 1900
Schlaf, Johannes, Der neuere deutsche Roman, „Die Kritik" 1899, Nr. 173, S. 234 (Totenmesse)
Schlaf, Johannes, Die Feindlichen. Drama in vier Aufzügen, Minden 1899
Schlaf, Johannes, In memoriam Stanislaw Przybyszewski, „Pologne Littéraire" 1928, Nr. 20, S. 4
Schlaf, Johannes, Mein persönliches Verhältnis zu Richard Dehmel, „Hellweg" 1922, Heft 15, S. 292f.
Schlaf, Johannes, Sommertod, in: Sommertod, Leipzig 1897, S. 59-94
Schlaf, Johannes, Stanislaw Przybyszewski: Epipsychidion, „Die Zeit", 1901, Nr. 339, S. 206
Schleich, Carl Ludwig, Besonnte Vergangenheit. Lebenserinnerungen, Berlin 1931, S. 247, 269

Schleich, Carl Ludwig, Erinnerungen an Strindberg, München, Leipzig 1917
Schlittgen, Hermann, Erinnerungen, Hamburg-Bergedorf 1947, S. 171-179
Schluchter, Manfred, Przybyszewski als literarhistorischer Gegenstand. Einige Bemerkungen, „Rocznik Kasprowiczowski" VII, 1990, S. 35-63
Schluchter, Manfred, Stanislaw Przybyszewski und seine deutschsprachigen Prosawerke 1892-1899, Diss., Stuttgart 1969
Schneider, Wolfgang, Berlin. Eine Kulturgeschichte in Bildern und Dokumenten, Leipzig 1980, S. 35
Schneidt, Karl, Stanislaw Przybyszewski, Von Polens Seele, „Katholische Monatsbriefe" 1917/1918, Heft 7f., S. 234-238
Schneidt, Karl, Vom neuen Schrifttum, „Die Kritik" 1896, Nr. 69, S. 170-173 (Im Malstrøm)
Scholz, Wilhelm von, Stanislaw Przybyszewski, Totentanz der Liebe. Dramen, „Das literarische Echo" 1902/1903, Heft 10, Sp. 679-881
Schnurr, Ernst, „Seelenfäden". Psycho-polychromes Fragment aus dem Torso: „Ich!", in: Prosa des Jugendstils, hg. v. Jürg Mathes, Stuttgart 1982, S. 175ff.
Schnurr, Ernst, Neue Dramen von Przybyszewski, „Die Schaubühne" 1908, Nr. 31/32, S. 79-83 (Gelübde, Totentanz der Liebe, Schnee)
Seidel, Ina, Lebensbericht 1885-1923, Stuttgart 1970, S. 241
Servaes, Franz, Aus der Berliner Bohème der neunziger Jahre. Erinnerungen an Stanislaw Przybyszewski, „Kölnische Zeitung" 1927, Nr. 782, 786
Servaes, Franz, Der erste Jahrgang des „PAN", „Die Zeit" 1896, Nr. 94, S. 43-45
Servaes, Franz, Ein Abenteuer des Geistes. Stanislaw Przybyszewski, „Neue Freie Presse". Morgenblatt, 1927, Nr. 22710, S. 1ff.
Servaes, Franz, Gährungen. Aus dem Leben unserer Zeit, Berlin 1898
Servaes, Franz, Grüße an Wien, Berlin, Wien, Leipzig 1948, S. 241
Servaes, Franz, Jung-Berlin. Zehn Jahre Literatur-Bewegung, „Die Zeit" 1896, Nr. 112ff. (über Przybyszewski Nr. 114, S. 155f.)
Servaes, Franz, Kritik und Kunst. Streifzüge, „Neue Deutsche Rundschau" 1895, S. 167f. (Vigilien)
Servaes, Franz, Literarische Rundschau. Wohinaus? „Neue Deutsche Rundschau (Freie Bühne)" 1894, S. 947
Servaes, Franz, Praeludien. Ein Essaybuch, Berlin, Leipzig 1899, S. 141-145
Servaes, Franz, Vom jungen Przybyszewski, „Pologne Littéraire" 1936, Nr. 112, S. 1
Servaes, Franz, Zwei Apokalyptiker. Ein Stückchen Zeitpsychologie, „Die Gegenwart" 1894, Nr. 15, S. 231f. (Totenmesse)
Sittard, J., Stanislaw Przybyszewski, In diesem Erdenthal der Thränen, „Hamburger Correspondent" 1900, Beilage 20
Skasa-Weiß, Eugen, Satans alter Hut. Erinnerungen an das literarische Berlin, „Stuttgarter Zeitung" 1965, Nr. 241, S. 84
Slochower, Harry, Richard Dehmel. Der Mensch und der Denker. Eine Biographie seines Geistes im Spiegelbild der Zeit, Dresden 1928
Slupski, Annemarie, Einige Stilmittel bei Stanislaw Przybyszewski, „Die Welt der Slawen" 1969, Heft 4, S. 354-377
Soergel, Albert, Stanislaw Przybyszewski, in: Dichtung und Dichter der Zeit. Eine Schilderung der deutschen Literatur der letzten Jahrzehnte, Leipzig 1911, S. 642-644
Soergel, Albert, Stanislaw Przybyszewskis Versuch einer Gestaltung der „reinen nackten Individualität", in: Dichtung und Dichter der Zeit. Eine Schilderung der deutschen Literatur der letzten Jahrzehnte. Neue Folge. Im Banne des Expressionismus, Leipzig 1927, S. 15-19
Sommer, Andreas, Freunde in Berlin. Przybyszewskis Erinnerungen - ein anregendes Dokument, „Junge Welt" (Organ des Zentralrates der FDJ), 1986, Nr. 105, S. 9
Stang, Ragna, Edvard Munch, der Mensch und der Künstler, Königstein 1979
Stang, Ragna, Gustav Vigeland. Der Künstler und sein Werk, übersetzt von Gertrud Brock-Utne, Oslo 1967, S. 44
Steffen, Elisabeth, Selbstgewähltes Schicksal, Bd. 1, Dornach 1961, S. 321
Steiger, Edgar, Echo der Bühnen, „Das literarische Echo" 1917, Heft 1, S. 90f. (Schnee)
Steltner, Ulrich, Überlegungen zur Literarität am Beispiel von Stanislaw Przybyszewskis Romantrilogie „Homo sapiens", Gießen 1989

Sternbach, Herman, Polnische Dichter-Memoiren. Neuzeit, „Literarisches Centralblatt für Deutschland" 1927, Nr. 16, Sp. 1384f.

Sternbach, Herman, Polnischer Brief, „Die Literatur" 1926/1927, S. 107 (Erinnerungen)

Sternbach, Herman, Stanislaw Przybyszewski, Erinnerungen, „Zeitschrift für slawische Philologie" 1931, S. 503f.

Strindberg, August, Inferno. Autobiographische Schrift (1897), übersetzt v. Ch. Morgenstern, Berlin 1898

Strindberg, August, Kloster (1898), in: Kloster. Einsam. Zwei autobiographische Romane, Hamburg, Düsseldorf 1967

Strindberg, Frida, Lieb, Leid und Zeit. Eine unvergeßliche Ehe, Hamburg, Leipzig 1936, S. 50

Strindberg im Zeugnis der Zeitgenossen, mit einer Einleitung von Willy Haas, Bremen 1963, S. 193f.

Ströbel, Heinrich, Przybyszewskis „Satans Kinder", „Die neue Zeit" (Stuttgart) 1897, S. 243-247

Svenaeus, Gösta, Der heilige Weg. Nietzsche-Fermente in der Kunst Edvard Munchs, in: Edvard Munch. Probleme - Forschungen - Thesen, hg. v. Henning Bock u. Günter Busch, München 1973, S. 28 (Zur Psychologie des Individuums)

Szarlitt, Emilia, Das deutsche Werk von Stanislaw Przybyszewski, Lódz 1948 (Typoskript in der Universität Lódz)

Szittya, Emil, Das Kuriositäten-Kabinett. Begegnungen mit seltsamen Begebenheiten, Landstreichern, Verbrechern, Artisten, religiös Wahnsinnigen, sexuellen Merkwürdigkeiten, Sozialdemokraten, Syndikalisten, Kommunisten, Anarchisten, Politikern und Künstlern, Konstanz 1923

Taborski, Roman, Aus Stanislaw Przybyszewskis Beziehungen zu deutschen Freunden, „Zeitschrift für Slawistik" 1965, Heft 3, S. 410-422

Taborski, Roman, Stanislaw Przybyszewski und Wien, „Österreichische Osthefte" 1967, Heft 2, S. 130-137

Taborski, Roman, Zweisprachige polnisch-deutsche Schriftsteller: Stanislaw Przybyszewski und Tadeusz Rittner, in: Sprachen und Kulturen. Vorträge zur Woche der polnischen Kultur und Wissenschaft in der Bundesrepublik Deutschland. 25. September bis 2. Oktober 1990, hg. v. Herbert Matuschek und Brigitte Schultze, Mainz 1991

Tegtmeier, Ralph, Okkultismus und Erotik in der Literatur des Fin de siècle, Königswinter 1983 (Magisterarbeit), S. 45-50, 77-85

Telmann, Fritz, Echo der Bühnen, „Das literarische Echo" 1904/1905, Nr. 18, Sp. 1367f. (Die Mutter)

Telmann, Fritz, Echo der Bühnen, „Das literarische Echo" 1906, Heft 8, Sp. 601 (Das goldene Vlies)

Telmann, Fritz, [Das große Glück], „Das literarische Echo" 1904/1905, Heft 3, Sp. 222

Thadea, Thomas, Im 'Friedrichshagener Kreis'. St. Przybyszewski: Ferne komm ich her..., „National-Zeitung" 1986, Nr. 140, S. 7

Thiele, Rita, Satanismus als Zeitkritik bei Joris-Karl Huysmans (Kapitel: Vergleich zwischen der künstlerischen Verarbeitung des Satanismus bei Huysmans und Przybyszewski), Diss., Frankfurt a. M. 1979, S. 138-158

Thomas, Emil, Die letzten zwanzig Jahre deutscher Literaturgeschichte 1880-1900, Leipzig 1900, S. 100f.

Uecker, Heiko, Der verrückte Pole, „Der Monat" 1966, Heft 214, S. 84-87 (Erinnerungen)

Uhde-Bernays, Hermann, Im Lichte der Freiheit. Erinnerungen aus den Jahren 1880 bis 1914, München 1963, S. 215f.

Vietig, Jürgen, Stanislaw Przybyszewski - Ein Pole in Berlin, „Mitteilungen des Vereins für die Geschichte Berlins" 1980, Heft 4, S. 222-229

Völckers, Rüdiger, Die Rückkehr des „genialen Polen"? Stanislaw Przybyszewskis Werke in neuer Ausgabe, „Juni" 6 (1992), Nr. 1, S. 129-132

Vogt, Karl, Stanislaw Przybyszewski als Dramatiker, „Neue Theater-Zeitschrift" 1912, Heft 6

Wagner, Albert Malte, Stanislaw Przybyszewski, Von Polens Seele, „Deutsche Literaturzeitung" 1917, Nr. 35, Sp. 1094-1098

Walter, Rudolf, Nietzsche - Jugendstil - Heinrich Mann. Zur geistigen Situation der Jahrhundertwende, München 1977, S. 20

Werner, Richard M., Die historische Bedeutung von Klopstocks „Messias", in: Freundesgaben für C. A. H. Burckhardt, hg. v. P. v. Bojanowski, O. Francke, Weimar 1900

Werner, Richard M., Poetik und ihre Geschichte, „Jahresberichte für neuere Literaturgeschichte" 1895, I 10, S. 639, 641

Werner, Richard M., Poetik und ihre Geschichte, „Jahresberichte für neuere Literaturgeschichte" 1895, I 10, S. 622 (Psychischer Naturalismus)

Wildberg, Bodo, Erdensöhne, „Das literarische Echo" 1907, Heft 15, Sp. 1052

Wille, Bruno, Das Gefängnis zum Preußischen Adler. Eine selbsterlebte Schildbürgerei, Jena 1914

Wille, Werner G., Stanislaw Przybyszewski: 'Satans Kinder', 1905, in: Studien zur Dekadenz in Romanen um die Jahrhundertwende, Diss., Greifswald 1930, S. 104-110

Wimmer, Christine, Wie gut schrieb Przybyszewski deutsch? Einige Bemerkungen zu deutschsprachigen Briefen Przybyszewskis, „Zeitschrift für Slawistik" 1991, Heft 1, S. 90-93

Wolf, Eva, Der Schriftsteller im Querschnitt. Außenseiter der Gesellschaft um 1900. Ein systematischer Vergleich von Prosatexten, München 1978, S. 41

Wronski, Stefan, Berlinische Kultur, „Kritik der Kritik" (Breslau) 1906, Heft 8, S. 66

Zieler, Gustav, Echo der Bühnen, „Das literarische Echo" 1906, Heft 18, Sp. 1320f. (Das große Glück)

Zielinska, Zofia, Beziehungen der Wiener Theater zum polnischen Theater in Krakau und Lemberg bis 1918, Diss., Wien 1963, S. 122

Zipper, Albert, Przybyszewski Stanislaw: Schnee, „Allgemeines Literaturblatt" 1905, Nr. 6, Sp. 189

Zelenski, Boy Tadeusz, Der traurige Satan, deutsch von Bolko Schweinitz, in: Erinnerungen an das Labyrinth. Krakau um die Jahrhundertwende, Leipzig, Weimar 1979, S. 220-226, auch in: St. Przybyszewski, Der Schrei. Roman, Leipzig, Weimar 1987, S. 213-221

www.ingramcontent.com/pod-product-compliance
Lightning Source LLC
Chambersburg PA
CBHW031552300426
44111CB00006BA/275